致力于中国人的教育改革与文化重建

立品图书·自觉·觉他
www.tobebooks.net
出品

爱新觉罗·毓鋆

口述 —— 颜铨颖 范婸沐 整理

毓老师讲春秋繁露

华龄出版社
HUALING PRESS

图书在版编目（CIP）数据

毓老师讲春秋繁露/爱新觉罗·毓鋆口述；颜铨颖，范旸沐整理. --北京：华龄出版社，2022.9

ISBN 978-7-5169-2344-3

Ⅰ.①毓… Ⅱ.①爱… ②颜… ③范… Ⅲ.①儒家 ②《春秋繁露》—研究 Ⅳ.①B234.55

中国版本图书馆CIP数据核字（2022）第148657号

策划编辑	青 元		责任印制	李未圻
责任编辑	郑建军		装帧设计	肖晋兴

书 名	毓老师讲春秋繁露	作 者	爱新觉罗·毓鋆 口述
出 版 发 行	华龄出版社		颜铨颖 范旸沐 整理
社 址	北京市东城区安定门外大街甲57号	邮 编	100011
发 行	（010）58122255	传 真	（010）84049572
承 印	水印书香（唐山）印刷有限公司		
版 次	2022年9月第1版	印 次	2022年9月第1次印刷
规 格	710mm×1000mm	开 本	1/16
印 张	25	字 数	394千字
书 号	ISBN 978-7-5169-2344-3		
定 价	88.00元		

版权所有 翻印必究

本书如有破损、缺页、装订错误，请与本社联系调换

凡 例

一、本书《春秋繁露》正文系以苏舆《春秋繁露义证》（北京中华书局1992年版）为依据。

二、本书所录内容依1979年（己未年）至1980年（庚申年）之笔记，整理而成。

三、为使阅读时条理分明，保持毓师讲课文气，本书编辑依以下几项原则编排：

（一）依毓师讲课语境，先录《繁露》正文一段，以方正宋体编排。正文之后为毓师释义，以方正书宋编排。

（二）毓师授课时曾有其笔记以口授或书之于黑板，并对该笔记释义于后。其笔记以楷体编排，其笔记释义以仿宋小字编排。

（三）为方便读者了解《春秋繁露》所举事例，以小注形式补充《春秋公羊传何氏解诂》（台湾中华书局1992年版）及《公羊义疏》（北京中华书局2017年版）相关经、传、何注内容。经、传用仿宋小字，何注用楷体小字编排。惟因何注部分内容浩繁，酌情摘录。

（四）毓师释义时，或提及典故、时事或以白话引用经典，典故、时事简介及引用经典以脚注形式补充。

（五）正文中引用各家经典文字者，注明出处，以括号标示。

整理者前言——这个时代为什么要读《春秋繁露》

一、站在时代的岔路口

百余年前,中国面临"三千年未有之大变局",激起一波又一波的改革、变法与政治革命;七十余年前,中华民族到了"最危险的时候",又掀动了更广泛、更彻底的经济与社会革命。在一个多世纪的淬炼中,每一次改革和革命,都意味着更深入地现代化。今天的中国,已将积贫积弱的面貌一洗而净,成为国际舞台上不容忽视的重要力量,似乎也是现代化带来的福音。

的确,西方文明在宗教改革、文艺复兴、启蒙运动和科学革命中"洗心革面",蜕变成一整套现代政治经济制度和生产生活方式,并经由殖民主义和资本主义全球扩张,似乎成了"顺之者昌,逆之者亡"的世界潮流,中国也概莫能外。与此同时,现代西方的物质主义倾向,与西方思想中源远流长的本质主义、理性主义也在全世界弥散,而中国在"自立自强"的持续迫切需要中,曾几乎不加批判地拥抱物质主义、本质主义和理性主义,百姓浸润在其中,"日用而不知"。

现代文明给人类带来了迅猛发展的科学技术、前所未见的巨量物质财富、便利便捷的交通通信,也造就了市场经济制度和现代民族国家。与此同时,现代化也在动摇人类的内外秩序。向内,人们沉溺于精神的内耗、受困于人伦的解体,无法为自身价值和人生意义找到经得起省思的坐标;向外,人们在高烈度竞争和"适者生存"的法则中随机沉浮,且面临自然环境失衡、技术发展突破伦理底线、大规模杀伤性武器不断扩散、国家间争斗不断升级的困境。

中国的现代化进程,也是逐步背离中国古典精神的进程。若无其他要素的制衡,现代化越深入,现代性痼疾便越深重。一百年后再回首,我们突然发现:

现代化带来的众多利益并不必然让我们过更善好的生活、成为更好的人。而人之能为万物之灵，就在于人能不停歇地认识自己、造就自我，并由此不断外扩，认识他人与万物，造就环境与时代。也就是说，"尽己性""尽人性""尽物性"，关键在自知、知人、知时。

站在大时代的岔路口，我们该往何处走？何以为"中国"，中国之"中"意味着什么？中国之为"中国"，对于现代文明的正朔、对于人类的未来有何意义？回答这些问题，必须带着现代中国的经验，回到中国古典精神中重新理解自身。这就是我们读《春秋》和《春秋繁露》意义所在。

二、现代人如何理解自身

数百年来，现代化浪潮席卷全球、横扫一切，使得彼岸的、崇高的事物一再退隐，同时令"理性"或曰"科学"登上了知识圣坛的顶峰。现代人相信，理性/科学是知识的唯一可靠标尺；关于人的知识，与关于物的知识一样，都要经受理性/科学的最严苛检验。科学研究的对象，是可通约、可测量、经得起重复试验的事物，唯有这样，才能保证知识的普遍性、确定性和同一性。伴随着科学知识对其他领域的入侵，人们逐渐相信，不能通约、无法量化、并非普遍存在的现象，只能被体验、无法被"证实"，不堪为真知。

这正是现代人理解自身的方式。下学上达、舍生取义、造次颠沛中仍不违仁，这是人有可能做到的，现代主义者并不否认这一点。但他们强调，这些现象太罕见、太偶然、难以重复，就算复刻完全相同的时空条件，也无法保证同一个人仍做出同样的选择。因此，这些"可能性"不能作为人性的基准。要想"科学"地认识人，就要找到人性中普遍的（人人具有的）、确定的（必然出现的）、同一的（不随时空变化改易）的特质，比如生存繁衍、趋利避害等种种生物本能。从生物本能出发，去理解人和人的共同体，起点虽然低，但却足够科学；人的德行与理想，都需经过"科学化人性"的重新校正。换言之，凡是有利于生存繁衍、体现了趋利避害，便是"真实"而可靠的；反之，要么是愚夫愚妇的自我催眠，要么是统治者灌输给人民的精神鸦片。

现代人抱持着对"科学"的信念，从人性的生物本能起点、而非可达致完善的高点理解自身。这是人性论中的哥白尼革命：它承认、解放并刺激了被传统道德与宗教约束的人欲，是近现代物质财富爆炸和科学技术飞跃的最大驱动力；同时，它将人定义成"载欲之器"，以此为标准"重估一切价值"。

沉湎于现代性之中，人将自我物化，用外在的、数量化的尺度衡量自身的价值，比如学历高低、收入多寡、权势大小、"颜值"几何；将他者工具化，把友谊异化为"人脉"，把声誉异化为"社会资源"，以"充分竞争"的名义将损人自肥合理化；将人的共同生活异化为黑暗森林，其中弱肉强食、适者生存是最高法则；将历史（时代）异化为巨型机械化生产过程，一端吞下前赴后继的"劳动力"，另一端吐出千人一面的"消费者"。人的一生，被异化为时代机器的运作过程：拼尽全力"卡点"长大成人、成家立业、生产消费，再输入、再产出，如此循环往复，直至咽气。人的其他可能性在机器体系中被视为需要修正的系统失灵。技术的不断进步，更让时代的机械触手深入到人类生活的每一个细节中，让人无所遁形。在这个物化精神结构中，自然不再可居、可游、可隐逸，只是"自然资源"供给方，可以无节制地支配、攫取、征服；友谊是"各取所需"的利益结合，家庭和婚姻是因"条件匹配"而结合的"经济单元"；国际关系就是一个你死我活的斗兽场，最强壮、最残忍的角斗士才能活到最后。类似思想倾向在现代世界不断复制，人们随波逐流、汲汲营营、浑浑噩噩、洋洋得意，疲惫而空心，在虚无主义的大海中随机浮沉，无有归宿。

然而，哪怕在这灰暗恐怖的图景中，我们总还是不由自主地向往自然，期待可共学适道的知音，期盼天下一家的大同世。我们总还会被英雄气概触动，被残暴者激怒。我们总还会评判是非善恶；总还想安顿自己的身心，少一些焦虑和孤独，多一些体味生之本有的甜蜜。我们总还会希望后代生活在一个更好的社会中。现代性宰制下反思与渴望突围从未消失这一简单事实，乃是人的文明本性存在的一个间接证明。也就是说，我们并没有遗忘人性中仁义礼智的潜能，并没有放弃成为贤人君子的希望，仍想要创造更善好的生活。我们清楚地知道，仁爱、道义、勇气和尊严内在于人自身；问题在于，这些特质看上去过于"罗曼蒂克"，无法用科学的办法加以说明。如果我们无法为之辩护，那么"仁义礼智"便只能是个人的道德自律，无法成为社会的伦理要求，更无法成为一个国族定义自身的依据。换言之，并非人的仁义礼智失"真"，而是现代性无法给德行的潜能一个"真"的证明。现代思想已走到末路，无法呈现完善的人类生活图景。调转视线，回到华夏文明的源头，重新理解人自身，正当其时。

三、这个时代读《春秋繁露》的意义

在华夏文明的视野中，人超拔于万物，为万物之灵。人既非从属于天地的被支配关系，更非人定胜天的支配关系，而是同生共荣的平等关系，与天地并列为三才之道。人与天地的平等，在于人和天地一样上承于"元"。区别在于，天地自然、恒常地依循"元"运行，人本性中的"元"却要经过后天的培育、充实，才能使良善种子化育成材。"人之所以异于禽兽者几希"（《孟子·离娄下》），人与动物的一线之隔，就在于"元"的潜能是否能成功地结出仁义礼智的果实。古圣先贤告诉我们，人道与天道相合，人应从观察、体会天地运行之道，总结出人"生"之道；循顺天道，修养德行，下学人事，上达天命，己立立人，成己成物，最终达至内圣外王。"人能弘道，非道弘人"（《论语·卫灵公》），人具有自我造就的潜能，甚至"豪杰之士，不待文王犹兴"。也正是在弘道的过程中，人的境界不断向上突破，由善人、君子、贤人，终至圣人和大人。

人如何才能不断向上突破？以经典为阶梯。经典是文明的基石与坐标系，阐释了常道，记载了人们在求索常道中反复遇见的问题和难关，还记录了古圣先贤的言行如何或解答、或超越这些问题。经典记载了天道与人道的对勘，点燃人的可能性，启发人们自我造就，可使读者开拓万古心胸，常读常新。用心的读者，自能从中得到无穷益处，正如孔颜师徒"仰之弥高，钻之弥坚"，只见其进，未见其止。回到经典，并不代表倒退和复古，而是回到文明的本源，从根本激活生命力，从源头寻找出路，"用古人的智慧启发我们的智慧"。

中国古代百家争鸣，诸子各有经典。儒家有六经，皆贯通天道与人道，而各有侧重，其中又以《易经》与《春秋》为核心。《易经》由天道出发，铺陈天道规律，以指导人事。《春秋》是孔子晚年最后著作，借修订鲁国史书《春秋》，将其经纬天地的"文学"寓藏其中，臧否人事，以应天道。《易经》与《春秋》纵横"天""人"两端，沟通显隐之间，是华夏经典之双峰。其中，《春秋》着重探究人（包括个体的人，与人的共同体）自我造就的成败，阐发人该怎样修己、正人、济世，才能顺应天道，成就"充实而有光辉"的人生。换言之，《春秋》呈现人的下学上达之路，因而深得华夏文明之精华；在人心惶惶、乱象纷呈的当下，也深具时代意义。

技术虚无主义宰制时代，世界局势动荡不安，出路何在？《春秋公羊传》："拨乱世，反诸正，莫近诸《春秋》"。要想知道至圣的"治国平天下"之道不可不学《春秋》。董仲舒评价《春秋》："《春秋》正是非，故长于治人"。治的"人"首先是自己，之后才是他人。《春秋》树立华夏文明的三观，提供判断人事的标准，重新认识自己、他人与天地，是为"致广大""极高明"。

《春秋》如何正是非？《春秋繁露·十指》："别嫌疑，异同类，则是非著矣"，通过铺陈史事、阐发历史人物做选择的理由、评价各个选择的是非得失，树立"守经"与"行权"的标准，分辨"可"与"不可"之精微而关键的差异。所以，读《春秋》可以训练缜密的头脑，在信息爆炸的时代，培养独立思考的习惯，培育澄明的判断力。见隐显微的本事，用在治世就是行仁政的第一步，因为可以防患于未然。《春秋繁露·度制》："凡百乱之源，皆出嫌疑纤微…圣人章其疑者，别其微者，绝其纤者，不得嫌以蚤防之。"有了上述"别嫌疑、明是非"的本事，树立三观标准，看清事物本质，明辨是非曲直，《春秋》进一步培养"定犹豫"—— 决断的能力，在众多可能的路径中，选择最合适的道路。是为"尽精微""道中庸"。

《春秋》的另一项重要意义在定义"中国"为"礼义之国"，也就是"中道之国"。将本国视为中央之国并非中国所独有。《春秋》高明之处在跳出地理位置，以文明为标准加以定位。礼是常礼，义是变礼。礼是人体察天道后，所制定用于人道的规范。义是根据礼的道理，在具体的时空环境之下，做出合宜于道理的选择，也就是《中庸》的"时中"。这需要决断者具有高明的智慧，也就是"权"。《论语·子罕》："可与共学，未可与适道；可与适道，未可与立；可与立，未可与权。"权变的最高智慧非由天授，是可学而致。《春秋繁露·玉英》："明乎经变之事，然后知轻重之分，可与适权矣。"具有"别嫌疑、明是非"的能力，才可能有权变的智慧。《史记·太史公自序》："《春秋》者，礼义之大宗也。"《春秋》就是用历史作案例，体现礼义的内涵。

我们常自称"华夏民族"。"华夏"的深意正是在《春秋》。"华"是动词，盛大弘扬的意思。《说文》："夏，中国之人也。"如前所言，此"中国"除了解释为地理意义的中国，更应该理解为文明意义的"礼义之国"。《春秋》将世道分成三个阶段：夏、诸夏、华夏。夏是本国进化为礼义之国。己立立人、己达达人，由己而外，逐步使周边国家乃至全球国家升华为行中道的礼义之国，是为华夏。因此吾人自诩为华夏民族，任重道远。

《史记·太史公自序》："万物之散聚皆在《春秋》。"《春秋》寓天道于人道，指明万物兴衰、人事成败之理。下学上达，以中道贯通天地人，是为"王"。"人皆可以为尧舜"是儒家对人的莫大鼓励与期盼。

孔子说："知我者其惟《春秋》乎！罪我者其惟《春秋》乎！"《春秋》因为深具革命性，褒贬历史与当世，所以用师说口传等方式传承"微言大义"。《春秋》之义大矣哉！因为《春秋》的性质与传承方式，造成《春秋》难读。所以，毓老师说：其他经书尚可以自学，唯有《易经》与《春秋》需要师承。

欲一窥《春秋》堂奥，就无法绕开汉朝醇儒董仲舒的《春秋繁露》。董仲舒为汉朝儒宗，"推明孔氏，抑黜百家"，其立学校之官、用贤举才之法，传承《春秋》学脉，对汉朝的政治与学术都有深远影响。其著作中，今天流传的《春秋繁露》虽为后人编纂，但仍是古代解释《春秋》最重要的著作之一。清代经学大家皮锡瑞说："汉人之解说《春秋》者，无有古于是书，而广大精微。"毓老师说："孔子以后，我们最强调董仲舒"因为他有本有原。"没有比《繁露》更启发智慧的，难读，可是下了工夫就取之不尽。"有本有原，才能生生不息，日新又新，以古人智慧启发我们的智慧。"《繁露》不外乎是为了达到大一统目的的术。"澄清一统与统一之别，何为"中国"。"《繁露》这本书要好好玩味，体悟多了，就知道这是药方"，启发我们：何以"中国"。

总之，面对西方技术虚无主义而焦虑不安者、身居管理职位却六神无主者、立志传承文明而欲以大道深造者，不可不读《春秋》。欲通《春秋》之道者，不可不读《春秋繁露》。

导 读

一、《春秋繁露讲录》的由来

用公羊学的观念，末学"见"老师讲解《春秋繁露》（下称《繁露》）于2004年，又"闻"老师讲解《繁露》于1979年。

末学自2002年起受业于老师。2004年起，老师开设"急就（救）班"，改变昔日逐章逐句的讲法，以其"一"融贯诸经，每周上课两到三次，每次虽有一主经，但始终优游于诸经。《繁露》便是在此期间讲授的主经之一。

末学退伍后，每日到老师家中"上班"。暮鼓晨钟，黄卷青灯，师徒二人一同整理几十年来留存的报刊、物件与只言片语，以备将来。某日，老师将一摞用白色防水袋包装好的课堂手写讲录交给末学保管。其中正是此次问世的《繁露讲录》（1979—1980）。

二、《春秋繁露讲录》的片光零羽

（一）《春秋繁露讲录》出版的双重意义

本讲录的出版对理解老师思想有双重意义。首先就时间来说，此书是老师继《老子》《庄子》[1]之后所讲，可视为同一时期的诠解，体现老师该时期的思想。其二，就学派来说，其先后之老、庄、孙均为子书，《繁露》固然亦为子书，但为儒家类，更重要的是它是《春秋》的精要，反映老师诸多核心思想，如元一、改制、平等等。《大易》与《春秋》为奉元书院的主经。老师写道："《繁露》为《春秋》之善继者，远胜于孟氏。"欲通《春秋》必须要读

---

[1] 即《毓老师讲老子》（1978）、《毓老师讲庄子》（1978—1979）。

《春秋繁露》。老师说:"在汉朝时,司马迁都说,治公羊春秋,坐第一把交椅的是董仲舒……我们讲《春秋繁露》,就是要离孔子近的时代来认识公羊春秋。"除了时代近外,重视《繁露》更因为董仲舒的思想。老师说:"孔子以后,我们最强调董仲舒,就因为他有本有原。"有本有原,才能生生不息,日新又新。老师说:"没有比《繁露》更启发智慧的,难读,可是下了工夫就取之不尽。"虽说难读,但其有本有原的思想资粮,足以启发我们的智慧,取之不尽,用之不竭。

(二)老师对《繁露》的若干看法

1.《繁露》为改制之书

《繁露》是改制之书,讲的是三世,而不是维护世及乱制。老师说:"《繁露》一书,完全为乱制说教,不是为乱制说话。他在乱制之下,如果深讲大同之世,那和神话一样,距离现实太远了。"在乱制之中,既要留存真义又能避祸,使"主人习其读而问其传,则未知己之有罪"(《春秋公羊传·定公元年》);对多数人而言,修养境界也无法躐等而进,因此不可能一步登天,所以"委曲求全""按部就班",有体系、有步骤地改制。

改制的目的在走向"大一统"。老师说:"《春秋繁露》不外乎就是术,为了达到大一统目的的术。不了解这个,就不了解董仲舒先生的苦心。"什么是大一统?老师进一步申说:"明改制的目的是什么呢?'一'是动词,整个统乎天之子,不可以再统乎人了。天子就是替天行道的。文章很少,意境很重要。其主要目的就是一统乎天子,一统乎新王之制。"首先,新王之制相对于世及的乱制,也就是公天下之制。其次,"徒善不足以为政,徒法不能以自行"(《孟子·离娄上》),善制与善人相辅相成。"苟非其人,道不虚行。"(《易经·系辞下》)良善的制度也必须要有适合的人才能顺利运作。第三,需要什么样的人才能走向"大一统"?需要一统乎天之子而不统乎人,意指一统乎有德的天之子,而不是有领袖之位而无领袖之德的人。谁是天之子?天民。谁是天民?法天养德的人。只要修养天之德,"修其天爵,而人爵从之"(《孟子·告子上》),有天大之德方可承受大位,所以"大德者必受命""必得其位"(《中庸》)。第四,修养天德的潜力是人皆有之,非少数

"高贵血统"所独占，也就是人人皆可为尧舜。老师说："天子不是一个，因为'人人皆可以为尧舜'，我们都是天民，天民就是天的儿子。只要这么办，都可以成天之德。你的行为就是天行，也叫中行。"这里可以引出第二个观点：平等观。

2.平等观

在本讲录中，老师先后在五篇内引用"人无生而贵者"，并说："这是今文家最重要的观念。"此句体现了两个方面的平等观。一个是本性平等，另一个是阶级平等。

首先是本性平等。《繁露》说："元者为万物之本，而人之元在焉。安在乎？乃在乎天地之前"，因为人秉受生天地的"元"，所以升华良知良能，树立人格，可以参天育物。这里的人不分性别、种族等生物背景与家世、学历等社会背景。老师常引用："人人皆可以为尧舜"，并提示尧舜指的是德，而不是位。人人都是天民，都是天之子，人人皆有佛性。老师说："一个人的成就，完全在良知，不在你老师怎样，也不在乎环境如何。看看犹大，老师和朋友都是最好的。"所以"良知出高徒。"人人都有"天赋"成就尧舜之德，尽己性则为尧舜。

其次是阶级平等。《繁露》是改制之书，要改的是血统论的一家一姓的世袭及乱制。因此，老师在解释"圣者则于众人之情，见乱之所从生。故其制人道而差上下也"（《度制》）时说："《繁露》中的'差'都不当'差别'讲，而是'去掉'的意思。"这句话或可以说是老师解读《繁露》或《春秋》的微言之论。

无独有偶，太史公说："《春秋》者，礼义之大宗也。"《繁露·奉本》说："礼者，继天地，体阴阳，而慎主客，序尊卑、贵贱、大小之位，而差外内、远近、新故之级者也，以德多为象。"老师在解释此句时说："说'主客'，不说主从，这是'平齐之义也'，主从就不行了。"真可谓一字一义也！老师还说：""差'是除掉，不是差别。我们就是主客，还差别什么外内、远近、新故之级？没有级！差除这个外内远近新故的观念。说主客，就是要把这些都没有了。要是有这些观念，就没有主客的观念了。"那么为什么还有尊卑、贵贱、大小之别呢？因为每个人的"德行"不同。老师说："因为远近大小若一，完全没有远近大小新旧，完全没有尊卑、贵贱、大小之象，以德多者为象。什么是尊，什么是贵？谁的德多，谁就尊，就贵。谁的德少，就卑，就贱。人都一样，为什么有尊卑、贵贱、大小？就因为德不一样。"尊贵卑贱的区别就在于德的多寡。老师说："东西分多少等，按照你的伦来分贵贱，不是人为的。都是按照你本身的德能来决定你的贵贱。没有生而贵者。"这一解释，既泯除了阶级固化，同时鼓励多德多得。[1]这在21世纪的今天，同样振聋发聩。

老师在解释"有非力之所能致而自至者，西狩获麟，受命之符是也"（《符瑞》）时说："樵夫获麟，就是人之行与天之行合一了。为什么麟会来？因为天人之德合一，老百姓都能狩了……这就是泯除了贵贱的阶级，没有贵贱的观念了。自天子至于庶人都一样了，都有天民之德，都有天子资格，因为都有天子之德……人人皆有士君子之行的时候，仁兽就出现了。这就是天人合德之符的吉祥。虽然只是一句话，意境很深。"天子、庶民都有天德，即人人皆有士君子之行，所以都有成为天之子的资格，如此可臻至"群龙无首"的太平世。

3. 变一为元的双重意义

老师说："做事糊涂，没有成就，就因为没能达到继承本所从来而为事。用现在的话来说，可以识源知本的人才能成功。"识源知本的意义非同小可，所以老师由天德到奉元，其中关键的一句话就是"孔子变一为元"。[2]孔子为什么要"变一为元"？

《繁露》说："惟圣人能属万物于一而系之元也，终不及本所从来而承之，不能遂其功。是以《春秋》变一谓之元，元犹原也，其义以随天地终始也……大其贯承意之理矣。"这一段话重出于《玉英》与《重政》，而老师仍先后不厌其详地解释，并提示："'是以《春秋》变一谓之元，元犹原也，其义以随天地终始也。'这一句是总纲，特别重要。"此段之重要性可见一斑。详情请见相关内容，兹不赘述。谨此归纳老师提示的"变一为元"的双重意义。

（1）一为始终，元为终始

"变一为元"的意义首先在于一为始终，元为终始。老师说："圣人把所有

---

[1] 此所以《中庸》："舜其大孝也与! 德为圣人，尊为天子，富有四海之内。"舜以一"微为庶人"之躯，先有圣人之德，后得天子之尊。

[2] 或可理解"天德"为一，"奉元"为元。由"天德"到"奉元"体现老师"变一为元"。

的万物统于一而系之元，等到'系之元'的时候才生生不息。'属于一'是始终之道，'系之元'是终始之道。无论什么东西，都有始终，要等'系之元'了，终而复始，就生生不息了。"例如就个人来说，始于生，终于死，是件再普通不过的事。然而孔子"改一为元"之后，将人提升到与天地同参的天之子地位，那就得"继志述事"，继天之志，合天之道，而天志即为尚公、无私，目的则为生生不息。如此一来，就将个人与家族、社区、民族、人类、万物联系起来，个人的生命意义就不仅是个人生存，更在于与天地万物的同生共荣。

那是否就只需要元而可舍弃一呢？也不能。因为元为体，为天之道，为"生之本，事之机"；一为用，为人之道，为"行事之机"。老师写道："'一者，人之道；元者，天之道。'孔子改一为元者，乃由人之道以反天之道也。子曰：'吾道一以贯之。'言人道之至境也，君子上达，则与天地参矣。人之元显矣，曰天人境界。"《春秋》由显之隐，由人之道上达天之道，与天地合德，乃成大人。

（2）一为一致殊途、以简御繁，元为与天地终始、生生不息

我们所面对或创造的名相万殊，但其元素实则简易。《易经》："天下同归而殊涂，一致而百虑。"老师说："'属万物于一'就是殊途同归；'系之元'就是与天地终始也。天下事虽然不同，但都得属之于一，办事得以简御繁，就是殊途同归。系之于元，就是与天地终始、生生不息之道。孔子改一为元，这才有深的意境。"人面对万事以一为入手处而生百法，但又同归于一，以一统率诸法，始于一，终于一。殊途同归，以简御繁的目的在上达于与天地终始、生生不息的天之道。如此方能尽到天之子（圣人）之责。因此，老师总结为："'属一，系元，定一，其志一也。一致殊途，以简御繁也，自途自卑，以致其极，与天齐也。''属万物于一，殊途同归也；系之于元，与天地终始也，终始者，生生之道也，不息者也。'"

《论语·述而》："子以四教：文行忠信"，老师讲学一再强调不是怎么说，而是怎么做。行就得有步骤。在知道识源知本的意义后，怎么行？老师提示四个步骤：识元、继元、体元、行元。"惟圣人能属万物于一而系之元也……大其贯承意之理矣"为识元的方法，而"虑深通敏，只是识源知本的初步"。圣贤著经一字一义；老师解经亦一字一义，并提点步骤，此中深义值得好学者深思。

4. 鼓励活学活用，成活文王

老师说："我们提倡夏学不是盲目的，必得由这里去研究出来。我们不是反对西方哲学，但必得学我们的祖宗……看看中国佛学到底是怎么样。这就是我们的祖先很能吸收别人的长处。……要由根本上发掘自己，也会印证古人，也会创新自己，这才可以。不能印证古人，就不能创新自己。"提倡夏学不代表"罢黜西学，独尊中学"。首先，夏学本身就具备开放性、包容性，而不具有一神教式的排他性；其次，夏学具有开放性、包容性，也有本末先后；最后，夏学主张在用的层面上与时俱进，而不是故步自封。在面对21世纪的民主赤字、贫富不均、难民问题、环境危机等诸多顽疾，以及AI发展等数位时代科技日新月异的新挑战时，夏学能有什么应对之道？

老师常说："以古人智慧启发我们的智慧"，反对不急之务，强调古人的思想是我们思想的养料。对待前人思想，我们既不应该弃如敝屣，也不必奉若天宪。老师说："前人之说就是破铜烂铁，不能当成金科玉律……一个字少一点又有什么关系？只要是个道，你怎么想都行。千万要活用。"破铜烂铁在智慧的凝炼下，也能点石成金。老师说："天下没有比卤水再厉害的东西，人一听到，马上自动凝结在一起，这才有用。这要在活的工夫里去找，很有深义。破铜烂铁加在一起，凝了，做成了电灯，成型发光了。"从这启发吾人"以夏学奥质，寻拯世真文"。

因学力有限，体会各异，末学不揣浅陋，略抒鄙见。讲录中的覃思奥赜仍有待读者玩味体悟，并付诸行动。"奉元率性，尽三参天"，"达德光宇宙，生命壮自然"。

最后，因整理本讲录时，仍须兼顾日常工作，时有分身乏术之感。所幸内人范暘沐博士适时畀付奥援，襄助整理本书后半部分，最后再由末学统稿，使得本书得以及时付梓。谨致谢忱。

目 录

仁义法第二十九 ... 1

《春秋》所研究的大目标，是研究人我的关系。把人我关系搞好了，他就是圣人，就是大人。一般人的成功和失败，都在人我关系上。用什么来治人与治我呢？很简单，就是仁与义。

必仁且智第三十 ... 15

《春秋》的复古，不是一般所谓的顽固复古。这古指的是人有同一的尊严。羲皇上世，那是最民主的时代、最自由的时代，常写"尧天舜日"，就指的那时代。

俞序第十七 ... 22

为什么孔子要把衰都记下来？因为未来之事就是从衰乱中出来的。一个"衰"字给人无穷的盼望。处于今天的社会不必苦恼，英雄造时势，时势造英雄，升平时候还有什么事做？

符瑞第十六 ... 43

天心就是民心，民心之所好就是天心之所好，天人合德了，就是符瑞。孔子的宽大，以天时水土为他智慧的范畴，上知天文，仰观于天，近取诸身，而不是从某一个人来启发。

二端第十五 ... 47

孔子把微看得特别重。开始要特别注意，好的开始就是成功的一半。《春秋》言灾异，为防患于未然，不是迷信，是一个警惕，因为懂灾异之可怕，就知道防患于未然。

重政第十三 54

　　天地人都是随元生的。天地奉元，人也奉元，所以才能与天地参。人的元和天地的元是同一个元，所以人的尊贵可不得了。有很多人，好好的人不做，光做动物，有什么办法？

十指第十二 67

　　十指就是一切事之所系，使新王之化得以流传于后世。《春秋》之学没有什么神秘，完全订正以前的错误，也就是本天王之所失，除天王之所失而归于正。

正贯第十一 79

　　《公羊春秋》言简意博，完全靠口说。《春秋》是治天下之大义之所本，治天下完全出于《春秋》。董仲舒以《春秋》决狱，《春秋》也是治狱的大法。

盟会要第十 85

　　儒家的真精神及圣人最重要的责任就是除天下之患。《春秋》这部书里，特别看重这件事，书天下之患，没一个遗漏的，只要有患，都写在《春秋》上。什么是天下之患呢？就是诸侯结盟。

保位权第二十 92

　　保位权，是为政之要道也。"治乱世用重典"，我以为不一定要用重典，"治乱世用严典"才对。法立了，必得严，大家必得遵守，不守不行。用重典并不是好事，我主张用严典。

离合根第十八 106

　　中国的政治是法天的。一个为君者，虽然高其位，但是得下其施。地位高，并不代表你一切都高。天的一切都是公的，"天无私覆"。施予都是大公无私的，这就是中国的则天之道。

立元神第十九 113

　　礼乐是人事之大者。没有乐，就是暴戾之气了。礼乐一失，人和社会就连狗都不如。还能存在多久？"各从其欲"，民如麋鹿，这样的国家未有不亡国灭种的。

目 录

楚庄王第一 124

《春秋》一切都断之以礼义，是礼义之所宗主。中国是礼义之邦。我们讲中道，是中道的国，中道是什么？其用就是礼义。用中，要行中道，这是中国人的责任，不穷兵黩武。

玉杯第二 140

《春秋》最可怕就在看你志向如何就决定一切。意念正，神就清；意念不正，神就昏沉。任何一件事，没做你就知道，志一动你就知道，还等行吗？看这防未然到什么境界！

王道第六 168

中国最古有了政治的形象，就是从五帝到三王。他们治天下时，没一个有做民领袖的心，一点都没有控制老百姓的心。民可载舟，民可覆舟，古人治民，完全是这样。

灭国上第七、灭国下第八 193

中国讲九世复仇。三、九都是虚数，有仇必得复，有仇不报非君子，这是讲国和国的复仇。言语是君子的枢机，一个人一句话不但能亡现在的国，还能亡百代的国。

随本消息第九 198

圣人不能生时，时至而不失之。颜渊死了，孔子说："天丧我！"；子路死了，他说"天祝予"；西狩获麟，他又说："吾道穷矣！"。天命的成与败，圣人虽知道，但也不能救止它！

服制像第十四 202

青龙、白虎、朱雀、玄武，这四者是人之盛服。连一个人穿一件衣服，在中国人智慧中都是有意义的，中国人有文化就在这里。通古今的，都是何等人物！通古就能衡今，做今之鉴。

考功名第二十一 205

为什么考绩？就考他日月之所积，他所积的是功还是过？天之道，把许

3

许多多的精积聚到一起，而成天之光。人怎么成圣人？日行一善，积聚众善而为功，刹那都行善。

通国身第二十二 209

上医医国，其次下医医疾，夫人治国故治身之象，疾者身之病，乱者国之病也。身之病待医而愈，国之乱待贤而治，治身有黄帝之术，治世有孔子之经。

度制第二十七 211

均是儒家的重要思想，均产要怎么个均法？忠、孝、仁、义这些都是对当政者有好处，他就是不说均。尤其是今天，均了才有好处，因为太贫则忧，忧则为盗，小盗盗财，大盗盗国，很值得重视。

竹林第三 216

一个仁者，越自然越美，装腔作势的不是仁者，得出于至诚。无论哪个圣人，都是自然为美，曲肱而枕之，乐在其中。不了解这些就是有文饰，有一分文饰，就是有一分虚假。这个道理不能懂，就少一分成就。

天地阴阳第八十一 232

天地间有阴阳之气，它常常慢慢感染人，就像慢慢浸鱼一样。鱼和水，人和气，都是渐渐来的，如果把小鱼突然丢进特殊的水里，进去就死了，因为没有渐。

王道通三第四十四 240

天地人，中间穿上了，就是王。那中间把它贯通成王的，居中的是什么？皇极之道也。在《尚书·洪范》里，特别讲"皇极"，也就是人道之极。"皇帝"的本义是，皇，大也；帝，主宰义，最伟大的主宰，得"建其有极"。

天道施第八十二 247

不求报曰"施"，真正布施是不求报的。天道绝不求报。天覆之，地载之，坤顺承天，天有施之能，地有化之功。人之所为，必得是合于义，每天做事不合乎义，那就不是人了。

天道无二第五十一 256

道动了才有生机，才生生不息。它是一，不是二。一而不二，就是"惟精惟一"。一，诚也，天之道也。这是天之行也。一个人必得善用心之机，天道之藏于身者，就成人道了。

天容第四十五 260

义不义，就看是不是合乎时，好事不合时，也算不得义。喜怒虽然合乎时，也不算正。圣人不以喜怒来奖惩，不以喜怒来表达自己。看甘地，他哪有喜怒？一言以蔽之，必得公而忘私。

身之养重于义第三十一 263

仁是体，义是仁的用，把仁表现出来，拿善行来养自己的心。日行一善就是养心，每天做事都于别人有利，那真是乐。并不是善与人知，而是自己的乐，拿这个乐来养心。

对胶西王越大夫不得为仁第三十二 267

对好人当然用善道，对不好的人那可不客气，杀恶人即是做善，见谁都乡愿，那还得了？好人都不能活了！我们修德，不主动对别人不好，但别人欺负我们可不行。必得有应敌的能力。

郊语第六十五 270

天地神明之心，都是空异的，中国人拿天当个有知觉的，以天为贵。一个人看自身的行为就知道天意了。中国人的天的观念，由这里可以看出来，完全合良知，合天之道。

郊义第六十六 275

郊天、祀地、祭祖都在城外，太庙则在城内。祭宗庙，每季一次，白话就叫"尝新"，每一季的新东西上市了，都请祖先尝尝，表示今年丰收，这很有人味。

四祭第六十八 276

为什么要祭祖宗？中国祭祀，无论祭什么，完全是报恩，一点迷信都没有。后世神道设教、祭祀，才是迷信的。古时的大祭，有郊天、祭祖。其他都是次要的。这些都是报恩之祭。

奉本第三十四 278

礼之本不是作揖打拱，那只是礼之末者。"继天地，体阴阳"，这是自然之化。人我的关系，完全是一样的。我们最要慎的，就是人我的关系。处理得好，就是义也，宜于仁也。

诸侯第三十七 285

霸者尊君，王者尊天。成一世之雄，得有所尊主，才成乱世之雄。要想成其大，得像三代圣人，没有不则天的；不则天，就不能成其大。没有首，所以他让贤，谁好就让谁。

观德第三十三 287

人无生而贵者，所以说"民吾同胞，物吾与也"。天下无所殊，我们和小蚂蚁没什么不同。懂这一句，就不会有一点傲慢之心。为什么你感觉自己比别人强？这是人最大的缺点。

顺命第七十 292

古人用天的威力来约束混蛋，否则他听谁的？秦始皇那么了不起，临死时，还叫人求不死药。等自己面临生死关头了，也得受骗，还畏天威。古人为约束一个人用了多少心血。

为人者天第四十一 297

一个人之为人，都本于天。人上类于天，我们是天民，替天行道的，人最合乎天之数。无愧于心，就是无愧于性，在人曰性，在身曰心；也就是无愧于天，在天曰命。

玉英第四 300

天地和人是一个元，所以人与天地参。这就是天人境界。树立了人的格，能为别人利用吗？得为真理、良知利用才行。人的高贵，要修其天爵，"天爵自尊吾自贵，此生无怨亦无尤"。

精华第五 324

天地之位也乱了，阴阳之序也乱了，就要变天地之位，这是义之至也。为使人伦之序得正，什么也不必怕，不忌其难，得有直行其道的魄力。另辟天地，看何等魄力，连日月都换了。

五行相胜第五十九 334

一个人成就大小，就看有没有私。一个"私"字，真害尽天下苍生，同归于尽；智慧叫名利心给蒙蔽了。读书都要找古义，不要光以传统的义来看。在一段古义里，找到现代观念。

阳尊阴卑第四十三 338

要由根本上发掘自己，也会印证古人，也会创新自己，这才可以。不能印证古人，就不能创新自己，孟子里不也提"上友古人"吗？读古人的诗书，不懂古人的生活背景，那怎么读？

贤良策 346

孔子到最后把周朝否定了，要自有所为了。我就盼你们，自有所为。如果都学老师，那就完蛋了。教书是为了拿古人智慧来启发今人智慧，不是叫你拿来当金科玉律。

三代改制质文第二十三 361

新王是什么王？是文德之王。尧舜以前，以文德治天下，是文德之王。新王就是学这些文德之王。新王大一统天下，是以德的，叫一统；是霸道的，叫统一。王霸之分就在这里。

仁义法第二十九

《繁露》这部书不容易读，你们既然发心听了，就不要中途退出去，细心慢慢往下读。老同学最多有听六七遍的，五六遍的很普遍，两遍的太多了。要勉强听下来，必然有所得。如果是河洛本的，前面有名家的评语，不要轻忽视之。一般人不懂《繁露》是什么，我们讲这个，还有人笑我们，这就见仁见智了。但是一个书能传几千年，必有它的价值。那些名家的批评，也不是阿谀，其中必有真精神，一个真的东西不是马马虎虎就可以接触到的，真理固然是一个，就因为它是一个，所以就不容易摸到，所以中国传统有一句话说"人心惟危，道心惟微"（《尚书·大禹谟》），一个微的东西，我们不容易见着，一个微的东西，我们也不容易控制，像"人心惟危"，一个危的东西，谁也不容易控制自己的心，所以我劝你们忍耐一点，不要读读感觉到难了，不知它说些什么东西，就把它停下了。男同学必得知道多，才能应付事，才能生存。至于女孩子，我是主张贤妻良母的，女孩子读书，就为了做贤妻良母。我们拼命读书，造就自己，是为了个人有成就，各人有各人的责任。我常说，今天我有饭吃，完全是我母亲的功劳。小时候，我不大喜欢她，她感冒了，我希望多感冒两天，因为她老折腾我。今天想，能在这里赚几个钱花花，都是母亲的功劳，不然的话，恐怕也和一般人一样。前面说女子无才便是德，那是笑话，是要做贤妻良母。如果为了谋业而去读书，那种价值就没了。想做贤妻良母，那是责任，本身必得有一番功夫，修养很不容易，没有修养，怎么应付事？

《春秋》之所治，人与我也。所以治人与我者，仁与义也。以仁安人，以义正我。

《春秋》所治,其要点在什么呢?就是别人与我。社会上很简单,就是两个:人与我。谁能把人与我的关系把握住,一定成功。

所以《春秋》它所研究的大目标,就是研究人我的关系。把人我关系搞好了,他就是圣人,就是大人。一般人的成功和失败,都在人我关系上。用什么来治人与治我呢?很简单,就是仁与义。"以仁安人",能安人的人就是仁者。从有人类开始,那些大政治家,没有一个不是为人类谋幸福的。为人类谋幸福,他的终极目的就是安人。成就这个的,就是仁者,就是圣者。《礼记·礼运·大同》使我们深刻地悟到为人之道,它说:"力恶其不出于身也,不必为己。"我的力量只怕不是从本身拿出来为别人服务的,可不是为己。这种人不是仁者吗?"货恶其弃于地也,不必藏于己。"社会上,食就是货,我们最讨厌的就是弃于地,浪费了物力、财力。虽然讨厌物资弃于地,但是也不必把物资藏于自己身上。这思想多伟大。首先不能浪费物资,但也并不借"不浪费"的目的、"不浪费"的口头语,藏在自己身上。有些人也反对浪费物资,结果是为了"藏于己"。《礼运》上说:"货恶其弃于地也,不必藏于己。力恶其不出于身也,不必为己。"因为什么?为了安人,这是仁者的境界。我们大人做事或小孩子玩耍,不也是大一点的帮助小一点的吗?你的智慧比别人高,力量比别人大,以己之长,补人所短,我们讲互助、帮助别人,就是安人。你们不是常到敬老院去帮帮忙吗?这出发点是善良的,但是要把这个德行扩大,不要只窄窄的守住一点。去帮着洗洗衣服,心里一定很愉快,助人确是快乐之本。知识分子知道有这么多需要帮助的人,应该有奋斗目标,教伸手不能自立的人,也得到安。孔子说"老者安之"(《论语·公冶长》),就是安人,安人的境界就是叫别人有好处,没有痛苦,这是知识分子该担当的责任。假使每一个人都有这种行为,社会就不会那么苦了。其实这很容易,任何人多少都会表现一点。

以人安人,第一个"人"同"仁"字,拿仁心来安人,这是传统解释。其实也不必这么说。以人安人,以人之心来安人,不是说"推己及人之谓恕"吗?以人之心来安人,就是推己及人,就是恕,"己所不欲,勿施于人"(《论语·卫灵公》),不就是仁者吗?这就叫以人安人,拿人心、己之心来安别人。推己及人就是恕。我们中国讲,道就是仁,违道不远,道是仁,仁是忠,就是恕。对任何一个老人,都希望他丰衣足食,我们看有苦的,拿心意来推动。

　　《中庸》:故君子以人治人,改而止。忠恕违道不远,施诸己而不愿,亦勿施于人。

　　接着说"以义正我",修我的身、我的德。拿什么来做标准呢?就拿"义"做标准。"义"是什么?有很多解释。我认为最好用《易经》一句话,就不是空言了:"和顺于道德而理于义。"什么叫作义?无论处理一件事,大至国家天下,小至于自己,必要和顺于道德的范畴内,然后以道德的范畴来理天下事。在这个义上,和于道德,顺于道德去理事。但要注意,道德的标准可是有时间性的,以时为上。尤其孔子,行事完全重视时,"圣之时者也"。像我们以前见了朋友,作个揖,而现在是握握手,这都一样。礼以时为上。行礼不同,作揖和握手不同,但那表情和意义完全一样。道德的标准是合乎时的,不可以拿旧的标准来衡量今天;也不可以用今天的标准来衡量旧的时代。你们以为以前人旧,而那时人还以为是时髦。那时人没事坐坐茶楼,几碟点心,就跟现在年轻人坐黑屋喝苦水一样。那时大而化之,光天化日之下,还要听听清唱,点心摆着,也不必吃。拿今天来批评古人,那是愚人。拿从前来批评今天,也不必,都不是圣人。圣人得以时。现在裤子必得拖地才显时髦,有人还觉得上楼梯危险。前三年又是什么样?到底哪一个对?如果说那一个对,另一个一定是错了。时间固然重要,自己的身份得特别注意,时是时,时里面也分,分他所守的位,所守的身份。时里头还分个位,这完全是《大易》之道了。"时乘六龙以御天"(《易经·乾卦》),为什么"时乘"?因为位不同啊!像乾卦,第一个位初九,是"潜";九二,是"见"。这一个一个叫"位",每一个位都有时,因为有时有位,时是时,可得注意时的位。譬如无论怎么时髦,小学校长也不宜梳个鸡窝头。不要说道德标准以时为上,就一味赶时,赶时还得看你的位。大学生有大学生的位,家庭主妇有家庭主妇的位,歌星有歌星的位,那是你个人的位,得因其位而从其时。这么一说,义就不是空的了。

故仁之为言，人也；义之为言，我也，言名以别矣。

我们讲"仁"，就是人，一个人还不行，得两个人能讲仁。"仁者，二人偶也"，"仁"就是二人合在一起，才能看出这个人仁不仁，义不义。和一人没相处，怎么知道这人好坏善恶呢？相处了，好、善就说他是仁者；不好不善，就说他不仁不义。这就是处的结果。社会上就是人我关系，就是人际关系，这关系搞好了，可以治国平天下；搞不好，夫妇都同床异梦。人和人相处，贵乎真，不要完全用诈术。术是智慧的结晶，在不得已的时候，不得不用，可不是为了自己而用。处人真是最难的一件事。

仁之于人，义之与我者，不可不察也。众人不察，乃反以仁自裕，而以义设人。诡其处而逆其理，鲜不乱矣。

我们拿着仁者之心对别人，用道德之义来御我自己，不可不详细研究。下面两句话特别发人深省。一般人不懂研究仁与义的分界，反而拿仁来助裕自己，拿仁来利己了，这种人叫明白人一看，伪善！像有人办孤儿院，其实是用孤儿院做号召，把孤儿院的东西自己喝了，大家不说他是伪善吗？他拿道德的标杆、义的标杆去衡量别人，却不用义来律己，看人家合不合义，净考虑别人，忽略了自己。今天21世纪了，虽然这样诡变，仍超不出这个范围：仁、义。人我是分不开的，还是由此衡量一切。这一弄，"诡其处而逆其理"了，"诡"就是反正、反常。诡其所处，把义理也相反了。到了这个程度，很少不乱的。

是故人莫欲乱，而大抵常乱。凡以暗于人我之分，而不省仁义之所在也。是故《春秋》为仁义法。仁之法在爱人，不在爱我。义之法在正我，不在正人。

人没有喜欢乱的，但常常乱。每一个时代都有革命人物，要救民于水火，结果不但没有救民于水火，反而越陷越深。为什么呢？因为常"以仁自裕，以义设人"，总拿义的尺子衡量任何人，对于人我的分野，没有看清楚，也没有研究仁义的本义所在，结果就是"诡其处而逆其理"，因为这种结果，所以孔子修《春秋》而使乱臣贼子惧。为什么要作《春秋》？"世衰道微……孔子惧，作《春秋》。"（《孟子·滕文公下》）孔子以为不得了了，快快得想办法立教。《春秋》讲的就是仁义的法。一般常说："《春秋》者，礼义之大宗也"（《史记·太史公自序》），"礼者，理也"（《礼记·仲尼燕居》"礼也者，理也；乐也者，节也"）。"礼义之大宗"，治世之大本、大法。《春秋》就是讲理事之义之大宗。"义者，宜也"（《中庸》），礼义就是"和顺于道德而理于义"的"理义"，理事所宜处之大法大宗。"仁"的法在哪儿？在爱人，不在爱我，自裕就是太爱我了。"义"不是正人，而是要合于道德的标准来正我，不是用以设别人的。

我不自正，虽能正人，弗予为义。人不被其爱，虽厚自爱，不予为仁。

如果我没有把自己正好，虽可正人，弗予。"予"当"许"字讲。弗许为义，人就不承认你行的是义。人没被受你的爱，却自爱厚得不得了，专重视自己的自爱，这又是什么玩意儿？

昔者晋灵公杀膳宰以淑饮食，弹大夫以娱其意，非不厚自爱也，然而不得为淑人者，不爱人也。质于爱民，以下至于鸟兽昆虫莫不爱。不爱，奚足谓仁？

《公羊传注疏·宣公六年》：六年，春，晋赵盾、卫孙免侵陈。赵盾弒君，此其复见何？亲弒君者赵穿也。亲弒君者赵穿，则曷为加之赵盾？不讨贼也。何以谓之不讨贼？晋史书贼曰："晋赵盾弒其君夷獔。"赵盾曰："天乎！无辜！吾不弒君，谁谓吾弒君者乎？"史曰："尔为仁为义，人弒尔君，而复国不讨贼，此非弒君而何？"赵盾之复国奈何？灵公为无道，使诸大夫皆内朝，然后处乎台上，引弹而弹之，己趋而辟丸，是乐而已矣。赵盾已朝而出，与诸大夫立于朝，有人荷畚，自闺而出者。赵盾曰："彼何也？夫畚曷为出乎闺？"呼之不至，曰："子大夫也，欲视之则就而视之。"赵盾就而视之，则赫然死人也。赵盾曰："是何也？"曰："膳宰也，熊蹯不熟，公怒以斗擎而弒（编按：疑为

'杀')之,支解,将使我弃之。"赵盾曰:"嘻!"趋而入。灵公望见赵盾,愬而再拜。赵盾逡巡北面再拜稽首,趋而出,灵公心怍焉,欲杀之。于是使勇士某者往杀之,勇士入其大门,则无人门焉者;入其闺,则无人闺焉者;上其堂,则无人焉。俯而窥其户,方食鱼飧。勇士曰:"嘻!子诚仁人也!吾入子之大门,则无人焉;入子之闺,则无人焉;上子之堂,则无人焉;是子之易也。子为晋国重卿而食鱼飧,是子之俭也。君将使我杀子,吾不忍杀子也,虽然,吾亦不可复见吾君矣。"遂刎颈而死。灵公闻之怒,滋欲杀之甚,众莫可使往者。于是伏甲于宫中,召赵盾而食之。赵盾之车右祁弥明者,国之力士也,仡然从乎赵盾而入,放乎堂下而立。赵盾已食,灵公谓盾曰:"吾闻子之剑盖利剑也,子以示我,吾将观焉。"赵盾起将进剑,祁弥明自下呼之曰:"盾食饱则出,何故拔剑于君所?"赵盾知之,躇阶而走。灵公有周狗,谓之獒,呼獒而属之,獒亦躇阶而从之。祁弥明逆而踆之,绝其颔。赵盾顾曰:"君之獒不若臣之獒也!"然而宫中甲鼓而起,有起于甲中者,抱赵盾而乘之。赵盾顾曰:"吾何以得此于子?"曰:"子某时所食活我于暴桑下者也。"赵盾曰:"子名为谁?"曰:"吾君孰为介?子之乘矣,何问吾名?"赵盾驱而出,众无留之者。赵穿缘民众不说,起弑灵公,然后迎赵盾而入,与之立于朝,而立成公黑臀。

这里举例子,为了吃好东西,做得不好,把膳食房主持人杀掉,这个办法是不行的,这样不道德。历代明君都不重视吃。再有拿小弹珠来弹大夫,人一惊跳看来好玩。这专厚爱自己,不惜杀别人、玩弄别人,然而不得为义人者。"淑"作和善、勉强讲,否则为什么不说善人呢?遇人不淑勉强作遇人不善,其实"淑"还没到善人境界。

仁者,爱人之名也。巂,《传》无大之之辞。自为追,则善其所恤远也。兵已加焉,乃往救之,则弗美。未至豫备之,则美之,善其救害之先也。夫救蚤而先之,则害无由起,而天下无害矣。然则观物之动,而先觉其萌,绝乱塞害于将然而未形之时,《春秋》之志也,其明至矣。

"巂",一说是四川省,或说是山东齐国。"巂,《传》无大之之辞",虽然没有赞美说他是仁者。"追"是近字，他行为倒是近乎仁者。"善其所恤远"，"善"是动词，对于远方软弱者，特别怜恤他。"兵已加焉，乃往救之，则弗美"，为什么？因为未预备，一切是应预防未然，发生了就不好了。懂得救害的人，得先着鞭，无论是救国，还是救朋友困难，得蚤而先之，不可以累朋友落地了才去。救人、救事之道，有原则，得蚤而先之，不但要早，还要先去，要帮忙的先去，这样才害无由起，害没发生，天下不就没害处了吗？而我们要察物和事之动，察一切的动，必先察觉其萌之机，像战事，看到边境上调兵，就要多加小心了，不能等放枪才知道。在机萌时，就绝了这个乱，堵住了这个害，在将然时就防患于先，这种行为才是《春秋》之志，也才明事到最高境界。

非尧舜之智，知礼之本，孰能当此？故救害而先知之，明也。公之所恤远，而《春秋》美之。详其美恤远之意，则天地之间然后快其仁矣。

若不是有尧舜那样的智慧，知道大本所在，谁能当这种先机呢？有什么祸害发生，能先下手，这就是智最明的地方了。简单来说，"《春秋》之志，在明尧舜之智、礼"。孟子"言必称尧舜"（《孟子·滕文公上》），《中庸》子思也说"仲尼祖述尧舜"，祖述尧舜的什么？尧舜之智、尧舜之礼。智礼就是仁和义。有人说孔子之道是一个"仁"字，这样应叫孔子"圣之仁者"。孔子之学是一个"时"字。"仁"是华夏之道，孔子是祖述尧舜之仁。《易经》特别讲"时"，所以老提"时之义大矣哉"。

做任何事都要识机先，早而先之，事情没来就了悟了，再有事情发生以后，要注意事情的来龙去脉。事情发生了，要顺而止之，这是庄子讲的，千万不要逆，一逆，力量更大。举个例子，做事就像钓鱼，碰到大鱼的时候，线得往长放，不放长线，和鱼一争，弄不好线就会断掉，你的对象力量越大，线越长，他本身力量就松弛了，等最后他力量不够了，再对付他。如果他刚上钩，你看来了大鱼，一急，不是断了线就是跑了鱼。许多事情发生，若还在最重要的时机，两边正势均力敌的时候，这时下手，费很多力量也难对付。倒应像钓大鱼，尽量松线，他那边越紧，你就松松松松，松到差不多了，他那股劲就没了。他不知道已经上钩了，这时你再叫他出来，这才行。两家斗争还在事头上，不要斗，斗得不好，两败俱伤，起码也是一无所得。得看哪方面势头盛，就尽量放线，叫他不知不觉，以为不和他斗，得这样才收全功。天下事大小都一样，所以庄子说了四个字"顺而止之"，像钓大鱼，因为什么不拽？为什么松绳？就因为顺而止之，你能跑，我尽量放，线完了，你的力量也没了，顺而止之就能达到目的。识机的事那么简单吗？真了悟了，取之不尽，用之不竭，就能左右逢源。人事上，每天就是斗，夫妇俩那么近都斗，比夫妇再远的，更斗了。人生就是斗，要说谁胜过谁，一刹那间都有胜利的时候，都有失败的时候。老夫妇俩，老头叫老太太骂得没办法了，说个好话，气就没了。人生就是斗，不要太迷信了，以为以德化民怎么怎么地，以德化民则可，以德化敌可不容易。

"观物之动而先觉其萌"，"观"是察，察物的动，察事物的趋向，再机微一点，察动机。"动"里面包括了动机和趋向。"萌"特别重要，是觉萌，不是觉果。有很多人看结果，什么不都晚了吗？我们是要觉那个萌，萌在那儿？萌是事先没有迹象、征兆时，萌得特别注意。既懂动又懂萌了，这就是《春秋》所主，读《春秋》的目的也就是这个。《繁露》里慢慢就讲到了。"圣人贵除天下之患"（《春秋繁露·盟会要》），这多面对现实。除患不简单，你不能除患，患就把你除掉，这是绝对积极的。一般人以为一提到圣人，就是脚不踩蚂蚁，走路打瞌睡。那是挑剩下的人。理学根本是禅宗别派。理学家都是假冒伪善，什么都懂，到最后什么都不懂。能够观物之动、觉其萌，绝乱塞害、防患未然，这才是明的最高境界。

再有，今文家开始总提尧、舜，看荀子提谁？尧和禹！《荀子》一书可说是完全拥护乱制。墨子也是法禹的。"仲尼祖述尧舜"（《中庸》），孟子时还有很多人骂大禹的，当时有人问孟子是不是"至于禹而德衰"（《孟子·万章上》），证明孟子时代的人还骂大禹，孟子还为他辩护两句。到了荀子，根本尧、禹并称，根本不感觉乱制和世及的不对。这也证明荀子是在孟子之后，多看书就看出来了。要不是尧、舜的智慧，性智、知礼之本，谁能当此境界？"绝乱塞害于将然而未形之时"，救害而先是知之明，害的源断了，这就是尧、舜的智慧。

有一个注："智精于妨微，而仁快于及远，所以体天地覆帱之德也。"什么叫智慧？"智精于妨微"才是智者，哪里是打牌赢两个钱呢？看什么是仁者？

仁者之德，快于心而及于远，天覆地载之德，最快于心的是及远，德能及远。智与仁要分清。

非三王之德，选贤之精，孰能如此？是以知明先，以仁厚远。远而愈贤、近而愈不肖者，爱也。故王者爱及四夷，霸者爱及诸侯，安者爱及封内，危者爱及旁侧，亡者爱及独身。独身者，虽立天子诸侯之位，一夫之人耳，无臣民之用矣。

再看"非三王之德，选贤之精，孰能如此"的小注："言仁而推及于豫除患害，深微之论。"

看"远而愈贤、近而愈不肖者，爱也"的小注："爱之为道，愈及远则愈贤，愈近则愈不肖，言广狭之异。"爱之道越及远越好，范围越窄越不好。仁者无不爱，"王者爱及四夷"，因为仁者无不爱也。安者更是。自己衡量自己吧，看属于哪种人？自私自利到极点，这一代人只知想自己，不知想别人。

董子讲的"一夫"观念和孟子说的"贼仁者谓之贼，贼义者谓之残，残贼之人谓之一夫。闻诛一夫纣矣"（《孟子·梁惠王下》）一样，是儒家的真观念。

如此者，莫之亡而自亡也。《春秋》不言伐梁者，而言梁亡，盖爱独及其身者也。故曰仁者爱人，不在爱我，此其法也。

《公羊传注疏·僖公十九年》：梁亡。此未有伐者，其言梁亡何？据蔡溃以自溃为文，举侵也。自亡也。其自亡奈何？鱼烂而亡也。梁君隆刑峻法，一家犯罪，四家坐之，一国之中，无不被刑者，百姓一旦相率俱去，状若鱼烂。鱼烂从内发，故云尔。著其自亡者，明百姓得去之，君当绝者。

这是《春秋》的例子，自己本身不正，正谁啊？

义云者，非谓正人，谓正我。虽有乱世枉上，莫不欲正人。奚谓义？昔者楚灵王讨陈、蔡之贼，齐桓公执袁涛涂之罪，非不能正人也，然而《春秋》弗予，不得为义者，我不正也。阖庐能正楚、蔡之难矣，而《春秋》夺之义辞，以其身不正也。潞子之于诸侯，无所能正，《春秋》予之有义，其身正也，趋而利也。故曰义在正我，不在正人，此其法也。夫我无之求诸人，我有之而诽诸人，人之所不能受也。其理逆矣，何可谓义？义者，谓宜在我者。宜在我者，而后可以称义。故言义者，合我与宜，以为一言。以此操之，义之为言我也。故曰有为而得义者，谓之自得；有为而失义者，谓之自失。人好义者，谓之自好；人不好义者，谓之不自好。以此参之，义，我也，明矣。是义与仁殊。仁谓往，义谓来，仁大远，义大近。爱在人谓之仁，义在我谓之义。仁主人，义主我也。故曰仁者人也，义者我也，此之谓也。

《公羊传注疏·宣公十五年》：六月，癸卯，晋师灭赤狄潞氏，以潞子婴儿归。潞何以称子？据其灭称氏。潞子之为善也，躬足以亡尔。躬，身。虽然，君子不可不记也。离于夷狄，疾夷狄之俗而去离之，故称子。而未能合于中国，未能与中国合同礼义，相亲比也，故犹系赤狄。晋师伐之，中国不救，狄人不有，是以亡也。以去俗归义亡，故君子闵伤进之。日者，痛录之。名者，示所闻世始录小国也。录以归者，因可责而责之。责而加进之者，明不当绝，当复其氏。

今天的人睛中只看到别人有毛病，不知自己有毛病。我自己没有这个毛病可以使别人也没有这个毛病，我自己贪污，还叫别人不贪污，别人不能接受，为什么？这结论最重要，"其所令反其所好，而民不从"（《大学》），理逆了。我们行为能宜于道的才能称为义，宜于理，道就是理。也就是说自己做事必然合乎理才施行，所以这里才说"此其法也"。"《春秋》者，礼义之大宗也"（《史记·太史公自序》），把我与宜于道相合，义之为言就是我，有为而在行事得于义叫自得。自得特别重要。一个人的好坏，完全在乎自己，谁也不能影响你。

仁与义不同，仁往义来，仁是为别人好，义是为自己好。先改正自己才是义，不宜于德、宜于理就不行了。仁太远，义太近，仁必得及于远，义必得治自己，自己管理好叫义，仁之主在乎对别人好。

仁义法第二十九

君子求仁义之别，以纪人我之间，然后辨乎内外之分，而著于顺逆之处也。是故内治反理以正身，据礼以劝福。外治推恩以广施，宽制以容众。

君子人所追求的，是仁与义的区别，懂得别了，"仁者爱人"，"义者正我"，"以纪人我之间"，懂仁义是什么了，拿此理来纲纪人我之间。"纪"是动词，在人我之间所有就是仁和义就成了，进而就辨别内外，小者内圣的功夫，大者外王的功夫；进而就是人我之间，然而要把这些道理表现在顺逆之所处上，顺就是顺时，逆就是逆时，这很重要。方才说理就是道，内圣功夫要返于理，拿理来正身。尊礼以劝福，"劝"是助也，自求多福，这就是礼的重要。"外治"，这是仁也，对外推恩广施，再有最重要的观念，要"宽制以容人"，制愈紧，民就无所容了。治民要宽制。

孔子谓冉子曰："治民者，先富之而后加教。"语樊迟曰："治身者，先难后获。"以此之谓治身之与治民，所先后者不同焉矣。《诗》曰："饮之食之，教之诲之。"先饮食而后教诲，谓治人也。又曰："坎坎伐辐，彼君子兮，不素餐兮。"先其事，后其食，谓治身也。

人不能生来空吃饭，得先去做事才吃饭。

《春秋》刺上之过，而矜下之苦，小恶在外弗举，在我书而诽之。

《公羊传注疏·隐公十年》：《春秋》录内而略外，于外大恶书，小恶不书，于内大恶讳，小恶书。明取邑为小恶，一月再取，小恶中甚者耳，故书也。于内大恶讳，于外大恶书者，明王者起当先自正，内无大恶，然后乃可治诸夏大恶，因见臣子之义，当先为君父讳大恶也。内小恶书，外小恶不书者，内有小恶，适可治诸夏大恶，未可治诸夏小恶，明当先自正然后正人。小恶不讳者，罪薄耻轻。败宋师日者，见结日偏战也。不言战者，托王于鲁，故不以敌辞言之，所以强王义也。

这最重要，这就是《春秋》。《春秋》特别不原谅在上面的错，特别可怜在下面的民。小过在人不必写，在己不但写出来，还好好教训自己、批评自己、诽谤自己。

看小注《中论·修本》："夫见人而不自见者谓之朦，闻人而不自闻者谓之聩，虑人而不自虑者谓之瞀。故明莫大乎自见，聪莫大乎自闻，睿莫大乎自虑。"

凡此六者，以仁治人。义治我，躬自厚而薄责于外，此之谓也。

一个人必须要严格律己，否则没法造次颠沛必于是。理智也控制不住，背着感情包袱，尤其在今天环境，好坏把握不住，不光是自己的好坏，自己算不了什么。

且《论》已见之，而人不察，曰君子攻其恶，不攻人之恶。不攻人之恶，非仁之宽与？自攻其恶，非义之全与？此谓之仁造人，义造我，何以异乎？故自称其恶谓之情，称人之恶谓之贼；求诸己谓之厚，求诸人谓之薄；自责以备谓之明。责人以备谓之惑。

我们不治人之恶不是仁之宽吗？仁是造就人的，义是造就自己的。今天人自己做了多少坏事以为别人不知道，还净说别人坏事，结果天天找别人坏事，薄责于己。

是故以自治之节治人，是居上不宽也；以治人之度自治，是为礼不敬也。为礼不敬，则伤行而民弗尊；居上不宽，则伤厚而民弗亲。弗亲则弗信，弗尊则弗敬。二端之政诡于上，而僻行之则诽于下，仁义之处可无论乎？

为礼不敬，为什么人家不尊重？你想别人亲你，必得在上面要宽。为什么？小人怀惠啊！人家不亲你就是不信你。"二端之政诡于上"，下面的人一定对你有所批评。仁义之所处，处仁处义，可不好好检讨吗？

夫目不视弗见，心弗论不得。虽有天下之至味，弗嚼弗知其旨也；虽有圣人之至道，弗论不知其义也。

至道都得论，不论则不明。

笔　记

1. 不恤远，则无以致大同，故《春秋》美之。
2. 由上文，知《春秋》之志，在明尧舜之智、礼也。
3. 近悦远来，远来则厚往，乃远远之道也。
4. 近不肖则严教，严教则近近之道也，皆爱之也。
5. 大一统之势、大居正之德，成大同不世之业。

《春秋》之志表现出来，"言必称尧舜""仲尼祖述尧舜"，这是一个系统下来的。

恤远慢慢才能致大同。

"近悦远来"，对远方好了，远方来的时候得厚往，看《中庸》。中国一向讲厚往而薄来。清朝时，越南三邦小国，连韩国都在内，来时带很多礼品，礼部挑最差的，收礼特别地薄。各国在京都有会馆，把三年要贡的东西都搁在那，因为各国千里迢迢地来得很费劲，待他们回去时，送的礼可不得了，给藩王、王后穿的都够三年用，到三年他用尽了，又来了。这是恤远人的道理，对他有好处，来了不收他的东西，但叫他拿回去的特别多。

再一个反面，近不肖是说本身，对近处好了是好，对近处不好是不肖，指对国君说，"近者说，远者来"（《论语·子路》），近者对远者好，远者才来；近者对我们不好，我们应知近者严教之，近处不严教之，远处就不来了。

近悦远才来。得怎样才近悦？举个例子，你处最近的朋友处不来，还能交远朋友吗？父子之亲是最亲的了，都处不来，还能和别人来往吗？近不悦远就不来，近不悦怎么办呢？近不悦严教之就是近近之道。远远近近之道，皆爱之也。严教之，并不是打之，得说打他才教之，那就完了。你要懂得怎么去远远，厚往薄来就是远远；严教之就是近近之道。近者喜欢，远者当然就来了。远者并不了解你那么清楚啊！近者不悦远者能来吗？这叫近悦远来之道。为政也一样。你把邻国都打扁了,远处不吓死了吗?这个是非很难说,给他一个教训是可以,等邻国都怕你教训就糟糕了。时代进步,大原则永远不能变,为政、处人,不循原则啥都办不到,这是一定的。所以近近远远之道很重要。处朋友,固然人无千日好,只做一个参考,否则有朋友吗?两人吵架了,你就说人无千日好,没有三年朋友,人嘴两张皮,怎么讲都合理。人无千日好,老朋友哪里来?旧社会中,人不敢不孝,因为不孝没有朋友,对父母都不孝,朋友又算什么?有朋友也必是利害之交,未有不凶终隙末者,利害之交能长吗?兄不友弟不恭,没有人交往,那么近都处不来,其他人处得来也是利害相关,利害下处得好,利害过去了,朋友就没了。现代朋友之道太薄了,亲情也薄,怨谁也不知道。总之,亲情薄,朋友彼此利用,利用一下就完了,国际之间亦复如是。真看明白,吓死了。

"故曰有为而得义者,谓之自得",君子无入而不自得,知最善者也,故造次颠沛必于是,无入不必于是,方能自得。

"有为"二字最重要。人无为是不行的(这不是老子的无为)。人必得有所为才能达其自得之境。一个人什么都没有,怎么能自得。

"一致百虑,殊途同归,系于元也。"那是指系元之道,有深义。《诗经》之义完全系于一,系于元,一致百虑,殊途同归,君子不素餐,得有所作为,凌曙本注:"人但有质朴而无治民之才,名曰素餐。"

为什么要系于元?一个有治民之才者,就能把许多老百姓笼络系于一身,就像"坎坎伐辐"一样。"坎坎伐辐"不都是安在一个轴上吗?一个有治民之才的人,才能维系群众,才是不素餐了。任何诗上面都是一个比,下面是说的实事。文章不难,领悟能用不容易,原因是体悟不够,体悟够了,就变成你的智慧,做事就用上了。

必仁且智第三十

苏舆在题下有注:"前篇以仁配义,以体言;此篇以仁配智,以用言。"这和仁义法算是一个,接着讲比较好。

莫近于仁,莫急于智。

看小注:"仁以为质,智以行之。"拿仁为质,拿智行事。仁是体,但必得有智慧。一个人没有智慧可不行,有了智慧,还要常常磨炼,才能用事。

因为什么"莫近于仁"呢?因为人的性"莫近于仁"啊!看人的本质是这么好!

没有比任事之智再重要、再急的。任事得有智慧,没有智慧就不能任事。仁,那不用说了,是性分所有的。孟子说:"孩提之童,无不知爱其亲者;及其长也,无不知敬其兄也。"(《孟子·尽心上》)这都是"仁"最重要的表现。智慧、个人经验,那些则可以由锻炼中得来。孟子说的"操心也危"(《孟子·尽心上》),才有智慧。你们的生活太平静了,想要有超人之智,那很难。

你没遇过危险,怎么知道对付危险?没有苦过,怎么知道如何来解脱这苦?没挨过饿,隔夜面包都不吃,怎么知道挨饿的滋味?

不仁而有勇力材能,则狂而操利兵也;不智而辩慧獧给,则迷而乘良马也。

"不仁而有勇力材能",那就坏了。有时候他谁也看不起,以为自己是天下的老大,最后就发动战争了。"辩慧獧给",那不是真智慧,不是性之智。他光有辩之慧,很会说话,遇事专兜圈子。常骂人说:"有话就直截了当说,不要净兜圈子!"就是这意思。明明没有,他也可以辩一个出来,结果也是以猥为是。这就像一个人迷而有良马,没有智慧,有良马也用不上。

故不仁不智而有材能,将以其材能以辅其邪狂之心,而赞其僻违之行,适足以大其非而甚其恶耳。

什么是狂?"不顾左右曰狂"。左右的事情都不管,那叫狂人。

许多人总觉得自己聪明,但常把聪明用错了,不但没能成事,还大其恶。这特别发人深省。没有仁之本,也就不会用智之用,非就越来越大,结果使自己的恶越来越厉害了。

其强足以覆过,其御足以犯诈,其慧足以惑愚,其辨足以饰非,其坚足以断辟,其严足以拒谏。此非无材能也,其施之不当而处之不义也。

他强的是什么?他强在可以掩饰他的过错!"御人以口给"就是完全用他的嘴御人,用嘴来批评一切,和辩慧一样,最后变成了诈者,以言诈人。其慧专惑愚,他的智慧足以迷惑愚人。辨,同辩。他的一切诡辩足以掩饰错误。什么是"断辟"?辟,法也,就是破坏法统,成了特权人物。有很多人自以为不得了,任何一点谏净之言都听不进。任何事想有成就,必得是"舜其大知也与!舜好问而好察迩言"(《中庸》),无一不取于人者。一个人完全自用,没有人敢在他面前说一个"不"字,即使得了天下也必然丢掉!这不是口头禅,要严格训练自己才行!

有否心者,不可藉便埶,其质愚者不与利器。

这是两种人。一个有不正之心的人,千万不能给他左右有一个借光的势力,否则就坏了。他的本质如果愚,你给他利器,那就不得了了。枪刀不可以给愚人。智慧不高的,也千万不可以赋之以特权。

《论》之所谓不知人也者,恐不知别此等也。

《论语》谈论事的人,所以以为他不知人,就因为他不会分这些类、这些等。

仁而不智,则爱而不别也;智而不仁,则知而不为也。

这就和妇人之仁一样,谁都爱,一点分别心都没有。这例子太多了。拉帮的时候,只知道把裙带关系都拉在一起,到最后,都毁掉!如有所用,必有所试。做事得有人品。如果他智而不仁,有功夫都长在嘴上,谁不会说。

故仁者所以爱人类也,智者所以除其害也。

亲民特别重要!如果智者不能为民除害,就只会捡小便宜,那算什么智者?

笔　记

1. 先秦对仁字乃积极之行为表现,此后对仁乃是一种道德态度。
2. 古者谓圣人贵除天下之患,汉后则以圣人如老禅,发人深省。
3. 先秦虽为乱制,但思想自由,仍存古道。至秦则无生人之气,故遗患后生。

"仁而不智,则爱而不别也;智而不仁,则知而不为也。"这一章看仁与智的毛病。有人盲目地爱,猫狗不分,这就是光有仁厚,没有智慧,这就叫乡愿。又有许多人,很聪明,什么都懂,可是不做,这就缺少了仁。智而不为的人,就是"智而不仁"。由这里认识自己,也可以去认识别人。

一分不做,等于不知。那些无所为的人,也无所成。

何谓仁?仁者憯怛爱人,谨禽不争,好恶敦伦,无伤恶之心,无隐忌之志,无嫉妒之气,无感愁之欲,无险诐之事,无辟违之行。故其心舒,其志平,其气和,其欲节,其事易,其行道,故能平易和理而无争也。如此者谓之仁。

"谨"字重要。光翕而不争就是乡愿了。真是大智若愚则可，有些老油条，看年轻的乱蹦，等你们都蹦累了，我再做事。这都不是盲目的。《圣经》说人家打左脸，我们把右脸也送上去，那是多么浑的人！

我们可以不去做不合理的坏事，但可不能不懂。要与事物和合而不争，不是净吃亏。真要争时，我们准站在最前头，只是不做无谓之争而已。

好恶必得敦其伦。"敦"，诚厚也，特别实实在在的。好恶人人都有，不可以不敦其类，与身份不同的好恶，就把身份给糟蹋了。譬如学生去的地方，必得像个学生。这不是阶级，至少程度不同了。一个人得有为有守，一个人不能有守，那怎么行？

一个人会"心广体胖"就因为这个。不这样修养自己，绝不会真正心里舒服，内心一定交战。

一个人得没有自伤自恶之心。有些人主观，最讨厌某一种人，并不是他坏，而是因为你有了主观。又有时候，自己不知道改过，出了毛病直跳脚，不知道"不贰过"，这就是伤。

"忌"，就是忌讳的事。许多人有忌讳，些微一点小事都不舒服。人没有到境界时，你触犯了他的忌讳，他绝不理你。所以讲"说玄不说闲"，绝不能伤害到对方。因为人都有所忌，那是从他环境里来的。刚开始时，当然不知道人之所忌，所以说话时要多了解人家，知己知彼。什么都从心所欲就坏了。一个人的行止必得有谨的功夫。该去的地方必得去，不该去的地方绝不能去。行止要有分寸。严格约束自己，成功的机会就多。简单事都不够谨慎的话，重要事就不必做了。许多人有志可是志办不到，一年换三个地方，因为人家需要的你不会，自然而然就搬家了。这不必责备人家，任何事不必看对方，只要看自己能不能。知己，进而再知人，一定能成功。

越有所好的人，自我的心越强。那都没到至高境界。像甘地，根本把自己看得零度以下，"人之彦圣，其心好之"（《大学》）。

一个人到多大年龄都一样，不真正改造自己，那很难。见景就生情，那就是感。文学家多愁善感，见花就流泪了。看他的心多么窄！一个大英雄人物，这些都没有的！

"险诐之事"，不是好事，这都没有。也没有偏僻违礼的行为。能这样，故其心舒。像甘地，他心里怎么会有什么不舒服？人家开枪打死他，他还要赦免那人。人得修到这种境界，他哪里还有欲？他岂只欲节，实在是欲绝了。

能这样，成功失败完全顺其自然。我们只许成功，不许失败，这就难了。要多玩味，真对自己毛病去改，否则不会成就事业。

何谓之智？先言而后当。凡人欲舍行为，皆以其智先规而后为之。其规是者，其所为得，其所事当，其行遂，其名荣，其身故利而无患，福及子孙，德加万民，汤武是也。其规非者，其所为不得，其所事不当，其行不遂，其名辱，害及其身，绝世无复，残类灭宗亡国是也。故曰莫急于智。智者见祸福远，其知利害蚤，物动而知其化，事兴而知其归，见始而知其终，言之而无敢哗，立之而不可废，取之而不可舍，前后不相悖，终始有类，思之而有复，及之而不可厌。其言寡而足，约而喻，简而达，省而具，少而不可益，多而不可损。其动中伦，其言当务。如是者谓之智。

说了就得办到。行必得当其言，言而必行，就叫作智者。智而不仁，就知而不行。既智且行，就是必仁且智，懂了这个，终身受用不尽。

"舍"是动词。《管子·心术上》里说："德者，道之舍。"因为他是智者，才知道舍行为。"规"是规划，凡事豫则立，一切规划谋猷都对的，就所为得其所事，怎么会得其所事的结果？

"遂"，成也。本身受其言行之荣，所以有利而没有患。患就是所利反面的事。

规是规非，没有那么容易。有时候一开始的设计就错误了，后来越陷越深，可能连老命都搭上了。人的一生就是这样，有些人一辈子一事无成，有些人会做事业，一开始就成了。

当国的失败了，哪一个不残类灭宗？当皇帝的，末代子孙都可怜。民主社会更快，一个失败的领袖，如果你的行为和老百姓所需之利完全相悖，结果老百姓也会把他所失的都报复在你身上。

在用事上，没有比智再急的。一个智者，看祸福看得很远很远。那些急功近利的，都是宵小的行为。因为这个，所以物一动，就知道它化的过程，事情刚要做，就知道结果如何了。他讲道理时，没人敢在旁边说闲话，树立了规范，人人说不可以废掉。

"终始有类"，不是始终。得识其类，就知其生生不息之道，当然得先有识类的智慧。

敬慎开始，就得想这个终，想这个终也就是识终。得一点假都没有，永远始终如一，这样就没有终而不复之道了，也就是规划对了，永远成功。

能做到上面这些，你达到任何一件事，没有一个人讨厌。说话虽少，可是人家都相信，而且足于理、足于道，约而中肯，把做事的目的完全表示明白了。

"省而具"，我们由一颗微尘，就可以见宇宙之大全。熊十力先生所说的海水里的一沤，也是这个意思。由海水的一个小泡，也可以见海水的大全。

"其动中伦"，一切行动，得中于伦类。"其言当务"，他所说的，都是当务之急，不是废话。这个反过来，就是"群居终日，言不及义"（《论语·卫灵公》）了。

学问之道，要真正去做，也应该帮自己造成那环境，人也得环境去逼他。有特殊环境，才能造就自己。这样朋友也处得长，因为把朋友当作神圣的对象，就可以改造自己的毛病。一个人必得设计许多环境来教育自己，这就叫"责己也重"。环境很能养成一个人，造就了自己，反过来，也造就了对方。

其大略之类，天地之物有不常之变者，谓之异，小者谓之灾。灾常先至而异乃随。灾者，天之谴也；异者，天之威也。谴之而不知，乃畏之以威。《诗》云："畏天之威。"殆此谓也。

不常之变就是异，小者叫作灾。灾常先至，奇怪的也跟着来了。这些事情，老了就懂，没有几个不应验的。"谴之"，提醒你，如果还不改，就叫你挨饿，天的畏一下来，就好几个荒年。

凡灾异之本，尽生于国家之失。国家之失乃始萌芽，而天出灾害以谴告之；谴告之而不知变，乃见怪异以惊骇之，惊骇之尚不知畏恐，其殃咎乃至。以此见天意之仁而不欲陷人也。

灾异之本不在天。"尽"字用得妙。天灾的本，完全发生在国家的失策，教育也在内，弄得人不太像个人。灾异多半由人道之失、人伦之失而来。父不父、子不子，其他还能谈吗？

虽然有怪有异，但是看出来天意还有仁。这得经历多了，发自良知才有用。

谨案灾异以见天意。天意有欲也，有不欲也。所欲所不欲者，人内以自省，宜有惩于心；外以观其事，宜有验于国。故见天意者之于灾异也，畏之而不恶也，以为天欲振吾过，救吾失，故以此报我也。《春秋》之法，上变古易常，应是而有天灾者，谓幸国。孔子曰："天之所幸，有为不善而屡极。"楚庄王以天不见灾，地不见孽，则祷之于山川，曰："天其将亡予邪？不说吾过，极吾罪也。"以此观之，天灾之应过而至也，异之显明可畏也。此乃天之所欲救也，《春秋》之所独幸也，庄王所以祷而请也。圣主贤君尚乐受忠臣之谏，而况受天谴也？

《公羊传注疏·宣公十五年》：冬，蝝生。未有言蝝生者，此其言蝝生何？蝝生不书，此何以书？幸之也。幸，侥幸。幸之者何？闻灾当惧，反喜非其类，故执不知问。犹曰受之云尔。受之云尔者何？上变古易常，上谓宣公、变易公田古常旧制而税亩。应是而有天灾，应是变古易常而有天灾，蝝，民用饥。其诸则宜于此焉变矣。言宣公于此天灾饥后，能受过变，寤，明年复古行中，冬大有年，其功美过于无灾，故君子深为喜而侥幸之。变蝝言蝝，以不为灾书起其事。

这里天的观念指的是活的天。我们内省了，就得惩于心，不能再做了，应该把一切不祥的事来观察我们自己，是不是我们是灾异的根苗？不能讨厌这些，因为是咎由自取。

《春秋》的复古，不是一般所谓的顽固复古。这古指的是尧、舜以前的古，人有同一的尊严。羲皇上世，那是最民主的时代、最自由的时代，常写"尧天舜日"，就指的那时代。自禹德就衰了，"变古易常"了，尧、舜之前世叫作常。现在变古之制而易古之常，所以应这事而有了天灾。孔子修《春秋》，就是痛恨乱制，教受苦之人民，怎样去应对。天灾是应我们的过而来的，这就是上天所愿救止我们，所独庆幸的事。

俞序第十七

"俞",答也。答序,就是《繁露》之序。

小注:"凌云:'俞,答也。'舆案:此篇说《春秋》大旨,盖亦自序之类。董子原书散亡,借此窥见著书次第,得其用心,读者当宝贵之。"从原序可以了解《繁露》大概。

仲尼之作《春秋》也,上探正天端,王公之位,万民之所欲,下明得失,起贤才,以待后圣。

孔子作《春秋》,"上""下"指先后说。先讲先谈什么,后讲后谈什么。"上探",求其所以然也。侦探是干什么的?就是求其所以然。

"正"使不正归于正。对一件事得求其所以然,这很重要。不只知其然,得知其所以然。第二,一个不正的东西,我们叫他正了。《大学》上说正心,本来是正的,有欲念才跑掉了,要找回来。正心是第一步,目的是心正。格致诚正修齐治平,格致诚正修齐治平,一个是入手处,一个是求得的止于至善之处。

"天",万物所由生者、出者,不是苍苍青天,是大、是元。形而下的是杏仁、桃仁的仁,从那儿生出来的。

"端",元也,就是"元亨利贞"的元。始也、生也、仁也。

《繁露》要耐心读,年龄越大越有用。天之道进而为人之道。现在虽了悟不了那么多,将来有用,碰过壁才懂得社会事。

元与始,体也;生与仁,用也。

《易经》:"元者,善之长……君子体仁足以长人",了解了仁是什么,才能去长人。长人有两种,一种是父母,无条件长,父母体仁了,足以长人了;另一种是君子、圣贤，也没有条件，"天之道，生而不有，为而不恃"(《老子》)，有条件就不是长人了。

孔子作《春秋》的目的，第一步，先探正天端，先识原，正本也。我们现在常说："人人必得饮水思源"，你可以不饮水、不思源，但心里不大顺当，人总是要识原正本。

既先探正天之端、识原正本，第二步，正王公之位。人之成群，必得有位，否则就乱了。为什么民都得有位，连王公都得正，不是王公就不必讲了。为什么先提王公？"王者，天下所归往"(《白虎通德论·号》)，天下都归往，这种人是很有德的。有德的人，都得正他的位。"公"，公爵，大公无私的人，王以下最高的、大公无私的人。这种人都得给一个位，正他的位。其次者，既没德又不大公无私，这种人不正他的位，天下不大乱了吗？正位还不行，社会还有法，正位还有抢位，得用法来限制他，法不守就审判了，这都是大本。

王公之外，虽是老百姓，也有糟糕的，因为有欲。人与生俱来，下生什么不懂，睁眼一看，哭了，第一个欲的表现，三天吃得不满意，睁眼了，这是他的欲，吃不饱，可咬上了人。第三步得正万民之所欲。人人都有欲，欲不是错误。孔老夫子说："七十而从心所欲不逾矩"(《论语·为政》)，儒家是讲有欲的，有欲并不怕，欲正了就可以了。"所"字最重要，万民所欲都得正，要把老百姓的欲都入于正轨。孔子的从心所欲可把牛吹大了，但不违背矩，这样"欲"才有了标准。"矩"，有损于人的就是过，不损于人的才行，所以是以不损于人的矩为标准，损于人的可不行。只要不损于人，欲就是好的，不能说我们喜欢吃葡萄，就天下的葡萄都给我吃，其他人连葡萄也看不见。

"正王公之位"就是立理、树德；"正万民之所欲"就是去私。先立德，再去私，达其大公了。

把大本立住了，识原了，正本了，后一步就要明得失。每一个人都患得患失，得到了怕丢掉，丢掉了怕找不回来。明得失就要使每一人皆明得失之念，有得必有失，有失必有得，这得失在人身上就普通了。无论任何环境，皆有得失，明得之所以为得，失之所以为失。这是第二步。这完全不是感情上的，也不是自私的。

"起"，用也。贤指德，才指能，起用有德能的，这最不容易，所以《春秋》

不敢要求一人既有贤又有才，而是要贤者领导才者。贤者在位，能者在职，这最重要。将来做事，总管、经理可以找贤的，贤者有位，可以御下，但没法叫干事科员也有德，那就要求太过分了。但必得有能，因为不是养老院。能者在职，有职分的人必得有能，做会计是学会计的，教育部长得是学教育的，其职与其所长相称。贤者在位，能者在职，有德的人可以控制有能的。

刚才讲的是最低境界，最高境界呢？我们要明得失，得失的一面镜子莫过于历史，看历史就知得失之道了。

"后圣"二字特别发人深省。古圣先王之后都是混蛋，混蛋没法和他处事。"以待后圣"就是孔子以后所出的新王。旧王所做皆家天下乱制，仲尼是祖述尧、舜的，尧、舜是古圣先王，古圣先王有此道，中间叫乱制给破坏了，故孔子曰"拨乱反正"。拨乱就是除乱制，从禹开始的家天下乱制。要回到尧、舜，返回正道，这个王就是后圣、素王、新王，有别于乱制之王。

故引史记，理往事，正是非，序王公。史记十二公之间，皆衰世之事，故门人惑。孔子曰："吾因其行事而加乎王心焉。"

下面讲的事是实际情况，不落空。

"史记"，如晋《乘》、楚《梼杌》、曹《春秋》。历史就是一部烂账摆在眼前，不是司马迁的《史记》。"理""正"二字最重要，根据历史来理往事，不是整理，那境界可低了。理过去事就用历史，根据历史，是就是，非就非。可不像乱制，是非无标准。胜者王侯败者贼，谁有权就谁对。

"序"，方才立王公之位，现在从哪排序呢？先从王公排序，看那些王是不是天下归往。不是的话，就是霸王，不是真王。又看公是不是大公无私，不是，就非王非公。旧制度下，王就是皇族，有开国功的王以下就封公了。

《春秋》上说，上刺王公，下及卿大夫。为什么要刺？王不像王，公不像公。太史公曰"吾闻诸董生曰"，《春秋》目的是"贬天子、退诸侯、讨大夫"（《史记·太史公自序》），因为当时诸侯的权柄不高了，退之。刺王公，"刺"不是刺杀，和"贬之""退之"差不多。最重要的是讨大夫，因为孔子修《春秋》时，大夫都有实权，一切的权柄在大夫手中。《论语》中，曾记有两次孔子助叛，历代儒者不承认，以为孔子不可能助叛。他们拿一个地方叛，都是叛大夫，正合乎孔子的政治理想，借叛贼的兵力达到目的。这是孔子思想的核心，证明是可以实行的，没有空谈的。《论语》这两章太重要了，但后来的儒者都以为孔子不可能做那件事。还有一例，"雍也，可使南面"（《论语·雍也》），传统上的学者一定要作伪，说孔子不能叫他学生去做国君，偏要拐弯抹角地说"可使南面"是为臣，就是维护说孔子没有造反。可是孔子就是要弟子造反，不成器就气着骂"朽木不可雕"，要弟子们修养就是要他们去夺天下；周游列国的目的也是要夺天下；子路不得其死也，也是因为如此。除了冉雍，境界最高的算颜回，"用之则行，舍之则藏"（《论语·述而》），孔子对大弟子都许了不少心愿，只有最糟糕的子张是个卖花郎。颜回完全就是具体而微。孔子说他"唯吾与尔有是夫"，颜回说老师"仰之弥高，钻之弥坚"（《论语·子罕》）。孔子对弟子每个人都有评语，像"求也艺，于从政乎何有？"（《论语·雍也》）孔子真像官迷，一部《论语》净讲怎么当官。"子罕言利"（《论语·子罕》），何必要讲利？有了地盘，利还怕没有吗？弟子们个个有能，于从政何难之有？可以造反了，每个人都可以上封号，到时候没有国君，就可以找冉雍。

中国的学术没有一个不言政事。中山先生明白了，就说政治是管理众人之事。孔子的弟子就是在想办法管理众人之事。人家不叫管，那就要贬之、退之、讨之。

这里的史记是指《春秋》。《春秋》记十二公事，十二公是由隐公到哀公，都是最衰败时代的事。

治起于衰败之中。看史记十二公是衰败了，接着十二公的就不是衰败的，就是新王了。天下大治，太平是由衰乱中而来。"治"在此当名词，有钱人是穷里来。穷是从有钱里来。有女儿就不要嫁有钱人，因为他日正当中，再往前一步就是要走下坡了。因为治起于衰败之中，坏也在最盛之中，没钱人就是未来的有钱人。为什么孔子要把衰都记下来？因为未来之事就是从衰乱中出来的。一个"衰"字给人无穷的盼望。处于今天的社会不必苦恼，英雄造时势，时势造英雄，升平时候还有什么事做？今天只要有头脑，发展能力多着呢！你生在康熙、乾隆时，就是有能力也不行，王公大臣都尸位素餐，天天赋诗，赴鹿鸣宴。那个时候，不吃干什么呢？清代名园多，因为一百八十年没有战争，富成什么样子，那不修名园，做什么呢？

说回来，门人总以为自己高过老师，"你这历史怎么写的，净写这些糟糕事"。孔子说，我是因为这些浑蛋行事，而加上新王之心。在天叫天心，在人叫人心，把新王之心和抱负加在衰世的行事上。

治起于衰败之中，没有衰乱，会有盼望吗？所以不怕时代乱，是怕自己乱，不乱还能趁火打劫吗？年轻的奇怪怎么不记好事，净记坏事，不是不道德吗？挑坏事写，再加乎我素王之心，这不是素王之心趁火打劫吗？拼命乱，我去捡。今天的野心家就唯恐天下不乱，净煽风点火，好捡便宜。人心里就两层：皇帝就怕天下乱，打手唯恐天下不乱。人心就是欲不同，公就均，均就没有争。

上面提"探正天端"，下面提"明得失"。

笔　记

"此段见文化皆由探究中得来"，也就是由体验、由经验中得来。

"正王公之位，立礼也；正万民之欲，去私也。"礼指德来说，正王公之位，言称也。

"正王公之位，正万民之所欲，欲正，则天下皆正，则拨乱反正之业随矣。"天下事乱，就因为有欲，孔子正政的欲跟此欲无关。

"理往事，前车之鉴也；正是非，除胜者王侯败者贼之非仁思想，如《甘誓》之为义而亡是也。"

"王者，往也，天下所归往也。"

"公者，无私也。天无私覆，地无私载，乃法天道之公也。公则均，均则无争，不王不公则刺之。"不是称贬天子、退诸侯、讨大夫吗？

"理之、正之、刺之，乃孔子为政之术，使不合理者而归于合理，即素王之大鹄，拨乱反正也。"

"正使守法，序使守礼。上文言正王公之位，此正之，次序之，排比之。不合礼者，将黜之也，故曰退诸侯也。"

"王心者，素王之法也。素王之法，即王心也"，素王，空王，没有位，没有权。立素王之法，为了待后圣，那是指素王之所为，而为一王之法也，一个新王之法。

"此政道之始也，亦其所由也。政者，正也，故由正天端而正万事也。"

"《春秋》乃素王之政治理想"，《春秋》是指鲁《春秋》，素王是谁呢？"孔子其素王乎！"《春秋》就是孔子之政治理想。空王，有帝王之德而无帝王之位。

凌曙本的小注说："郑玄《六艺论》云：孔子既西狩获麟，自号素王，为后世受命之君制明王之法。"这说孔子自号素王。另外一说，说不是孔子自号，而是别人说的。

以为见之空言，不如行事博深切明。

孔子不讲空话。形而上、形而下，那有什么用？比不上行事，比不上十二公的行事。

"博"，无不包也。"深"，事之机也，也就是事之核心。"切"，不违时也，不违时代。"明"，不杂私也。

深，得探无隐，得探到没有隐的程度，那才是深；还得不违背实际情况；还得不杂私心。一切表现在空言之中的都没有用，比不上把真的行事表现出来，才能达到博深切明的境界。

故子贡、闵子、公肩子，言其切而为国家资也。其为切而至于杀君亡国，奔走不得保社稷，其所以然，是皆不明于道，不览于《春秋》也。

孔子的学生说："老师做些事真是切合实际！可以为国家所资取、所采取。"这些都是真的事。奔走，就是流亡了。为什么到这个悲惨的境界了呢？因为他既不明白天下为公之道，又不好好去研究《春秋》。

孟子有一句话说："夫子贤于尧舜远矣！"（《孟子·公孙丑上》）为什么孔子比尧、舜贤？因为尧舜时代还有天子。孔子"贬天子、退诸侯、讨大夫"，到了"人人皆有士君子之行"的程度、"群龙无首"了。尧舜时还有首。孔子的政治目的，是要达到"群龙无首"。《孟子》说"人皆可以为尧、舜"（《孟子·告子下》），和这境界不同。人人皆有尧舜之德这还可以。说到位，尧舜时代还是有首。

"人有士君子之行而少过矣"（《春秋繁露·俞序》），孔子作《春秋》的目的比尧、舜多多了。尧、舜都是为首的，现在都贬之、退之、讨之了。没有首了，所以孔子贤于尧、舜。

另外孔子最重要的一句话："圣人贵除天下之患。"（《春秋繁露·盟会要》）这是圣人的责任。这些地方都是孔子贤于尧、舜远矣的地方。

想除天下之患，有一个最好的标准范围，得按这范围来容天下，也就是"因其国而容天下"（见本篇后文），这在后面会讲到。

故卫子夏言，有国家者不可不学《春秋》，不学《春秋》，则无以见前后旁侧之危，则不知国之大柄，君之重任也。故或胁穷失国，掩杀于位，一朝至尔。苟能述《春秋》之法，致行其道，岂徒除祸哉，乃尧舜之德也。

子夏说：有国有家者，不可以不研究《春秋》。不研究《春秋》的坏处就是没法发现四周之危。一个人也一样。《中庸》："人皆曰'予知'，驱而纳诸罟擭陷阱之中，而莫之知辟也。"就是这样。每一个人都说自己是智者，却每天在刀尖上跳舞。

他不知道柄在哪里，不知道把手在哪里，也不知道国君之重任，这不是智力障碍者吗？所以受威胁而穷途失国了，这最可为戒！"虚内务而恃外好"（《公羊传·隐公二年》）就糟了。人家说："不听我话，不给你援助！"不是受威胁了吗？内务空空，啥也不建设，光靠人家给，以为有好朋友。等人家不给了，就瞪眼了。这就是"胁穷失国"。

真正行的人，自己好好干，外面有谁喊都不管他，要鸡蛋，我就给你鸡蛋。到最后，我把你人蛋都拿回来！再进一步的，就"掩杀于位"了！

"苟"，诚也。真的祖述《春秋》之法，能行《春秋》之道，岂是为天下除害就够了吗？这乃是尧舜之德也。读《春秋》，不但要述之，还要行之。

故世子曰："功及子孙，光辉百世，圣人之德，莫美于恕。"

"世子曰"可以看注解。

苏舆注:"卢云:'汉《艺文志》有《世子》二十一篇。名硕,七十子之弟子,此所引即其人也。'凌云:'王充《论衡》:周人世硕,以为人性有善有恶,在所养焉,作《养书》一篇。宓子贱、漆雕开、公孙尼子之徒,亦论性情,与世子相出入,皆言性有善有恶。据此,则世子周人,而《艺文志》注作陈人'。凌本作'圣王之道'。"见《春秋繁露义证》,北京:中华书局1992年,第161页。

他的功劳到子子孙孙。圣王之道,没有比恕道更重要的。为什么要提恕道?因为到了这个境界,不可以说我征服天下就完了。"推己及人之谓恕",得"因其国以容天下",不是用武力来容天下。近悦远来,这不是用武力来争天下,而是以恕道来归天下,因自己的国家来容天下。大一统的局面就是这么来的。这样的大一统,所居的位就是大居正。大这个居正,就无私了。以恕道容天下,才是大居正。

笔 记

"有尧舜之德,功及子孙;无尧舜之德,祸及子孙。""历代亡国,可为殷鉴。""政权,政者正也。权者知轻重也。故权不可二错,此政权之善解也。权得失,权利害,思患,豫防,除害。"

错,就是置,一把秤能用两个秤锤吗?权不可二错,这是管子说政,讲政权的目的和责任。[1]

"史记,慧智之总汇,蠢物之上苑。仁者见仁,智者见智,蠢者日用而不知。故亦为兴衰、成败、患难、艰险之渊薮也。无不经此幽谷,鲜能出此迷阵者,虽古圣先贤明灯烛烛,碍世人其心盲何?"

虽然说得这么多,大家的心都是盲人,谁也跳不出历史的圈。

故予先言《春秋》详己而略人,因其国而容天下。《春秋》之道,大得之则以王,小得之则以霸。

---

[1] 《管子·明法》:"威不两错,政不二门,以法治国,则举错而已。"

笔 记

一部《大学》尽在于此。

也就是要详己而略人,"躬自厚而薄责于人,则远怨矣"(《论语·卫灵公》)。"责己也重,责人也轻。"研究自己有什么错误要重,对别人的错误要看得轻。详己是内圣的功夫,再因其国以容天下。《论语·雍也》上说:"齐一变至于鲁,鲁一变至于道。"齐国一变,就可以比上鲁国了。鲁是周公之国、礼义之国。这都不是实际的事,只是一个"况"。不是鲁国真的那么好。

鲁国一变,就近于道了。为什么?因为"以鲁当新王",这不是变了吗?鲁一变就至于道了。我们根据鲁国来容天下,拿鲁国做一个道的标准。"圣王之道,莫美于恕",拿恕来容天下。

别看中山先生是学医的,真有两下子。"以建民国,以进大同",建民国的目的,就为了进大同,就是因民国以容天下。大同,不是容天下吗?"以鲁当新王",新王就是道之国,拿这个国来容天下。孔子的政治思想,中山先生完全明白了。中山先生自己没说是圣人,我们总觉得他是圣人,书真没白读呢!

以为见之空言,不如行事博深切明。[1]

有些文句不太一样,但意思是一样的。看汉初离孔子已有三四百年,还流传这话,许多名儒还记载这段话。

这里面(编按:苏舆注)引的程子一段很重要,因为宋明理学完全按心性谈学问,不太注意过去的东西。"《诗》《书》载道之文,《春秋》圣人之用。《诗》《书》如药方,《春秋》如用药治病。圣人之用,全在此书。所谓不如载之行事深切著明者也。""他经论其义,春秋因其行事是非较著,故穷理为要。"是程子的观念。所以这部书要细读,现在你们读不懂,因为时代和以前距离太远,智慧的领域不同了。要细心去读,这些都不是空口说白话的,都是有所体悟的。一般人体悟不到,那也没办法。

---

[1] 本句重要,故再解释发挥其义。

"穷理尽性以至于命"这句话是由《易经》来的，把一切事物之理都研究到最高境界。有一点不清楚，那也没有穷尽其理。这可以分两部分来说：一个是事物本身的形来说，因为有看不见的那个理，我们对任何事情都认识清楚了，就有了办法、理事之方。你特别清楚，就有特殊的办法。《尚书》注解说"虑深通敏"，这些都不是空话。虑得深，就是穷理。等通敏了，又是穷理，可以把最高明的办法拿出来了。再一个是没有形的理，形而上的就是道，形而下的就是器。这里是从有形和无形来说。第一步，穷尽无形之极，对事物认识得特别清楚；第二步，就有了穷极的理事之道。

这一代青年很奇怪，任何事情他第一感就宣判了，不知道自己的毛躁幼稚，就把一切事都决定了，怎么能不出问题？

你不接受这观念，只是你少了这观念，也不是这观念就灭亡了。看这一代，二十岁的做出了几件事来？国家危难，不是扔鸡蛋就可以解决问题的。

遇到事，第一步得穷理，还不能"素隐行怪"（《中庸》）。然后还要尽性，看看合不合需要。尽己之性然后能尽人之性，"己所不欲，勿施于人"，这都是尽性的术。想得天花乱坠，得看看是不是别人的需要。如果老百姓不需要，那只是点缀品。即使最小的事，有一点需要，他都高兴。

每一件事都要尽性。怎么来尽己之性、尽人之性呢？自己不喜欢，别人也是人，他也不会喜欢。对老百姓，得更进一步看他是否需要，喜欢和需要不同。譬如说米饭那是老百姓需要的。那些特殊制造的洋玩意儿是老百姓喜欢的。他并不反对这些，可是并不需要。在我们国家里，重要的是民之所需。

这都是智者之事。再浅些来讲，做任何一件事，必得是每个人都需要的，而不是少数人需要的。能够穷理、尽性，大家皆大欢喜，以至于一切都合乎天之命，不违背上天的好生之德。好生就要生生，便无所失，无所损害，无所违于天之命，也就是上下和合。好生，无暴戾之气，这就是中国人所盼望。这不是理论，中国每个老百姓都需要的，就是安宁乐利。只要安宁乐利，老百姓哪管你是谁？这就看中国老百姓的善良。

提到"穷理"两个字，就包含了尽性和知命，这就是从《易经》来的。

第二，宋儒所讲的义理之学，也根据这个而来。因为"穷理尽性以至于命"，有一个标准："和顺于道德而理于义。"义理之学不是空谈，是讲致用的。

和孔子所说的"载诸空言，不如见诸行事之深切著明也"同一的道理。宋代以前尚清谈，宋儒觉得应该面对现实，好好去做。义理之学就是实践之学，可惜讲太久了，又成空谈了。

任何一个学问，有其是就有其非。善政日久也有流弊。什么都不能久，一久，没有说没有流弊的。没有千年不变的东西。

以穷理尽性来达天命，行为完全合乎天命了。民心就是天心。天之命就是好生，好生所以反对一切暴力。得根据这个道理，和顺于道德而办到恰到好处。行事与道理合而为一，都恰到好处，那就成了。这些都是实学，可是到最后又成了空谈了。

一切学说都有流弊，必得以时为尚。只是拿它来启发智慧，不是把古时的那一套搬到今天来用。这样不但不开倒车，反而可以向前推进一步。我们用古书的目的，因为不能不承认的是古人的智慧。启发智慧，可得以时为尚。礼也要以时为尚，所做的礼得合时，不是说古人的礼都得遵守，一个时代有一个时代的礼。由孔子的服、冠，可以看出孔子根本是不守传统的，哪一点不是以时为尚？所以赞美他，说他是"圣之时者"；骂他的人，则说他凄凄惶惶，以为自己会讲话，到处乱讲话（见《论语·宪问》）。《论语》一点也不旧，明白了以后，看看孔子的精神。譬如说："麻冕，礼也；今也纯，俭。吾从众。"（《论语·子罕》）本来麻冕才是礼，古法用的就是麻冕。但是现在也用线的，因为麻太贵了。为了俭，孔子随着时走，不违背时。

《礼记·礼器》：礼，时为大，顺次之，体次之，宜次之，称次之。

但是有许多地方，他守古礼。譬如"拜乎下"，他就守古礼，那是不能变的。有的道理可以变，有的不可以变。

《论语·子罕》：拜下，礼也；今拜乎上，泰也。虽违众，吾从下。

《论语》很难读。古时讲书都先讲《论语》，其实应该等"四书""五经"都读完了再讲才对。小孩子都读，要懂，太难。程子说过，八岁也读《论语》，八十岁也读《论语》，境界不同。

小注《春秋传序》："仲尼以为天理之所在，不以为己任而谁可？五典弗惇，己所当叙；五礼服庸，己所当秩；五服弗章，己所当命；五刑弗用，己所当讨。故曰：'我欲载之空言，不如见之行事之深切著明也。'空言独能载其理，行事然后见其用（此解行事，亦误以为实行其事）。是故假鲁史以寓王法，拨乱世，反之正。"

以天下事为己任，以行道为己任。天理所在，多困难都不管，因为这是我的责任，除了我来负，还有谁呢？

五典，是《尚书》里的。如果没有守住天道的理，就得挺身而出，整饬五伦、五典。这些都是责任感。

任重而道远，空言可不行。空言只能载理而已，唯有行事才能表现理之用。这里面都寓藏着新王之法，也就是"加吾王心焉"。

拨，除也。《春秋》最重要的就是"拨乱反正"四个字，必得把乱制、世及之制给除掉。爸爸死了传给儿子叫世，哥哥死了传给弟弟叫及。把乱制去掉而返于正道，"正"就是尧舜揖让之制。《中庸》说"仲尼祖述尧舜"，返回尧舜之政，就是选贤举能。有贤有能的就做天子，领导国家，而不是用世及之制。

乱制之外，就是新王之制。《礼记》上也有《王制篇》。从禹到清，就是乱制。王制是新王之制，讲揖让的。我越老越感觉中山先生是尧、舜之后第一人。孔子是讲这个的，拨乱反正，讲很容易，中山先生是真做，做可就难了。哪一个人不想当终身总统？结果什么法都约束不了他的私心，人格的卑鄙和崇高就由这里分出来的。

最重要的是，我们虽然不能平天下，也得不助人为恶。恶人就因为你助人为恶，他才能作恶。你光会鼓掌，他还骂你是小浑蛋，叫你鼓掌就鼓掌！如果有一个人不鼓掌，他也晓得有人反对他。

小注："孔广森云：'理不穷其变则不深，事不当其势则不切。高论尧舜之道，而无成败之效，则不著不明。故近取《春秋》，因乱世之事，季俗之情，渐裁以正道，庶贤者易勉，不肖者易晓，亦致治太平之所由基也。'"（孔广森是清朝的今文学者。）

理，一穷其变，就是"圣之时者"了。光穷理，没穷变，这还不行。一个道理研究到了最深处，还要懂道理之变，越变越合于时，才合深的境界。

"事不当其势则不切"，譬如"吊不及尸"怎么算是切？我们去吊死人，应该在埋葬以前去才对，否则今天到，昨天已经埋上了，就叫"不及尸"，这就是不切。

英雄造时势，这叫切；时势造英雄，也是切。不当势就不切。任何事时过境迁了，就不切。做任何一件事，必得用脑子，绝不可以马马虎虎。

"季俗"，就是末世之俗。朝廷要垮了，那叫季叶。清季就是清朝收帮的那几年，啥都坏了。朝廷到末几年，风俗之坏，那不得了了。想要裁正，得慢慢裁正他，使合正道，这是到太平世的基础，很重要。

小注："公扈子曰：有国家者不可以不学《春秋》。生而尊者骄，生而富者傲，生而富贵者又无鉴而自得者，鲜矣。《春秋》，国之鉴也。《春秋》之中，弑君三十六，亡国五十二，诸侯奔走不保其社稷者甚众，未有不先见而后从之者也。"

有人生而就是尊者，父王传的位，世袭的尊，他能不骄吗？一个人生了就有钱有地位，又没有照镜子，看看自己像什么玩意儿！

"自得"两个字最重要。能自得其失的人太少了。古时候用铜做镜子，有了鉴，可以知道自己脸上有脏，可以擦掉，那就是自得；没有鉴，就不能去掉肮脏，恢复本来的真面目，就没法自得。

《春秋》是治国之鉴，也是为人之鉴。"《春秋》者，礼义之大宗"，是每个人都必须读的。关公和岳飞都读《春秋》，说读了《春秋》深明大义。不管他们是否读明白，至少他们手上是拿着。

《春秋》很难读。中国的传统上，《春秋》和《易经》这两部书，不讲绝不能懂，其实讲都不一定懂。旧学问讲师承，承什么？承师说。老师不讲不行，讲的就是师说。很多学者是自修的，没有师承，写书一看就知道是外行。

我们讲书虽然不惊天动地，至少好好把"四书"讲完，也有师承师说。如果讲旧的，又创出新的，就是我立师说了。古时候很少说自己的意见，怕扰乱了师说。如果我有意见，必定告诉你们这是我的意见。不是我们不懂新的，但是不能不守旧规矩，旧的不能不存在。千万不要杂拌，一拌就不纯了。

我们讲书的目的，感觉中国这么大的古国，文化这么雄厚，我们应该有一个精神，去保存旧的。讲完旧的以后，可以有一点新的，但是得交代清楚。

中国的历史观念清楚，是一个有智慧的民族。祭祀也是几千年一脉下来的。

"因其国以容天下"，就是《论语》上说的："齐一变，至于鲁；鲁一变，至于道。"周末的两个大国，齐是有势力的国，鲁是道义之国。鲁为什么一变就至于道了呢？因为以鲁当新王，鲁一变，就到了新王的道。新王是最完整的，完全合乎道的标准。《春秋》拿鲁来当新王，其目的就是因鲁国以容天下，因新王之道来容天下。

有人问："《繁露》中间没有提到大一统啊！""因其国以容天下"不就是大一统吗？要会活用。"因其国以容天下"比大一统还要恳切。中山先生为什么建民国？就是要以民国当新王，来进大同。大同不就是大一统吗？

一个学术思想，特别影响一个时代。中山先生是广东人，从小就听到大一统的观念，他懂得三世义。两位公羊学大师，康南海和梁卓如（编按：即康有为和梁启超）都是广东人，所以中山先生年轻时就常听到这些，对他很有启示。《公羊春秋》里讲据乱世、升平世、太平世。这和中山先生的军政时期、训政时期、宪政时期是完全一样的，很有深义。任何一个学术思想绝对对后人有影响。南海先生虽然没有成功在我，但他掀起的风算是成功了。

思想是有渊源的。中山先生的三民主义当然是根据林肯的民有、民治、民享。受别人的影响，并不就显得你低，反而证明你能吸收，启发了自己的智慧。中山先生最可以表现出这一点。

他整个接受了中国的传统文化，但是有一点说错了。他说他的道统是根据尧、舜、禹、汤、文、武、周公、孔子来的，这就说多了。应该是根据尧、舜、孔子来的，否则就冲突了。因为禹、汤、文、武、周公是革命的对象。这就看出中山先生没有师承师说，是自修的，所以出这个毛病。

再有一点，有人说孔子的学说是一个"仁"字。并不是的。如果是"仁"字，孟子就不应该说孔子是"圣之时者也"，而应该说是"圣之仁者也"。中国的道统是个"仁"字，"君子体仁，足以长人"（《周易·乾卦·文言》），孔子祖述的就是这个"仁"字。孔子自己之学是"时"字。

《易经》说："元者，善之长也""君子体仁，足以长人。""仁"字不是早就有了吗？为什么要帮人忙，使别人得好处？因为体悟了仁之道，体悟了仁的观念。"仁者爱人"（《孟子·离娄下》）、"仁者无不爱也"（《孟子·尽心下》）。

思想影响后人，这很重要。并不一定要全盘搬过来。"以建民国，以进大同"和"因其国以容天下"有什么不同？智慧还有新旧吗？分量完全一样。读旧书启发智慧就在这里。古人的智慧到中山先生最新的智慧，完全一样。不会变的，那是笨牛，会变就成功。

我们从旧的里掘宝，掘出来就成了，功夫就到了。

"《春秋》之道，大得之则以王，小得之则以霸"，大则王，就是得其多者。行行出状元，就是行行可以称王。得的少的也称霸，就怕你不读书，啥也不懂，那就完了。

故曾子、子石盛美齐侯，安诸侯，尊天子。霸王之道，皆本于仁。仁，天心，故次以天心。爱人之大者，莫大于思患而豫防之，故蔡得意于吴，鲁得意于齐，而《春秋》皆不告，故次以言怨人不可迩，敌国不可狎，攘窃之国不可使久亲，皆防患为民除患之意也。不爱民之渐乃至于死亡，故言楚灵王晋厉公生弑于位，不仁之所致也。故善宋襄公不厄人，不由其道而胜，不如由其道而败，《春秋》贵之，将以变习俗而成王化也。

"安"和"尊"两个字重要。这可不是王者的境界，只是霸者的境界，也得安之、尊之。一般人连尊都不知道，那就是狂人、疯子。

"唯天为大，唯尧则之"（《论语·泰伯》），则天，形而下来说就是仁。王者，人心也。天心就是人心。

仁者爱人，这里的爱人之"大"字重要。"爱人之大者"得思患预防。爱天下人，得为天下人思其所患，而预防之，这是救国之道。没有救天下之志，就不能安天下。今天任何一国，都不能遗世而独立。一百多年前只要救国就可以了，今天光治国就不行了。如果没有力量支配天下，那一国也不能安宁。这讲的是爱人。

思患，就得先想一下，天下的患是什么？天下的患知道了以后，第一步得预防之，第二步得根除之。"圣人贵除天下之患"，也是《春秋繁露》说的。能根除天下之患的才是圣人。如果大家都真明白了，就有千千万万人要除天下之患，那就有后望了。

占了便宜就叫得意。《春秋》不告,可以看小注:"《盐铁论·刑德》:'鲁以楚师伐齐,而《春秋》恶之。'"

《公羊传注疏·僖公二十六年》:公以楚师伐齐,取谷。言以者行公意,别鲁兵也。称师者,顺上文。公至自伐齐。此已取谷矣,何以致伐?据伐邾娄取丛不致。未得乎取谷也。未可谓得意于取谷。曷为未得乎取谷?据俱取邑。曰:患之起,必自此始也。鲁内虚而外乞师,以犯强齐,会齐侯昭卒,晋文行霸,幸而得免。孔子曰:"人之生也直,罔之生也幸而免。"故虽得意,犹致伐也。

第二点,他告诉我们,怨人不可近。怨人,就是对我们有怨恨的人,不要太亲近。因为他有积怨在心,早晚有机会,他一定除掉你。

"敌国不可狎",千万不要和敌国太亲热。美国会真帮你吗?因为他知道,有一天中国强起来,他就没办法了。今后的强大,资源最重要。所以中国不必急,早晚会成强国。

有积恶了,还和他拉手、吃饭,这都不必。人家恨你,早晚会下手,就好像拍肩膀啊、拉手啊,推心置腹,大可不必。

什么是"攘窃之国"?日本就是中国的攘窃之国,一有机会就弄我们。

这些都得先思患而预防之,才能为民除患。思患、预防、根除,这是三部曲。光预防不够,那太消极了。摸清楚了,就得根除之。

你如果不爱民,他慢慢就叫你死亡。"民可载舟,民可覆舟",他可以杀掉你。"生弑于位"的"生"用得最好,活生生叫人在位上宰掉了,因为他不仁,才达到了这个境界。

拿这种不厄人的德来变上面"胜者王侯败者贼"的坏习俗,而成新王的教化,这就是《春秋》的目的。新王的教化是什么?就是爱人、思患、预防、根除。这是对民而言。在政治上说,就是拨乱反正。

故子夏言《春秋》重人,诸讥皆本此。

《春秋》上所有的批评善恶,都本于民为贵的思想,以重人不重人为标准来讥刺之。汉朝以《春秋》决狱，就因为《春秋》重人。《春秋》重人权，所以按《春秋》之道来决定狱事。

苏舆本的注说得好："《春秋》之讥多矣，本在重民。"《春秋》评讥当时的政治，都是评讥那些不重民的政治。《春秋》以重民为上。

或奢侈使人愤怨，或暴虐贼害人，终皆祸及身。

有些当政者实在太奢侈了，奢侈得令人都有所愤怨。人都有忌妒心，穷人对有钱人多少有些愤怨。

第二，他还暴戾、残害人。这些都是在上面的特权阶级，一般人谈不上奢侈到使老百姓有所愤怨。当政者特别暴戾的，结果都祸及其身，古今一样。

民国的军阀没有一个好结果的。军阀中间最好的吴佩孚，下场也不好。他们固然害民了，那也只是一时，最后都祸及身了。

故子池言鲁庄筑台，丹楹刻桷，晋厉之刑刻意者，皆不得以寿终。

《公羊传注疏·庄公二十三年》：秋，丹桓宫楹。何以书？讥。何讥尔？丹桓宫楹，非礼也。楹，柱也。丹之者，为将娶齐女，欲以夸大示之。传言"丹桓宫"者，欲道天子诸侯各有制也。礼，天子斫而砻之，加密石焉；诸侯斫而砻之，不加密石；大夫斫之；士首本。失礼宗庙例时。

《公羊传注疏·庄公二十四年》：二十有四年，春，王三月，刻桓宫桷。何以书？讥。何讥尔？刻桓宫桷，非礼也。与丹楹同义。月者，功重于丹楹。

这里形容他台子修得那么漂亮，连椽子都是刻的，楹柱都是漆的。晋厉公更是刻其意，结果没一个寿终。

清朝陵寝都修得不错，其中浪费金钱最多的，是西太后。雕梁画栋不说，连砖都雕刻，那是任何人都没有的，可见那工程之细。后来改造改造，又花了很多金子。等她死了以后，被挖坟掘墓，破坏得乱七八糟。就因为她修得最好，柱子上都贴金。

人都是一个人,得善终的很少。秦始皇绝没想到几千年以后又被人挖出来了。你可以尽量修,修完了以后自己能不能用,那又是另一回事。

上奢侈,刑又急,皆不内恕,求备于人,故次以《春秋》缘人情,赦小过,而《传》明之曰:"君子辞也。"

在上的又奢侈,超过了生活的标准。任何时代犯上了"上奢侈,刑又急"这六个字,非垮不可。用刑罚来急老百姓,完全不内恕,完全不知道在国内讲恕道。他又求备于人,他要是想用一个人,得是万能,又要会开车,又要会帮他女儿写恋爱信,想到什么,你就要会什么。《春秋》觉得这种太可怕了。所以"次以《春秋》缘人情,赦小过"。得顺人情,有小过应该赦免他,不要逼上梁山。"上奢侈,刑又急",民为什么造反,都是官逼他造反。官不逼,民会造反吗?老百姓只要是有饭吃,就忍耐几天。如果老百姓都造反了,那是真没办法了。所以《春秋》提倡小过得赦之,大过可不能赦。

《春秋》三传中,把这些说得很明白。这都是孔子说的。《春秋》里提到的"君子辞",都是指孔子。

孔子明得失,见成败,疾时世之不仁,失王道之体,故缘人情,赦小过,《传》又明之曰:"君子辞也。"

"明得失",以《春秋》来表明什么是得、什么是失。一般人对得失固然看得很重,但也不明白什么是得、什么是失。举个例子说:有些人,做一件事情没有达到目的,很忧伤,因为他没有得到。结果这件事后来出了坏事了,又高兴起来,说是因祸得福。这叫作得吗?先以为是失,结果是得了。这就是一般人说的得失,未必然就是真得失。他的得,未必是吉,赶飞机没有赶上,结果飞机失事了。

"明得失",并不是因为你觉得得,就真得了。你得看整个结果。不是眼见的得失就是得失,要看看结果。

人没有想过量的福,就不会招过量的罪,算什么得失呢?你如果净想过量的，到最后就死无葬身之地，让你坐立不安。得失不在目前，而是在最后。由成败才表现出来。什么是成，什么是败。你不要光看一个人成了，成后面的败最可怜。像袁项城，欺负寡妇孤儿，成了。再看看他的结果，那个败，可怜不可怜？结果只要有历史，就有他的骂名。成败要看结果，不要只看你接触的那个成败。

"时世"，当时之世，不就是世及之世吗？上面讲了那么多暴虐、贼害人的事，孔子特别讨厌时世之不仁。为什么说他不仁德？因为他失了王道之体。王道就是仁道，王道之体，仁也。在政治上就是要行仁政。"仁者爱人"，"仁者无不爱也"。所以说"公"，公就是仁。所以说"仲尼尚公""大道之行也，天下为公"。

对前面那些浑蛋，要因其行事，而赦其小过。"《传》又明之"，这也是孔子之言。

孔子曰："吾因行事，加吾王心焉。"假其位号以正人伦，因其成败以明顺逆，故其所善，则桓文行之而遂，其所恶，则乱国行之终以败，故始言大恶杀君亡国，终言赦小过，是亦始于麤粗，终于精微，教化流行，德泽大洽，天下之人人有士君子之行而少过矣，亦讥二名之意也。

"王心"的王，当动词，音忘，也可以。

我要根据先王的行事、历史的行事。这里说的先王是指过去的王，不是古圣先王。历史是旧的，我辅之以新意，而加王天下之心，加以新王之心。

"其事则齐桓晋文，其义则丘窃取之矣！"（《孟子·离娄下》）其事是齐桓、晋文，那不重要，重要的是："其义则丘加之也。"以什么来王天下呢？以新王之制来王天下，不是以乱制王天下。

假新王之心王天下，新王是谁呢？简单说就是素王。假素王之位号，做什么呢？"以正人伦"，拿素王之制、素王之典以正人伦。因历史行事的成败，以表示他是顺于道还是逆于道。所以所善之事是桓文之事。

为什么要"正人伦"？因为世及制下面的人都乖其伦常、乖其人性，所以要假位号、正人伦，恢复人性。这就是对历史的裁判。桓文是况，不是真的。

行之，就是去做，做了而有所成。

《春秋》所不喜欢的就是乱国之制。乱制终究得失败的。《春秋》开始的时候讲那些作大恶的人，君被杀，国以亡。终言赦小过，粗细都不遗漏，大小都不遗漏。到这个时候，天下每个人都有士君子之行。

这观念到孟子时更为加强。《孟子·告子下》说"人人皆可以为尧、舜"，人人皆有士君子之行了。人人都是龙，现群龙没有首，就吉了。

孟子加强这观念，又说："舜何？人也！予何？人也！有为者亦若是！"（《孟子·滕文公》）舜也是人，我也是人，只要好好做，也能像舜，这就是人人皆可以为舜的证据。既然都是人，有所作为，不应该都像舜吗？人人皆有士君子之行，行就是德。天下都是尧、舜了，何必还有首呢？就不必有首了，现"群龙无首"了。

"而少过矣"，最后达到了很少有过错的境界。要是没有过错了，最小的毛病就都出来了。这时连有两个名都讥。

笔　记

"桓文之德，尊天子，朝诸侯，故《春秋》善之。尊天子者，圣意天子乃代天行化（道）之人，尊天子即尊天也。虽善之，非桓文之德真善，况之耳。天道尚公，大道之行，天下为公，故尊天子者，尚善之！"

在《春秋》里的"况"很重要。他说得好，并不是真好，只是一个比方。譬如像祭仲这个人，并不真懂得行权，只是拿他来表示行权之道而已。因旧的行事而加吾王心，《春秋》之义是孔子自己取的。可以说，他是窃取于文王也。

《公羊传注疏·桓公十一年》：九月，宋人执郑祭仲。祭仲者何？郑相也。何以不名？贤也。何贤乎祭仲？以为知权也。其为知权奈何？古者郑国处于留。先郑伯有善于邻公者，通乎夫人，以取其国而迁郑焉，而野留。庄公死已葬，祭仲将往省于留，涂出于宋，宋人执之，谓之曰："为我出忽而立突。"祭仲不从其言，则君必死、国必亡；从其言，则君可以生易死，国可以存易亡。少辽缓之，则突可故出，而忽可故反，是不可得则病，然后有郑国。古人之有权者，祭仲之权是也。权者何？权者反于经，然后有善者也。权之所设，舍死亡无所设。行权有道，自贬损以行权，不害人以行权。杀人以自生，亡人以自存，君子不为也。

"王者孰谓？谓文王也！"一般人不看注，以为是周文王，其实注马上说了："法其生不法其死。"（《公羊传注疏·隐公元年》）学活的文王，不学死文王。活文王就是文德之王、素王，也就是孔子。

读书很难。他下面也没有说不是周文王，因为在那时候乱制之下，帝王不允许这么说。公羊学没办法，只好说"法其生不法其死"这一句含糊的话。

活文王怎么知道是孔子呢？因为"文王既没，文不在兹乎"（《论语·子罕》）。《论语》不好读就在这里。孔子说：周文王已经死了，文德不就在我这里吗？读通了，很不容易。必得"吾道一以贯之"（《论语·里仁》）。

今天不是比赛读书，最重要的是怎么样来发掘我们本国的思想，对这些要好好下功夫。《论语》里有许多和公羊学相印证的地方。

"桓文之德，况之耳"，是个比方。因为他是尊天子的，得善之。天子，可不是后来的浑蛋皇帝说他自己是天子。天子是代天行道的、替天尽孝。什么是孝子？就是继志述事。天之子，也得孝顺天，述天之事，就是代天行化。

天之志是什么？"天无私覆，地无私载"（《礼记·孔子闲居》），也就是仁也。

一个思想几千年定下来了，不容易改变。不是好坏，是不容易。像今天，外面披上了民主的外套，皇帝没有了，但是说话还是皇帝时代的，做点好事，还说是德政。

符瑞第十六

对这篇名我有一个解释:"天之所主与人之所为合也。符,信物也;瑞,祥也、吉也。"

天人合德就是符瑞。天人不合德,就是符瑞的反面。天心就是民心,所以得"民之所好好之,民之所恶恶之"(《大学》)。民心之所好就是天心之所好。天心之所恶,我们也就恶之。串在一起,就都有根据了。这就是代天行化的方法,等到天人合德了,就是符瑞。如果反过来,恶民之所好,好民之所恶,灾必逮夫身。

篇末的最后三句不是这一篇的,但是是为政者必须遵守的为政之术。

有非力之所能致而自至者,西狩获麟,受命之符是也。

许多事不是人力所能使他来的,然而他能自己来。举一个例子,我们常说"缘分",什么什么靠缘分,不光是婚姻,朋友也一样。有些人可以做终生朋友,有些交往不到几天。有人说"人无千日好,花无百日鲜",这是鬼话,难道老友、世交都没了吗?

什么自至呢?就像西狩获麟,谁狩的啊?是老百姓狩的!一个樵者狩的。樵夫获麟,就是人之行与天之行合一了。为什么麟会来?因为天人之德合一,老百姓都能狩了。以往天子才能狩猎,现在樵夫都可以狩了,这就是泯除了贵贱的阶级,没有贵贱的观念了。自天子至于庶人都一样了,都有天民之德,都有天子资格,因为都有天子之德。麟,仁物也,人人皆有士君子之行的时候,仁兽就出现了。这就是天人合德之符的吉祥。虽然只是一句话,意境很深。

一般天王去狩猎,打到什么野兽,不一定的。这回西狩,是老百姓去狩的,表示人人都有天子之德，人人都到有尧舜之德了。狩的还不是普通之物，狩来的都是仁兽了。不要光看打猎，这是讲"壹是皆以德为本"。狩，代表天子的地位，现在老百姓都能狩了，我们都是天的儿子，就叫天子。大家都是天民，就有一个爵位，叫作天爵。我们的德就叫天德。壹是皆以此为本，都是群龙了，没有首了，没有领袖，就吉了。仁满天下，到这个时候，就是太平世、大同世。

然后托乎《春秋》正不正之间，而明改制之义。

有以上这境界了，然后假托乎《春秋》，就在正与不正之间，表现出改制的意义。为什么要改制？因为乱制不改掉的话，就永远不会有"西狩获麟，受命之符"的这个符。

正，就是最高的标准，我们必须说出来的标准是什么？就是尧舜。

不正就是乱制。"正"是揖让之世。到了禹就不正了。所以《孟子》上有人说"至于禹而德衰"（《孟子·万章上》）。这一不正就是几千年。在正和不正之间，包含得太多了，一直包含到孔子的时代。从这中间，用《春秋》表示出来，我们必得改除乱制。孔子用《春秋》十二公，借他们来表明乱制之义。

"受命"，就是受改制之命符也。"命符"是一个词。谁受命？素王是也。唯有素王可以受此命符。命符就是上面说的天人合德。

笔　记

正不正，以道与仁为准。正者，道也、仁也。不正曰乱、不道、不仁也。故曰拨乱反正。正，天下为公。不正乃乱制也。

改制，改乱制也。乱制者，世及之制也。世及者，继于人也。新王改正朔、易服色，明继之于天，非继之于人也。

孔子作《春秋》的目的就是"拨乱反正"。继之于人的就是乱制，继之于天的就是新王之制，人人可以继之于天。乱制，就人人继之于人。从揖让之世的正，到现在这不正之世，孔子用这中间所经历的事，和人民所受之苦，这一切的弊端来表明改乱制之义。

不正，就从禹开始，至于禹而德衰。《中庸》说"仲尼祖述尧舜"，为什么我们说"正"就是尧、舜呢？就因为这个。孔子以尧、舜为其所祖者，为其所述者。但是下面的"宪章文武"，"宪章"这两个字特别重要。对文、武，在礼法制度上做参考。不像乱制腐儒所说的那样，对文、武崇敬得不得了。文、武就是指乱制的。由这里看孔子思想境界的宽大，以天时水土为他智慧的范畴，上知天文，仰观于天，近取诸身，用这些来启发自己的智慧。不是从某一个人来启发。

一统乎天子，而加忧于天下之忧也，务除天下所患。

明改制的目的是什么呢？"一"是动词，整个统乎天之子，不可以再统乎人了。天子就是替天行道的。文章很少，意境很重要。其主要目的就是一统乎天子，一统乎新王之制。

既然如此，更增加了我们对天下的忧。目的是一统，但这不是一口气就能达到的，所以加忧天下之忧也。

下面，更明显告诉我们，务必除天下之患。这和中山先生的遗嘱没有什么区别。由这里可以看出中山先生故去的时候，所表现的意志。他想一统乎民主，完全没办到。革命尚未成功，所以加忧乎天下之忧，同志仍须努力，务除天下之患，废除不平等条约，联合以平等待我之民族共同奋斗。读活了，就明白了。

而欲以上通五帝，下极三王，以通百王之道，而随天之终始，博得失之效，而考命象之为，极理以尽情性之宜，则天容遂矣。

往上通达于五帝，知道他们精英之所在。往下得三极三王，"极"特别重要，得穷极三王。这些正确观念都有了之后，拿这通五帝极三王的智慧、通五帝极三王的经验，来通一遍百王之道，也就是乱制。通完了，我们就明白了，非另辟天地，扫尽积弊不可。

"而"，能也。这样才能随天之终始，天子就可以随天之终始。这不是没有根据的。百王里面没有好东西，要明改制之义，才可以随天地终始，否则可不行。这个境界是要另辟一个天地。到这时候，我们要"博得失之效"。关于人事、人道得损益之。失则损之，得则益之。

在天道上，"考命象之为"。研究天道之为，才可以达到"天工人其代之"（《尚书·皋陶谟》），用人补天工之不足。

笔 记

"命象：日月无私照，四时不失节，行健不息，示人以常法者也，故曰法天。"日月没有私照，穷、富、好、坏都照。天行健而不息，这就是天之道。

"穷理其原理，以尽已发未发中和之宜，合内外之道也。则天之容成矣，而三界合德，形天德于地上。天容遂，则天子之责尽矣，乱制往矣。"

百官同望异路，一之者在主，率之者在相。

这三句不是这一篇的，但很重要。

政府有百官，人事有百工，大家都有同一的野望，但是所走的路不同。治国平天下，都想要强国，但所走的路不同。这并不可怕。为什么不会乱呢？因为"一之者在主"，能掌握这些同望异路的百官们。

百官旁边，另有一个帮助他们，维系他们往前奋斗的，这就是相。在官位上说就是宰相。这把政府中一切官制都说出来了。把三种人的界说和责任说得很清楚。在政治上，最重要的是为王之道，在乎分层负责，才能各展所长。如此一来，任人任事之道备矣，到了最完美的境界。一个人通达事理，啥事都可以做，如果你不伸手，什么都不懂。一分劳动，一分经验。

笔 记

"为政者，皆以悬系为通例，谁能去假归真，谁为天下主。智者勉之，勿忽勿懈！愚者如政纲之类，空案也。系者，一切不良之事，皆推古人已为之矣，不敢改之。"

讲改制，通百王之道。明白了，也不容易改，原因就在这里。什么是悬？政纲、政策，装订成册的都是空案。系，不敢改。从古到今都是拖、推、不变、不肯改。所以孔子嘱咐我们，务除天下之患。必得除掉天下之患，不要悬系之。

二端第十五

《春秋》至意有二端，不本二端之所从起，亦未可与论灾异也。

这是汉儒的品位，重视灾异。以前都没有那么重视灾异，到汉儒才特别重视。这也不是忽然间来的，是历代积弊，积在一起了。殷尚鬼，传到汉朝，就造成这种情况。

《春秋》至高之意有两端。孔子修《春秋》，改一为元，元就是两端之主。元就是太极，太极生两仪。太极在《易经》里，皆称之为乾元。这和"乾，元亨利贞"的"元"不同。在《易经》里赞美说："大哉乾元，万物资始，乃统天。"怎么知道乾元就是太极呢？因为乾元最伟大，万物都借着乾元开始。还怕我们误解了，特别强调，这个物里还包含着人。包含天就包含地。乾元是天地之母、天地之主。那不是太极吗？太极生两仪，两仪以其性分，就是阴阳。以其形分，就是天地、男女；男女也就是父母。

《易经·系辞》说："是故，《易》有太极，是生两仪，两仪生四象，四象生八卦，八卦定吉凶，吉凶生大业。"《易经》内没有提到太极，只提到了乾元。乾卦卦辞："元亨利贞。"《易经·文言》说："元者，善之长也。"第二个解释，元，就是仁也。《易经·文言》又说："君子体仁，足以长人。"元，长也、仁也。一个是体，一个是用。乾卦里的元，意境比较小。

《春秋》和《大易》相表里，孔子修《春秋》时，改一为元。因为孔子修《春秋》之前，纪年都是用一年、二年……十年。孔子把一改成元，所以过去说"中华民国"元年，就是承袭孔子作《春秋》之法。元是生生之道、终始之道，这些都是元的本义。

《易经》以元为始，《春秋》也以元为始。《春秋》至高之意有两端，这两端就是元之用。由元而生两端，中国的一切都是两端：好坏、大小、善恶、美丑等。一切都是相对的。元为体，为主。两端、两仪就是用。

元就是两端之所从起，要是没能分明出两端之所从起，就不可以谈灾异的事。灾异之事以阴阳为主。那一代都有灾异。要是阴阳和合，就没有灾异。两端就是两仪，也叫作终始，不是始终。《易经》的两端，讲两仪；《春秋》的两端，讲终始，终始之道，就包含一切了。

小大、微著之分也。夫览求微细于无端之处，诚知小之将为大也，微之将为也。吉凶未形，圣人所独立也，虽欲从之，末由也已，此之谓也。

下面又分了。

小大、微著，都是事的两端。一切万物之生，都是终而复始的。事分小大，理有微著。得研究考究那细微无端之处。无端就是太极，太极就是无端。一个圆也是无端。那无端之处，就是两端所从起的本、两端所从起的根、两端所从起的源。得从根本上来研究问题。发生了事，绝不可以听过就完了，要追根究底，找那无端所从起之处，这才是解决根本问题的方法。

如果真的知道小之将为大了，要注意星星之火可以燎原。小事不要马虎，否则会造成无法收拾的局面。都是从微不足道的小事开始坏的。只要它有了小的形了，最后一定成为大；只要有微的显现了，到最后一定著于天下。最后就没有微、没有小，一切都在无形之中。

吉凶还没有表现出来的时候，正是圣人所独立的时候。用《易经》的话来说："知进退存亡而不失其正。"一个人知道进退存亡而不失其正，就是吉凶未形，吉凶就不能成形了。这是圣人境界。一个人知道什么时候应该进，什么时候应该退，都恰到好处，不失其正的话，还有吉凶吗？吉凶没能表现出来，就因为圣人有所独立，进退存亡，各有其正。在人事上，想要吉凶不形，必得知进退存亡之正。一般人很难懂进退存亡之正，在最危险的环境里，还自以为太平。"人皆曰予知，驱而纳诸罟擭陷阱之中，而莫之知辟也。"（《中庸》）不知正，吉凶形出来了。像坎卦，在坎险的环境中，得练习能应险的事。一般人"虽欲从之，末由也已"。没方法跟得上，达不到那境界。

小之为大，微之为著，在本身说来，并没有什么坏，只是"示生义之无穷也"。

有一段笔记可以参考："小大微著，非指形言，乃指时与修为言。"

故王者受命，改正朔，不顺数而往，必迎来而受之者，授受之义也。

新王受命，改正朔。"正月"是年之始，"朔"是月之始。不按天数去行，不按自然之数去行。必迎来，反于顺数之道而受之，不是顺天之道，就是人为之道了。人力反于自然，这不是顺数而往者，是迎来而受之者。这就是解释授受之道，最精深的。授受是反天道的。

笔　记

"授受释之最精微者，精义毕显，微言之至者。"人之所为，私相授受，违背了天之道，因为他是迎来而授受之，没有顺数而往。必得顺天之数而往者，才是王者所受之命。前面讲天下为公之道，授受是讲乱制世及之道，私相授受。

故圣人能系心于微而致之著也。

"致"，引而至也。唯有圣人才能把他的心放在至微之处，而使它能达到最显明的地方。他可以使这微著于天下。著，就是示于天下，人人得而见之。

是故《春秋》之道，以元之深正天之端，以天之端正王之政，以王之政正诸侯之即位，以诸侯之即位正竟内之治，五者俱正而化大行。

《春秋》之道要以元（二端之所从起）之深，来正天之端。"深"，就是一切生命之所由出，也就是所说的源。"深"是什么东西？"深乃天之始之先也"，就好像乾元，乾元能统天，不是天之始之先吗？"正天之端"，得找根、追源。天之始就是天之端，也就是乾元。"元之深"，是元之最深之处，一切生命之源，连天都在内，是天之开始之先，所以才能拿"元之深"来正"天之端"。那是最高的标准。

怎么"正王之政"？王得法天、则天。王之政，必得合乎天之端，合乎天之终始，就是生生，生生就是仁。终始，终而又始，就是生生。始终，那一次就完了。在天之道叫生生，在王之政就是仁。合乎天之端的话，王之政就是仁政。

诸侯如果不合乎王之政，就没有位，要易之。孟子说："君有大过则谏，反覆之而不听，则易位。"（《孟子·万章下》）连社稷都可以易。以王之仁政的标准来看，诸侯有没有位。诸侯就是王之斥候、王之前探、王之哨兵。

王者都是法天的。合天之化，王道才能大行，王化大行，就是天下为公了。王代天行化，代天行道，完全则天，到这境界才可以。

故书日蚀、星陨、有蜮、山崩、地震、夏大雨水、冬大雨雹、陨霜不杀草、自正月不雨至于秋七月、有鹳鸰来巢，《春秋》异之，以此见悖乱之征。

《公羊传注疏·隐公三年》：己巳，日有食之。何以书。诸言何以书者，问主书。记异也。异者，非常可怪。先事而至者，是后卫州吁弑其君完，诸侯初僭，鲁隐系获，公子翚进谄谋。日食，则曷为或日，或不日？或言朔，或不言朔？曰：某月某日朔，日有食之者，食正朔也。桓三年"秋，七月，壬辰，朔，日有食之"是也。此象君行外强内虚，是故日月之行无迟疾，食不失正朔也。其或日，或不日，或失之前，或失之后。失之前者，朔在前也。谓二日食己巳日有食之是也。此象君行暴急，外见畏，故日行疾月行迟，过朔乃食，失正朔于前也。失之后者，朔在后也。谓晦日食，庄公十八年"三月，日有食之"是也。此象君行懦弱见陵，故日行迟月行疾，未至朔而食，失正朔于后也。不言月食者，其形不可得而睹也，故疑言日有食之。孔子曰："多闻阙疑，慎言其余，则寡尤。"不传天下异者，从王录内可知也。

《公羊传注疏·桓公三年》：秋，七月，壬辰，朔，日有食之，既。既者何？尽也。光明灭尽也。是后楚灭邓、谷，上僭称王，故尤甚也。楚灭邓、谷不书者，后治夷狄。

《公羊传注疏·僖公十六年》：十有六年，春，王正月，戊申，朔，陨石于宋五。是月，六鹢退飞，过宋都。曷为先言陨而后言石？据星陨后言陨。陨石记闻，闻其磌然，视之则石，察之则五。是月者何？仅逮是月也。是月边也。鲁人语也。在正月之几尽，故曰岁，及是月也。何以不日？据五石言日。晦日也。凡灾异晦日不日，日食是也。日食尝于晦朔，不日，晦可知也。六鹢无常，故言是月以起晦也。晦则何以不言晦？据上言朔。《春秋》不书晦也。事当日者日，平居无他卓诡，无所求取，言晦朔也，趡盟奚战是也。朔有事则书，重始，故书以录事，若泓之战及此皆是也。晦虽有事不书。重始而终自正，故不复书以录事。曷为先言六而后言鹢？据陨石后言五。六鹢退飞，记见也：视之则六，察之则鹢，徐而察之则退飞。鹢小而飞高，故视之如此，事势然也。宋都者，宋国所治也。人所聚曰都。言过宋都者，时独过宋都退飞。五石六鹢，何以书？记异也。外异不书，此何以书？为王者之后记异也。王者之后有亡征，非亲王安存之象，故重录为戒，记灾异也。石者，阴德之专者也；鹢者，鸟中之耿介者，皆有似宋襄公之行。襄欲行霸事，不纳公子目夷之谋，事事耿介自用，卒以五年见执，六年终败，如五石六鹢之数。天之与人，昭昭著明，甚可畏也。于晦朔者，示其功，善甫始而败，将不克终，故详录天意也。《公羊传注疏·庄公十八年》：秋，有蜮。何以书？记异也。蜮之犹言惑也。其毒害伤人，形体不可见，象鲁为郑瞻所惑，其毒害伤人，将以大乱而不能见也。言有者，以有为异也。

《公羊传注疏·成公五年》：梁山崩。梁山者何？河上之山也。梁山崩，何以书？记异也。何异尔？大也。何大尔？梁山崩，壅河三日不沛。故不日以起之。不书壅河者，举崩大为重。外异不书，此何以书？为天下记异也。山者，阳精，德泽所由生，君之象。河者，四渎，所以通道中国，与王道同。记山崩壅河者，此象诸侯失势，王道绝，大夫擅恣，为海内害，自是之后，六十年之中，弑君十四，亡国三十二，故澳梁之盟，遍刺天下之大夫。

《公羊传注疏·文公九年》：九月，癸酉，地震。地震者何？动地也。动者，震之故。传先言动者，喻若物之动地以晓人也。何以书？记异也。天动地静者，常也。地动者，象阴为阳行。是时鲁文公制于公子遂，齐、晋失道，四方叛德，星孛之萌，自此而作，故下与北斗之变所感同也。不传天下异者，从王内录可知。

《公羊传注疏·僖公十五年》：己卯，晦，震夷伯之庙。晦者何？冥也。昼日而冥。震之者何？雷电击夷伯之庙者也。夷伯者，曷为者也？季氏之孚也。孚，信也。季氏所信任臣。季氏之孚则微者，其称夷伯何？大之也。曷为大之？据阳虎称盗。天戒之，故大之也。明此非但为微者异，乃公家之至戒，故尊大之，使称字，过于大夫，以起之，所以畏天命。孔子曰："君子有三畏：畏天命，畏大人，畏圣人之言。"何以书？记异也。此象桓公德衰，强楚以邪胜正，僖公蔽于季氏，季氏蔽于陪臣，陪臣见信得权，僭立大夫庙，天意若曰蔽公室者，是人也，当去之。

《公羊传注疏·隐公九年》：三月，癸酉，大雨震电。何以书？记异也。何异尔？不时也。震雷电者，阳气也。有声名曰雷，无声名曰电。周之三月，夏之正月，雨当水雪杂下，雷当闻于地中，其雉雊，电未可见，而大雨震电，此阳气大失其节，犹隐公久居位不反于桓，失其宜也。日者，一日之中也。凡灾异一日者日，历日者月，历月者时，历时者加自文为异。发于九年者，阳数可以极，而不还国于桓之所致。庚辰，大雨雪。何以书？记异也。何异尔？俶甚也。俶，始怒也。始怒甚，犹大甚也。盖师说以为平地七尺雪者，盛阴之气也。八日之间，先示隐公以不宜久居位，而继以盛阴之气大怒，此桓将怒而弑隐公之象。

《公羊传注疏·僖公十年》：冬，大雨雹。何以书？记异也。夫人专爱之所生也。

《公羊传注疏·昭公三年》：冬，大雨雹。为季氏。

《公羊传注疏·僖公三十三年》：陨霜不杀草，李梅实。何以书？记异也。何异尔？不时也。周之十二月，夏之十月也。《易·中孚》记曰："阴假阳威之应也。早陨霜而不杀万物，至当陨霜之时，根生之物复荣不死，斯阳假与阴威，阴威列索，故阳自陨霜而反不能杀也。"此禄去公室，政在公子遂之应也。

《公羊传注疏·文公十年》：自正月不雨，至于秋七月。公子遂之所招。

《公羊传注疏·文公十三年》：自正月不雨，至于秋七月。公子遂所致。

《公羊传注疏·昭公二十五年》：有鸜鹆来巢。何以书？记异也。何异尔？非中国之禽也，宜穴又巢也。非中国之禽而来居此国，国将危亡之象。鸜鹆，犹权欲。宜穴又巢，此权臣欲国，自下居上之征也，其后卒为季氏所逐。

如果和上面相反，就会得到这些了。

这里每个都是一件事，不是相连的。这些都是反常、悖乱之征，也就是违了时。

是小者不得大，微者不得著，虽甚末，亦一端。孔子以此效之，吾所以贵微重始是也。

上面这些虽然是小事，孔子拿这些当很重要的事来看。他把微看得特别重。开始要特别注意，好的开始就是成功的一半。《易经》特别讲"履霜坚冰至"，霜就是微，秋天早上起来，往外一走，踩到霜了，不要感觉无所谓，微之将著，小之将大就要来了。天下事都如此，当政者以为小事没关系，许多大事就是由癣疥之疾来的。

因恶夫推灾异之象于前，然后图安危祸乱于后者，非《春秋》之所甚贵也。

这是汉儒的讲法，汉儒重视灾异，一直到清末大家还很相信。这个异风到民国还是有，当然知识分子信的是少了。

有人讨厌推灾异之象于前，失去先见之机了，可是他还希望图安危祸乱于后，这就不是《春秋》所最重视的了。《春秋》重视的是防患于未然。

然而《春秋》举之以为一端者，亦欲其省天谴而畏天威，内动于心志，外见于事情，修身审己，明善心以反道者也，岂非贵微重始、慎终推效者哉！

《春秋》把防患未然的观念举出来以为一端。一直到清末，有什么不吉祥的事发生，都以为是天谴。其实也愿意大家能反省，反省天谴而畏天威。"内动于心志"，天天反省，看有没有过错。"外见于事情"，在事情上表现出来，确实有悔悟向善之心。明善心来返回道，这就是重始慎终所得的效果。

注意！《春秋》言灾异，为防患于未然，不是迷信，是一个警惕，因为懂灾异之可怕，就知道防患于未然。

重政第十三

《管子》："政者，正也。正也者，所以正定万物之命也。"

"物"里包含着"事"，"命"指"性"说。正定万物之性，指尽性说，也就是发其用。我们要使每一个人把他性的本能完全发挥出来，物的本能、物的性也完全发挥出来。到最后，人与天地就完全平了。天地人的能就完全平了，天生之，人用之。

现在的人与物，就是把本性之用都浪费了。其实人的大能都是一样的，只是有些人发挥了出来，有些人没能发挥出来。没能尽己之性，就别谈尽人之性了。

要到每个人都以平等来看万物，天下没有弃人弃物了，天地人才平等。

惟圣人能属万物于一而系之元也，[1]

圣人把所有的万物统于一而"系之元"，等到"系之元"的时候才生生不息。"属于一"是始终之道，"系之元"是终始之道。无论什么东西，都有始终，要等"系之元"了，终而复始，就生生不息了。

第二个解释，"属万物于一"就是殊途同归，"系之元"就是与天地终始也。天下事虽然不同，但都得属之于一，办事得以简御繁，就是殊途同归。系之于元，就是与天地终始、生生不息之道。孔子改一为元，这才有深的意境。

笔　记

《大易》之道，由隐之显，始于元也，奉天也。

---

[1] "惟圣人能属万物于一而系之元也……大其贯承意之理矣。"重出于《玉英篇》。师尊先后释义，读者可并参。

《春秋》之道，由显之隐，返于元也，合天也。大人者与天地合其德也。

旧的说法：《春秋》与《大易》相表里。《大易》为里，《春秋》为表。《大易》之道，由隐之显，从元开始。这元是看不见的，到最后，现之于事了。

天工人代就是奉天。《尚书》说"天工人其代之"（《皋陶谟》）。它的本义是：天地造了万物之后，还有未尽善之处，没有完全做好。人得代天之未完善之处，使它也完善了。

熊十力先生在《原儒》中举例子说：一座大山，人很难过去，就是上天能没尽其功。人能代天之功，发明了飞机，就飞过去了。大海很广阔，发明了船，也渡过去了。其他的事，都是这样。

天德比人德大，因为人代的资料还是天德。像以前人不会盖房子，现在会了，是人之功，但是材料是天德。这是大本所在。人的智慧可以代天工，可不能代天德。没有材料，电灯不会亮，大本还是天之德。

《春秋》讲人事，得返于天道，不返天道就不好了。我们行为的标准也是看合不合天道。你的行为能与天地合德了，就是"大人"。不能与天地合德，只知道"进退存亡而不失其正者"，是圣人。这就是讲《大易》之道与《春秋》之道相表里的原因。中国一切文化之源就是《大易》一部书，《系辞传》里有很多地方，圣人系得很好。谁系的？就说以为是孔子系的。不管是谁系的，就看他在那个时代的了悟已经很深。

《大易》之道就是"智周万物，道济天下"（《系辞上传·第四章》），看多合时！古人为什么要画八卦呢？因为要拿八卦"以通神明之德，以类万物之情"（《系辞下传·第二章》）。那时有这种思想，真很可怕，我们想都想不到！

既然类万物之情了，下面又说"智周万物，道济天下"，看古人智慧之高。因为有了类，就有了界说，研究这类的结果，就是要拿那个道来济天下。今天也不过如此，发明家发明电灯、煤气的目的，就是要"道济天下"。看人的智慧有多高。如果不努力，就知道消耗，你值你吃的面包钱吗？现在生产的时候，人力可以完全配合自然，看那些学农的，贡献有多大！我们光吹牛，不合实际。细想想，就知道自己不如人家，要好好努力！

"属"可以当附字讲，唯有圣人能附万物于一，就是殊途而同归也。万物很多，途不同，但可同归于一。在政治上来说，就是以简御繁。这些都是一个道理，拿简来统御多，那不是一般人能御的，得是能手才行。

"属一，系元，定一，其志一也。一致殊途，以简御繁也，自迩自卑，以致其极，与天齐也。"

"属万物于一，殊途同归也；系之于元，与天地终始也，终始者，生生之道也，不息者也。"

定一就是定于一，所有这些观念所主都一样。一致而百虑，从一出发；殊途同归，其结果又是一。一致是入手处，一致百虑是发于源，最后又同归于一，这就是以简御繁之道。下拿一来统率很多很多的道，也就是"自卑自迩，以致其极"。由基本的，达到最高境界，与天同等了，与天地参矣！

"属万物于一"就是殊途同归的意思，系元就是与天地终始。"元"就是"大哉乾元"（《易经·乾卦》）的"元"。终始，就是与天地终而又始，终而又始，不是生生不息吗？唯有圣人才能达到这个境界，才能以简御繁，一般人只能说说以简御繁。

天下有万事万物，途不同，可得归于一，这是以简御繁之道。下面就是圣人之义了，他还能把所有的都系之于元，这就是孔子的改一为元，这就叫《春秋》笔法。《春秋》改一为元，旧说是这么说的：以前都是写一年、二年……即使有一千年、一万年，到了一千年、一万年也就停了，还是始终。孔子创新义，改一为元，元就是生生之道了。元就是乾元，"大哉乾元，万物资始，乃统天"（《易经·乾卦》），万物都借着元开始，圣人怕我们把万物误解成只有动物、植物，所以特别强调，连天都为乾元所统。不但是万物的爸爸，还是天的爸爸。这境界可大了，天也借着乾元生生，乾元是一切之祖，是一切的爸爸。

《易经》讲"元亨利贞"，乾元连天都统，当然也统"元亨利贞"之道。这四个德，也是从乾元来的，这指的是道，形而上的。不只有形的东西，连无形的道理也是从乾元来的。因为有乾元才有一切。孔子解释这个元："元者，善之长也。"（《易经·乾卦·文言》）万物都借着乾元长，元是善的长。这个善很重要，"不与恶对"。一般的善恶是相对的，但是这个善不与恶对。相对是形而下的东西，最低的。这个善是本然的善，元是本然之善的长，也就是性之长，可以生长一切。这里没提性善，但是"元者，善之长"就是性善观。

以前常说：生就是仁。这里的"长"就是生。下面孔子又有解释了："君子体仁，足以长人。"（《易经·乾卦·文言》）"体"是一个动词。君子体仁之道了，就可以长人。长就是生，就是养，也就是仁。像杏仁，往土里一扔，就长出杏树来了。桃仁，往土里一扔，就长出桃树来了。"君子体仁，足以长人"，他的德就是仁德。道就是仁道，政就是仁政，行就是仁行。中国一切为政都以仁为本。一言以蔽之，长人也！以仁为本的目的就是长人。成德了就叫仁德。你的心不错，叫仁心，都是由这里来的。

所以说《大易》之道与《春秋》相表里。《大易》是由隐之显，由看不见的到看得见的，由形上的到形下的。《春秋》由显之隐，由形下的返回到形上的。

凌本上说："《管子》曰：'政者，正也。'"中山先生说中国有两部最完整的政治哲学：《大学》和《中庸》。《大学》的为政之道就是"格致诚正"，以正为本，不正就不能成其政治。搞政治可不是害人的，"所以正定万物之命"，万物之命也就是万物之性。物有物的性，事有事的性。《中庸》上说："唯天下至诚，为能尽其性，能尽其性，则能尽人之性；能尽人之性，则能尽物之性；能尽物之性，则可以赞天地之化育；可以赞天地之化育，则可以与天地参矣！"古书中提物一定包括事。尽己之性，就是把自己性的本能完全发挥出来，己立己达了，再进一步，就要立人达人、尽人之性，使别人也把他性的本能发挥出来。等人人都把性的本能发挥出来了，就是"人人为我"，你想拔什么利天下，人家都不喜欢，因为你侮辱了他。再进一步，也不能把天地万物都糟蹋了，得尽物之性，使物尽其用。天生物，地长物，人能役物，所以其德与天地参矣！

终不及本所从来而承之，不能遂其功。

虽然"属万物于一而系之元"了，如果达不到本所从来的境界而继续之，就不能成其功。这一句告诉我们识源之要、知本之要。对任何东西弄不清楚，不能知本识源，就"不能遂其功"。为什么不能有最高成就？就因为不能及本之所从来而承之。读书不求甚解，做事也不想尽其功，怎么能成功？

不能承天志，继天之志，就不能遂其功。天之志就是无私、尚公。人要想成其功，必得尚公、无私。中山先生成了不世之业，不是念咒来的。他在人事上来说，真是无私、尚公。他为国家奔波了那么久，什么都没有，只在上海有座小房子，还是别人送的。

《春秋》里的含义特别深。《公羊春秋》历代都不允许讲，就是这个道理。因为它处处对付乱制。以前不许讲，但拐弯抹角，必得讲。承天之志就是无私、尚公，"大道之行，天下为公"，这处处都是对付世及制的。所以他们能真尊孔吗？历代尊孔，都是挂羊头卖狗肉。

无论你做什么事情，如果最后没有达到本之所从来而承之，就不能成其功。能达到本之所从来，就可以继元、体元、行元了。做事糊涂，没有成就，就因为没能达到继承本所从来而为事。用现在的话来说，可以识源知本的人才能成功。源就是元。知本就可以行"及本之所从来而承之"，故能成其功。想成就任何一件事，必须从根上弄得清清楚楚，做事时才驾轻就熟。因为虑深通敏，考虑周到了再去做，就没有障碍。事预则立，不预则废。对事情要详细考虑，不可以马马虎虎。"敏"不是敏捷，而是"六十而耳顺"的耳顺境界。无论什么事情，一到耳边，就知道是非。再举一个例子，就像一面镜子，只要接近了它的范围，马上映出来了，马上呈现出像，那叫作敏。虑深通敏，只是识源知本的初步。

是以《春秋》变一谓之元，元犹原也，其义以随天地终始也。

变一为元。因为"一"不行，"一"就有始终。"元"就永远不息，终而又始。他的意思，得随天地终始。历代帝王能随天地终始吗？必得是合天道的天之子才能随天地终始。天子是代天行道的，世及乱制不奉天，是不承天之道的。

生生之道就是仁，生生之谓仁。有生命的仁，像杏仁、桃仁，就是核心之所在。仁就是生，仁政就是生民之政。孟子有一句话："《春秋》者，天子之事也。"（《孟子·滕文公下》）《春秋》是天子之事，唯有天之子才能随天地终始。受之于天者曰天子，受之于人者曰世及。

既然元这么重要，所以《春秋》就得变一为元了。"一"是普普通通的一件事，变一为元，那就不得了了。所以说"《春秋》者，天子之事也"，故能随天地终始。

这一句是总纲，特别重要。

改完这个元，告诉我们，无论成什么都得识本。体元，做什么事，只有成功没有失败。所以孔子以为载诸空言,不如见诸行事之深切著明也。光是空言不行,得用行事给你们做个例子,才又深又切又明显。

把《春秋》的原样拿来,就是鲁国的历史。孔子怎么办呢?"其事则齐桓、晋文,其文则史,其义则丘窃取之矣!"(《孟子·离娄下》)事情是历史,义是孔子自己拿出来的。

看孔子怎么拿主意?因为体元、识元的重要,所以孔子变一为元。"一"是最简单的事,是历史上最普通的事,开始就是一,像人的年龄一样,数到死时就完了。这是普通事,不足为法。等改一为元就不得了了。这不是普通事情了。元是天的爸爸,这一件事可不得了了。所以改一为元是天子之事也。人事是法天的,是根据天的行事而来的。这不是普通人的事。为什么是天之子的事呢?因为儿子的责任是继志述事,继爸爸之志,述爸爸之事。天的儿子就是继天之志,述天之事。《尚书》说"天工人其代之",天子得代天行道,天工没有完,人得代天工而完其事。这是天子之事,《春秋》不是给一般人讲的。

天子不是一个,因为"人人皆可以为尧舜",我们都是天民,天民就是天的儿子。只要这么办,都可以成天之德。你的行为就是天行,也叫中行。孔子说:"不得中行而与之,必也狂狷乎?狂者进取,狷者有所不为也。"(《论语·子路》)"狂"不是神经病,得有进取之心。"狷"是有所不为的人。

有了天德以后还有天爵。圣人、贤人、君子都是天爵。看到了圣人,肃然起敬,因为他有天爵。

天子不是当皇帝的那个天子。古文家处处讲成当皇帝的天子,所以大家以为他们是奴儒。今文家始终不占便宜,也就是这个原因。

"元犹原也",改一为元以后,就是叫我们随天地终始,因为我们和天地一样,都是元的儿子。一个从元那里来的,和天地是同胞,所以才与天地终始。与天地参,天地怎么样,我们就怎么样。

故人惟有终始也,而生不必应四时之变,故元者为万物之本,而人之元在焉。安在乎?乃在乎天地之前。

这句话把人说得高贵得不得了。人当然有终始,然而人的生生不必应四时之变，所以人为万物之灵（《尚书·泰誓》"惟人万物之灵"）。我们说"人为贵""天民"，就在这里。人另有一个与天地并来的元，与天地参矣。天地奉元，人也奉元，所以才能与天地参。

人在天地之先。生小孩时，不必应四时之变，所以特别尊贵。男女小孩时，分春夏秋冬吗？如果种地瓜时差几天，就会光长叶子，不结豆。就因为没能应四时之变。"鸡豚狗彘之畜，勿失其时。"（《孟子·梁惠王上》）如果失了时，就不生了。人愿意什么时候生就什么时候生，人为万物之灵，自有终始，在天地之先。

天地人都是随元生的，宇宙为一大天地，人为一小天地。人的元和天地的元是同一个元，所以人的尊贵可不得了。人可不能像动物一样！有很多人，好好的人不做，光做动物，有什么办法？

元为万物之本、万物之父，人的元就在这里面。人之元与天地之元一样，人和天地就平等了。

笔　记

"故不随天地终始，而自终始，与天地参矣！"

"与天地同其元，故曰在前。"

"物失时不生，故应四时之变。"

"人与天地同系一元，故各有终始。宇宙为一大天地，万物随其终始也；人为一小天地，故自有终始也。"

"人之所为万物之灵者，在天地之终始应四时之变，而人不应四时之变也。"

人和天地是终始，人和天地是弟兄，天地不能影响我们。人自有终始，天地有终始之说，我们也有终始之说。"生不必应四时之变"，天地生万物都得应四时之变。猫、狗、猪都一样，所以孟子说："鸡豚狗彘之畜，勿失其时。"（《孟子·梁惠王上》）失时就不生了。

人为什么像天那么伟大？因为唯有人不应四时之变，人愿意哪天生就哪天生，不分冷天热天、黑天白天。这回就与天地同一了。万物都听天地支配，人可不听他那一套，自己终始，所以和天地有同等的价值。天德、天爵、天寿都是由这里来的。到最后就与天地参。如果你作践了自己，那就参不上了。

元是万物之本，这谁也跑不掉。我们只能和天地争个平等，不能与元争。

而人之元在焉。元为万物之本，人的元与万物之元是同一个元。人的元为什么在天地之前呢？因为元是天的爸爸，在天地之前就奉了元了。人为万物之灵，因为不应四时之变。与天地同其元，故曰天地之前。

故人虽生天气及奉天气者，不得与天元，本天元命而共违其所为也。

这句不太顺，一定有脱文，但是不影响我们了解义理。

人生于天气，就得奉天气。虽然生天气、奉天气，但是不能与天元，不能参与于天元，天元就是乾元，比我们高一辈的。

下面一句，骂我们骂得厉害了。我们每一个人都是本天至高之性来的，可是我们都违背了天命给我们的所为之道。虽然都生于天，都违背了天之行、天之德，不奉天道去行，违背了天元之命的所为。

故春正月者，承天地之所为也，继天之所为而终之也。

那么谁来提醒我们呢？这整段最重要，是识元的方法。

孔子修《春秋》，变一为元了。鲁隐公"元年，春，王正月"，变一为元之后，下面就是春正月了。上面变一为元，不就好了吗？但因为我们共违其所为，违背了天之元命之所为，所以《春秋》第一句经文，假借鲁隐公说，要承天之所为。

"元年"的意思明白了，为什么要写"春正月"？就是叫我们承天之所为。春正月就是天时、天之道，得继承天之所为，生生不息。

光是承天还不够，还得按着天之所为，一直到完了，永远不能变，所以说"守死善道"（《论语·泰伯》）、"任重道远"（《论语·泰伯》），一直到死责任才完。

天之所为就是生也。《尚书》说的天之所为，就是天工。因天工而行之，就是人代。

其道相与共功，持业安容言乃天地之元。天地之元奚为于此，恶施于人，大其贯承意之理矣。

所成之道不是单独成的，是和大家一起相与的。不只和人相与，还相与天工，人和天还得相与共功。看我们的责任，真是天民、天之子。天没有完成的，人接着完成，这就是儒家与天地参的观念。不必上天去参，把地上的事做好，就与天地参了。

持志成业，安道容物，安道容人。这就是天地之元。为什么我们能终之？因为我们与天地是一样的，与天地同其乾元，都是本天之元命而来的，同等的。所以天地没有完成的事，由我们来终之。

在这里怎么做呢？如何使人行之呢？怎么把天之德、天地之元加在人身上呢？施，就是行也。下面就告诉我们了。

这里的贯，就是"一以贯之"的贯。

事父承意，事天亦然。《春秋》者，天子之事也。"大"是个赞词，加重词。理和道是一样的。到这里为止，是最重要的一段（即故春正月者~大其贯承意之理矣）。

能说鸟兽之类者，非圣人所欲说也。圣人所欲说，在于说仁义而理之，知其分科条别，贯所附，明其义之所审，勿使嫌疑，是乃圣人之所贵而已矣。

不说人话，"群居终日，言不及义"（《论语·卫灵公》），这不是圣人所愿意说的。圣人所愿意说的，是说仁义而行之。理就是行，讲完了以后，叫他能行仁义。

怎么开始呢？"附"，就是属，也当"类"来讲，贯所类也。由这里，看出圣人理事之慎。他分科条别不算，还得详细之，贯所属。分科以后，又一条一条的分别，在条下又贯其所类。这么仔细，做完了，还得明白一类一类中的义之所审，可算是仔细到极点了。

"勿使嫌疑"四个字最重要。粗心大意，就是最失败的地方。每一个小东西都不可以马马虎虎，得叫他一点嫌疑都没有，这才行。君子"不处嫌疑间，瓜田不纳履，李下不正冠"（曹植《君子行》）。这是圣人看得最重要的事。你们净做嫌疑事，就因为不分科，不条别，不贯所属，又不明义之所审，大而化之。必须照这篇讲的去做，虽然不一定成功，至少无悔。

不然，传于众辞，观于众物，说不急之言而以惑后进者，君子之所甚恶也。奚以为哉？

传，另外一个说法是当"傅"字。傅于众辞，就是人云亦云，道听途说。不照上面这么做，就是傅于众辞，察于众物，说些不急之言。不重要的话，随口乱说，迷惑后进，乱造谣。君子都讨厌这种人，何况圣人乎？

圣人思虑不厌，昼日继之以夜，然后万物察者，仁义矣。由此言之，尚自为得之哉。

那么该怎么做呢？

虑深通敏就在这里了。圣人可不是普通人。圣人都得思虑不厌，普通人更得想了，得想到脑子爆炸了才行！"厌，足也"，白天不足，晚上再想，必到想通了为止。万物万事都研究好了，所以就都仁义了。

由此言之，爱莫能助，皆自求也，皆自得也。"求则得之，舍则失之"（《孟子·尽心上》），完全在乎自己的努力。

故曰：於乎！为人师者，可无慎邪！夫义出于经，经传，大本也。弃营劳心也，苦志尽情，头白齿落，尚不合自录也哉？

这是骂做老师的。可以不谨慎吗？注解可以自己看。

中国古学分两派，一派是经义，一派是训诂。这都是后人才分的。古时讲道，专讲经义，秦以后才有训诂考据之学。义出于经，所讲的就是经义。讲经的目的是讲经之义，懂其义才能治其事。

笔　记

"经者，本也；传者，师说也。弃师说之经营，而劳私心以自录，至老不合也。何圣意之可违耶？"

"道乃经传之本，经传乃义之本。"

师说应该好好去经营，好好去研究。否则把自己的心志苦得不得了，把性之所贵都用掉了，头白齿落，还不能把深义表示出来。

人始生有大命，是其体也。有变命存其间者，其政也。政不齐则人有忿怒之志，若将施危难之中，而时有随、遭者，神明之所接，绝属之符也。亦有变其间，使之不齐如此，不可不省之，省之则重政之本矣。

大命就是天命。汉儒都是这样写的。"唯天为大"，"天命之谓性"（《中庸》），以性为体。人的死生有天命，是其体也。"唯天为大，唯尧则之"（《论语·泰伯》），只有天是大，尧则这个天。大学，就是学大，也就是学天。怎么来则天，就是《大学》这一部书所讲的道理。则就是学。学天之道，以天命为体，以性为体，"率性之谓道"，顺性走就是道。修道就是教（以上并见《中庸》首章）。

可是什么都有意外，"有变命存其间者"，上面的天命是体，但也有偶然的事情，存于行事之间。

笔　记

以应事为用，故曰政。其政也，正一切之行事，与诚正修齐治平同。

因为有私，所以不齐。政一不齐，每个人都有忿怨之心。志是心之所主。施，行也，加也。行于危难之中。

遭随者，就是遭命、随命。可以看注解。绝，就是断了。"属"就是续，见注解。知道现实就懂这些了。

《春秋繁露义证》：《庄子·列御寇》："达大命者随，达小命者遭。"《白虎通·寿命》："命有三科以记验：有寿命以保度……有遭命以遇暴……有随命以应行……寿命者，上命也。随命者，随行为命，若言息弃三正，天用剿绝其命矣。又欲使民务仁立义，无滔天。滔天则司命举过言，则用以弊之。遭命者，逢世残贼，若上逢乱君，下必灾变暴至，天绝人命，沙鹿崩，水袭邑是也。冉伯牛危行正言，而遭恶疾。"《论衡·命义》引《传》言三命为正命、随命、遭命，说略异。《潜夫论·论荣》："故论士苟定于志行，勿以遭命。"《卜列》："行有招召，命有遭随。"后汉来歙中刺，光武赐策曰："遭命遇害。"此所云"随、遭"，即所云随命、遭命，"言政不齐则得其正命少也。"

政不齐，有特权阶级，人就有忿怨之志了。"不患寡而患不均"（《论语·季氏》），因为有私心才有这些事，有这些事就将有危险的事情发生了。就有随命遭命之事出来了。这时候人的智慧、良知、修养，一切之所接，就看你缺德不缺德。人没有白捡的，有一分善，得一分善符，有一分恶，得一分恶符。绝续完全在自然。完全看积怨在心到了什么程度。

"省之"，是重政之本。人不怕有错，就怕不反省。"过则勿惮改"，改了就不是过。

下面一段不管它接得上接不上，每一句都有用。

撮以为一，进义诛恶绝之本，而以其施，此与汤武同而有异。汤武用之治往故。《春秋》明得失，差贵贱，本之天王之所失天下者，使诸侯得以大乱之说，而后引而反之。故曰博而明，深而切矣。

"撮以为一"，就是殊途同归，也就是以简御繁。

"义"就是善，是善之行，善是一个标准。进善之行，诛这个恶，这就是断绝一切不良的根本。

"以其施"的"其"，指《春秋》。以《春秋》之教施之，拿《春秋》作施法、施政、施教的标准。这些地方，有点与汤武相同，但有特别不同的地方。什么相同？"进义诛恶"，就是所同之处。但有不同之处。

笔　记

《春秋》撮以为一，进义诛恶，此其所以异汤武之诛恶而未进义也——一治一乱之道也。《春秋》明得失，差贵贱，拨乱反正，乃有治无乱之圣道也。故曰：非至德至道不凝焉。求至道必修至德，此儒之治天下也。

司马迁说《春秋》是"礼义之大宗"，因为礼义为《春秋》之所宗。《春秋》以礼义作标准来衡量一切，《春秋》按照礼和义来明得失。合乎礼义就是得，不合乎礼义的就是失。差，不是差别，而是除掉，要除掉贵贱。为什么？因为本着天王所以失天下的原因。天王指周天子说，周天王之所以失天下，因为他不明得失，不能除掉贵贱。不明得失就是没有得失，也就是没有是非，没有礼义。他又重视贵贱，重视尊卑，这就是他所以失天下的原因。

这样就造成了大乱之说。大乱之说就是诸侯人人皆可以王天下，可以做天下王，就乱了。

我们懂得这道理以后，要引而反之。

修《春秋》的目的，就是要把大乱之世使它反之正。为什么有大乱之说呢？因为有乱制。没有乱制就不会有大乱之说。最可怕的就是制度，有了乱的制度，诸侯才以大乱之说来乱天下。如果除了乱制，就不会有大乱之说。

乱制就是世及，谁打了天下，可以传给儿子或者传给弟弟，总之是家天下。

大家明白了以后，要引而反之正。反于正，指尧舜之制。这样才能治而不乱。所以说"《春秋》博而明，深而切"。博，无所不包；明，没有幽隐之道，有公而无私。研究到了深，还没有不切者。切就是宜也、义也。

知道诸侯何以大乱天下的缘故，就得矫之。矫者，正也。《春秋》的目的就是拨乱世反之正。尧舜就是正，仲尼祖述尧舜。《孟子》又说："至于禹而德衰"（《孟子·万章上》），到大禹时德就衰了，成了家天下了，所以《中庸》只说"祖述尧舜"。

"宪章文武"，就是以文武之文为其所法。文就是文化，礼仪节文都在内。"博而明，深而切"，这是说"载诸空言不如见诸行事之深切著明也"，专讲空理，比不上用行事表现出来的深切著明。

这里把天王之所以失天下，和诸侯王所以有大乱之说讲得清清楚楚，了解了所以然，才能博深明切。

凌曙本中有一句话："汤武用之治仁。"另一个本子说"仁"当为"往"字。也就是汤武用之以治往。《春秋》之前曰往，因为以《春秋》当新王，所以《春秋》之前就是往。

笔 记

天王者，世及之首，据其所失之害，毕除之，则能一统于天之子，方大公而福民矣！

十指第十二

先看苏舆注:"此篇六科十指。何休则用三科九旨,殆胡毋生条例别与?"

"此篇"指《繁露》这本书而言。董仲舒解释《春秋》用六科十旨,这和何休不一样。何休用三科九旨。注解说:这因为胡毋生的条例和董仲舒的条例不同。

凌本上说:"何休六谥例,有三科九旨。旨者,意也。科者,段也。"有三段、九个意义,每一段有三个意思。所以说据乱世、升平世、太平世。在这每一世里,又有据乱、升平、太平。《中庸》说:治国治天下"有三重(chóng)焉",不是三重(zhòng)。

三重,是指三科九旨说,这是今文家之说,不是古文家之说。《公羊春秋》最有名的两家解释就是董仲舒和何休。他们一个讲六科十旨,一个讲三科九旨,有不同之处。由《春秋繁露》和《公羊传》何休注中可以看到。

《繁露》前面有各家的评论,很多人主张三科九旨的时代晚,何休是后汉的人,董仲舒则是孔子的六传弟子,时代近,比较可靠。司马迁就是七传弟子了。

何休引胡毋生条例,没有一句提到董仲舒。但在汉朝时,司马迁都说,治《公羊春秋》,坐第一把交椅的是董仲舒。可见他们的确在主旨上不一样,所以一句不提。如果提了一句,他往下就讲不通了。我们讲《春秋繁露》,就是要离孔子近的时代来认识《公羊春秋》。

《春秋》二百四十二年之文,天下之大,事变之博,无不有也。

《春秋》由隐公到哀公一共十二个王,两百四十二年。所记载的、所包括的，天下之大，无奇不有，都在这里面了。事变之博，别看只有两百四十二年，包含了一切。

虽然，大略之要有十指。十指者，事之所系也，王化之所由得流也。

虽然很博，我们不必糊涂。因为略而言之，归纳起来，有十项所指之事，有十个义。这十指就是一切事之所系。其关系之大，使新王之化得以流传于后世。王就是新王。由这里看十指的重要。《春秋》之学没有什么神秘，完全订正以前的错误，也就是本天王之所失，除天王之所失而归于正。

举事变见有重焉，一指也。

举出事变来，看出有所重视之处。这是第一个最重要的意义。
小注："《春秋》重民。《竹林篇》云：'战攻侵伐，必一二书，伤其害所重也。'"
《春秋》是什么？《春秋》重民。汉朝根据董生的意见，以《春秋》决狱，就是尊重人权。因为《春秋》重民，所以用《春秋》来决断一切民事刑事。《春秋》重民权、重人权。
《春秋》之旨最重视的是民，不是人。在春秋时代，有地位、做官的，才叫"人"，一般老百姓都称为"民"。读古书，尤其是《论语》，人和民的区别要特别注意。一个时代的用字很重要。孔子以前，"民"和"人"有区别。
《尚书》的注解就闹笑话了。"敬授人时"（《尚书·尧典》），他以为是"敬授民时"，为了避李世民的讳而改成"人"。那为什么上文的"黎民于变时雍"的"民"字不改呢？
尧的时候发明了历法。第一步，得很谨慎地叫那些"人"懂得"时"的观念。他们再去教老百姓，最后老百姓都懂得用时的观念了。注解信口乱说，大家还以为是对的。
《尚书》中所说的"百姓"是"百官"的意思。在尧的时代，老百姓没有姓，先懂得用姓的是官吏。后来大家看到用姓很方便，慢慢才有了姓氏的观念。

现在说"百姓"就指一般的老百姓了。

看小注。战攻侵伐之事，在《春秋》"必一二书"，一二书不是写一两样，而是每一个都得写。为什么要这么明白？因为他伤害了《春秋》所重的民，"伤其害民也"！这完全是孔子之义。所以孟子说"杀一不辜，而得天下，皆不为也"（《孟子·公孙丑上》），不是重民吗？这才是孔学的真精神。

第二个意义，举出事变，世界上事变之事，知道有所重，无论事变怎么厉害，所重的都是民。

见事变之所至者，一指也。

"见事变之所至"，这完全是溯源之道。

看小注："事发于此，而变见于彼，君子不可不察。"事情不发生则可，一发生就不得了了。一切变化，都会在别的地方现出来，这是君子、有德之主所应该细心去研究的，不可以不明白。得追究事之所以至，事之所以变，看远因和近因在什么地方。

因其所以至者而治之，一指也。

更进一步，要根据事变之所以至的原因，而去治理它，得按病下药，如果不知道按病下药，只知道用成方子，岂有不亡国之理！我们法东洋、法西洋，这都是成方子。一个国家、一个民族，有这个国家民族的病，得按病下药。成方子不能治病。七十年来，净学人家的了。人家能用的，我们整个端过来了，有用吗？最没智慧的人才借成方子做事，全盘西化，就是没有"因其所以至而治之"。明白了这个之后，我劝你们，生活不必太西化，我们的骨头和肉，不是吃那么多东西长的，不必糟蹋自己。生哪个地方就用哪个地方，这就够了。要认识自己，自己倒是能什么，自己都不知道，只会看人家，本身必有所立之方，一个人要养自己，锻炼自己。

举一个例子来说：日本吸收英国、德国的东西，但他们很敏感，觉得不太对劲，就来一个大混血，加上了阳明学。明治以后，就树立了一个"皇道精神",我们叫它作"武士道精神"。一个文化可以混,不必完全按成方子。日本也不认为他们是中华文化,他们以为是大和文化。

我们当然得截长补短,但千万不能完全拿旧东西来治病。得根据"其所以至者而治之","所以"两个字特别重要,因为什么我们达到了今天这境界?就算是好,好为什么好到这境界?也得加小心,因为泰极了,否也来!何况是不好呢!

整个知其所以至了,再根据本源,源其所本,"因其所以至而治之",从大本上下手来治病,知病因之所以而下方子。绝对不可以把成方子整个拿过来,囫囵吞枣。这是讲处事之道,任何事必得追根究底。

强干弱枝,大本小末,一指也。

"大""小"两个字,不可以做形容词用。

他用树作例子,使本强,使枝要弱。我们看柳树,枝不弱就不美了。强干弱枝,是理之当然。

大本小末,就是要重本轻末。古时候的"大"就是最重要的。如"大哉乾元""唯天为大"。做事必得有轻重,否则本末倒置,正是失了《春秋》之义。拿人生来说,生活最重要的就是米、盐、茶、糖,其他都是末节。今天人的生活,大本不重视,随便凑合,怎么会有好的体格?"人是铁,饭是钢",生活不重视,身体怎么会好?

做事不知道树本,大本不立,净扯闲的,能有用吗?大小事都一样,如果不知道建树自己,只把别人的拿来一换,就算是自己的了,本立不住,能稳吗?做买卖的都知道:"根深叶茂,本固枝荣。"

别嫌疑,异同类,一指也。

第一个,一个人做事,不要说吃亏了,有嫌疑都得别。这一别,好像要吃亏了,就得停一停,不可以再往前走了。别嫌疑,是疑之中最轻者,都得分别分别。

第二个，更进一步，得异同类，同类我也不相信，还得分一分清楚。连同类都得别，看一个人的头脑得多么致密！大而化之，那怎么行？高矮、胖瘦、粗细都得分清楚。这是举一个例子。要到滴水不漏这么仔细才可以，能这样，做事能不成功吗？

《春秋》是什么东西？是"礼义之大宗"，礼者，理也；义者，宜也，也就是"理宜之大宗也"，是处理一切事情都恰到好处的宗主，不二法门。可不是行礼作揖！读《春秋》的目的就是在这里。

论贤才之义，别所长之能，一指也。

贤，指有德的说；才，指能干事的。要贤者在位，能者在职。有德的，叫他有位，有能者不可以不在职，在职不可以无能。虽然他有缺点，但是他有一技之长，犯不了大毛病，因为上面有一个贤者在位，可以告诉他："老李啊！你不能再这样做了，再做就要免职了！"这样就不会出大毛病。如果上下一窝乱，上面闲着，下面又不能，那就糟了。有德的人，不会领导下面干坏事。

论贤才之义，就是得研究把贤者和才者放在什么地方才合适。如果他是个宰相之才，你叫他做科员，能养得长吗？水浅能养大鱼吗？义者，宜也，恰到好处。看这个人放在什么地方合适，大才不能小用，小才也不能大用。小才大用，你把他逼得快发疯了，那也没用啊！

别了所长，还得看你能不能。譬如说你长于国画，那个人也长于国画，把国画都拿来了，还得别一别。一比之下，你是长于国画，可是不能。你自以为有所长，人家还要看一看你是不是这所长之中的能者。如果你不是，即使你去画国画，也糟糕了。又譬如打篮球，你自以为是你之所长，打得不错，但是和国手一比，就差了一大截儿。看这得仔细到什么程度，连对他的所长都不能马马虎虎。做一件事，得把几个所长的放在一起，别一别，谁能，这件事就用谁。

亲近来远，同民所欲，一指也。

近的也得亲，远的才敢来。如果连太太都同床异梦，和你分居了，别人还敢理你吗？越近的人，你处得越亲，远的才敢来。交朋友得有道，你最近的不亲，譬如父母算最近的，你对父母都不孝，对别人去孝，远处的人看你，不会觉得你必有目的吗？交朋友，一定先看你为子是否孝，为兄是否友。你为子不孝，为兄不友，那你和任何人交朋友都是有目的的。如果你为子孝，为兄友，远处人听到了，都觉得我们可以和这个人交朋友，大家就来了。这就是大本之所在，得强干弱枝，大本立得住了，在家为孝子，出外必为忠臣义士，能没有朋友吗？

第二步更厉害。"民之所好好之，民之所恶恶之，此之谓民之父母。"（《大学》）有些为政者，"好民之所恶，恶民之所好，灾必逮夫身"（《大学》）。完全看你是不是同民之所欲。得好好研究自己，警惕自己，看看自己有什么毛病。

承周文而反之质，一指也。

这里的文和质是况。

笔　记

文质非指周殷也。文指进步，质指居本，法天地之道也。周监于二代，郁郁乎文哉。周尚文，殷尚质，乃况文也。

周以前面二代为借镜，截长补短，进步了，所以说"郁郁乎"，进步了！文者，进步也。周尚文，乃是况这个文，况其进步也。以殷为本，比较起来，周朝是进步的。

"承"，就是接着，这意义很重要。得接着周朝的进步而反于正。不忽略周朝，承认周朝的文化，但是我们要反于正，拨乱世反诸正，就是由这里来的。承认周的文化，但是不承认他们的体制。孔子"祖述尧舜，宪章文武"（《中庸》），祖述尧舜揖让之制，选贤举能，以文武时代的文化为其宪章，就是承周代之文而反之质，而反之本。拿殷的质来况周的进步，不是相承的吗？

中国儒家的思想是不忘本的，因而不失其新，因殷而不失其新，"新"就是进步的文。

《春秋》以鲁当新王，因本而不失其新。因尧、舜，也不把文武的宪章去掉。孔子之学，只提尧、舜，不提禹，因为"至于禹而德衰"，他做成了家天下，所以孔子不提尧、舜以后的。《礼运》里提到"六君子"，禹是其中的老大，乱世之最也。

要把经书串在一起看，才知道儒家是什么。《孟子》上还有人说"至于禹而德衰"，可见到孟子时代还有人骂禹。《礼运》是汉朝人写的，还从禹开始骂起，可见这传统一直到汉朝都还有。但是乱制也很凶，和王制比得很厉害。乱制虽然厉害，到了汉朝，仍然有王制之说。

《中庸》也是汉儒写的，说"仲尼祖述尧舜"，以尧、舜为本，文王、武王的文化也不丢掉。往下的都不要了，然后他要法自然界，"上律天时，下袭水土"，上以天时为律，下以水土为所袭。这些好好研究，可以改正汉以下的腐儒之说，可以订正历代之说，把儒家的文化还原了。我们不忽略传统文化，但是其中必有分别。制度上就分两种：世及和新王。新王就是揖让，是民主的。弄清楚了，书里的东西可以互相印证，绝不抵触。一印证，就知道儒家之学是什么了。最难能可贵的，是在乱制之中，学者们用尽各种方法，来保存儒家的真精神。

《尚书》的《甘誓》提到"有扈氏为义而亡"（见《淮南子·齐俗训》及高诱注，或见《尚书正读》之注）。[1]有扈氏是禹的儿子，禹要把帝位传给启，有扈氏说不可以，人家都是传贤不传子，你怎么可以这样？他就讨伐启，但是上天不帮忙，被启灭亡了，所以才有了两千年专制之苦。如果有扈氏成功了，中国就是世界上第一个民主国家。

《尧典》《舜典》，都叫《帝典》。帝是主宰义，《帝典》就是主宰天下之大法。《皋陶谟》则是弼臣规范，宰相必得按照这规矩来做。那时群臣好像亲弟兄一样，坐在一起谈谈。有时还训练训练他小哥哥，告诉他日理万机，不可以怠忽。可见那时大臣见天子哪有跪着说话的？等到奴儒说："臣者伏也。"就在地上趴了几千年。原来都是"臣哉邻哉，邻哉臣哉！"（《尚书·皋陶谟》）现在奴

---

[1] "高注：有扈，夏启之庶兄也。以尧舜举贤，禹独与子，故伐启，启亡之。"（见曾运乾《尚书正读》）

儒把真精神改变了，皇帝希望他说"臣者伏也"，他就写"臣者伏也"，如果真是"臣者伏也"，为什么典谟里不说？

《禹贡》就是大地图、江山之所在。最后是《甘誓》，因为这一仗打败了，才为鸟兽之归。《淮南子》已经是汉朝的作品了，还写"有扈氏为义而亡"。《甘誓》以前是为法者，后面就是为戒了。

你听他话就给你官，不听话就杀掉你，还要杀你的子孙（《尚书·甘誓》"用命，赏于祖；弗用命，戮于社，予则孥戮汝"）。血淋淋的，这些都是为戒的。什么叫为戒？就是必得要拨乱反正。尧舜那么好，君臣之义那么平等，还有人为义而亡，这些都是为法的。大家不可以再糊里糊涂，把为戒的当成为法的。

木生火，火为夏，天之端，一指也。

下面完全是讲五行。这是董仲舒先生最擅长之处。五行就是叫我们重视实。金木水火土，简单来说，就是实际的东西。我们天天接触的，常讲"阴阳五行"，阴阳就是两性，天地要是没有阴阳两性，那早就绝了。有阴阳两性，才有今天。因为"阴阳合德而刚柔有体"（《易经·系辞下》）。五行是人人刹刹所必用的，和我们最近的，我们不可以离开人生而讲道理。

两性不光指人说，生物都有两性，古人很聪明。动物植物都有公母，有了体就生生不息了。这就是阴阳之无形而生有形，有生于无。刚柔有形，阴阳是无形的。谁看见过阴阳了？没人见过，但是得承认有阴阳。至于满街跑的都是公母，一个公、一个母，就包含了整个宇宙。有体了，必是从阴阳来的，虽然看不见，可不能不承认。《易经》上说"曲成万物而不遗"（《易经·系辞上》，又《中庸》有"体物而不可遗"），我们体万物之生生，就不可以遗弃生生那个有的无，不敢遗弃那看不见的道，道就是太极。太极分成了两个就是阴阳，儒家之学，逻辑严谨。

阴阳之象上面有一个无形的，有生于无。阴阳之下就是有形的，天天看得到，也就是金木水火土，每天离开它一会儿都不能生存。这不是迷信，这完全是真实的。阴阳五行是天之端，千万不可以忽略了。

端者，生之机也。他举出其中一个当例子，说木能生火。总括之，时也，不完全是时间的"时",我们常说时尚、时髦,人不能离开时,所以说"学而时习之""圣之时者也",了解了生生化化的才是圣人。

切刺讥之所罚,考变异之所加,天之端,一指也。

"切",就是一点距离都没有,特别吻合的。这都是讲天之道。《春秋》最轻的罚就是刺讥之,刺讥也不可以乱云云,得切,应该刺之则刺之,应该讥之则讥之,应该就是切,不可以感情用事,必得切合实际,才能罚无不当。由最轻的入手,何况重罚?何况杀人乎!切其必杀才可以杀,枉杀就是杀无辜了。

第二,得研究变异之灾难庆福所加于人者。不论是福是灾,只要是加于民者,都得详细研究,看它是怎么来的。看看天灾之变加在人身上的坏处,再研究加在人身上的福,看人怎么得到幸福?因为要永远保持这个福,祸就得去之,圣人最重要的事就是除天下之患。

这些都是天之端、生之机,也就是道之动。这也是一指也。

举事变见有重焉,则百姓安矣。见事变之所至者,则得失审矣。因其所以至而治之,则事之本正矣。强干弱枝,大本小末,则君臣之分明矣。

上面有十指,由所举出的事之变,看出《春秋》有所重的事情,《春秋》所重的就是民。这样一来,百姓就得其安了。

再追其源,要知道事变之所以至。这很重要,我们遇到很多事情,最缺少的就是研究其所以然,如果找到了其所以然,就知道事变之所以至,知道事变是哪里来的,远因、近因都弄得清清楚楚,事变的得失也就研究得很透彻了。

知道清楚以后,得根据之所以来,而处理这事变。从根上挖它,不是治标,而是治本。这样事之大本才能正而不离其道,这最重要。尤其今天,每天都在变,只要你肯用脑子,这是很累人的时代。

每一件事都得因其所以、顺其所以而治之,然后这件事才能恰到好处,才能控制住得失。以前社会很正常,一切循规蹈矩,按路子走,大家都顺自然去做,谁也不想坑谁。今天不同,好事坏事都得研究,事之本正了,我们就可以控制得失。

君臣就是主从。汉医的药书里，就分君臣来配药。君就是为主的，臣就是配的，另外还有引子。中国讲五行，就是用五行来配。不必把君臣看成世及制里的君臣那么不好。君臣就是主从，什么时候都有主从，再民主的时代也有领袖。

小注："《春秋》作于封建之世，而兢兢天泽之辨，盖圣人已烛其敝矣。《传》开章言大一统，不主封建自明。"这一段注说的是《春秋》的深义。它拼命讲天泽之辨，就是要用天之道来影响人之道。圣人已经看明白了世及之弊，所以在《公羊传》上，第一章就说要"大一统"。《孟子》里也提到大一统，废除了封建才能大一统。

《公羊传注疏·隐公元年》：元年，春，王正月。元年者何？君之始年也。春者何？岁之始也。王者孰谓？谓文王也。曷为先言王而后言正月？王正月也。何言乎王正月？大一统也。

别嫌疑，异同类，则是非著矣。论贤才之义，别所长之能，则百官序矣。承周文而反之质，则化所务立矣。

有嫌疑之处都得别之。这可以说是特别审慎，一点都不马虎。一般人看是嫌疑，就无所谓了。轻微的都要弄清楚，何况重的事？同类的也得把它异一异，是粗细轻重，也把它弄清楚了。一般人在同的观念里就不知道异同类了，只要和我们在一起的，都推心置腹，这就是不懂异同类。同类都得异，何况不是同类？嫌疑都得别，何况重于嫌疑者？

有人遇事就乱说，以为没有关系。小事就是大事之始，"履霜坚冰至"（《易经·坤卦》）。你们处在升平世，根本不知道对任何人有戒心。一个人光有戒心还不够，连同类都得异之。能这样，才把是非分得清清楚楚，是就是是，非就是非，一点含糊也没有。有些人专门说假话，往自己脸上贴金，这样很影响到他本身，影响不到大事。很多事情，自己觉得应该不做就绝对不做，不要乡愿，但是已经答应人家的，即使吃亏也得办到，这就要看你事前有没有把是非分清楚了。

有所长，还得别所长。同样的说，同班毕业，其中有的人可以教其他人三年，看现实冷酷不冷酷！人家既然要用人，当然找最好的一个。这么一来，百官谁也不敢马马虎虎，有所能就得显所能，否则就让别人给别下去了。有的时代就是马虎度日，十个和尚夹着一个秃子。必得别所长之能，叫他们都是真和尚才行。有了别的功夫，百官都尽职、尽能，就是"百官序"了。下面告诉我们，既不忽略了进步，也不忘本。按着周的文采来进步、现代化，但是还得返回我们的大本。

看小注："政化所施，得其归要。"政化，就是政治教化。这些所专务的，都树立好了。

亲近来远，同民所欲，则仁恩达矣。木生火，火为夏，则阴阳四时之理相受而次矣。切刺讥之所罚，考变异之所加，则天所欲为行矣。

只要亲我们近的，远的就来。最近的朋友处不好，远处谁敢来？

为政时，得同民之所欲，好民之所好，恶民之所恶，这样，仁之恩就可以达于民。

"阴阳四时之理相受而次"，就是说这中间是不断的，是有所因的，有所联系的。

不论是刺、是讥，所罚必要和他的所为切，也不可以多，也不可以少，得恰到好处。罚人家也得使他心服口服，再研究变异之所加。

看小注："天之所欲，顺民而已。惕灾修行，民受其福，是天意得行。"因为有了灾而有所警惕，要修我们自己的行为，研究这些灾变、异兆所以加在我们身上的原因。这样上天之意就可以行之于人事之中了。

统此而举之，仁往而义来，德泽广大，衍溢于四海，阴阳和调，万物靡不得其理矣。说《春秋》者凡用是矣，**此其法也**。

把这些整个拿出来，总括来说，这就是结论之所在。

仁往、义来这是相对的。你想要别人对你好，你也得对别人好。善德之泽，广大无所不备，充满于四海。阴阳也和调了，万物没有不得其理的。得其理，就能正其道了。凡是讲《春秋》，都得以这个标准来讲，才是《春秋》之法，也就是前面的十指。

从这里来看，董仲舒比何休宽得多。

这一篇是通论《春秋》。下面要讲的《正贯》《盟会要》两篇也是一样的。

正贯第十一

《春秋》，大义之所本耶？

读《春秋》的重要就在这里。我们看《左传》，也有为法为戒的地方，但是自古就没有以《左传》为治国平天下的大法的。《公羊春秋》言简意博，完全靠口说。《春秋》是治天下之大义之所本，治天下完全出于《春秋》。董仲舒以《春秋》决狱，《春秋》也是治狱的大法。

六者之科，六者之旨之谓也。然后援天端，布流物，而贯通其理，则事变散其辞矣。

科者，等也、也当"段"字讲。在六段里有六个意义，然后根据这个，要"援天端"。天端是什么呢？

看小注："隐元年疏：'天端，即春也。'"

天端就是春，这是隐公元年疏里，以"天之端正王之政"那一段的。

我们按天之始、天之机来布流物，来分布生生化化的万事万物，使它充满于宇宙之中，而贯通其理。也就是以天之道来贯通万事万物之理。

这一段可以参考《十指篇》中的"举事变见有重焉，则百姓安矣。见事变之所至者，则得失审矣。因其所以至而治之，则事之本正矣"。

举事变，见有重焉，则事变散其辞了。把事变所散之辞完全贯通了，就见有重，又因其所至而治之。

故志得失之所从生，而后差贵贱之所始矣。

这里的"志"就是"默而识之"（《论语·述而》）的识。刚才那一段就是散其辞。譬如"重"，一辞也；"百姓安"，一辞也；"所以至"，一辞也。了解了事变之所以，懂得了这些，再看"识"是什么？"识"就是心会神通，不是光默默地记住就完了。心会神通，就知道得失之所以得失，从最深度了悟一切得失之所从生。一切事情没来以前，一看得失之兆，我们就知道从哪里来的了。

能够达到这一步了，就要"差贵贱之所始"，去掉贵贱之所始。因为"人无生而贵者"（《礼记·郊特牲》"天子之元子，士也。天下无生而贵者也"），这是今文家最重要的观念。人没有生而贵的，天子之子也不过是元士而已。"天子之子为元士"，元士就是士之元，士中之大者。为什么要去掉贵贱？因为我们知道得失之所从生了，所以要去掉贵贱之所始。"所始"的观念最重要，贵贱是从哪里来的？是哪一个糊涂蛋弄出来的？要追根。一找根就知道了。人无生而贵者，贵贱就是人之为道。

论罪源深浅，定法诛，然后绝属之分别矣。

看他罪源之深浅来决定法而诛责之。诛，不是杀掉，是诛责他。绝属是两个相对的，绝就是断了，属就是接着。论罪源深浅，定法诛之后，绝的和属的都分别出来了。应该绝还是应该续，完全以罪源之深浅而决定之。

立义定尊卑之序，而后君臣之职明矣。

君有君之职，臣有臣之职，主从之职明矣。

看小注："《春秋》立义甚多，尤以辨上下为亟。"《春秋》所立的义特别多，其中最重要的就是辨上下。《春秋》以辨上下为亟。这一点，专制的当政者故意把它解释成阶级的上下。在《春秋》之义以为如果上下不辨的话，专制、世及就会永远存在。人无生而贵者，只有在职务上有主从而已，否则那阶级的压迫太厉害了。我们研究清楚了，就得去掉他。

正贯第十一

载天下之贤方，表谦义之所在，则见复正焉耳。

贤方，就是贤法。我们所服膺的，我们所载之的，是天下最好的方法，因为它表示出来谦义之所在。

看小注："《春秋》首隐公，贵让是也。"隐公贵让。《春秋》一开始就说"隐为桓立"，隐公是为了桓公而立。等桓公年纪大了，隐公要把位还给他，这就是示谦义之所在。《尚书》的开始是尧舜，也是表谦义之所在。《易经》以乾卦为上经之首，咸恒为下经之首。《诗经》以《关雎》为首，《关雎》就是咸、恒。乾、坤，天之道也；咸、恒，人之道也。"君子之道，造端乎夫妇"，这才完全复于正道了。

用什么方法来反正呢？就是拿上面的一段。这就是讲我们的任务之所在。到这里，才看出复正之道，拨乱反正。所以专制时代不让讲《春秋》，就是这个原因。

幽隐不相逾，而近之则密矣。而后万变之应无穷者，故可施其用于人，而不悖其伦矣。

幽隐和显明不相逾。

看小注："圣人智究天人，亦可引而近之，以致其密。"圣人的智慧可以研究天与人之道，引导我们慢慢接近天端，以至于达到最隐秘深微之处，也就是由显之隐。"显"就是人事，由人事而至于天之道的隐。隐也就是秘。这是两个不同的方向，不互相逾越。但是以圣人之智来通天人之道，可以引导我们也达到天之道最深秘之处。最后也可以合德，与天地合德。到了这境界，而后可以应付万物之变，没有穷竭。也就是说，尽物之性以后，我们就能役物。

看小注："幽赞神明，弥纶万变，故施诸人而不悖。"幽赞神明，在我们看不见的最高智慧境界，可以发挥明之德。一切万事之变，都能顺着它的变而应之无穷。可以把这些事情加在人的行为上，完全不会悖于理，不会悖于人伦。

是以必明其统于施之宜，故知其气矣，然后能食其志也；知其声矣，而后

能扶其精也。

统和宜要特别注意。怎么明其统？

"举事变见有重焉，一指也。见事变之所至者，一指也。因其所以至者而治之，一指也。强干弱枝，大本小末，一指也。别嫌疑，异同类，一指也。论贤才之义，别所长之能，一指也。亲近来远，同民所欲，一指也。承周文而反之质，一指也。木生火，火为夏，天之端，一指也。切刺讥之所罚，考变异之所加，天之端，一指也。"这些事都是统。十指都是统。光明白一个道理还不够，必得明白一件事情的统类，把道理用在行事上，恰到好处。这完全是智者的行为。有很多人，话很会讲，一到做事就不行了。

"援天端，布流物，而贯通其理"，这就明其统了。懂了事之统类以后，放之于行事上而恰到好处，就是施之宜也。

什么叫气？看小注："志生于气。"人的志生于气，就是孟子所说的浩然之气。一个人如果没有浩然之气，哪来的志？知道了浩然之气，就知其志矣！

"食"，养也。养其志，这功夫最重要。一个人的养成就低，哪有远大之志？

看小注："精不可见，于声验之。"这一段男孩子要特别注意。知道他的声以后，就会知道怎么助其精。一个人必得存养，存养而无害。如果你不能存养，就不能无害。精、气、神是人之三宝。如果第一步都没能扶其精，气和神从哪里来？一个人二十几岁怎么会肾气不足？等一个人声音不对了，气不足了，就是出了毛病了。必得扶其精，使声如洪钟才对。你们可以听听自己说话的声音，是不是叫人感觉不顺耳？

知其行矣，而后能遂其形也；知其物矣，然后能别其情也。

我们看他的行为，就可以知道他的形气。形气是由行为表现出来的。

看小注："审其履行之所安，而后能畅遂其形质。"质就是己之所立，一个人能够有表现于外，就因为有质。"诚于中，形于外"，"人之视己，如见其肺肝然"（《大学》）。

知其物，对人对事了解了，就可分别他的情如何，这些都是善用头脑的地方。

看小注："物，事也。本其事因别其情。"本其事，把本之情分别得特别清楚，知道事之类就可以别其情矣。

故倡而民和之，动而民随之，是知引其天性所好，而压其情之所憎者也。

到了这个境界，无论你提倡什么，老百姓都会和之。你动，老百姓就跟着。为什么呢？因为你知道怎么去引发老百姓天性之所好。"引"字用得最妙。性之所好，儒家以为是善的。情就不太正了，第二步，要压制他情之所讨厌的事。憎，就是不喜欢。

如是则言虽约，说必布矣；事虽小，功必大矣。

讲得虽然这么简，但是这学说、主张必然布满于天下。所事的虽然小，所现的结果必定大，也就是事半而功倍。

声响盛化，运于物，散入于理，德在天地，神明休集，并行而不竭，盈于四海而讼咏。《书》曰："八音克谐，无相夺伦，神人以和。"乃是谓也。

看小注："有一物即有一理，圣人因其散著而聚之，握其本统以施诸治，则万物靡不得其理矣。《礼记·乐记》：'万物之理，各以类相动也。'"圣人的功夫就是根据他的散著，而能把他们聚集在一起。能系万物于一。本统把持得住，然后把它行诸于我们所治的事上。上文所讲的"是以必明其统于施之宜"，和这是一样的。"万物之理，各以类相动"，但有所遵循。我们按照万物之理，得其类，就可以成就这事。

"休"，美也。神明美集，并行而不尽，因为是道之所在，永远不竭，充满于天下四海，大家都赞美。

八音，没有一个不是按着类，声律之高低，不可以相夺伦。神与人都相和合了。

故明于情性乃可与论为政，不然，虽劳无功。夙夜是寤，思虑惓心，犹不能睹，故天下有非者。

明乎情性，发而皆中节了，这才可以和他讨论为政的事。如果不这样做，虽然劳苦也无成，你即使从早到晚都不睡觉，思虑再怎么特别，还是不能看到真理，所以天下就有批评你的了。

三示当中孔子之所谓非，尚安知通哉！

这句话不全。
"三"是多数，得屡次试验，用奋斗的经验，才能够示当中，才能表现出这个道来。孔子以为，如果你不崇尚它，怎么能通其理，成其事呢？崇尚特别重要，本身疑惑了，怎么能通其理而成其事？任何东西，不发生信心就没有用了。

盟会要第十

至意虽难喻，盖圣人者贵除天下之患。

看这话说得多么可怕！虽然我们不能完全明白圣人至高的意境，但是我们懂一个要点：圣人最重要的责任就是能除天下之患，能除天下之患的才是圣人。从这里看儒家的真精神，和以后那些儒者的精神一比，真是相差太多了。后来的儒者以为不睁眼睛，非礼勿视，就是圣人。儒家的真精神，不但是除天下之患，最低限度，也要除中国之患，才是圣人。人人都得重视自己，因为如果你忽略了自己的责任，就构成了别人的负担，那样活着还有什么意思？至少得把自己的责任尽到了才行。

贵除天下之患，故《春秋》重，而书天下之患遍矣。

圣人最重要的责任就是除天下之患。所以《春秋》这部书里，特别看重这件事，所以普遍书天下之患，没一个遗漏的，只要有患，都写在《春秋》上。
什么是天下之患呢？就是诸侯结盟。

以为本于见天下之所以致患，其意欲以除天下之患，何谓哉？

最根本的我们要看天下所以致患，致患的原因是什么？完全是因为那些野心家用事！天下本无患，就是这些魔鬼干的事。如果他不争自己的地位，哪里会给别人带来这么多患？我们看英国大选，哪有患？竞选失败了，马上回农庄去重地。那些野心家，就以为非他不可，像希特勒一样，"唯我独尊"，我以外谁都不行。

天下者无患，然后性可善；性可善，然后清廉之化流；清廉之化流，然后王道举，礼乐兴。其心在此矣。

除掉了乱，就可以返回正，"正"就是尧舜之制。

除患的用意就在"王道举，礼乐兴"。怎样才能使"王道举，礼乐兴"呢？必得性可善，本着良知做事了，才可以清廉之化流，王道举，礼乐兴。

《传》曰：诸侯相聚而盟。君子修国曰：**此将率为也哉**。

这里举一个例子。《传》上说，诸侯一相聚，结盟了。君子要是治这个国的话，应该怎么样呢？"修"，就是修历史的修，不可以说写历史。历史有材料，不合适的就修去，像修树一样。修国的君子说："这种诸侯结盟的封建势力，难道还让他们继续做下去吗？"传统都说君子就是孔子，这是孔子治国之道。

诸侯结盟拉帮，尾大不掉，怎么得了？要除患，就要从这些人开始。

是以君子以天下为忧也，患乃至于弑君三十六，亡国五十二，细恶不绝之所致也。

孔子以这个为忧。如果这样下去，老的诸侯死了，小的又出来了，承继不息，那岂不糟了？

看这些患、不好的事。弑君亡国，这些是怎么来的呢？就因为细恶、小恶永远不断，小恶不去，就变成了大恶，就是弑君亡国。

看小注："自君子观之，患乃伏于彼，微矣哉。"患就伏在这里面。"圣人贵除天下之患"，要正天下之患而救天下。连小恶都不可以，世及之制是大恶，更不可以了。

辞已喻矣，故曰：立义以明尊卑之分，强干弱枝以明大小之职；别嫌疑之行，以明正世之义；采撼托意，以矫失礼。

立义是为了明尊卑之分，就是有上下之位。社会再怎么进步，也得有主从。既然有分了，就得强干弱枝，这是一个比方。我们想强大本，就得弱枝。诸侯结盟，就是强枝了，枝强，干不就弱了吗？尊指大，卑指小，不是阶级。

嫌疑之行都得别之，何况其他？

"托意"，就是"吾因其行事而加乎王心焉"（《繁露·俞序》），"其事则齐桓、晋文，其文则史。孔子曰：'其义则丘窃取之矣。'"（《孟子·离娄下》）托意就是孔子的立意，拿这个来矫失礼的事。世及之制就是失礼的制。所以孔子说："知我者其惟《春秋》乎！罪我者其惟《春秋》乎！"（《孟子·滕文公上》）为什么说我不对？因为我采撼托意了。

善无小而不举，恶无小而不去，以纯其美。别贤不肖以明其尊。亲近以来远，因其国而容天下，名伦第物不失其理。

为什么"善无小而不举，恶无小而不去"？因为要"纯其美"，使他纯美到极点。别贤不肖的目的，就是要表明那贤者有多么尊，人人都愿意见贤思齐。

你亲近的，远的一定来，因为"因其国以容天下"，因一个小地方，把天下都容了。"以建民国，以进大同"，中山先生建民国的目的，就是因民国以容天下。中山先生真是把公羊学读通了。一个学说必定会影响后世。重要的就是变一变。"民族、民权、民生"，根据林肯的"民有、民治、民享"，这些地方都很能启发我们，看怎么把旧的智慧启发成新的！

建民国的目的是要"大一统"，包罗天下，把天下都容了，不就大同了吗？

"名伦等物不失其理"，按其伦而名之，一个伦一个名。伦就是类。这是为了解释上的方便，伦并不就是类，像五伦，有亲切感，绝不说五类。

伦和理是一件事，对任何东西都以其伦命之；对物则要等量，按它本身之性而等之。这是说完全顺其自然，不按照人为的意思。像中国字，每个字细看都很有意思，很顺自然似的。给物命个名，也得等其本性。

伦就是伦类。在人类来说，就是伦理。人要拿伦理来命名等物，伦类不清就是糊涂人。现在的年轻人，多半伦类不清，连称呼人都不知道应该怎么称呼。我们说"名伦"，没有伦就没法名。中国人对称呼真是太清楚了。举例而言，有人说："他是我的表兄。"我们就要问他："是什么表兄啊？"他说："是我阿姨的儿子！"表兄弟分姑表、舅表。阿姨的儿子叫"两姨兄弟"，那没什么重要的。俗话说："姨娘亲，不是亲，姨娘死了断了亲；姑家亲，才是亲，打断骨头连着筋。"一定是姑表、舅表，那才是亲。两姨兄弟那关系太浅了。

现在不知道伦序，就没了称呼。以前中国，只要排得上辈，五服之内完全有称呼。这都是我们老祖宗几千年的经验才确定了的。结果我们几十年就丢得光光的，不知道怎么称呼了。我感觉我们的伦类这么清楚，就因为我们的祖宗智慧高，历史又长，才这么清楚。外国可就不行了。西方不必谈，日本说是有中国文化的，他们叫叔叔、舅舅都是一样的。一个民族的文化不够深，人类和伦类都不清楚。中国的伦不必说了，任何一件东西的称呼都特别准确。文明人和野蛮人应该有所不同，人和人见面时有了称呼，很亲切。

"名伦等物"，得不失其理。言外之意，失了理而去名伦等物，那完全没有用。现在不是天天也名伦等物吗？加了很多名词。这得要会想才行。喊个口号，得叫他惊天动地，得没有毛病才行。如果失了理，你所名的伦，所等的物，也没有力量。

再窄一点说，任何一件事必得用致密的头脑，不可以人云亦云。别人喊出来的口号，你也不用脑子想一想，就跟着喊，那怎么行？任何一个主张、口号提出来，必得虑深通敏，前前后后考虑，没有问题了，才说出去。否则随随便便说出去，将来就收不回来了。如果没有好处，必有坏处，好坏是连在一起的。

公心以是非，赏善诛恶而王泽洽，始于除患、正一而万物备。

因是非而生公心。因为有了是非了，我们必得以公心来处理是非，否则那是非就不是是非。那是以是为非，以非为是。以公心处理完了，才是真是真非。否则根本上就没有是非，还处理什么是非。

这些都是人性的道理，不是人情的道理。你们很少用人性去分析一件事，总是用人情去分析一件事，年轻时就背感情包袱，何时才能成不世之业？

因为"名伦等物不失其理"，以公心来定是非了，所以是非决定了，善恶也明了。

严责叫作诛。赏善者，诛恶者。"诛"不要当"杀"字讲。我们对恶的人，不能不叫他服从我们的道理。

"王泽洽"的王，不是现在的王，而是理想的王、新王、圣王。人世中哪有几个圣王？

"圣人贵除天下之患"，"除患、正一"的就是圣人。如果一个人不但不能除天下之患，还助人为恶，那是小人中的小人。有很多人已经助人为恶了，他还以为是助人为善呢！

救国救民，开始最重要的，就是先把那些祸国殃民的为患者除掉。必有祸国殃民者，否则为什么要救国？

说容易，你有这勇气没有？祸国殃民的一定有大权，没有这勇气，那就不必唱高调了。

"正一"是第二步。除恶就是拨乱，正一就是反正。开始时先要把乱制去掉，再把他们一起正于一。一就是元，一就是仁。仁就是大本。古时候讲，以尧舜为正。尧舜是揖让天下，不是私天下。

到这时候，万事万物才备了。为什么？因为"因其国以容天下"。最终的目的，是根据我们这个国家来容天下，这是中国的传统思想。中国总有大一统的观念，凡人所居之地，都是我们所管之处。想达到这个目的，先得"除患正一"。

看小注："《荀子·不苟》：'千人万人之情，一人之情是也。'又云：'推礼义之统，分是非之分，总天下之要，治天下之众，若使一人。故操弥约而事弥大。五寸之矩，尽天下之方也。故君子不下室堂，而海内之情举积此者，则操术然也。'"

"千人万人之情，一人之情是也"，譬如邻居都不打招呼，如果千人万人都这样的话，怎么联合在一起去救国救民？一人之情即是万人之情。所以下面说，"总天下之要，治天下之众"，就想使一人似的。要想有所作为，必得自己先改变，想救国救民，就得"下民"。

以什么为统呢？以礼义为统。礼者，理也；义者，宜也。凡事皆理于宜，也就是不失其宜，什么事都理得恰到好处，谁能不听你的？

老百姓就是"小心眼"，"小人怀惠"（《论语·里仁》）。你给他惠，他就怀惠。你不统他还非叫你统不可，不统不行。如果你不给他惠，他要修房子，没水泥了，要干什么没什么，就不叫你统了。

分是和非的分寸，分得清清楚楚的，那就是公心正是非。要把礼义之道统推到无边。"总"是个动词，最重要。千万不要婆婆妈妈的，什么事都管。《尚书》里说，为君的不能管琐碎的事，否则大臣都没事管了。

天下之众虽多，但是我有统有类，以简御繁，使天下人就像使一人一样。

操者，守也，就是把持住。赶车的手里拿着缰绳，就是操。所操之术越简单，所做的事越大。举一个例子来说，汉朝得天下的开始，和老百姓约法三章，代代都赞美。因为法千万不能繁，老百姓不喜欢这个，要越简单越好。汉朝那些人倒是有些智慧的，他们正是和秦朝绝对对比。秦那么坏，秦法复杂得不得了。他们就用一个简的方法来对比，约法三章。

不是法立得详细就好了，那是一件事。立了法，就得执行，而且得执行得特别严。不执行或是执行得很马虎，那等于没立法一样，还不如不立。不但不能有助于事，反而败事。操持越简约，所事越恰当。

下面举了一个例子：五寸大的矩，可以尽天下之方。这句话悟得通，受用无穷。任何一件事，我们绞尽了脑汁，立下了一个标准方法，放于天下而皆准。否则背着感情包袱，做面子话，立了很多规矩，放在哪里都不能准，那等于没有一样。

五寸就是方。方就是方，不方就是不方。为什么能达到这个境界，用一个五寸的方做了天下的标准？"操术"这两个字得特别注意。一个要有所操，必得有所操之术。英国大选相争的时候，无所不用其极。等结果出来了，失败的那一方马上整理好东西，回农庄去了。任何一个国家都必须学这种精神。不是每件事都得我做，别人做不好。想做事业，要先训练自己："人家做，可能更好！"必得有这种修养。《论语》上说"旧令尹之政，必以告新令尹"（《论语·公冶长》），中国也有这种精神，只是让坏时代把中国的真精神都毁掉了。令尹子文，真是豁达大度。孔子的弟子问老夫子说："这可算是圣人了吧！"老夫子说："忠矣！"

我今天做这个事，有一天不做了，有人来接事了，我必得把我做的事，统统告诉他。中国不是没有操术，一部《论语》读好了，用事已经不得了。

有上面这种修养的人，会自私，搞小团体吗？一切为公，这就是操术、执政之术。从小就得练达这些事。自己的心很窄，必要强迫他宽，然后才能担当大任。谁也不是生来就能的。小鹞鹰不容易生毛，毛长得很慢，怎么办？老鹞鹰就抓住小鹞鹰，往下一扔，一吓，毛就长出一点，但是得快抓，偶一不慎，就摔死了。看看鹏程万里之毛是怎么长出来的！是危险中生出来的！完全是患难惊吓中长成的。鹏程万里，不是搞人事关系。羽毛之丰，是由患难中得来的。怎么可以妄想太太平平，没听枪响就变上将军？

故曰大矣哉其号，两言而管天下。此之谓也。

"大矣哉"的是什么号？是《春秋》的名号。小注："大矣哉，《春秋》之名号。"

"管"，键也。看小注："《荀子·儒效》：'圣人者，道之管也，天下之道管是也，百王之道一是矣。'"圣人者，道之键也，没有键就不能开门。"百王之道，一是也。"所以要"除患正一"。一就是元，就是生。元就是太极，就是仁。仁就是桃仁、杏仁的"仁"。引申之，就是仁政、生民之政。

《繁露》这本书要好好玩味，体悟多了，就知道这是药方。光有药方还不够，得吃药才能治病。祖传秘方本身不能治病，是拿那秘方，抓了药，才能治病，这非得运用得当不可。经史百家都是秘方，抓了药，吃了没有用也不行，必得深入。事情必有利弊，旁观者清，我们在旁边看见了弊，至少我们自己做的时候，不可以再那样做。

保位权第二十

保位权，是为政之要道也。古时候说"治乱世用重典"，我以为不一定要用重典，"治乱世用严典"才对。法立了，必得严，大家必得遵守，不守不行。用重典并不是好事，我主张用严典，绝对是公是公非。犯了罪，就用这典来治，不管是谁都一样，没有特权阶级。

民无所好，君无以权也。民无所恶，君无以畏也。无以权，无以畏，则君无以禁制也。无以禁制，则比肩齐势而无以为贵矣。

"政权：政者，正也。权者，衡也。正衡天下事而无互侵之者，乃政权之真义也。"

什么是政权？现在的人以为得了政权，就可以从心所欲，那就误解了政权的意义。得了政权，并不是得了家天下了，他这么一弄，把政权变成一句坏话了。

权，不能当劝，那意义太浅了。见小注："权，当作劝。"

这个权，"保位权"的权，还不是说政权，而是说"衡"。如果老百姓没有所好，做国君的就没有法子来权衡。用什么来饵民？为什么政治上能饵民？就因为民有所好。就像钓鱼用鱼饵，因为鱼有所好，鱼喜欢蚯蚓的味道，蚯蚓一放下去，鱼就来了。如果无所好，就没法权了。

老百姓如果无所好，君没法用权衡之术来饵民。这不是坏话。只要民有所好，君就利民之所好，来惠民。老百姓好什么东西，君就预备什么东西。因为"小人怀惠"（《论语·里仁》），我们就惠民。民都有所好，我们就有以权也。用什么方法来满足民呢？就值得想了。就是用这种精神、这种心理，来达到为政的目的。

如果老百姓什么都不讨厌，君就没法用老百姓所讨厌的东西来喂老百姓。

举一个例子，人皆恶死，为君者就以死畏民。规定你如果做了这件事，就枪毙。因为民都怕死，有所恶，君就有以畏也。

有的时候却糟糕了，民不畏死了，出了一帮特殊人，何畏之有？懂这话了，就知道乱制之不长久了。到最后，他不怕死了，你以死畏之，就不发生效力了。

如果无以权、无以畏，拿什么来禁制？为君者没法拿什么来禁制老百姓，老百姓就拿你当兄弟了，叫你一声老大哥，再拍个肩膀，这样就无所以达到你为贵的目的。

这一段，凌本的注好："《鹖子》：'贤士千里而有一人，则犹比肩也。'《物理论》：'在金石曰坚，在草木曰紧，在人曰贤。千里一贤，谓之比肩。'"

贤士无论多远，只要有一个，还是和你比肩的。言外之意，你想完全用威、用权来控制，那是不行的，必有比肩之士。历代帝王多么了不起，隐逸之士绝不怕他。天子的威严就牺牲在这些人的手中。隐逸之士都比肩，天子就没有那么贵了，所以天子的尊严，不能永远保持。

前面这一段的做法并不高明，所以后文提道："故圣人之治国也……"圣人之治国，就不以威、以权了。注解没弄清楚，把这一段当正题讲了，还引了《管子》。

这一段的办法不行，所以才告诉我们下面的。

故圣人之治国也，因天地之性情，孔窍之所利，以立尊卑之制，以等贵贱之差。

圣人治国，是按天地给我们的性与情。性与情指体用来说，性为体，情为用。性和情不是两件事，是一体的两面。人修德成功了，性就是情，情就是性。"喜怒哀乐之未发，谓之中；发而皆中节，谓之和"（《中庸》），发而皆中节，致中与和了，就"天地位焉，万物育焉"（《中庸》）。宇宙为一大天地，人为一小天地，所以得"因天地之性情"，因为这是大本。

"孔窍"，就是人通欲的地方。眼睛喜欢看好看的，耳朵喜欢听好听的，鼻子喜欢闻好闻的，嘴巴喜欢吃好吃的。七情六欲都是孔窍之利。注意，由此可见，董仲舒先生不反对人欲，不否定人欲。人之性重要，人之欲更重要。圣王根据的，一个是天地之性情，一个是人身体之所欲；一个是大本，一个是用。

"尊卑"就是上下，以立上下之制。"天尊地卑，乾坤定矣；卑高以陈，贵贱位矣"（《易经·系辞上·第一章》）。天在上，地在下，这尊卑可不是以后人的尊卑。根据这些来立上下之制。任何时代都有上下，为什么？因为有先后就有上下，人没有一起来的，但是谁也不愿意低，只可以立上下之制。贵贱可不行，贵贱之差，我们得把它等一等。

有尊卑可以，因为有上下。可不能有贵贱。贵贱之差，我们可不佩服，不同意，要等量等量。《春秋》之义："人无生而贵者。"下面还举一个例子："天子之子为元士。"贵，指有地位说。人没有生来就是贵的，天子之子也不过是士之元而已。士是最起码的公务员，他只是士之中的头而已。

《白虎通·爵》：王者太子亦称士何？举从下升，以为人无生得贵者，莫不由士起，是以舜时称为天子，必先试于士礼。《士冠经》曰："天子之元子士也。"

《白虎通·谥》：天子太子元士也。

这可不是普通人治国！圣人治国的时候，就是这样。

设官府爵禄，利五味，盛五色，调五声，以诱其耳目。

爵和禄不是一回事。有爵位才有薪俸。圣人本自然之势，有上下，就得设官府爵禄。

嘴喜欢五味，我们不但有五味，还利五味。把五味研究到恰到好处，一点也不马马虎虎。五色也得盛之。不但不限制人民吃五味，用五色，听五声，还利之，盛之，调之，以诱人之耳目，按照他的孔窍去满足他。

自令清浊昭然殊体，荣辱踔然相驳，以感动其心。

"自令"两个字特别重要。没有限制，完全是顺其自然的。

凌本的注很好："蔡邕曰：凡弦以缓急为清浊，琴紧其弦则清，缓其弦则浊，清浊者，言琴之声也。"这是指五音说的，指乐之音的清浊。

"昭然"就是自然，没有一点强制功夫，完全是自自然然的，使乐之声清，使乐之声浊。有清有浊，不同了。

看小注："清浊荣辱，以人品等差言之。"清浊荣辱，完全是按人品来说的，不是贵贱。荣辱是踔然相驳杂的，人不是永远有荣，或者永远有辱的。人生有时荣，有时辱，不能一荣到底。有荣辱，就能感动人心，有时骄傲，有时气馁。有了荣辱这观念了，得叫他学不骄、不馁，日久了，他也就知道荣辱无所谓了。

人有个心灵境界，等人到了一个相当的年龄，就没有荣辱的观念了，知道荣辱都是假的。孟子说"赵孟之所贵，赵孟能贱之"（《孟子·告子》），怎么靠得住？

荣辱没有什么重要，重要的是要尽人之性。只要尽到了责任就够了。但是一般人达不到这境界，得以荣辱来踔然驳杂之，以感动其心，叫他好好努力，努力就荣，不努力就辱。

务致民令有所好。有所好然后可得而劝也，故设赏以劝之。

"务"字特别重要。如果什么都不好，就坏了。他有所好，才能得那他所好的东西去劝勉他。好名的，给个博士；好利的，给一个有利的东西。这样才能使百姓向上，为其所好奔波。人没有所好，这种人就难对付了，他是"千里一贤、比肩之士"，和你拉平等了。

老百姓有所好，那是情与欲的。你硬叫老百姓不好，日久天长，人的忍耐是有限度的。能维持多久，那是力量问题，但是老百姓绝不会喜欢永远过那种生活。违背人之欲，没有不失败的。

有所好必有所恶，有所恶然后可得而畏也，故设罚以畏之。既有所劝，又有所畏，然后可得而制。制之者，制其所好，是以劝赏而不得多也。制其所恶，是以畏罚而不可过也。

有所好，就有所恶了。有钱、有太太的人才怕死。如果拿你所恶来吓你，你也会听话一辈子。所以可以"设罚以畏之"。这些都是按照人性情来的。如果超过了这境界，人不畏死了，你这一套还有什么用？

这样一来，就可以制民了，也不是用武力，而是用赏之、畏之来制民。制民时，还有另外一个原则。你虽然用赏来制其所好，可千万不能多。每个人都挂一个牌子，那牌子就不值钱了。一个勋章必得是千百万人也不能得一个的，让大家争，因为不容易啊！每个人都挂一个，他就不争了。

老百姓虽然畏罚，罚可不能过。人的忍耐力是有限度的。耍老虎，可以耍一会儿，你要耍得太久，把它耍出脾气来了，那就坏了。老百姓也一样，你畏之太过，他就拼上命了。你这一畏本来是假的，那不全露了吗？

凌曙本有一段特别好："《淮南子》：'故先王之制法也，因民之所好，而为之节文者也。因其好色而制昏姻之礼，故男女有别；因其喜音而正雅颂之声，故风俗不流；因其宁家室，乐妻子，教之以顺，故父子有亲；因其喜朋友而教之以悌，故长幼有序。然后修朝聘，以明贵贱；飨饮习射，以明长幼；时搜蒐旅，以习用兵也；入学庠序，以修人伦。此皆人之所有于性，而圣人之所匠成也。'"

他好音，那没关系，但得正《雅颂》之声，风俗才不流。风俗一流，老百姓就放辟邪侈，无不为矣！都走上下道了。所以音乐、歌声都很重要。

他有好家室，好儿女，得告诉他："你可得顺，不顺的话，家就破产了。"顾家的人越顺，当父母的，为了家，为了儿女，千辛万苦，一句话也不讲。看他这种顺！这些都是讲人性、人情，特别重要。这一顺不要紧，只要父子有亲，中国老百姓绝不造反。一句话就左右了整个家庭。只要他有一口饭吃，为了家庭的温饱，他什么都顺。

所好多则作福，所恶多则作威。作威则君亡权，天下相怨；作福则君亡德，天下相贼。

所恶多，就作威了。这一作威，则君亡权，天下相怨。因为谁吃了亏都不高兴，不管是君侵民，还是民侵君，都怨。为什么相怨？因为不平则鸣。得要平治天下，在中国，"平"最重要，谁也不可以欺负谁，谁也不可以高过谁。所以说齐家、治国、平天下。

作福的就亡德，亡了善行。人缺少善行，就会天下相贼，你害我，我害你，谁也得不到好处。

故圣人之制民，使之有欲，不得过节；使之敦朴，不得无欲。无欲有欲，各得以足，而君道得矣。

圣王制民的时候，要叫老百姓有欲。有欲，但是不得过节。虽然使他们敦笃朴实，可不能使他们没有欲。君天下之道就在这里了。每一个都叫他们满意，但是不可以过节。以前制礼，用尽方法，叫事事都不过节。

国之所以为国者德也，君之所以为君者威也，故德不可共，威不可分。德共则失恩，威分则失权。失权则君贱，失恩则民散。民散则国乱，君贱则臣叛。

威，就是威仪。"君子不重则不威"（《论语·学而》），一个有德者，必是一个自重的人。

"德不可共"，就是说为君者必得有超人之德。如果和老百姓的德都一样了，还有什么恩可言？就因为你善行超过一切，大家才感觉真是德政。

"权"，是权力。这不是要管谁，只要有上下，必有权，必有德，必有威，必有恩，这才可以。你一失权，君就低了，和他一样了。老百姓拥护你，就因为你有恩，等恩没了，就都散了。恩就是惠，小人就是怀惠。

在上位的人贱了，从你的人就反叛你，因为谁都要往脸上贴金，主贱了，臣必离开你。

是故为人君者，固守其德，以附其民；固执其权，以正其臣。

所以自己的德千万要守住，半点也不能马虎。"为善不终"，就是骂人不能固守其德。

"附"就是和，这意义特别美。附和他，不是他真对。有很多事，不是重要事，附和过去就可以了，何必认真？国君附和之，并不一定他真喜欢那样的事，如果事不错就算了，如果真不对，过个三五天，再想法子劝一劝，告诉他再修整一下，会更好。不要说他不对，谁也不愿意听人说他不对。你如果善意地给他建议，他以为他是对了，你是给他帮了忙，岂不更好？

治民之道，不可以放开权。在任何民主时代，也不能没有权。可以民主、平等，但必得有权。有不合适的事，必得以权正之。

老百姓不能系于一心，民散了，国家就乱了。所以历代治国，都用许多维系民心的东西。现在的时代常用主义来维系人。但是我感觉到，你出一个主义，我出一个主义，那主义可就多了。有一个主义就成了一个帮。治国之道在大本上就动摇了。因为一切政治都要系于一，唯有"圣人能属万物于一"。也就是系民于一，有一个中心信仰。古代治国都是这样。

近代学外国之风，各有主义，还有一大堆没有"主意"的，就分成多少帮了。想求团结，那怎么可能？每一个主义都有他自己的目标，都有他们的利益之所在，那就可想而知了。这样一分，老百姓就散了，分了多少帮。

任何主义也不会使全天下都相信。旧时代里，用一个东西来维系，孔子以前，是用巩固君权来维系。孔子以为不可以，要以德来维系，新王就是以德来维系天下的。

民一散，君当然就贱了。新时代里，不管哪一党当政，另一党就拼命攻击。那个领袖没有那么大的吸引力，就低了，底下人就随便反叛。君与臣就是今天的主与从。为什么他叛主？就因为你没法维系他。所以为人主宰者，得固守其德，孔子要以德来维系天下，这就和乱制不同。

为君者得固守其德，"固"字重要，不是光守其德就完了。"其"指自己，得固守己德。

"附"字有两个深义。固守己德了，还不能高高在上，还得附顺其民，附和其民，安抚其民。固守其德之外还得有术。"附"就是术，以附之术来对民。光有德，老百姓还不一定喜欢你，得有附民之术，使老百姓感觉舒服了，才能上下一体。

第二，怎么来对付部下？要固执己权，来正自己的部属。对老百姓，可以以德化之。等有了隶属关系了，就得以权来处理他。老百姓和你没有隶属关系，可得以德。

声有顺逆，必有清浊，形有善恶，必有曲直。故圣人闻其声则别其清浊，见其形则异其曲直。

声有顺逆，这就是人的智慧。你说一句话，不必说出你满意不满意，你的声音就会表现出你对对方亲切不亲切，他马上知道你对他是真的还是在应付。你并没有想让对方知道，可是"诚于中，形于外"（《大学》），他马上就知道了。心里怎么想，脸上就那么表现出来了。假笑表示亲热，皮笑肉不笑的，他不但没有好感，马上有恶感了，心里就加小心了。假的绝对不行，人家全都知道。

这也没有什么标准，听着舒服就是顺，不舒服就是逆。你不必说什么，他马上就知道。譬如人家请你帮忙一件事，你做了，可是心里并不愿意做，他看出来了，也不好说你不要做了，结果你事也做了，他也不感谢你。因为"诚于中，形于外"，他知道你是勉强做的。

提醒你们这个，不是说明白了这个就可以作伪。真能作伪的，那可真是大高手，不是大高手，绝对办不到。

人的形有善有恶，都是人家见出来的。曲就是恶，直就是善。人经验一多，姜是老的辣，你没形容，他已经有感觉了。并不是他生来就那么聪明，而是他碰壁太多了。不用你说，你眼睛一动，他都知道你在想什么。因为他什么人都见过，见哪一型的就知道是哪一型。

形不是专指什么形来说的。一个人所表现出来的，都是形。从最轻的来说，你表现出来的要是有善恶，你的行为必定有曲直。必是有所曲，才会恶；有所直，才能善。直和曲是相对的，如果你不把天下曲的都变成直的，能善吗？

真正的善可不是两个对立的，你曲你的，我直我的，永远是两派。什么叫作善？把天下的曲都变成直，就是善。把天下的正道都变成邪道，就是不善。什么是正？什么是邪？这最难分辨。每一个做事，都以为自己是对的。倡洪宪帝制，我们认为他们是曲；袁世凯、杨度他们还认为是直。曲直的选择很不容易。

如果一个人的大本没立住，你所选的直，正是人家认为的曲，那就糟了。今天的历史不都裁判了吗？历史是客观的，裁判他们了。一个人必得有最客观的智慧来选择曲直。我常常说，我们高的修养没有，最低境界也不得助人为恶。可是这个善恶的标准也是智慧。我认为是恶的，说不定你们正以为是无上的善。

选择不同，人的成就就不同了。但是历史必定裁判你。历史会做一个最大的裁判，有一个绝对客观的标准。往大来说，衡量整个团体的曲直；往小来说，看每一个人行为的曲直。当然，历史不是每个人都裁判的，得够分量才行。像洪宪帝制，今天就已经裁判了。

谁都想好的，人这种想好的欲望，真是太可怕了。必得先估量自己的能力，看看能不能做这件事情，靠冒险去闯的，那是智力障碍者。看历史上那些冒险闯的，成就了几人？

做任何事都要用智慧。千万不要盲目地去搞政治；搞政治，必得有特殊的智慧才行。

圣人真是到了耳顺的境界，闻其声就能别其清浊。这就是"六十而耳顺"的境界。分别清浊，就是分别顺逆。

异和"别"一样，中国人写文章不用重复字。

于曲之中，必见其直；于直之中，必见其曲。

不要以为浊的里面就没有好人，风尘女中也有贞节烈女。反过来，在本来都很好的环境之中，我们也可以看那些浊的浑蛋，贪污舞弊，无所不为，在名目堂皇之中，净干些缺德事。

我提示一个相关的观念。太极图不是阴阳鱼吗？这就看天下没有绝对的肮脏，也没有绝对的清白。这是中国人的思想境界。

宇宙之中没有绝对的污浊或圣洁。圣洁之中也有几个坏蛋。譬如革命，是多么圣洁的事，里面有中山先生，也有陈炯明。污浊之中，也有圣洁的；风尘之中，也有小凤仙。

任何东西绝不可以错观。你不可以说坏环境之中就没有好人，或是好环境中就没有坏人。法国人说："自由！自由！多少罪孽假汝之名以行！"尤其是年轻人更要注意。年轻人有时候把事情看得太神圣了，结果在神圣中产生了污秽。或是把一件事看得太污秽，以为绝对没好人，那也不见得。小凤仙在中国历史上就有转捩的功劳。[1]

一个人不要盲目地做一件事。尤其是年轻人最容易受骗。那些老的，几句花言巧语就把你骗了，还自以为什么都懂，人家就因为看你什么都不懂，这才骗你！

周朝以前是讲"坤乾"，那时是母系社会。坤乾之《易》和乾坤完全不同。有些人用甲骨卜辞来订正《周易》，那是最可笑的一件事。甲骨卜辞可能就是坤乾时代，根本不是一件事。《易》有"三易"，《连山》《归藏》《周易》。殷朝的《易》——《归藏》，就是坤乾的《易》，不能用那个来订正《周易》。

《周易》这部书错误很少。从古时候就说，秦并没有焚《周易》这一本书。汉朝紧接着秦朝，马上又有人研究《周易》了，所以错误非常少。你要说《尚书》这一类的书被焚过，窜乱了，那还可以。《周易》却是非常完整的，没有问题。

许多事的是非、曲直、善恶要特别注意。很多年纪大的人，他也不是不知道他那样做将来的结果会不好，只是贪图眼前的欲望，是非不分了。

于清之中，必知其浊；于浊之中，必知其清。这观念很重要。再举一个例子。

"犁牛之子骍且角，虽欲勿用，山川其舍诸？"（《论语·雍也》）犁牛有两个解释：第一个解释说是"种地的牛"，这个解释不好，种地的牛就低贱吗？哪有这回事。第二个解释说是"杂毛之牛"。在中国古时候，大祭要用牛，这叫"太牢"，得用纯色的牛，杂毛的牛就不能作祭祀来用。犁牛之子，指这头小牛的妈妈是杂毛的，不够祭祀的资格，不够高贵。可是这小牛骍且角，骍是黄红色的牛，角又长得整齐，正是大祭时用的，合乎祭神的标准。虽然管理祭祀的人因为小牛的妈妈出身不高，不想用这头小牛。可是那些受祭祀的山神，他们能舍掉这头小牛吗？

---

[1] 意指民国初年妓女小凤仙帮助蔡锷（1882—1916）逃离袁世凯的软禁，使蔡锷得以南下，发动护国战争，任护国军第一军总司令，讨伐袁世凯。后迫使袁世凯取消帝制，恢复共和。

只要一个人真好，他父母有点毛病，不影响儿子。这些都是圣人之言。《论语》真读通了，你的人生观中会有很多进步的观念。我们考察一个人，只要他本身够资格就好了，何必管他的家世如何？

于声无小而不取，于形无小而不举。不以著蔽微，不以众掩寡，各应其事以致其报。黑白分明，然后民知所去就，民知所去就，然后可以致治，是为象则。

只要是声，无论怎么样小，它也是声，我们也得取，说它是个声。不管它大小，只要有声，就是声了，你不能说大的才是声，小的就不是声。

另一方面来说，只要是人，不管他是大人、小孩，都得取。不管他是君子、小人，是犁牛的人，还是骍且角的人，只要是人，就取他。就是于人无小而不取。取者，用也。只要有形，无论这形怎么小，都可以用。这些地方都是练人的智慧。

"以著蔽微，以众掩寡"这都是心理上的问题。我们千万不要拿那显著的挡住了那微的。雀都往亮处飞，人都往有钱有势的地方跑，这就是"以著蔽微"。

不要把有地位有势力的看得那么重，把老百姓看得那么低，一文不值。有这种想法的人，是多么下贱的人！越下贱的人，越是"以著蔽微"。有些人谈话，老是提某某人有钱、有地位，还加上什么牌子的汽车，这就是最下贱的人。

众者，多也。不能用多的东西把少的东西给掩藏了。任何社会里，一个人有了钱有了地位，感觉自己不得了了，使老百姓感觉在他面前都站不住。为政者如果有这种心理，老百姓和有钱人就永远对立。

会做事的人，你什么都不管，每样事都应其声就够了。听见有人敲了一个响，判断一下，这是小声，那是大声，最后就善有善报，恶有恶报，这就是应其事，致其报。你积怨太多了，老百姓就报你了。种瓜得瓜，种豆得豆。造一分孽，就得一分果；造两分蘖，就得两分果。结果都达其报，丝毫不爽。

人必得把黑白分别清楚，使老百姓知道走白路对，走黑路很危险，这样他就懂得去就了。如果黑白不分明，同样是这样做，有些人发财，有些人倒霉，老百姓就不知去就，就铤而走险了，再不然就是行险侥幸。

老百姓懂得去就了，才能达到把国家治理好的境界，这就是国家所以取象的法则。

看小注："其臣畏而爱之，则而象之，故能有其国家。"为臣者敬畏你、爱你，他就把你的象作为法则，他也想和你一样。这样子的君才能有其国家。这是说上行下效。"则"是动词。大臣想"则而象之"，为君者得"固守其德，以附其民"。有内圣的功夫，才有外王的事业。

为人君者居无为之位，行不言之教，寂而无声，静而无形，执一无端，为国源泉。因国以为身，因臣以为心。以臣言为声，以臣事为形。

"无为"就是自然。居自然之位，就是完全顺自然，完全顺民之性，不做人之为道。人之为道就是有为。看多少为君者，专做人之为道，像希特勒，完全是人之为道。他们都没有明白，"人之为道而远人"（《中庸》）最后都得失败。应该顺自然，"民之所好好之，民之所恶恶之"（《大学》），这是为政的原则。民之所好好什么呢？民之所好就是好"安"。你的政令越简单，老百姓生活越安定，就越好。老百姓都安居乐业，国家就成功了。

反过来，如果净人之为道，弄得老百姓天天紧张，不知道怎么做才好，最后就日久生厌，不理你了，你的任何政令他都不管，不接受了。

不言之教，就是国君得"固守其德，以附其民"，使大家"则而象之"等。你想叫老百姓好，莫不如你先好。叫老百姓不要贪污，你自己得先不要贪污。就因为你贪了污，老百姓才想起来去贪。本来老百姓不知道什么是贪污的，你有了这行为，再想叫老百姓不要做，那可就难了。

"而"当"能"讲。寂才能无声。执一而没有端，这就是圆。一就有端，无端就是圆，一个圆没有端。我们执一，这个一是无端之一，就是元，就是生生不息，终始之道。"生生"才没有端，"生死"就有端了。泉源，正是说生生不息，用泉源的生生不息，来形容无端。

要拿国来当我们的身，拿臣来当我们的心。臣，民也，这和"因民以为心"是一样的。

有声必有响，有形必有影。声出于内，响报于外；形立于上，影应于下。

有声就得有响，一点也虚假不了。用现在的话来说，没有空穴来风的事情，出了谣言就得重视。声是从内心发出来了，内心有了声，响就在外面报了出来。"诚于中，形于外"，这里的上下就是层次，不是上面和下面。你立了一个形，影跟着马上来了，这是同一个道理。

响有清浊，影有曲直，响所报非一声也，影所应非一形也。

"履霜坚冰至"，什么事都忽略不得。因为有了响，所报出来的就不是一个声了。任何事情，最好是防患于未然，叫它根本没有响。等有了声了，你想叫它一下就完，那可办不到了，想叫它只有一个声，太难了。坏事最好不要叫它发生，发生了就不止一件。

有形就有影，除非你不显出来，只要你显出来，外面没有看不见的。天下没绝对的机密。除非没有这件事，有这件事了，就没有秘密可言。

故为君虚心静处，聪听其响，明视其影，以行赏罚之象。其行赏罚也，响清则生清者荣，响浊则生浊者辱，影正则生正者进，影枉则生枉者绌。

耳朵的作用之最高境界叫作聪。我们不可以用耳朵去听它的响，得用"聪"去听。眼睛的最高境界叫作明。我们不是用眼睛看形，是用"明"去看形。得用这种至高的功夫去行赏罚，可不能乱赏罚。要"虚心静处"，没有一点私心，那个赏罚才能衡天下。有私心的，那不是赏罚，不能勉励天下，而是蓄怨于天下。虚心，就是一点私心都没有，大公无私以行赏罚，才能勉励天下人。响的是清，当然生的就是清。你开始是清，最后的结果就是清的。种瓜得瓜，种豆得豆。如果你所种的是浊，当然你所得的就是辱。辱就是罚，荣就是赏。

影为什么正？就因为生影的那个东西是正的，影才能正。大本正的，所有的作为也就是正的；大本是弯的，你的结果也是弯的。所有的进和绌就根据这个。进就是升官，绌就是免职。

揽名考质，以参其实。赏不空施，罚不虚出。是以群臣分职而治，各敬而事，争进其功，显广其名，而人君得载其中，此自然致力之术也。圣人由之，故功出于臣，名归于君也。

总揽了名实，研究了本质，再拿这些来参考实际的东西。一切的事情都不能离开实与质。赏不能随便空赏，罚也不可以己之喜恶行之。因为你赏罚分明，所有的大臣、部下都分自己之所守而治事，每个人都尊敬他自己的事。"而"就是乃。

每个人都"敬事而信"（《论语·学而》），争先进步自己的成就，显自己的名，使广于天下。你得叫你底下的人都有成就，把你自己放在这些成就之中，这就叫"自然致力之术"。

人君居无为之位，无为就是自然。部下都成功了，人君就在他们的敬事、进功、显名之中，得以托载之。我无为，叫天下人都有为，功劳都是臣成就的，可是得的名在君。这几段要多反省，有许多领袖，一切事都管，大家说他领导有方，这就完了，绝对不会长。

一切职员都有功，你这主管一定有名，因为你会用这么多人才。有些人以为天下人都是猫狗，叫他往哪里跑就往哪里跑，都是些功狗，结果谁也没成功。

所以我们讲主从。从者都有功，自然托载了主，因为那些有功的，都是主请来的。

做事不知道放开，完全学控制，那是最大的错误、最笨的方法。谁受你控制？

离合根第十八

天高其位而下其施，藏其形而见其光。高其位，所以为尊也；下其施，所以为仁也；藏其形，所以为神；见其光，所以为明。故位尊而施仁，藏神而见光者，天之行也。

天的位虽然高，但是他能"下其施"，能把他所施予的，给下面的一切，不但是人，万物都得其施。"天无私覆"，天的施是公的。这两句话意义很深。这就是说，中国的政治是法天的。一个为君者，虽然高其位，但是得下其施。地位高，并不代表你一切都高。则天之道，最主要的就是下其施，一切的施予，都给我们下面的。

这个上下，指的是层次，不是阶级。天在上面，是至高无上的，下面的一切就都是下，这是层次，不是阶级。玩味古书时，这些地方要特别注意。

《繁露》上的"君"都是指"群"来讲。君就是群之首，这个君并不是指国君。天的一切都是公的，"天无私覆"，就是天无私施。施予都是大公无私的，这就是中国的则天之道。孟子说我们是天民，修的是天德，得的是天爵、天禄。这些境界特别高，完全没有私。

《孟子·万章上》："予，天民之先觉者也。"《孟子·告子上》："孟子曰：'有天爵者，有人爵者。仁义忠信，乐善不倦，此天爵也；公卿大夫，此人爵也。古之人修其天爵，而人爵从之。今之人修其天爵，以要人爵；既得人爵，而弃其天爵，则惑之甚者也，终亦必亡而已矣。'"

天民就得法天，政治上法天道之无私，"大道之行也，天下为公"（《礼记·礼运》）。《繁露》里所讲的完全是以天为道，正是针对乱制讲的。

天的形没法说出来，不能说出天是圆的还是方的。天藏其形，形不露出来，但是他的光辉都表现了出来。光辉不单指白日之光、星辰之光。一切施与都是光辉，光照一切。虽然不现形，他的德光照天下。懂这个以后，私心就少了很多了。人想有成就，必得无私。有私绝不会有成就，不管你用什么方法来巩固政权，到最后也没有不垮的政权。唯有德永远不垮。孔老夫子存在到今天，就因为有德。

人为什么有私？就因为眼光太短。眼光短到少吃一口都不舒服。东西总觉得得到手的好，以目前的所得为快，就是眼光看得短，私心自用。等你把眼光看远，私心就轻了。事业的成就，完全看私心的大小。甘地的成就大得不得了，他自己什么都没有，真是降到了零度以下。

这些话，老想、光讲都没有用，要脚踏实地去做。"天何言哉？四时行焉，百物生焉。"（《论语·阳货》）只要你做了，天长地久，没有人不知道的。自古有人类就会说话，谁不会讲得天花乱坠？到现在能存的又有几人？能存在，必得有存在之德，不是靠存在之言。

中国的书太多了，《四库全书》是精选的，人愿意读的又有几本。你立言，不是就能传，必得立德、立功，再立言，那个言才能传下去，否则一点用处也没有。

为什么要高其位？就是为了他的尊。这个尊，不要说"尊贵"。我们看书，不要照传统的那么解释，那样永远讲不出境界来！

为什么要"下其施"？就是为了仁。所施的不光是人，一切事、一切物都得施。"仁者爱人"（《孟子·离娄下》），还指一部分说，必得达到"仁者无不爱也"（《孟子·尽心上》）才行。

藏他的形，是为了神。为什么要把形露出来？你把形露出来又有什么用？"神"是什么？"妙有之生于无也"。这不正是"妙万物而为然"（《易经·说卦》"神也者，妙万物而为言者也"），"妙伪若真"吗？要细想，看历史，看现世，想未来应该怎么处事。

你看那些天天现其形的，又怎么样了？藏其形就为了神，妙有之生于无。

有是从无生来的。你看神不神？妙万物而为然，虽然没有形，但是"体物而不可遗也"(《中庸》)。等到我们体会了万物时，就不敢遗弃了天之无形。

我以为这个立论妙到极点！万物是从哪里来的？看不见，不知道。看不见，不知道就是那个无。无生了有，这给我们一个印证，"体万物而不可遗"。

再用人事来说，知道了这一点，还用天天喊我们有什么德政吗？完全不必！"小人怀惠"(《论语·里仁》)，只要我们"惠而不费"，百姓就天天怀惠。这就是天天怀惠而不可遗也，谁也不敢遗弃了这个德政。只要你真有行为，不必敲锣打鼓，人家一定知道。只要你真有东西放在那里，大家了解了你给的惠，会忘了惠吗？

有些人不懂这个道理，做了一点小事，天天提醒大家，叫大家不要忘了，那行吗？父子之亲算是最亲的，哪个儿子天天歌功颂德的？

一切要用真的东西来表现，千万不必自己鼓吹。虽然我个人并不感觉贞观之治好，但是唐以后的人无不歌颂贞观之治的，那可不是贴海报来的，而是有东西在那里摆着。后人歌颂，就因为贞观之后，没有比得上它的。

不知道用实际来表现自己，完全用人际关系，拍马工夫，走门路，自以为成功了。你拍马的人本身都没有成，你会成？一个人连三步远都看不到，他根本就不知道往哪里看！

我的原则是，一件事做不好不如不做，因为没有好处就有害处；不做，至少对别人没有害处。做不好，绝不做，要做，就得做得好。德可不是空言，不是理论而是美的行为。你施了德，人皆被其光。

"见其光，所以为明"，什么叫作"为明"？就是要叫所有人和万物都不会再在黑暗之中，要拯万民于苦海，这又是上天现出光的目的。

更重要的是，绝不制造黑暗。看看有些人制造的黑暗，本来是光明的，看他制造了多少黑暗？光明，就是无私，做事不合于人之道，就是制造黑暗。我们要常提醒自己，做任何事，虽然不发光作盐，也不制造黑暗。

这一段，正是"体万物而不可遗"，要法天、则天。这些都是天之行。懂了这些，回头看看自己，就知道自己因为什么失败了。看历代的能手，留下了多少骂名？他们就是违天，逆天行事。一个人的行为不公平，违心行事，后人永远也不会原谅你。

尤其在今天，有的人私太厉害了，没有一点公，只有自己。美其名曰，到了工业社会。谁知道工业社会背了多少黑锅？难道工业社会就没有人性了吗？要多深思。

故为人主者，法天之行，是故内深藏，所以为神；外博观，所以为明也；任群贤，所以为受成；乃不自劳于事，所以为尊也；泛爱群生，不以喜怒赏罚，所以为仁也。

他说："为人主者"，而不说"君"。任何一个团体，不管是国还是家，都得有一个主人，人类也得有一个主人。必定要法天之行，否则就没有资格为人之主。

为什么要深藏不露？就为了神万物。"所以"两个字特别重要。在内深藏不露，就是为了生万物恰到好处。你看一只小蝴蝶都那么美，只要深体万物，就知道不能遗弃那个无，无生了那么多的有。我们看了世界上的形形色色，不能不承认有一个看不见的东西，它生了那么多有形的东西。它有实际的东西在那里摆着，让你享受。你吃了苹果，就没法忘掉这是那个无生的。

再说人事，不必天天宣传。老百姓尝到了好东西，不必多解释，这当然是有人做的，还用宣传吗？我们用电灯，体其福了，就不敢忘其德。不必自己宣传，满街贴告示，还有不认识字的！像爱迪生，每个人最深处，总是觉得这个人不错，对人类很有贡献。如果你什么都没做，宣传也没有用。

一代帝王自以为是天之骄子，不得了了。可是你享受是一件事，没有人记住你，又是一件事。因为你没有那个德，人家就不记你。你自己没有善行，那是没有用的。你贵为天子，那是你的事，和老百姓有什么关系？即使一个人不贵为天子，只要有德在那里，大家天天享受，不用嘴说，心里就有很多感谢。我们用电，虽然没有天天感谢，内心深处有不言之谢。

一言以蔽之，不要求虚名，要养实力。有了实力，才能下施于民。

外得博观。博就是无所不在，观就是无所不察。这就是为了明，明了就完全没有障碍了。

下面一句话特别重要。一个人懂得"任群贤"，可以坐享其成。一个人有识人之明，就能任贤。因为他认识到了这个人的长处，就可以任这个贤人，帮他做事，就可以拿这个任贤的智慧，坐享其成。当总统的如果能任贤，还用自己操心吗？因为人人都有智慧。旧社会里，皇帝天天玩，他不玩做什么呢？有宰相，有三公，人家任的都是贤，哪一个都比皇帝有智慧。如果一个皇帝忙得不得了，那非亡国不可。因为那样的话，表示全国都是废物，只有一个人累，那不早累死了？

任贤必得有识人之明，不要造成一些感情包袱。好朋友可以陪你聊天，吃花生米，未必能为你做事。不要以为只要是你的好朋友就万能，天下哪有那么多万能的人。如果你以为只有这几个人可靠，那就完了。

不但任贤，还得"任群贤"。任何人都有长处，认识他的长处而用之，就可以受成。这很不容易。真是人间伯乐，有识人之才，你用了他，他的智慧在那一方面绝对比你高，因为他在他专门的那件事上，比谁都高，那用他不是用对了吗？

许多事只要去掉私，法天之公，绝对能成功。一个私字，害尽天下苍生。

"尊"，不是尊贵。能够任贤使能，就叫作尊。不任贤使能，你能尊吗？天天管小事，"马路怎么不扫？阴沟怎么不通？"能尊吗？就凭这两句话，你就和扫阴沟的老太婆一样了。能任贤使能才能尊，因为"不自劳于事"。所以讲"养尊处优"。养尊处优不是享受。养尊就是任贤使能，下面都是贤者能者为他做事，所事能不尊吗？其所处的势能不优吗？尊是这样来的，不是叫大家见到了你就猛磕头。

天下贤人都为你做事，天下有能的人都为你所支配，他们都发愤图强，还用你动脑子吗？这样你就养尊处优。反过来说，如果你净用些奴才，到处你都得操心，不但不能处优，就处卑了。

做事的时候要特别注意，几个人志同道合，在一起做事，当然了解彼此的长处，也都有短处，得用其所长，补己之所短，大家加在一起，才能成就一件事。

"泛爱群生"，就是"泛爱众"（《论语·学而》）。群生，还不光指人类说。"仁者无不爱也"（《孟子·尽心上》）。

"不以喜怒赏罚"，千万不能因为自己喜就赏，自己怒就罚。看多少人以自己的喜怒来赏罚，未有不垮者。

离合根第十八

故为人主者，以无为为道，以不私为宝。立无为之位而乘备具之官，足不自动而相者导进，口不自言而摈者赞辞，心不自虑而群臣效当，故莫见其为之而功成矣。此人主所以法天之行也。

"以无为为道"，无为就是养尊处优。"以不私为宝"，前人绝不我欺，千万不要以为这是讲道。如果把这些都当行为好好去做，绝对成功。

他无为，也是有为。选贤、选能，不得先有为后无为吗？不要以为无为就是什么都不干，其实也是干，选了群贤群德预备着，随时都可以用，然后才无为，不是一开始就什么都不管。

人主的所立是无为之位，如果人主有为，下面的人都不可为了，那人主不是累死了吗？得"立无为之位，乘备具之官"。一切我准备完全的官，都在那里等我来用。"乘，因也"。因之是客气话，乘之就是骑之，就好像骑着良马一样，指哪打哪。

脚不必自动，有摈相引导我进。嘴不必说，有摈相赞辞，他专说我心里喜欢说的话。这些事，自己完全不必想，"而群臣效当"。群臣所报效你的，都恰到好处，没有过与不及。能做到这些已经够了，已经是当今的英雄人物了。还不只是中国的英雄，是当今的英雄！

有这种境界，所以我们没有看见他做事，而他的功成了，这正是人之法天之行。

人主就是一个，下面都是从者，从就是臣。主从并不是像专制时代那么尊卑分明。这些原来都是美名词的，就是叫乱制给弄垮了。

为人臣者法地之道，暴其形，出其情以示人，高下、险易、坚耎、刚柔、肥臞、美恶，累可就财也。故其形宜不宜，可得而财也。为人臣者比地贵信而悉见其情于主，主亦得而财之，故王道威而不失。为人臣常竭情悉力而见其短长，使主上得而器使之，而犹地之竭竟其情也，故其形宜可得而财也。

"地之道"，就是《易经》坤卦的《文言》："坤顺承天。"为臣和为君不同，臣得把行为完全暴露出来，叫人看到。因为臣是和老百姓在第一线接触的，必要把情表达出来。

人事上都是相对的，有高就有下。因为有这些高下、险易、坚软、刚柔、肥瘤、美恶，才裁就他们。想叫他们成才，必有所裁制。人也有高有下，有险有易，有坚有软，有刚有柔，这都没关系，可以按他们的情形裁度之，使他们都成为有用之物。形的宜不宜，就在这一裁的功夫。

人臣比地，最重要的就是信，完全把他的情表示出来，主也按这实情裁度之，所以王道就有威仪，而不失道。为人臣的，要用尽自己的情、自己的力，来表现其长短。长短就是好坏。那为人主者，就可以按照臣的器而使之，这就使德之要。

为人主的藏其形，这和"喜怒哀乐之未发谓之中"一样；人臣暴其形，出其情，正是"发而皆中节"。这么一来，为主者为臣者，就体用合一了。中节就是和，两个人"致中和"，合作无间，所以"天地位焉，万物育焉"（皆见《中庸》）。

天地之道位于吾心，万物役于吾行。能够支配天地万物，到最后就与天地参了。到那时，人的德能就和天地平等了。

这就是离合之根。是离是合，都在这根本上。合而为一呢？还是离心离德呢？都以此为根。反于此者必离，合于此者必合。

人生就是离合，都是由自己的行为来的。这一篇是离合的大本。率天下的，当然要以合，不能以离。无论中外，为政离开了这个本，绝不会成功。

立元神第十九

君人者，国之元，发言动作，万物之枢机。枢机之发，荣辱之端也。失之毫厘，驷不及追。故为人君者，谨本详始，敬小慎微，志如死灰，形如委衣，安精养神，寂莫无为。休形无见影，掩声无出响。

他不说王，不说帝，而是说"君人者"，这和《离合根》中讲"为人之主者"是相通的。"君人者，国之元"，也就是"群人者，国之元"。放羊的，就是"群羊者"，也就是羊倌，使羊不乱跑。我加上一个注解："君人者，群之首也"。

"群"是动词。群羊者就是羊之元。放羊的羊倌，手上拿一个小鞭子，他一举手，羊都不离群。群人者，白话说就是"放人的人"。《说文解字》说："君者，群也。"我觉得莫不如再加一个注解："君者，群之首也。"

元就是首。孟子说"勇士不忘丧其元"（《孟子·滕文公上》）。君人的，就是国家的元首。"帝"是主宰义，"王"是归往义。帝王就是天下主宰，为众民所归往的。《离合根》里的"为人主者"是主宰义。这里的"君人者"，是天下归往义。注解说"元与本同"，那差得太远了。元是体，本是用，境界差太多了。

《尚书》中就有"帝""王"两个字。中国是文明古国，一切礼法都和别的民族不同。那不是谁比谁高。我们是中国人，他们是外国人，他们有他们的礼，我们以中国为重，有礼法并不就是落伍。清朝逊位以后的邪风必得改正。中国有中国的传统，这没法说旧不旧。不但不影响我们进步，还更证明了我们的文化，是礼义之邦、文明古国，有道统，有传统。这都不是迷信，只有古国才敢谈这个。

西方的科技是没有话说的，但是立国不完全靠科技，我们必得正其非。中国有中国的文化范畴，当然和他们不同。如果没有外力来影响，我们自己慢慢进步，仍然有我们的分寸。外国人一来，搞得乱七八糟。任何一个国家，没有到大同世，不可以叫外人干涉政治。

读书的目的就是求知，求知的目的就是强国。注意！字要弄清楚，是强国，不是救国，你救什么国？

言语动作是万事之枢机。所以说"出门如见大宾"（《论语·颜渊》）。说话怎么能不加小心？"一言以为智，一言以为不智"（《论语·子张》），一句话就分了智障者和智者，看言语多么重要。行动就是动作，小动作都要注意，正在讲正经事，你来一个轻佻的小动作，人家就瞧不起你了。"出辞气，斯远鄙倍矣！"（《论语·泰伯》）反之，你如果辞气相倍，人家就看不起你！这就是荣与辱之始。《易经》上说，是荣与辱之主。人和人接触，你温文尔雅，人家对你的第一印象就不错。

以前人都要演礼，"学而时习之"（《论语·学而》），不是演一回就完了，得天天练。譬如打躬，手一拿起来，就得上与眉齐。常常照镜子自己练习，常照镜也有好处，面目可憎，自己就知道了。

小事马虎不得，毫厘之错就谬以千里。开始时就得详审，好的开始就是成功的一半。

"敬"，就是敬事的敬。敬小，勿以小善而不为，勿以小恶而不去。"履霜坚冰至"，就是告诫我们重视早，重视微。得慎微，敬小，然后再做事，一点马虎不得。"敬小慎微"，大的还用说吗？

"死灰"的意境最重要，要了悟，才知道它的深刻。不但表面死了，连里面的热都没有，这才是死灰。如果还有热心，想做个头，那就是英雄心理。心里所主的事，得像死灰一样，一点没有热才行。有一点热，就会复燃。

"委"，积也。他的行就像委衣一样，虽然有肉身，里面是死的，一点感触也没有。治天下，得像积袭一样，自己什么也不能做，得以贤为宝，不是以我为宝。得君为隐，臣为用。哪有一个国家领袖，连茅房肮脏了都要管一管？

下面有点道家的精神，连董仲舒也是原于道的。精气神是人之三宝，要以什么来养呢？要寂寞，清其欲。对事要无为。有修行的，形止了，连影都不能看见，不光是不见形，连影都不能叫人看见。

虚心下士，观来察往。谋于众贤，考求众人，得其心遍见其情，察其好恶，以参忠佞，考其往行，验之于今，计其蓄积，受于先贤。释其雠怨，视其所争，差其党族，所依为臬，据位治人，用何为名，累日积久，何功不成。

他心是空的，像离卦一样。所以他看得远，上下古今，观来察往。谋事的时候，所有的贤者都叫他们出主意，"考求众人"，"谋及卿士"（《尚书·洪范》"汝则有大疑，谋及乃心，谋及卿士，谋及庶人，谋及卜筮"），卿是为官者里面最高地位的，士是最起码的，都要谋。人的品级有高低，智慧不一定有高低。再下一层，谋及庶民，这不是问他们的主张，是看他们的反应。乐民之所乐，忧民之所忧。他不舒服，就会有意见。怎么样顺人心呢？要拿自己的心来比人心，也就是恕道，"己所不欲，勿施于人"。

情性和性情不同。"喜怒哀乐之未发谓之中，发而皆中节谓之和"（《中庸》）。这里所说的，就是安情性，"发而皆中节"，和了，情就是性了。"七十从心所欲不逾矩"（《论语·为政》），就是情性之德，也就是"致中和，天地位焉，万物育焉"（《中庸》）的"中和"境界。

重视别人的意见，结果就得了他们的心，遍见了他们的情。再看下面，真是所费者少，所得者多。懂得他们的好恶了，就可以分出忠的和佞的。忠就是尽己的，佞的是那些力量都长在嘴上的。考一考他过去是做什么的，验之于今，真是"人焉廋哉"（《论语·为政》）！看他以往的行为，再看看他是否改过，就知道他现在怎么样了。

再计算计算，看看他的蓄积和他受于先贤的道，有没有相等。看看他所争的是什么？为什么呢？因为"观过斯知仁矣"（《论语·里仁》）。看他有没有为公事而结仇，如果是为了私事而结仇，那就不足道了。

宗法社会，以党族为基础，父党、母党、妻党，连在一起，那可不得了了。这都是乱制的基础，得差之，去掉它。这么一来，小圈子就没有了。家的观念，也叫他没有，有了就有自私。

"臬",就是法式。

"据位治人",就是素位治人。这位,不是地位的位,得据人之位而治人,以人治人,这是最伟大的观念。"以人治人,改而止"(《中庸》)。拿人当人,不要责之过甚。"己所不欲,勿施于人",以恕道治人。

以实为名,还得"积久",称赞人常说这人有能耐,能耐,就是能"积久"。

这些都可以启发我们,但是不能一成不变,必得有自我之见、自我的智慧、自我的体验功夫。有所需,看看怎么去求,求则得之,但也不会一口就得之。从有人类以来,不知道有多少观念、多少主张、多少想法。一言以蔽之,就是想求同。没有智慧的,就用力量了,结果就是战争。结局也不是大同,只是小康,小康完了又是大乱。循环报应,何时得了!古人著书立说,谁都希望太平世、大同世,到今天没有一个达到的。至少他的所求没有达到。今天我悟得了一个笨方法,我们看做豆腐,一大桶豆浆,加上一点黄黄的卤水,整个就凝固了。要它圆就圆,要它扁就扁。因为它成型了。将来谁能在人类之中发明一点卤水,那以后你想叫人类分裂也不行。如果没到这境界,那都是狗屁不通。《中庸》上说:"非至德,至道不凝焉。"至道,就是有治而无乱,现在一治一乱,就是小康之道。

天下没有比卤水再厉害的东西,人一听到,马上自动凝结在一起,这才有用。这要在活的功夫里去找,很有深义。破铜烂铁加在一起,凝了,做成了电灯,成型发光了。前人之说就是破铜烂铁,不能当成金科玉律。哪有研究一本书研究了一辈子的?一个字少一点又有什么关系?只要是个道,你怎么想都行。千万要活用。

可以内参外,可以小占大,必知其实,是谓开阖。君人者,国之本也。

在个人来说,不识其人,则识其友。不认识这个人,就看他朋友是个什么。因为物以类聚,这是不破的真理。

下面就是结论了。"必知其实"!真是"人焉廋哉"!这就是"开阖"。

笔 记

"阖户谓之坤,辟户谓之干,一阖一辟谓之变,往来不穷谓之通。见乃谓之象。形乃谓之器。制而用之谓之法。利用出入,民咸用之谓之神。"(《易经·系传上》第十章)

做事的规矩就是法,"利用出入",就是进退伸屈,也就是行动。民都用之,这就叫作"神"。《论语》上说:"何莫由斯道也?"(《论语·雍也》)必按这个道,那就是法。

夫为国,其化莫大于崇本,崇本则君化若神,不崇本则君无以兼人。无以兼人,虽峻刑重诛,而民不从,是所谓驱国而弃之者也,患孰甚焉?

"为国"就是治国。治国之本、治国之要在于化民,化民之道在于本。"孝弟也者,其为仁之本与!"(《论语·学而》)无论在任何时代,国家衰微时,一定是孝悌之本不隆了,不重视孝悌之道了。一个时代好,必得讲孝悌之道。孝是内之美、入之美;弟是外之美、出之美。所以说:"弟子入则孝,出则弟,谨而信,泛爱众,而亲仁。行有余力,则以学文。"(《论语·学而》)孝悌之道感人最深。

不遵孝悌之道,就不能"兼人"。"兼人"就是推己及人,像恕道一样。你没法推己及人,拿什么来号召天下?使全天下都愿意遵守的,唯有孝悌,因为每个人都要做爸爸。

孝悌毁掉了,就没有忠。忠臣出于孝子之门,一个时代如果不重视孝悌,就没有气节了。大本不立,还想求好的,那太难了。这些都得实行,不能当口号。

"兼",就是兼爱的"兼","老吾老以及人之老,幼吾幼以及人之幼"(《孟子·梁惠王上》),这功夫就是由"崇本",由孝悌来的。老的就孝之,幼的就悌之。

否则的话,"峻刑重诛而民不从"。因为他大本没立,在良知上就没有那个东西。人最重要的就是良心的不安,譬如我们讲孝,如果不孝,心里就不舒服,因为你知道那是不对的。这就是讲道的作用。平生不做亏心事,半夜不怕鬼敲门。这些年来,政治上最缺乏的就是以良心为本位,完全用术了。古时候,用术得不失其本,只是为了快一点,不反经才可以用权。

这等于是"驱国而弃之",祸患哪有比这个再厉害的!得看毛病在哪里,得救弊。如果知道有弊而不救,还往下混,那太危险了。

何谓本?曰:天地人,万物之本也。天生之,地养之,人成之。天生之以孝悌,地养之以衣食,人成之以礼乐,三者相为手足,合以成体,不可一无也。无孝悌则亡其所以生,无衣食则亡其所以养,无礼乐,则亡其所以成也。三者皆亡,则民如麋鹿,各从其欲,家自为俗。父不能使子,君不能使臣,虽有城郭,名曰虚邑。如此,其君枕块而僵,莫之危而自危,莫之丧而自亡,是谓自然之罚。自然之罚至,裹袭石室,分障险阻,犹不能逃之也。

礼乐是人事之大者。没有礼,有感情吗?左右邻居连招呼都不打。乐是和性的。没有乐,就是暴戾之气了。礼乐一失,人和社会就连狗都不如。还能存在多久?"各从其欲",就民如麋鹿,最没有伦常观念的就是麋鹿。这样的国家未有不亡国灭种的。

孔子以后,我们最强调董仲舒,就因为他有本有原。

"家自为俗",看今天婚礼就是了。这一段,特别发人深省,有哪个爸爸能支配儿子的?

虽有城郭,就像空城一样,因为没有精神存在。他的国君死在外头,枕了个石头块而僵,死无葬身之地。这都是你自己危害了自己,不等人杀,你自己就死了。

"分障",就是界障。界障险阻,犹不能逃之,逃不了自然之罪之罚。

明主贤君必于其信,是故肃慎三本。郊祀致敬,共事祖祢,举显孝悌,表异孝行,所以奉天本也。秉耒躬耕,采桑亲蚕,垦草殖谷,开辟以足衣食,所以奉地本也。立辟雍庠序,修孝悌敬让,明以教化,感以礼乐,所以奉人本也。

看多么惊心动魄!明主贤君,必得在这上面信实,一点都不可以自欺。得敬慎严肃此三本，三本就是天地人。郊天祀地，"祖"是先祖，"袮"是父母。

人不能天天玩，得施教化以明之，设礼乐以感之。"辟雍"就是太学，"庠序"是府州县之学。

三者皆奉，则民如子弟，不敢自专，邦如父母，不待恩而爱，不须严而使，虽野居露宿，厚于官室。如是者，其君安枕而卧，莫之助而自强，莫之绥而自安，是谓自然之赏。自然之赏至，虽退让委国而去，百姓襁负其子，随而君之，君亦不得离也。故以德为国者，甘于饴蜜，固于胶漆，是以圣贤勉而崇本而不敢失也。

这三者都奉行不怠，老百姓能反对你吗？这才是真正的王者，真正的君。
"安枕而卧"，和"枕块而僵"相对的。不用"绥"的功夫，他就自安了。这样就得顺天道之赏，这些都是和前一段相对的。虽"退让委国"，"百姓襁负其子，随而君之"。因为"小人怀惠"。当政千万不要崇尚宣传，那完全是自己骗自己。
勉，"勉强而行之，及其成功，一也"（《中庸》）。

君人者，国之证也，不可先倡，感而后应。故居倡之位而不行倡之势，不居和之职而以和为德，常尽其下，故能为之上也。

"君人者"是国之征验，老百姓就是你的试金石。
不可以先倡，唱高调，每天喊口号，那没有用。要看看老百姓的行动，你再去应，那一拍即合。你居倡导之位，可不要行倡导之势。
"礼之用，和为贵，先王之道，斯为美"（《论语·学而》），"居和之职"，就是"知和而和，不以礼节之，亦不可行也"。不要以和当职业，和过头了，就挨嘴巴了。
当使天下之民都尽其情，不可以见到你啥也不敢说，误会一多，就爆炸了。要懂得为上之道。

体国之道，在于尊神。尊者所以奉其政也，神者所以就其化也，故不尊不畏，不神不化。夫欲为尊者在于任贤，欲为神者在于同心。贤者备股肱则君尊严而国安，同心相承则变化若神，莫见其所为而功德成，是谓尊神也。

体国和治国不同。治国，是东西摆在那里，有毛病了，去治它。治国得以法。体国不同，体贴之体，完全不以法，体国得以情，老百姓视君如父母，这完全是情。赤子对父母，那是情。你不关心人家，人家怎么会关心你？都是相对的。

"尊"和"神"，这都不是宗教。奉你政，就因为你"尊"。因为你"神"，大家都就你的化。"就有道而正焉"（《论语·学而》），都找上门去！"尊""神"，都是以德言。

"畏"是敬畏。"尊"，不是摆样子来的，因为你能任贤，所以才尊。只要有能的就任，绝不像走马灯一样。怎么能神呢？因为你和老百姓同心，"民之所好好之"，老百姓说真神啊！他知道我们要的是什么！你不做君，他们还觉得不舒服呢！

"变化若神"，你叫他怎么他就怎么，没见到你所为，事情已经成功了。

看多了，就知道怎么做事了。国家是国人的国家，匹夫有责，谁都可以做。

体国之道比治国之道更重要，因为你了解，才能得到体悟。这不光是行为，必得有真知在里头。再有一点，对父母体贴，也必须了解父母之所嗜。对国家更是如此。许多事，初步容易明白，深入了解就难了。

什么叫"尊"？国家的事最重要的，就叫国政，家庭的就叫家政。尊的目的是奉其政。如果大家都懂这个，政治能有毛病，为政者可以牺牲大本去满足他的私欲吗？不枉法才不会欺民，才不会卖国。贪污就是枉法，"人必自侮然后人侮之"（《孟子·离娄上》）。天下事都是如此，尽量管自己，不必看别人。

体国之道，第一就是要"尊"，中国行仁政，因为中国特别尊生。尊生就是仁，《易经》所讲的，就是一个"生"字。大本就在这地方。真明白了，不这么做，你心里会不舒服。个人来说，"天爵自尊吾自贵"，自尊自贵，别人能帮你忙吗？自尊是入手处，等自贵了，就得结果了。别人是爱莫能助，所以一切求己，不必找别人的毛病。

尊并不神秘，得深究我们所以奉国之政。"所以"两个字最重要。国民爱国，必得知其所以。知其所以了，你叫他卖国，叫他移民，他也不会那么做。"奉"，是行的最高境界，不是盲目的人云亦云，像崇拜偶像那样的奉其政，那是达不到的。这种忠，可不是愚忠。

第二，"神"也不是宗教的神。得有境界才就其化。《易经·观卦》说"神道设教"，是为了神这个道而设教。中国的神道观，不是愚夫愚妇迷信的那种神道观。为了发扬道而设教，不是盲目的。

"畏"，敬畏，不是怕。欲为尊者，怎么做呢？这都不是神秘的，在于任贤而已。任贤的一字诀，就是"公"。不公能任贤吗？公就是无私，就是天之道。"诚者天之道"，"不诚无物"（《中庸》）。看同心多么不容易！这"心"指本心来说。本心就是明德。熊十力先生在《读经示要》里讲《大学》时说，同心就是无染，就是无欲，那和公不是同一件事吗？到这个时候，才能化民。

有一分私，和你在一起的，就是同欲者，有同一之欲，就是同流合污，大家一起混。

肯同心，就能化民，久了，还能成俗。善与不善的风俗，皆自求之。

尊严和国安都由任贤得来。受侮辱，国不安，就在于不任贤。历史上故事太多了，放眼一看就明白了。

天积众精以自刚，圣人积众贤以自强。天序日月星辰以自光，圣人序爵禄以自明。天所以刚者，非一精之力；圣人所以强者，非一贤之德也。

懂这道理，必得有积沙成塔的魄力，来训练自己，才有不世之业。"精"，就是纯而不杂，自己积精，不必求别人。天之道，就是刚。"天行健，君子以自强不息"（《易经·乾卦》）的刚，不是一下子就来的，不是上帝造的，是积来的。天都如此，何况人乎！圣人是怎么来的？把许多贤者积在一起，成其自强之尊而为圣，要单帮可不成。

看圣人序了爵禄，忙了老半天，是为了自己的光。天之道，也得下一点序的工夫，把日、月、星辰都序好了，就等他们放光就成了。人必得有几个志同道合的贤德朋友才能成事。

得天爵而人爵从之，没有天爵就得不到人爵。

故天道务盛其精，圣人务众其贤。盛其精而壹其阳，众其贤而同其心。壹其阳然后可以致其神，同其心然后可以致其功。是以建治之术，贵得贤而同心。

专心致志曰务。不"盛其精"，哪来的众精？

"壹其阳"，天就是纯阳，可不要把纯阳分散了。"壹"是动词。看多么简单，只要壹住，不必外求，就可以圣己之精而达到刚。一个人，不是他智慧低，是他嗜欲太多，就分散了他的聪明智慧，要好好处分自己！

"同其心"，同自己良知之心，千万不要有外诱之私，得控制住欲，可不要把纯阳给分散了。"阳"，在人就是"精"，可不要分散了。

"建治之术"，凌本作"建制之术"，更高明。制是本，是体；治是用。大禹立了一个家天下之制，把人害苦了。尧舜立的是公天下之制，等中山先生又恢复了公天下之制。得贤而同心，就是一个"公"字，这中山先生足以当之。今后无论怎么变，不会再有人当皇帝了。有了制的体，才有治的用，根据制而行治，没有制，治从哪里来？

为人君者，其要贵神。神者，不可得而视也，不可得而听也，是故视而不见其形，听而不闻其声。声之不闻，故莫得其响，不见其形，故莫得其影。莫得其影则无以曲直也，莫得其响则无以清浊也。无以曲直则其功不可得而败，无以清浊则其名不可得而度也。所谓不见其形者，非不见其进止之形也，言其所以进止不可得而见也。所谓不闻其声者，非不闻其号令之声也，言其所以号令不可得而闻也。不见不闻，是谓冥昏。能冥则明，能昏则彰。能冥能昏，是谓神人。

君者，群也。群众都归向你，你就是君，群之首也。神的功夫，不是可以看到、听到的。像任贤，怎么知道他是贤？最后才知道。许多事情无影无踪，才是上乘。这需要深思，神龙见首不见尾，什么都现的，那不是上等。

"莫得其影"，好处就是他没办法曲直，没法批评、夸奖。是非没有定论，因为曲直最低也得有影才行。他想都没有想到，怎么批评？宣传了，就有人批评，何况见形乎！

有个响了，就可以批评他清浊了。由此看来，曲直清浊，咎由自取。

有"冥"的境界的人才能明，叫别人知道的都是假的，看到的都不是真的，声东击西，他当然忙了。

君贵居冥而明其位，处阴而向阳。恶人见其情而欲知人之心，是故为人君者执无源之虑，行无端之事，以不求夺，以不问问。吾以不求夺则我利矣，彼以不出出则彼费矣。吾以不问问则我神矣，彼以不对对则彼情矣。故终日问之，彼不知其所对，终日夺之，彼不知其所出。吾则以明而彼不知其所亡。故人臣居阳而为阴，人君居阴而为阳。阴道尚形而露情，阳道无端而贵神。

"居冥"，他守的是冥。为什么要"明其位"？表明自己有责任感。"向阳"，是要别人知道他的位，不是夸耀自己有位，是要素位而行，尽责任。

"情"是表于外者，得知人之心才能同其心。

"无源之虑"，就是考虑一件事，考虑周详，无所不至。可不能叫人窥见端倪。

讲"求夺"，必得有一个对方，"不求夺"，使对方没有戒心。如果人家戒备了，你要胜利，得有超人之力。得叫人不注意，你白得来。"不问问"，就是叫人知道我不夺事，否则你一打听，人家就保密了。得求问于不备，专由他不备中得来，绝不打硬仗。

"以不求夺"，不用一分力量就得来了。他以为什么都不能表现出来，那就费力了。他不对对，彻底保密，结果还是实了。情者，实也。因为我天天"不问问"，他还不知道，早就告诉我们了。

"亡"，就是芒，萌也。

你居阴，才能叫臣为阳，居的位为阴，但是做的事都表现在外了。臣道是站在第一线，是直接和老百姓接触的，得"尚形而露情"。为君的，得无端，但叫对方知道你神化之德，才能成不世之功。

楚庄王第一

这一篇前面那些文章是篡入的，本文由这里开始。

首先，"《春秋》者，礼义之大宗也"（《史记·太史公自序》），《春秋》一切都断之以礼义，是礼义之所宗主。第二，最切实际的问题，常说：中国是礼义之邦。中，就是中庸的中。我们讲中道，是中道的国，中道是什么？其用就是礼义，中国就是礼义之国。这样讲最亲切。用中，要行中道，这是中国人的责任，不穷兵黩武。如果世界上四分之一的人都行礼义，那四分之三就容易进步。

志在《春秋》，也就是治在礼义。要行礼义，必得有创制之术，才能得其用，最后才能一切断之以礼义。所以《春秋》一开始就说，大一统也。王者无外，所以才能一切断之以礼义。

《春秋繁露》不外乎就是术，为了达到大一统目的的术。不了解这个，就不了解董仲舒先生的苦心。

春秋分十二世以为三等：有见，有闻，有传闻。有见三世，有闻四世，有传闻五世。故哀、定、昭，君子之所见也。襄、成、文、宣，君子之所闻也。僖、闵、庄、桓、隐，君子之所传闻也。所见六十一年，所闻八十五年，所传闻九十六年。于所见微其辞，于所闻痛其祸，于传闻杀其恩，与情俱也。

《春秋》分十二世，这十二公之事，又可分为三等。有的说法说这就是三世义。另外一种说法说三世是据乱世、升平世、太平世。一般历史，多半不是所见的，所以说"文胜质则史"（《论语·雍也》），得闻的事，那不是史实。

"君子"，指孔子说。哀、定、昭是和孔子同时的，再上面四个公就是所闻的了。再上面五个，那距离孔子的时代更远了，是曾高祖时代的事。这十二公的年数加在一起，一共两百四十二年。

"杀"，音shài。《春秋》分十二公，在情上表的有不同之处。"闻"，知也。"传闻"，就是间接知道。

所见到的三世，对于他不善之处，以微辞讥讽之。对所知之世，哀痛他们所遭之祸。传闻之世，关系就远了，恩就低了。这些都不是矫揉造作的。

读这些书必须要懂他言外之意，否则不能受启示。从开始读，就得致密，不怕慢，就怕不贯。孔子说"一以贯之"，他就懂了"一"，所以最后成功了。人生之所忌，就是见异思迁，有时人一生把自己骗了，一辈子梦想。

为什么要"微其辞"？说话为什么要拐弯呢？朋友相处，不能天天刮他胡子，事父母也得几谏。所见的，必得"微其辞"，有什么事委婉说出来，不要那么开门见山。

传闻的，距离就远了，前几十代，也有为国家牺牲的祖先，可是我们讲来井井有条，不那么悲伤，这就因为恩低了，心就不那么动了，完全是人性的表露。

他说与情俱，不说与性俱。情是性之用，是性之所发。得"发而皆中节"，这修养没有，就会过与不及。

是故逐季氏而言又雩，微其辞也。子赤杀，弗忍书日，痛其祸也。子般杀而书乙未，杀其恩也。

《公羊传注疏·昭公二十五年》：秋，七月，上辛，大雩。季辛，又雩。又雩者何？又雩者，非雩也，聚众以逐季氏也。一月不当再举雩。言又雩者，起非雩也。昭公依托上雩，生事聚众，欲以逐季氏。不书逐季氏者，讳不能逐，反起下孙，及为所败，故因雩起其事也。但举日，不举辰者，辰不同，不可相为上下。又日为君，辰为臣，去辰，则逐季氏意明矣。上不当日，言上辛者，为下辛张本。不言下辛，言季辛者，起季氏不执下而逐君。

《公羊传注疏·文公十八年》：冬，十月，子卒。子卒者孰谓？谓子赤也。何以不日？据子般卒日。隐之也。何隐尔？弑也。弑则何以不日？据子般卒日。

不忍言也。所闻世，臣子恩痛王父深厚，故不忍言其日，与子般异。

《公羊传注疏·庄公三十二年》：冬，十月，乙未，子般卒。子卒云子卒，此其称子般卒何？据子赤不言子赤卒。君存称世子，明当世父位为君。君薨称子某，缘民臣之心，不可一日无君，故称子某，明继父也。名者，尸柩尚存，犹以君前臣名也。既葬称子，不名者，无所屈也。缘终始之义，一年不二君，故称子也。逾年称公。不可旷年无君。子般卒，何以不书葬？据定姒俱称卒书葬。未逾年之君也，有子则庙，则立庙也。庙则书葬。录子恩也。无子不庙，不庙则不书葬。未逾年之君，礼，臣下无服，故无子不庙，不庙则不书葬，示一年不二君也。称卒不地者，降成君也。日者，为臣子恩录之也。杀不去日见隐者，降子赤也。

这三个例子，等讲本文时再说。

屈伸之志，详略之文，皆应之。

应什么？应情之所俱。"屈伸之志"，这像尺蠖走路一样，一屈一伸的，屈以求伸也（《易经·系辞下》：尺蠖之屈，以求信也）。不要以为他弯了，他弯的目的正是求伸。

只要有一点点缀，那就叫文。不要以为只有人才懂得文。小狗小猫舔自己身上的毛，那也是文。"详略之文"是相对的，有些人懂详之文，把头发烫成鸡窝型。乡下老太太也懂文，但那是略之文。无论详略，都得文，这是人之情，其心理一也。

人之情之所发，都是一样的，就是环境使然。时、地、势不同，所以才有详有略。其情完全一样。从根上来想人的一举一动，就知道人性之美。看人性之美，那行为的详略不值得看。应该注意，详略是与情俱也。为国谋幸福的人，把环境改善了，社会安定了，他也能文，乡下老太太也不是就希望那么略。详略不是重要事，大本是完全相同的。谁不想坐汽车呢？人同此心，心同此理，以己度之就好了。"己所不欲，勿施于人。"

吾以其近近而远远，亲亲而疏疏也，亦知其贵贵而贱贱，重重而轻轻也。有知其厚厚而薄薄，善善而恶恶也；有知其阳阳而阴阴，白白而黑黑也。百物皆有合偶，偶之合之，仇之匹之，善矣。《诗》云："威仪抑抑，德音秩秩。无怨无恶，率由仇匹。"此之谓也。然则《春秋》，义之大者也。

"以"，因也。就因其情。等你年纪大了，有三公六亲了，就知道什么是近近远远了，小注说得不够深刻。

就因为有情，所以才有这些，了解人深的，懂这个也深。

没有单性的东西，必得"阴阳合德"（《易经·系辞下》）。

"仇之"，本来是"求之"。百物都有合偶，这是性也。"偶之合之，仇之匹之"，这就是情也。合之，是目的、是原则。求之，是方法、是手段、是历程。匹之是结果。"窈窕淑女，君子好逑"（《诗经·关雎》），是君子好的配偶。都有合偶，这是性之为用，顺性就能纯情。

圣人是人之中最懂得人生之为人生的。不是不娶老婆的才成佛！真明白了，人生绝不苟求，要顺自然。

纯情最难，不纯就不中，不是过，就是不及。过了就荒唐了，不及的就素隐行怪，都非人情之常。

"威仪"是行为，"德音"是言。"有德者必有言"（《论语·宪问》）。

看男女合德多么重要！行为正常，言论也正常，就没有怨，也没有恶。男女完全由仇之匹之来的。"君子之道造端乎夫妇"（《中庸》），夫妇是君子之道中最重要的。《春秋》是"礼义之大宗"，而夫妇是《春秋》之义中之最大、最贵者。

得一端而博达之，观其是非，可以得其正法。视其温辞，可以知其塞怨。

抓住一端而博达之才可。就怕你连一端都没得就糊涂了。"精一"的功夫最重要，一以贯之，有一把刀运用得妙，什么都能用。

"观"，察也。每天必须察是非，不能盲从，不能人云亦云。头脑真清楚了，就有点薄情了。一个人这么理智，即使有失败，也降到最低。知识分子绝对要掌握是非。

听一个人的话，就可以知道他的塞处即不通处和怨处。怨比塞还厉害。"温辞"不是暴戾之辞。温温之辞都知，何况暴戾之言？

是故于外，道而不显，于内，讳而不隐。于尊亦然，于贤亦然。此其别内外、差贤不肖而等尊卑也。

微辞的重要，就是"道而不显"，外的事，虽然有所说，但是不显。

关系近的，虽然有所避讳，不能隐其事实。内里有毛病了，可以不说是谁干的，可千万不能隐藏其事，得让大家有所警惕。

完全一样，还有尊、还有贤吗？还有地位、还有德吗？这就是看找厉害之处，把贤不肖都差之，没有贤不肖的观念了，就平等了，人人皆有士君子之行。这些都是《春秋》精义之所在。

义不讪上，智不危身。故远者以义讳，近者以智畏。畏与义兼，则世逾近而言逾谨矣。此定哀之所以微其辞。

懂义的人，对上得尽责任，不可以讥讽，得道而不显，讳而不隐。

什么叫智者？智者绝不能危自己。"人皆曰予知，驱而纳诸罟攟陷阱之中，而莫之知辟也。"（《中庸》）以不危身为最低条件，臭皮囊都保不住，那算什么智者？

上面的避讳都是义，不是私情之讳。

畏，就是"畏大人，畏天命"（《论语·子路》）的畏。一个智者，以智慧互相敬畏。"爱之欲其生，恶之欲其死"（《论语·颜渊》），那是智吗？

凌本这一段注得很好："定元年《传》：定哀多微辞，主人习其句读而问其传，则未知己之有罪焉尔。此假设而言之主人，谓定哀也。设使定哀习其经而读之，问其传解诂，则不知己之有罪于是。此孔子畏时君，上为讳尊隆恩，下以辟害容身，慎之至也。"

以故用则天下平，不用则安其身，《春秋》之道也。

用我，就可达到兼善天下，不用，则独善其身。必得修到这境界才行。

《春秋》之道，奉天而法古。是故虽有巧手，弗循规矩，不能正方员。虽有察耳，不吹六律，不能定五音。虽有知心，不览先王，不能平天下。然则先王之遗道，亦天下之规矩六律已。故圣者法天，贤者法圣，此其大数也。得大数而治，失大数而乱，此治乱之分也。

《春秋》中的天子，是奉天，代天行化的。"古"，指尧舜说，天之道尚公，尧舜是公天下的。

不修规矩，就不能正方圆。

失去了这个，天下一定乱。这在今天就有印证了。旧社会中虽然乱，还乱得有个规格，不敢"家自为俗"。

"大数"，就是最重要之数，不可违背。乱、治都有原。

所闻天下无二道，故圣人异治同理也。古今通达，故先贤传其法于后世也。《春秋》之于世事也，善复古，讥易常，欲其法先王也。

治天下的术不同，理可不能变。奉天法古就是理。奉天之公，法尧舜之制，大道之行也，天下为公。

对复古之道特别善之。常道，就是古之常道。先王也指尧舜说。

然而介以一言曰："王者必改制。"

为什么说王者必改制呢？因为先王有别于禹以后的旧王，禹以后都是受命于人的，现在改制了，不再接着而乱天下。从大禹开始就是乱制。

自僻者得此以为辞，曰：古苟可循先王之道，何莫相因？世迷是闻，以疑

129

正道而信邪言，甚可患也。答之曰：人有闻诸侯之君射《狸首》之乐者，于是自断狸首，县而射之，曰：安在于乐也！此闻其名而不知其实者也。今所谓新王必改制者，非改其道，非变其理，受命于天，易姓更王，非继前王而王也。若一因前制，修故业，而无有所改，是与继前王而王者无以别。

受命之君，天之所大显也。事父者承意，事君者仪志。事天亦然。今天大显已，物袭所代而率与同，则不显不明，非天志。

受天命之君，就是天德大显于天下。

"仪"，两个东西放在一起，是平的。君臣是平的，所以说仪志，不可以说继志，否则臣成了儿子了。君有志，为臣的有一样的志，就配上了。以前"君使臣以礼，臣事君以忠"（《论语·八佾》），都是相对的。

故必徙居处、更称号、改正朔、易服色者，无他焉，不敢不顺天志而明自显也。

这里点题了。天子也得继天之志，得无私照、尚公。没有私心才可以。千万不能袭取你所代的，完全与前朝相同，那天道就不显不明了，非天之志。

这一段，表明反乱制，是乱制的完全不妥。

若夫大纲、人伦、道理、政治、教化、习俗、文义尽如故，亦何改哉？故王者有改制之名，无易道之实。

但是其他的不必改。新王改乱制，大纲、人伦这些何必改呢？

孔子曰："无为而治者，其舜乎！"言其主尧之道而已。此非不易之效与？

"无为"，顺天道。别人都会顺于道而治天下，这就是尧舜之道。

"无为"就顺自然，不参加自己半点私意而治天下，就是"无为而治"的境界。"民之所好好之，民之所恶恶之"，最后得一个结论，"此之谓民之父母"（《大学》），这叫"无为而治"。有为而治的，就以自己的好恶做标准，专制帝王都是这一类人。

以尧道为主，"变古易常"是政治所反对的。"常"就是"古"，这是说大禹把尧舜的常道给毁掉了，"至于禹而德衰"就在这里。尧舜之道是公天下的。"仲尼祖述尧舜"，但他也不忽略历代帝王的成就，因为人是进化的，不是退化的。他们的成就，只在宪章而已，就是礼法制度还值得宪章之。

"不易之效"，就是"无为而治"。

问者曰：物改而天授显矣，其必更作乐，何也？曰：乐异乎是。制为应天改之，乐为应人作之。彼之所受命者，必民之所同乐也。

物包含着事，"宪章文武"只是物改而已。"天授显"则是表明继之于天，而非继之于人。那何必更作乐呢？这是问难者说的。

董仲舒先生回答说：乐和受天命是不同的。孔子改制的目的，是为了应天，天道尚公。乐则完全是按照人的心理而作乐。受天命的君和王，必得好民之所好，才是民之所同乐。反之，就不行了。老百姓不喜欢你了，因为你是受之于人的，不喜欢你，他就杀掉你。

是故大改制于初，所以明天命也。更作乐于终，所以见天功也。

"大"是着重的意思。特别彰显出来改制之于初，就是为了明人之所受的是承受了天之命。一言以蔽之，就是重视公天下，不要有己私。最后，事情成功，有善结果了，那时要作乐了。善始诚终，这不是迷信。历代软弱的时候，就没有好的乐了。

今天全世界音乐都混了，都是一个调。严格说来，今天只有歌，没有乐。

我们谈中国的礼乐，不是要恢复以前那个社会，只是看在庆升平的时候，读书人专琢磨，每一个小过门都有了乐。譬如婚礼时，小事很多，每一件小事都有一堂乐；有钱人的乐队都是亲戚送的，有时有四五棚鼓乐，他们也比一比，各显本事，好领红赏。

缘天下之所新乐而为之文曲，且以和政，且以兴德。天下未遍合和，王者不虚作乐。乐者，盈于内而动发于外者也。

"缘天下之所新乐"（音lè），做成文曲，就成了乐（音yuè）了。因老百姓有了新的乐（音lè），所以做了新的乐（音yuè），又以和政，又以兴德。

如果还有地方不感觉愉快，还不可以作（音yuè）。因为那有不平之音，有杀伐之音。得把乐（音lè）充满了内心，然后行动于外，歌之舞之，这才是王者之乐（音yuè）。

应其治时，制礼作乐以成之。成者，本末质文皆以具矣。是故作乐者必反天下之所始乐于己以为本。舜时，民乐其昭尧之业也，故《韶》。"韶"者，昭也。禹之时，民乐其三圣相继，故《夏》。"夏"者，大也。汤之时，民乐其救之于患害也，故《頀》。"頀"者，救也。文王之时，民乐其兴师征伐也，故《武》。"武"者，伐也。

治，就是天下太平了。这时制礼作乐，才能完整无缺。本、末、质、文，完全平的，谁也不高过谁。

所以作乐，必得回到天下所始，每一朝代开始的情况如何，然后再作乐。必得以自己本身所乐的为根本，不是受了外感而作乐（音yuè）。舜显大了尧的事业，他的始，就是昭尧之业，百姓乐其始，这就是"不易之效"。

这些都是反其始，看他们救民于水火的开始。

四者，天下同乐之，一也，其所同乐之端不可一也。作乐之法，必反本之所乐。所乐不同事，乐安得不世异？是故舜作《韶》而禹作《夏》，汤作《頀》而文王作《武》。

天下同乐，一也。但是其所同乐之端不可一。乐之端不一样，乐（音yuè）

就显出了他们的德。武王之德，武也！不可看成都一样。所以比较起来，还是舜的乐最美。虽然百姓最乐（音lè），但乐之端可不一样。以此类推，历代的开始，民皆有所乐，这没法隐藏。一个时代的音乐，就代表一个时代的情形。

四乐殊名，则各顺其民始乐于己也。见其效矣。《诗》云："文王受命，有此武功。既伐于崇，作邑于丰。"乐之风也。

这和前一段的意思一样。

每个音乐，都是顺着老百姓开始所乐于己也，乐其德则定其乐（音yuè）。音乐名字不同，不是人为的，那是乐第一代皇帝的行为的。这完全不是人为的私见，而完全是百姓的心声，直接受当时环境所影响的，而定了乐之名。

人不能生时，也不能达时。一个社会乱，一阵风过了，很快又恢复正常。有拨乱反正之德很重要，世风虽然日下，拨正之，很快就正常。

"风"，就是"君子之德风"（《论语·颜渊》）的风。

又曰："王赫斯怒，爰整其旅。"当是时，纣为无道，诸侯大乱，民乐文王之怒而咏歌之也。周人德已洽天下，反本以为乐，谓之《大武》，言民所始乐者武也云尔。

你虽然立德，但你确实是以"大武"得天下的。你有功，但是你的出发点老百姓还记得。一个人的开始特别重要，必得慎始诚终，否则功也不是至善之功。个人事亦复如是，刚开始学做人时，得特别慎始。"里仁为美，择不处仁，焉得知？"（《论语·里仁》）选择职业时，若不处于仁，怎么能是个智者呢？《孟子》上说的"矢人、函人"也是这个意思。函人是做盔甲的，盔甲越坚固越好，唯恐其伤人。矢人则唯恐他做的箭不伤人。职业不处于仁，怎么算智者？

《孟子·公孙丑上》：孟子曰："矢人岂不仁于函人哉？矢人唯恐不伤人，函人唯恐伤人。巫匠亦然，故术不可不慎也。孔子曰：'里仁为美。择不处仁，焉得智？'夫仁，天之尊爵也，人之安宅也。莫之御而不仁，是不智也。不仁、不智、无礼、无义，人役也。人役而耻为役，由弓人而耻为弓，矢人而耻为矢也。如耻之，莫如为仁。仁者如射，射者正己而后发。发而不中，不怨胜己者，反求诸己而已矣。"

职业是一个人第二次投胎，不可以不慎始，完全要自己把握，一出手，高低就决定一生。得始终如一，一直到完了都和开始一样，才能成功。

这第二次投胎，不是为了升官发财，而是对别人一定要无害才行。一个人必得把眼光放长，你争我夺，又怎么样？民国以来，剩下了什么？冷静仔细想，千万不能什么都干，一步错，步步错。

故凡乐者，作之于终，而名之以始，重本之义也。

你作之以终，他单名之以始。一步错了，永远洗不掉。你撂下屠刀，想立地成佛，他单名之以始，你就私心自愧，越老越惭愧。

由此观之，正朔、服色之改，受命应天制礼作乐之异，人心之动也。二者离而复合，所为一也。

受天之命，不是为了一家之私，是为了应天。制礼，表明受之于天，而非受之于人。作乐，因开始时就不同，成功也不相同，因为人心之动不同。新王之乐，就有别于乱制之乐。

楚庄王杀陈夏征舒，《春秋》贬其文，不予专讨也。灵王杀齐庆封，而直称楚子，何也？曰：庄王之行贤，而征舒之罪重。以贤君讨重罪，其于人心善。若不贬，孰知其非正经。《春秋》常于其嫌得者，见其不得也。是故齐桓不予专地而封，晋文不予致王而朝，楚庄弗予专杀而讨。三者不得，则诸侯之得，殆此矣。此楚灵之所以称子而讨也。《春秋》之辞，多所况，是文约而法明也。

《公羊传注疏·宣公十一年》：冬，十月，楚人杀陈夏征舒。此楚子也，其称人何？据下入陈称子。贬。曷为贬？据征舒有罪。不与外讨也。辟天子，故贬见之，即所谓贬绝，然后罪恶见。不与外讨者，因其讨乎外而不与也。虽内讨亦不与也。虽自讨其臣下，亦不得与也。曷为不与？据善为齐诛之。实与，不言执与讨贼同文。而文不与。文曷为不与？诸侯之义，不得专讨也。诸侯之义不得专讨，则其曰实与之何？上无天子，下无方伯，天下诸侯有为无道者，臣弑君，子弑父，力能讨之，则讨之可也。与齐桓专封同义。不书兵者，时不伐。

《公羊传注疏·昭公四年》：秋，七月，楚子、蔡侯、陈侯、许男、顿子、胡子、沈子、淮夷伐吴，执齐庆封，杀之。此伐吴也，其言执齐庆封何？为齐诛也。故系之齐。其为齐诛奈何？庆封走之吴，以襄公二十八年奔鲁，自是走之吴。不书者，以绝于齐，在鲁不复为大夫，贱，故不复录之。吴封之于防。不书入防者，使防系吴，嫌犯吴也。去吴，嫌齐邑也。然则曷为不言伐防？据防邑为国。不与诸侯专封也。故夺言伐吴。庆封之罪何？胁齐君而乱齐国也。道为齐诛意也。称侯而执者，伯讨也。月者，善录义兵。

《公羊传注疏·僖公元年》：齐师、宋师、曹师次于聂北，救邢。救不言次，此其言次何？据夏师救齐不言次。不及事也。不及事者何？邢已亡矣。刺其救急舒缓，使至于亡，故录之止次以起之。孰亡之？盖狄灭之。以上有狄伐邢。曷为不言狄灭之？据狄灭温言灭。为桓公讳也。曷为为桓公讳？据徐人取舒，晋灭夏阳，楚灭黄皆不讳。上无天子，下无方伯，天下诸侯有相灭亡者，桓公不能救，则桓公耻之。故以为讳，所以醇其能以治世自任而厚责之。曷为先言次，而后言救？据叔孙豹先言救。君也。叔孙豹，臣也。当先通君命，故先言救。今此先言次，知实诸侯。君则其称师何？不与诸侯专封也。故没君文，但举师而已。曷为不与？据狄灭之，为桓公讳。实与，不书所封归是也。而文不与。文曷为不与？据实与也。诸侯之义，不得专封也。此道大平制。诸侯之义不得专封，则其曰实与之何？上无天子，下无方伯，天下诸侯有相灭亡者，力能救之，则救之可也。主书者，起文从实也。

《公羊传注疏·僖公二十八年》：公朝于王所。曷为不言公如京师？据三月公如京师。天子在是也。天子在是，则曷为不言天子在是？据狩于河阳。不与致天子也。时晋文公年老，恐霸功不成，故上白天子曰："诸侯不可卒致，愿王居践土",下谓诸侯曰:"天子在是,不可不朝",迫使正君臣,明王法,虽非正,起时可与,故书朝,因正其义。不书诸侯朝者,外小恶不书,独录内也。不书,如不言天王者,从外正君臣,所以见文公之功。

古时把这一篇叫作《繁露篇》。从这以下是篡乱的。

《春秋》中许多都是比方,不是真的,"其义则丘窃取之也"(《孟子·离娄下》)。"法明",《春秋》一切都断之以礼义。《春秋》之法特别明。

问者曰:不予诸侯之专封,复见于陈蔡之灭。不予诸侯之专讨,独不复见于庆封之杀,何也?曰:《春秋》之用辞,已明者去之,未明者著之。今诸侯之不得专讨,固已明矣。而庆封之罪未有所见也,故称楚子以伯讨之,著其罪之宜死,以为天下大禁。曰:人臣之行,贬主之位,乱国之臣,虽不篡杀,其罪皆宜死,比于此其云尔也。

《公羊传注疏·昭公十三年》:蔡侯庐归于蔡。陈侯吴归于陈。此皆灭国也,其言归何?据归者有国辞。不与诸侯专封也。故使若有国自归者。名者,专受其封当诛。书者,因以起楚封之。所以能起之者,上有存陈文,陈见灭,无君无所责。又蔡本以篡见杀,但不成其上,不绝其国,即诸侯存之,当有文实也。

大家都知道的,就去之了。未明者得著之。一般人和这个相反,已明者他明之,未明者他隐之。

《春秋》曰:"晋伐鲜虞。"奚恶乎晋而同夷狄也?曰:《春秋》尊礼而重信。信重于地,礼尊于身。何以知其然也?宋伯姬疑礼而死于火,齐桓公疑信而亏其地,《春秋》贤而举之,以为天下法,曰礼而信。不答,施无不报,天之数也。

《公羊传注疏·昭公十二年》:晋伐鲜虞。谓之晋者,中国以无义,故为夷狄所强。令楚行诈灭陈、蔡,诸夏惧然去而与晋会于屈银,不因以大绥诸侯,先之以博爱，而先伐同姓，从亲亲起，欲以立威行霸，故狄之。

《公羊传注疏·襄公三十年》：秋，七月，叔弓如宋，葬宋共姬。外夫人不书葬，此何以书？隐之也。何隐尔？宋灾，伯姬卒焉。说在下也。其称谥何？据葬纪伯姬不言谥。贤也。何贤尔？宋灾，伯姬存焉。有司复曰："火至矣！请出。"伯姬曰："不可。吾闻之也，妇人夜出，谓有事宗庙。不见傅母不下堂。礼，后夫人必有傅母，所以辅正其行，卫其身也。选老大夫为傅，选老大夫妻为母。傅至矣，母未至也。"逮乎火而死。故贤而录其谥。

《公羊传注疏·庄公十三年》：冬，公会齐侯盟于柯。何以不日？据唐之盟日。易也。易，犹佼易也。相亲信，无后患之辞。其易奈何？桓之盟不日，其会不致，信之也。其不日何以始乎此？庄公将会乎桓？曹子进曰："君之意何如？"进，前也。曹子见庄将会有惭色，故问之。庄公曰："寡人之生，则不若死矣。"自伤与齐为雠不能复也。伐齐纳纠不能纳，反复为齐所胁而杀之。曹子曰："然则君请当其君，臣请当其臣。"当，犹敌也。将劫之辞。庄公曰："诺。"于是会乎桓。庄公升坛，土基三尺，土阶三等曰坛。会必有坛者，为升降揖让，称先君以相接，所以长其敬。曹子手剑而从之。从，随也。随庄公上坛，造桓公前而胁之。曹子本谋当其臣，更当其君者，见庄有不能之色。管子进曰："君何求乎？"管子，管仲也。君，谓庄公也。桓公卒愕不能应，故管子进为此言。曹子曰庄公亦造次不知所言，故任曹子："城坏压竟，齐数侵鲁取邑，以喻侵深也。君不图与？"君，谓齐桓公。图，计也。犹曰君不当计侵鲁太甚。管子曰："然则君将何求？"所侵邑非一，欲求何者。曹子曰："愿请汶阳之田。"欲复鲁竟。管子顾曰："君许诺。"诸侯死国不死邑，故可许诺。桓公曰："诺。"曹子请盟，桓公下与之盟。下坛与曹子定约，盟誓庄公也。必下坛者，为杀牲不洁，又盟本非礼，故不于坛上也。已盟，曹子摽剑而去之。摽，辟也。时曹子端剑守桓公，已盟，乃摽剑置地，与桓公相去离，故云尔。要盟可犯，臣约其君曰要，强见要挟而盟尔，故云可犯。而桓公不欺，曹子可雠。以臣劫君，罪可雠。而桓公不怨，桓公之信著乎天下，自柯之盟始焉。诸侯犹是翕然信乡服从，再会于鄄，同盟于幽，遂成霸功，故云尔。劫桓公取汶阳田不书者，讳行诈劫人也。

信比地还重要，礼比本身的性命还重要，还尊贵。

这些例子都不是空口说，成就事业必得如此。小事上越礼、失信，你一辈子就完了。因为别人大事上也不会相信你。千万别轻诺，轻诺必寡信，宁可拒绝他，他不高兴，也不可以最后骗了他。轻忽了自己，任何事都不会发挥作用。

举贤，作为天下的法则。

只要人家对我们有礼，我们没有不答礼的。人家有所施，我们有所受，不能不报，因为是相对的。

今我君臣同姓适女，女无良心，礼以不答。有恐畏我，何其不夷狄也。公子庆父之乱，鲁危殆亡，而齐侯安之。于彼无亲，尚来忧我，如何与同姓而残贼遇我。《诗》云："宛彼鸣鸠，翰飞戾天。我心忧伤，念彼先人。明发不寐，有怀二人。"人皆有此心也。今晋不以同姓忧我，而强大厌我，我心望焉。故言之不好。谓之晋而已，婉辞也。问者曰：晋恶而不可亲，公往而不敢至，乃人情耳。君子何耻而称公有疾也？曰：恶无故自来。君子不耻，内省不疚，何忧于志，是已矣。今《春秋》耻之者，昭公有以取之也。臣陵其君，始于文而甚于昭。公受乱陵夷，而无惧惕之心，嚣嚣然轻计妄讨，犯大礼而取同姓，接不义而重自轻也。人之言曰："国家治，则四邻贺；国家乱，则四邻散。"是故季孙专其位，而大国莫之正。出走八年，死乃得归。身亡子危，困之至也。

鲁昭公二年、十二年、十三年、二十一年、二十三年，鲁昭公五次"如晋，至河乃复"。《公羊传注疏·昭公二十三年》：冬，公如晋。至河，公有疾，乃复。何言乎公有疾乃复？据上比乃复，不言公，不言有疾。杀耻也。因有疾以杀畏晋之耻。举公者，重疾也。"子之所慎：斋、战、疾。"

《公羊传注疏·哀公十二年》：夏，五月，甲辰，孟子卒。孟子者何？据鲁大夫无孟子。昭公之夫人也。其称孟子何？据不称夫人某氏。讳娶同姓，盖吴女也。礼，不娶同姓，买妾不知其姓，则卜之。为同宗共祖，乱人伦，与禽兽无别。昭公既娶，讳而谓之吴孟子。《春秋》不系吴者，礼，妇人系姓不系国，虽不讳，犹不系国也。不称夫人不言薨，不书葬者，深讳之。

治，就是太平。四邻之国都来贺，等乱了，四邻都离开你了。

君子不耻其困，而耻其所以穷。昭公虽逢此时，苟不取同姓，讵至于是。虽取同姓，能用孔子自辅，亦不至如是。时难而治简，行枉而无救，是其所以穷也。

君子不以他之所困为可耻，但是耻我们之所以穷。因为什么穷途了？人困没有关系，孔子也受过困，但应研究所以穷的原因。

最后一段话是结论。时已经到了最难的时候了，治事还简慢、马马虎虎，是其所以穷也。今天就是简慢了仁与义。时都到难了，行事已经不正了，然而还不止，社会事已经不行了，还不知道改正，还让它自然发展，就是他所以穷也。

玉杯第二

《春秋》讥文公以丧取。难者曰:"丧之法,不过三年。三年之丧,二十五月。今按经,文公乃四十一月方取。取时无丧,出其法也久矣。何以谓之丧取。"曰:《春秋》之论事,莫重于志。今取必纳币,纳币之月在丧分,故谓之丧取也。且文公以秋祫祭,以冬纳币,皆失于太蚤。《春秋》不讥其前,而顾讥其后,必以三年之丧,肌肤之情也。虽从俗而不能终,犹宜未平于心。

《公羊传注疏·文公二年》:公子遂如齐纳币。纳币不书,此何以书?讥。何讥尔?讥丧娶也。娶在三年之外,则何讥乎丧娶?据逆在四年。三年之内不图婚。僖公以十二月薨,至此未满二十五月,又礼先纳采、问名、纳吉,乃纳币,此四者皆在三年之内,故云尔。吉禘于庄公,讥。然则曷为不于祭焉讥?据吉禘于庄公,讥始不三年,大事图婚,俱不三年。大事犹从吉禘,不复讥。三年之恩疾矣。疾,痛。非虚加之也,非虚加责之。以人心为皆有之。以人心为皆有,疾痛不忍娶。以人心为皆有之,则曷为独于娶焉讥?据孝子疾痛,吉事皆不当为,非独娶也。娶者,大吉也。合二姓之好,传之于无穷,故为大吉。非常吉也。与大事异。其为吉者,主于己。主于己身,不如祭祀尚有念先人之心。以为有人心焉者,则宜于此焉变矣。变者,变恸哭泣也。有人心念亲者,闻有欲为己图婚,则当变恸哭泣矣,况乃至于纳币成婚哉。

这一段讲礼,很容易看。

下面的重点,是说《春秋》重志。一件事情,不管如何,我们先看动向,他虽然没在丧时结婚,订婚可在丧时。《春秋》论事,给我们很多大的启示。平常我们说这个人犯罪，证实的是犯罪之后，至于那犯罪之前的志，其实和犯罪是一样的。像宗教里，把意淫和犯淫同样列罪。一个罪，不但重他的行为，也重他的心意。儒家也在乎这个，心一动就已经失德了，何况犯了罪呢？儒家管自己，我们称"心斋"，吃素叫"口斋"，心斋最重要。意淫和淫其实完全是一样的。志是什么？心之所主就是志。这个不光指修为说，我们看任何一个人，看他的志就是看他心的动向，你等他已经做了事才防，可就太慢了。要防患于未然。防未然之事，就得看心志。《春秋》这书最可怕就在看你志向如何就决定一切。要好好管自己，这不是迂，也不是道学，因为你意念正，神就清；意念不正，神就昏沉。你重志，智慧就多了。任何一件事，没做你就知道，志一动你就知道，还等行吗？看这防未然到什么境界！

> 《庄子·人间世》：颜回曰："吾无以进矣，敢问其方。"仲尼曰："斋，吾将语若！有而为之，其易邪？易之者，皞天不宜。"颜回曰："回之家贫，唯不饮酒、不茹荤者数月矣。若此，则可以为斋乎？"曰："是祭祀之斋，非心斋也。"回曰："敢问心斋。"仲尼曰："若一志，无听之以耳而听之以心，无听之以心而听之以气。听止于耳，心止于符。气也者，虚而待物者也。唯道集虚。虚者，心斋也。"颜回曰："回之未始得使，实自回也；得使之也，未始有回也。可谓虚乎？"夫子曰："尽矣。吾语若！若能入游其樊而无感其名，入则鸣，不入则止。无门无毒，一宅而寓于不得已，则几矣。绝迹易，无行地难。为人使，易以伪；为天使，难以伪。闻以有翼飞者矣，未闻以无翼飞者也；闻以有知知者矣，未闻以无知知者也。瞻彼阕者，虚室生白，吉祥止止。夫且不止，是之谓坐驰。夫徇耳目内通而外于心知，鬼神将来舍，而况人乎！是万物之化也，禹、舜之所纽也，伏羲、几蘧之所行终，而况散焉者乎！"

祫祭，三年一次的大祭，祭亲疏远近的先祖，一同祭。禘祭，是五年一次，鲁文公祭祖也太早了。

为什么有三年之丧？因为我们生下来，肌肤之亲，三年才能脱离父母之怀，我们至少要报这个德，所以居丧三年。为什么要孝父母？他养我们的小，我们就得养他们的老。儿子绝不赔钱。小的时候，父母总照顾你十多年，等养父母的时候，怕没那么长，不重视父母就因为你不知道孝道之所重，你睡觉了，父母都不敢大声说话，你知道吗？他走路都蹑手蹑脚。你能拿这一半来对父母，已算超级孝子了。

今全无悼远之志，反思念取事，是《春秋》之所甚疾也。故讥不出三年于首而已，讥以丧取也。不别先后，贱其无人心也。

现在他全无悼念远祖之志。现在有人说父母死了，百日之内可以结婚，这绝不是好事，绝非中国之礼。这是《春秋》甚疾，最讨厌的，完全是不孝。

一个人要懂什么叫先后。这意义包含很广，"知所先后，则近道矣"（《大学》），"所"字特别重要，一个事之所以为先，所以为后，能懂这个就近道了。即使不是道，也不离道很远。若人不懂轻重、厚薄、善恶、远近、亲疏，就贱其无人心也。看一个人"别"得多么重要，不知道"别"，人可就说我们没人心。这是必得深究的地方。

缘此以论礼，礼之所重者在其志。志敬而节具，则君子予之知礼。志和而音雅，则君子予之知乐。志哀而居约，则君子予之知丧。故曰：非虚加之，重志之谓也。

顺着这个道理来讨论礼的问题，就知道"礼之所重者在其志"，并不在于打躬作揖，心之所主，在他心里的意念，不在表面。

"节"是仪节。其志敬的"敬"是"敬慎"，不单指"恭敬"说。我们的志能和别人和合。这个和不是完全指自己，"保合太和，乃利贞。首出庶物，万国咸宁"（《易经·乾卦》），是指整个，不是一部分。大家志能和才有合群之德。志和才能音雅，一个志和的人，多么平静，心里不起波澜，音能不雅吗？君子就承认你是一个和乐的人。常称"乐以和性"，故曰"成于乐"（《论语·泰伯》）。和性正是志和，心之所主就是志，"在天曰命，在人曰性，在身曰心"。

下面就讲丧事。丧礼不是那在外面的文，物就是文。"丧，与其易也，宁戚"

（《论语·八佾》），"易"是"约"的反面。"戚"就是"哀"，所以说哀而居约。"约"是"奢"的反面。丧事应该志哀，所守的是约，而不是表面漂亮。约，"约之以礼"。哀而知礼，守礼，这都重在追究你的志。

志为质，物为文。文著于质，质不居文，文安施质？质文两备，然后其礼成。文质偏行，不得有我尔之名。俱不能备而偏行之，宁有质而无文。虽弗予能礼，尚少善之，介葛卢来是也。

《公羊传注疏·僖公二十九年》：二十有九年，春，介葛卢来。介葛卢者何？夷狄之君也。何以不言朝？据诸侯来曰朝。不能乎朝也。不能升降揖让也。介者，国也。葛卢者，名也。进称名者，能慕中国，朝贤君，明当扶勉以礼义。

"志"就是"质"，"质"就是"本"，"物"就是"文"，"文"就是"文饰"。一切文饰完全是因有了本之后，才能表现出来。质若是不守这个文，文怎么能加在质上呢？"文质彬彬，然后君子"（《论语·雍也》），质不是不要这个文，因为质需要文，文才能加在质上，所以说"文犹质也，质犹文也"（《论语·颜渊》）。虎豹的鞟，如果毛拿掉了，怎么知道是谁的鞟？就因为有文，文犹质也，质犹文也。得质和文两者都具备无缺，然后才礼成了。"文质彬彬"，要完全平，而没有文多质少或质多文少，才叫彬彬。

文质有所偏了，就没有我尔之名，意义特别深。我你之名、你我之名，完全是一样的，你有你人的尊严，我有我人的尊严，没有高低，这其中包含的意义特别深。一切就是人与人的关系，就是尔我。"尔我"就是"仁"。人在宇宙之中，就是一个"仁"字。这么多人，其实就是你和我，你我两个完全平的。要不平就不是仁，"二人"为"仁"。有阶级之分，那是人为的，总统的性和我们的性没有什么不同。尤其在《繁露》中特别强调，唯人"不分天地终始"（《繁露·重政》："元犹原也，其义以随天地终始也。故人惟有终始也而生，不必应四时之变"），多么伟大。如果偏行，不是文多于质，就是质多于文，就不能有你我之名。"你我"代表一切平的，人性平等，一切都是平的。二人在一起都是平的，就是"仁"。

如果不能完全齐备，必得偏行，那也宁可要质，不要文。"礼，与其奢也，宁俭；丧，与其易也，宁戚"，就是这层意思。

有文无质，非直不子，乃少恶之，谓州公寔来是也。

《公羊传注疏·桓公六年》：六年春，正月，寔来。寔来者何？犹曰是人来也。孰谓？谓州公也。曷为谓之寔来？慢之也。曷为慢之？化我也。行过无礼谓之化，齐人语也。诸侯相过，至竟必假涂，入都必朝，所以崇礼让，绝慢易，戒不虞也。今州公过鲁都，不朝鲁，是慢之为恶，故书寔来见其义也。月者，危录之，无礼之人，不可备责之。

如果有文没有质，就要使他相直，"直"就是"人之生也直"（《论语·雍也》）的"直"。如果不相直，绝不许，文质相直才成。"恶"，音wù，因为他不懂礼，我们在行为上就讨厌他。若念"饿"，和"善"相对，也讲得通。

然则《春秋》之序道也，先质而后文，右志而左物。

"左右"是先后。但不如说左右是轻重，重志而轻物。古时多以右为上，现在人才以左为上。

小注："本书《十指篇》：'承周文而反之质。'《王道篇》云：'救文以质。'此董说《春秋》旨。"

我们必得有所述。我们是承周之文。周之文有弊了，而反之质，反本。有人说："殷尚质"，"反之殷"，倒也不必。因为《王道篇》说："救文以质"，这个"质"绝不是表示殷朝。以质，以"本"来救"文"之失。"文"就是表面漂亮，这是董氏说《春秋》之旨。

董先生表明《春秋》序道以正之，序者，次序之，把这次序之，而正文之失而复质。

然则《春秋》序道的时候，这个道，也得按次序而行之、法之。如何呢？先重质后重文，重志轻物，所以才说"左右"，不要解成"先后"。儒家确实是重志轻物，"物"这个东西实在是害人精，越想吃好的，吃到最后，啥都没味。人有了人生经验，就知道物的可怕，天天馒头也凑合了，还真不错。人哪，欲壑难填。

"礼云礼云，玉帛云乎哉？"推而前之，亦宜曰：朝云朝云，辞令云乎哉？"乐云乐云，钟鼓云乎哉？"引而后之，亦宜曰：丧云丧云，衣服云乎哉？

礼啊！礼啊！就指玉和帛吗？玉帛，指祭祀、拜拜。祭的时候要用玉，祭完了要烧帛，就像今天烧纸一样。

朝廷啊！朝廷！就是说那辞令吗？公文做得漂亮吗？应该把实际德政拿出来。"礼者，理也"（《礼记·仲尼燕居》"礼也者，理也；乐也者，节也"）。得理事，得去行。"理"是动词，整理一切事情。整理，就得去做，履行。

敲钟打鼓就是乐吗？不是，"乐以和性"，所以"成于乐"，然后人人都能合德，成于乐。

丧事呢，叫你哀戚，还不可太多，"不以死伤生"（《礼记·丧服四制》），你对父母悲伤，还得有个境界，你不能因为父母之死而伤了自己的生。那不是父母的心愿，得适可而止。

上面这些事，要去了悟，就懂得孔子的新意了。

是故孔子立新王之道，明其贵志以反和，见其好诚以灭伪。

孔子立新王之政之意。

小注："《淮南·泛论训》：'殷变夏，周变殷，《春秋》变周。'《说苑·君道》：孔子曰：'夏道不亡，商德不作；商道不亡，周德不作；周道不亡，《春秋》不作。'《春秋》作而君子知周道亡也。《论衡·对作》：'孔子作《春秋》，周民弊也。故采求毫末之善，贬纤介之恶，拨乱世，反诸正，人事浃，王道备，所以检柙靡薄之俗者，悉其密致。夫防决不备，有水溢之害；网解不结，有兽失之患。是故周道不弊，则民不文薄；民不文薄，《春秋》不作。'"

这引的是汉朝的，很重要。

殷既然能变夏，周就变了殷，《春秋》就变了周。夏道要是不亡，商道就不能兴；商道不亡，周道就不能兴；周道不亡，《春秋》就不能兴。《春秋》兴了，乱制到这里就应该没了。"作"，兴也。这都是汉初所写的东西，大致还有微言大义。东汉时有一部《论衡》，王充这个人是最不喜欢儒家的，还承认孔子作《春秋》之义。

小注："《春秋》乃明天子之义，非以天子赏罚之权自居。"天子，是天之子，《春秋》的意思是要明天之子之义，不是以现在浑天子的赏罚之权自居，孟子说："《春秋》者，天子之事也。"（《孟子·滕文公下》）

"明其贵志以反和，见其好诚以灭伪"，表明以志为贵、为重，因为特别重于志，所以反利（小注："和，疑利之误"）。这就是孟子义利之辨，这利，不是"美利利天下"（《易经·乾卦·文言》）之利，而是私利的利。最侵蚀人志的，莫过于利。看青年人读书的时候，志多么强。一到社会上，就一天比一天低，最后啥都没有了。利真是可怕。《易经》说"能以美利利天下"才"不言所利"，这才是最重要的。

我们得好诚，把伪之德去掉，《中庸》讲"不诚无物"，必要灭伪，伪之行太可怕了。人与人互相骗，尤以今日为甚，在大家都骗之中，你诚就绝对成功。"伪"，包含特别多，诚的反面都是伪。

其有继周之弊，故若此也。

"有"，为也。

"继"字用得最妙，我们这时代无论怎样不好，也不能离开它。人不能遗世独立，必从继弊除害才行，夫子就为了"继周之弊"，才如前述那般。

《春秋》之法，以人随君，以君随天。曰：缘民臣之心，一日不可无君。一日不可无君，而犹三年称子者，为君心之未当立也。此非以人随君耶？孝子之心，三年不当。三年不当而逾年即位者，与天数俱终始也。此非以君随天邪？故屈民而伸君，屈君而伸天，《春秋》之大义也。

《春秋》之法是"以人随君，以君随天"。这有点像《老子》："人法地，地法天，天法道，道法自然。"由此见中国的学说哪有儒老之分？根本就一个。

我们顺着百姓的心，不能一天没有国君。但是国君的父亲死了，在国内得三年称子，不敢称君。因为国君之心，认为自己不应当立位。爸爸死了，还没过三年，不忍心接着爸爸的位子就坐下来，这不就是以人随君吗？人之情随君之孝。不可一日无君是情，君不敢当其位是孝，孝是人性的表露，孝子之心，怎么忍心当父亲之位？

过一年即位，譬如说今天死了，到年末还是这个皇帝的年，等明年才换年号，不是过一整年才即位。如果是年卅死，明天就即位。和天数得终始。但即位是即位，可不能称君，在国内还称子。君得随天道之转，以君随天。孔子的弟子宰我说，三年之丧太久了，一年就够了，"旧谷既没，新谷既升，钻燧改火"（《论语·阳货》），这么看来，不是一年就够了吗？老夫子气了就骂，你高兴你就做吧！

三年不当政，可不能不即位，过年就得即位，和天之道终始。屈民之情而伸君之孝。进一步，屈君之孝而伸天之道。

《春秋》论十二世之事，人道浃而王道备。法布二百四十二年之中，相为左右，以成文采。其居参错，非袭古也。

"相为左右"就是没有偏。遍也，俱也。相俱以成文采，完全都全了，而成其文采。二百四十二年之中，没有轻重，没有先后，相为左右，以成文采。所守的，参差不齐，这很重要。二百四十二年，"其事则齐桓、晋文，其义则丘窃取之"（《孟子·离娄下》），我们现在讲历史，就是袭古。不是袭二百四十二年之古，二百四十二年包含很多。所袭的是《春秋》之义，"孔丘我取之也"，窃，取也，不是"偷"。可以说其事则十二公，其义则丘窃取之也，这是讲借史以明事。

是故论《春秋》者，合而通之，缘而求之，五其比，偶其类，览其绪，屠其赘，是以人道浃而王法立。以为不然？

因为这个，讨论《春秋》的人得合全书之道，全书之理而会通之，因为这本书"其义则丘窃取之"，和其他的书都不同。不是袭古，连参考资料都没有，必以《春秋》全书会通之，然后衡量一切，顺《春秋》之义而求其事之当否，都是自己智慧的工夫。

"五"，古时候都是一五一十，军队也有一"伍"，把这个数放在一起，然后比一比，和《春秋》之道比一比，《春秋》就是王天下之新法，政策、政治的新标准。所以"缘而求之"，求事之当否，把一个数字合在一起，和新之法而比拟之，把一类一类的都偶之，偶之中，含着比较，"偶"是动词，把同一类都偶之，分析就都清楚了。

偶之以后，继而览察之。一个东西，没有单独独立的，我们得承。继周之弊，不论好坏必得承之。没有一个是独立的，必有所绪，"五其比，偶其类"，每一样都系统化了，也不能不剩一点杂碎，"五其比，偶其类"以外所得的"绪"，也不能放掉，得"览其绪"。举一个例子，治事之道，别看什么都弄好了，渣子也得注意，多少人在阳沟里翻船，那就是余、绪没注意。已经比之偶之了，你以为成才的都收在一起了，以为其他的不必注意，这一忽略"绪"，可就坏了，常使许多伟大的事业消掉，不可轻视，得览之、察之。

"赘"，余也，和"绪"差不多。"览其绪"以后，还有所余，那个余也得屠之。看这种分析多么仔细，身上长一个小瘤子那叫赘，累赘就是余。绪已经览之了，还不能马虎，物里头还有赘，讲得好听点，余也。这个多余的东西，像身上长一个小瘤子，大害是没有，但留着也不好，为了干净，也得屠其余。《春秋》辨物，可真辨得厉害吧！什么累赘都没有了，当然"人道浃而王法立"。看是不是剃头的，什么都光了，一点渣子都没有。为什么"人道浃而王法立"，因为中间障碍没有了，一类一类都偶之了。"偶其类"很重要，天下太平，"内无怨女，外无旷夫"（《孟子·梁惠王下》），当然这只是说笑举例的话。许多事也可叫他无怨女、无旷夫，不要在这中间出毛病。五个一伍，还叫他个子都差不多，肥、胖、粗、细、高、低，都叫他一样，绝不能很高的高得不得了，后面跟一个小侏儒，得像队伍一样，五个都一样高，才恰到好处。偶其类，就叫他无怨无旷，凡是成形的都有了安排；没成形的，也不轻之，你累赘，我就把累赘去掉。

今夫天子逾年即位，诸侯于封内三年称子，皆不在经也，而操之与在经无以异。非无其辨也，有所见而经安受其赘也。故能以比贯类、以辨付赘者，大得之矣。

有经，经外能守的也得守。因为有所见了，你自己有知识，有智慧，对事情有所见，经就愿意受赘。这个"赘"和上面的"屠其赘"不是一个。这都一样重要，不是没有分辨、没有研究，而是经乐意接受这个余。只要你们认为是对的，人之所见认为是合理的，把它留下了，也得接受。

一个人必得要有正知正见了，才把他加上经之外之所余者，这才得了之。"大"是赞辞。看这多么自由，以五其比，偶其类贯之。"付"，就是付加于所经的，这都不是白来的。用了辨的功夫，加上了余，这才是大得之。有了经，经就是二百四十二年的事，非袭古也。有智慧的你就用。"贯"是合而通之。"五其比，偶其类"，是两个手段，就合而为一了。用辨别的智慧加上余的，大经以外的事，就把一切重要的都表现出来了。这思想真是很新很新的。

"以比贯类、以辨付赘"，就"大得之矣"了。大得什么？就是大得天下，也就是"大一统"。

这些都是极深的智慧，不是死板的东西。只要提醒一个方向，自己去体悟，就越想越深。

前面说的"不在经"这句话最时髦。守之，不在经和在经没有区别。最重要的是启发智慧，拿启发的智慧去应付今天的事。今天的事都不在经，但是有了智慧，守之，就和在经没有两样。

人受命于天，有善善恶恶之性，可养而不可改，可豫而不可去，若形体之可肥臞，而不可得革也。

这一段得细想，有深义在里面。

每一个人都受了天之命。《中庸》上说"天命之谓性"，天命就是性，在天叫命，人之所受而在人的就是性，在身的就是心。命、性、心是一件事，因为所居的位不同，名就不同。

对善，大家都美之；对恶，大家都恶之，这就是天性。人到了年纪大的时候，就会有体悟，感觉到人性还是善的。年轻人多半好性恶之说，那是"素隐行怪"（《中庸》），只要是新的就喜欢。年龄大了，用自己来印证，还是善的时候多。孟子证明了性善，是中国思想最重要的发明。

这下面好像有脱文，因为"可养而不可改，可豫而不可去"和上面一句话接不上。性是善的，还用你去养他吗？要养的话，就不一定是性善了。

"养"是培养。能培养而不能改他。许多事，你可以预防他，叫他不发生，而不能去掉他。《礼记·学记》说"禁于未发之谓豫"，由这里可以看出，这绝不是接着"人受命于天，有善善恶恶之性"而来的。中间一定还有别的东西，才能得出这样的结论。

这两句如果是董仲舒先生论性的话，那就和儒家不一样了。"喜怒哀乐之未发，谓之中；发而皆中节，谓之和"（《中庸》）。中、和虽然不能去改它，也预不了它。喜怒哀乐必得发，发了必得中节，这不是能预防住的。固然不能去，你想把它预住也不可能。

有了"欲"，怎么来理这个欲呢？得"约之以礼"。这是经验之谈。人都得有欲，要用礼来约束欲。这是理智的，老年人都有这样经验，谁都有糊涂的时候，但是理智一清，欲就低了。人没理智的时候，就会闹出许多坏事情来。人白天很少做坏事，到了晚上才容易做坏事，就因为理路不清楚。一个人，他所接触的要是多在黑暗面，就容易做坏事。

这些都和第一句话有抵触。因为性没法改，是天生的，也不必去预。我们所预的，所养的，是那高的理智，用"礼"来遏欲。一个人最糊涂的时候，理智不清，以为人就是以欲行事，那就糟了。

譬如戴东原作《孟子字义疏证》，以为"欲"比"理"重要。在那个时代里，他算是理学的叛徒。由于胡适的表扬，民初还热闹了一阵。这套哲学到现在也没有行得通，只是他自己走入了魔路而已。

千万不要用欲来掩饰，那只有堕落，绝不会好。这是过来之言。人犯了错误，都觉得能掩饰过去才好，自古人就会文过饰非，这是人之常习，可不是常性，尤其是年轻人，最容易犯这毛病。人立说得凭良知，戴东原都不足为说。

"革"，变也，就是改变、改革。身体可以肥瘦，可不能把身体变了，好比回炉另做一个，这不可能。

是故虽有至贤，能为君亲含容其恶，不能为君亲令无恶。《书》云："厥辟去厥祗。"

由"君亲"两个字，可以看出这是汉以后的说法。秦汉以前，没有把"君"放在"亲"前面的。供"天地君亲师"牌位的，那是更晚的事了。《论语》里面，多半还是"亲"在"君"前的。

一个有至贤的人，也只能为君亲含容他的恶，但没办法使他无恶。这两句话很有深义。你愿意容忍他的恶则可，你想使坏人变好，那可是妄想。这结论就很可怕了。

下面引《尚书》的话。"厥"就是其，"辟"就是君。如果其君不像个君，那就去其敬了。"君使臣以礼，臣事君以忠"（《论语·八佾》），完全是相对的。他既然君不像君，我们就把事君之敬去掉了。这一废，他就成常人了，还有什么了不起？这里面含有革命性，你想把他变好，然后再施行抱负，那是妄想。能除其敬，就可以易位，这很重要。一个人不要太乡愿，以为可以用德行慢慢感化他。

周公对成王，是不是感化的，都很难说。他越长越大，你再不还位给他，他要杀掉你了。必得还，还掩饰其非。这一段的意义很深。

事亲亦然，皆忠孝之极也。非至贤安能如是？父不父则子不子，君不君则臣不臣耳。

事亲亦然，但是你不能把父母废掉，另换一个父母。

这是忠孝的最高境界，如果君不使臣以礼，臣就不事君以忠。我已经忠到极点了，你不行，我也没办法了。

管仲相桓公，而召忽为公子纠死之，就是这个道理。公子纠太不像个君，管仲已经忠到极点了，也对得起公子纠了。但是"可以道殉身，不可以道殉人"（《孟子·尽心上》"天下有道，以道殉身；天下无道，以身殉道。未闻以道殉乎人者也"），可以为道而牺牲，道也可以为我牺牲，那是成德。但可不能像召忽那样，以道去殉人。

不是最贤的人，哪能像这样分出什么真是忠，什么真是孝？能真正分辨的，就是"以道殉身"，糊涂人才拿道为人而牺牲，"以道殉人"。不但"以道殉人"，连自己也殉人了。

召忽那种做法，实际是奸，不是忠。因为如果那样，老百姓都不能活了。孔子说管仲："如其仁！如其仁！"（《论语·宪问》）就是这个道理。

这些观念是儒家里最重要的，应该特别注意。今天也应该特别强调这些。孔子的学说确有所立，可惜呀，后来的腐儒利用得体无完肤，真叫孔老夫子黑白莫辩。

如果父亲不像个父亲，儿子也不像个儿子。因为你不庄敬，儿子对你也没有敬畏感。所以一个人的行教很重要，本身必得先表现出来，这最重要。

多少复杂的家庭，都是先父不父、母不母，然后就子不子，一个家庭只是维持着一个现状而已。亲不像亲，儿子想尽为子之责也办不到。一切事情的发生，都是由根上来的。

朋友亦复如是，不真正臭味相投的，很难处到一起，勉强不得。两个人真能混上，必有几点相同之处，否则绝不会在一起。人无千日好，人想处得长久，很难很难。各有各的习性，开始时还彼此容忍一点。久了以后，谁也不容忍。人要是能过千日，好坏不管，绝对臭味相投，可以混在一起。

尤其今天的这种社会，人和人之间的关系比纸还薄。父子之间只有名分，并没有父子之情。名分固然没法去掉，有父子之情的又有几人？真有感情在，你叫他不孝都不行。真有怀念之心的，吃任何东西，刚要进口，想到父亲还没吃，就不忍心咬那一口了。

将来大家都要为人父母，现在看别人很容易，可是追本溯源，等到你本身也必不住时，你的儿女也是那样。必得由本身去想，不必看别人怎么样。

"三人行，必有我师焉。择其善者而从之，其不善者而改之。"（《论语·述而》）这不是口头禅。孔子悟到了，每个人都得这样才行。一个人如果有点分寸，他的家也就会不错了，值得一看了。

做人最重要的就是有分寸，分就是分，寸就是寸。父守父的分寸，子守子的分寸。父亲一失分寸，儿子也跟着就失了。朋友亦须如是，你不要以为大家处得很好，就可以没有分寸。朋友习性不同，如果再不能用道义相约束，一定分崩离析。

只有一个人，绝对不能生存，人必得有几个志同道合的好朋友。不用说成大事了，连卖豆浆也得有三个人。如果连这个都没有，那就苦了，一个人单独奋斗，真是太苦了。人年轻的时候，必要给几个善果。朋友是大学的不如中学的，中学的不如小学的。如果到社会上再交朋友，那一定更是势利之交，最后未有不凶终隙末者。交朋友还是要交真正的朋友，不必要那些泛泛之交。

君不君，臣就不臣，"去厥祇"了。有人问孟子："臣弑其君可乎？"这是问周武王把商纣杀掉了的事。孟子回答："贼仁者谓之贼，贼义者谓之残，残贼之人谓之一夫。闻诛一夫纣矣，未闻弑君也。"（《孟子·梁惠王下》）

提醒这些是要大家明白，中国古时候的思想并不完全是忠君的。我尽了自己的责任，要改变你的恶，你却君不君，我就不臣了。咱们俩不是君臣，你是你，我是我了，各为其事，拉成平辈了。这还是最高的道义，否则一伸手，还把你毁了。

文公不能服丧，不时奉祭，不以三年，又以丧取，取于大夫，以卑宗庙，乱其群祖以逆先公。

《公羊传注疏·文公四年》：夏，逆妇姜于齐。其谓之逆妇姜于齐何？据不书逆者主名，不言如齐，不称女。略之也。称妇姜，至文也；逆与至共文，故为略。高子曰："娶乎大夫者，略之也。"贱，非所以奉宗庙，故略之。不书逆者主名，卑不为录使也。不言如齐者，大夫无国也。不称女者，方以妇姜见与至共文，重至也。不称夫人为致文者，贱不可奉宗庙也。不言氏者，本当称女。女者，父母辞，君子不夺人之亲，故使从父母辞不言氏。

《公羊传注疏·文公二年》：八月丁卯，大事于大庙，跻僖公。大事者何？大祫也。大祫者何？合祭也。其合祭奈何？毁庙之主，陈于大祖；毁庙，谓亲过高祖，毁其庙，藏其主于大祖庙中。礼，取其庙室笮以为死者炊沐。大祖，周公之庙。陈者，就陈列大祖前，大祖东乡，昭南乡，穆北乡，其余孙从王父。

父曰昭，子曰穆。昭取其乡明，穆取其北面尚敬。未毁庙之主皆升，合食于大祖，五年而再殷祭。跻者何？升也。何言乎升僖公？讥。何讥尔？逆祀也。其逆祀奈何？先祢而后祖也。升谓西上。礼，昭穆指父子，近取法《春秋》，惠公与庄公当同南面西上；隐、桓与闵、僖亦当同北面西上，继闵者在下。文公缘僖公于闵公为庶兄，置僖公于闵公上，失先后之义，故讥之。传曰"后祖"者，僖公以臣继闵公，犹子继父，故闵公于文公，亦犹祖也。自先君言之，隐、桓及闵、僖各当为兄弟，顾有贵贱耳。自继代言之，有父子君臣之道，此恩义逆顺各有所施也。不言吉袷者，就不三年不复讥，略，为下张本。

鲁文公丧妻，在居丧的时候娶，当然就不能服丧了。除此之外，又不按时奉祀先人，他娶的又是大夫之女，把祖宗的格都降低了。国君不娶大夫之女，得娶诸侯之女，纳妾则不在此例。明朝的皇后多出于宰相之女，宰相多半都封公，必得在娶的时候封他一个公，叫承恩公。清朝又不一样了，多半是娶元朝的后裔。主要的目的，就是不能卑宗庙，不能使祖宗的地位低了。

皇帝的女儿可以下嫁给臣。满洲公主十之七八都嫁蒙古王，那叫下嫁。

看小注："文公缘僖公于闵公为庶兄，置僖公于闵公上，失先后之义。"以即位说，他们有父子之礼，文公等于是孙子。这个批评得好，因为他们把左昭右穆都弄乱了。

小善无一，而大恶四五，故诸侯弗予盟，命大夫弗为使，是恶恶之征、不臣之效也。

小善没有一样，大恶都有很多。这个"四五"不是指四个、五个，而是"很多"的意思。

各国的诸侯都不和他结盟，因为他不孝、不忠、不义。今天亦复如是。一个人做人到了这种程度，人家也不和你做朋友。

他命令大夫去做事，大夫也不为其所使，不听他用。这就是人都有恶恶之心，看你坏，大家都讨厌，这就是性善。由这里来看，君臣的关系到底是什么呢？

出侮于外，入夺于内，无位之君也。孔子曰："政逮于大夫四世矣。"盖自文公以来之谓也。

他出外就受人侮辱，在国内就受人家之夺了，一切权都叫别人给夺去了，这就是无位之君也。"入"就是"弟子入则孝"的"入"。国君在朝内就被内臣夺其权，等于是无位之君。一个人的品德没了，就和这一样，即使活着，也是糊里糊涂。

"逮"，及也。政及于大夫已经四世了，就是指从文公开始。君不像君，臣就像代君了。大夫就要替你"陪臣执国命"了。陪臣就是大夫的家臣。君不君，政就及于大夫；大夫不像大夫了，政就及于家臣了。陪臣执国命的时代，大概两代就完了。

《论语》有一段说："自大夫出，五世希不失矣；陪臣执国命，三世希不失矣。"（《论语·季氏》）任何时代，大权旁落都不是好事。有了权，都交给人代理，也是政及于大夫，那可不是好事。这并不是无为之治，有人以为什么都交给大夫管就是"无为而治"，那可不是。"无为而治"，是顺自然而治，不以人之为道而治。

"道不远人，人之为道而远人"（《中庸》）得顺自然而治。"乐民之乐者，民亦乐其乐；忧民之忧者，民亦忧其忧。乐以天下，忧以天下"（《孟子·梁惠王下》）这就是民之父母。

什么是人之为道？譬如你觉得吃馒头不好，应该吃面包。意思是不错，可是老百姓不喜欢，因为那对老百姓的生活习惯并不合适。

一个民族有一个民族的习性，净夷化，那很可怕。千万不能人之为道，其实你人之为道，对国家并没有多大影响，老百姓并没有西化，只有你自己失败。

君子知在位者之不能以恶服人也，是故简六艺以赡养之。

这一段要注意，我们倡导中国文化，先看中国文化是什么。这里所提到的君子就指孔子。

任何人都不可以以权以势来服人，必得以德服人。历代有权有势的不知道有多少，都完了。秦用权势用得最厉害，两代就垮。哪一代少用一些的，时间还长一点。

"简"就是简选。圣人简选六艺，用六艺之文来养人之德。小注当"简略"来讲并不好。圣人删《诗》《书》，下了一番简选的功夫。

汉朝以后称"六艺"为"六学"。有人主张由公家来执掌的，称作"六艺之文"，而老师所传授的、私人讲的，就做"六学之文"。到底是怎么样，也不明白。

《诗》《书》序其志，《礼》《乐》纯其美，《易》《春秋》明其智。六学皆大，而各有所长。《诗》道志，故长于质。《礼》制节，故长于文。《乐》咏德，故长于风。《书》著功，故长于事。《易》本天地，故长于数。《春秋》正是非，故长于治人。

"序"字重要。得一步一步次序之，次序人之志。"诗言志"（《尚书·舜典》），"诗者，持也"（《诗纬》）。所以孟子说："持其志，无暴其气。"（《孟子·公孙丑上》）由此来看，孟子是善于诗者。我们持守我们的志，可不能把我们的浩然之气给暴了。浩然之气更能培养志。怎么来养浩然之气呢？得"知言"，知道之言才能养浩然之气。就因为古圣先贤之言，才知道道之重要。

所以说："兴于诗"（《论语·泰伯》）人能够因诗而兴志，现在我们读书，也常常因一本书就兴起了我们的志。

"书"是《尚书》。《尚书》为什么也可以序其志？"书"是记事的，是言政的。"政"就是"志"的结晶。一个人有志要救国、救民、救世，这是他志之所发。到最后有一个结果了，把这结果写出来，就是政。不一定非做官才是政。一切都是政。

《诗》是兴志的，《书》是记志的结果的，都是序其志。

"《礼》《乐》纯其美"这句话特别好！我们本来很纯、赤子之心，就是最纯洁的心。越长大越有外诱之私。性绝对是善的，生来是纯的，可是由于外诱之私，就把纯还给上帝了。怎么办呢？用礼乐还可以纯其美。把生来的那个美的纯，叫礼乐再来纯一纯。

乐能和性，所以叫"成于乐"。真正明道了，才讲得出这句话来。乐可不是流行歌曲，流行歌曲一听，心都跑掉了。今天的国乐，还可以算是雅乐。心里烦的时候，听乐可以静下来。

《易经》讲的是天地之数。《春秋》是辨是非，明善恶的，跟着的就是褒和贬。我们用这些书来明自己之智。

佛教的《楞严经》也是开智慧的，但是那给人的智慧不一样。不要误解了。净读《楞严经》了早晚会"楞眼"，啥也不会了。

《易经》读熟了，才能悟那个变。《易经》最重要的就是变。《易》之变"不可为典要，唯变所适"（《易经·系辞下》）。适者，时也。其实光当"时"讲还不够。为什么要注意《易》之变？因为如果你把《易经》看成就是六十四卦，那就成了典要了。圣人就怕你看成64个东西，把它当成法典了、要经了。所以特别提醒我们，要看《易》之变其所最恰到好处的地方。勉强来说"唯变所时"。

真懂了《易》，才懂了变之要道，社会事才容易了悟。《易经》完全是讲社会事，你如果拿它当书看，那就坏了。再去考据考据，那就更糟了。

《春秋》辨是非，像"小善无一、大恶四五"就是辨是非、辨善恶。这些都是智慧之事，不可以马马虎虎看过去。

人明白了就好了，就有正知正见了。人不论穷通，必要做中流砥柱，有真是真非。社会最需要这种人，尤其是在乱世，最重要的就是有这些不偶俗的人。因为你不偶俗，大家虽然看你怪，但可以使他知道在现状之外，还有你那个样。如果大家都偶俗，社会上就只知道有一样事情了。这一怪很重要。多少年之后，一个启示，就回头了。如果大家都偶俗，那就没人知道了。

"六学皆大"的"大"不是伟大，而是重要。如果六学都一样，还要六学干什么。六学各有所长。

中国的东西不是形而上的东西。

小注：《汉书·儒林传》云：'六学者，王教之典籍，先圣所以明天道，正人伦，至治之成法也。'"这几句话，把中国所传的经都一语道破了。六学就是古圣先王教化的典籍。"至治之成法也"，"至治"两个字最重要，是治国平天下的最高办法。

"学而时习之"就是学六学，后来《乐经》亡佚了，所以只剩下五学了。

看小注："《论语》开章言学，谓此也。陆象山不知，遂以为无头柄说话，不知时习者何事矣。""学而时习之"，陆象山不知道这一句学的是什么，就以为是无头柄说话。其实每一个人都知道，所谓的"学"专门学自己所不知的，不必指定是学什么。学了以后必得习，必得以时习之。

陆王之学后来被攻击得很厉害，程朱也受了连累。所以王船山最后崇拜张子。本来船山是想补理学之不足的，他不喜欢陆王之学，也有他时代的原因。因为当时陆王之学满街跑，流弊得不得了，他以为明就是亡于陆王，身受其害，所以不喜欢他们。

为了补宋儒之不足，船山还要正程朱之失。可惜的是，他没有再往上去重视，仍然是在宋学打转。他找了一个张横渠，因为张横渠当初不亨通，很少人批评。船山的力量是费了不少，但是没能跳出宋学的范畴。

有大气魄的，在理学之中，第一个当推朱子。他想要遍注群经。历史上一到南朝就会出大儒，因为思想境界也乱了，文风也弱了，政治也紊乱了，必出个大儒，历代都是这样。

朱子是安徽人，他的学派却称为"闽学"，因为他到福建讲过学。他深受当时之害，在政治上、思想上都感觉不得了了。他有智慧，有抱负，就要立说了。本来他是想遍注群经的，来改当时的流弊。虽然注了很多，《尚书》仍然是弟子完成的。一言以蔽之，他的思想没能一元化，朱学完全是靠语录而传的。

到了明末，陆王之学的遗祸之深，也不得了了。王船山也身受其祸，要救时弊。他也看到了程朱之弊。人立说，多半找一个所本的。像朱子找二程，船山就找张子。其气魄之盛，超过朱子，遍注群经之外，还成了一家之言。唯一的短处是仍然没有跳出理学的范畴。他的书要到两百年以后，碰到了曾文正公，才流传开来。

有清一代没有出哲学家、思想家，只有经学家。到了末年，因为没有哲学思想，逼不得已，捡破烂似的又把今文经捡出来了。所以在清末又思想蓬勃了一阵。谭嗣同也是首倡者。戊戌变法，应该是"康谭变法"才对。

谭嗣同受了船山的影响，又加上了佛学，成了他的"仁学"。但是境界不高，并不是不好，只因为他年龄小，开风气之先地起来，没有多久就没了。

后来又出了中山先生。中山先生对中国东西吸收不深，对西方的东西吸收比较多。他提出了一个三民主义，就终止了谭康之学。中山先生之学因为中国在上层的影响力不足。

民初杀出了两个大将。梁漱溟对许多学派都有订正，但是他仍然没有跳出来，没有成一家之言。另一位是熊十力，他比梁有智慧，再向前走了一步，把梁的短处整个废掉了，确实成了一家之言。他本来也想遍注群经的，如果真完成了，中国的思想可以焕然一新。可惜他的年纪大了，没能完成心愿。不过他已经把纲领都指示出来了。熊十力先生也受了船山之学的影响，但是他跳了出来，独树一帜。

现在又到了与宋明同病的时候了。大家要好好努力，有成就的机会就来了。不要看不起南朝，很多的成就都是在这环境中长成的。一般人当然没有感觉，但只要你敏感，就能感觉出很多问题。人不身受其害，不会有最高的成就。

看小注："《诗》言志，志不可伪，故曰质。"伪为的就不是志。

这一段又是一家之言，和前面所讲的没有什么关系。但是并没有矛盾。我们看了各家之说，就懂六学是什么了。

"质"就是本也、性也。"成于乐""乐以和性""兴于诗"都是从本来的，所以说长于质。

《礼》能制节，超过节了就是失礼，节之内的就是礼，像竹子一样。什么是文？一个有礼了就文，从外面就看出来了。文和质是相对的，"文"是文饰，但是以礼饰，而不是伪饰。诗和礼就是质与文，"不学诗，无以言""不学礼，无以立"（《论语·季氏》）。不学诗，无以言民间之疾苦，就因为民有疾苦，才要治这个世。

"《乐》咏德"的"德"包括了"善德"和"恶德"，这也是"三人行必有我师焉"（《论语·述而》）的道理，也就是"风"，"风"就是"讽"。因为善和恶都跟我们有关系，所以歌咏人的善德与恶德以讽之，一听到这个讽，就要马上改过迁善。

刚才说过，《书》讲的是政事，是志的结果。这里的"功"就是结果。《尚书》把功分得清楚了，就最长于理事，懂得了理事之道的善与恶。《尚书》中多半是讲为戒的，为法的很少，因为"不可为典要"，没有什么常法。所以特别重视为戒的，可以永远为戒。只要你缺德，就有这种结果，这就可以为戒。法则没有典要，以时为上。

《易经·系辞》说："古者包牺氏之王天下也，仰则观象于天，俯则观法于地，观鸟兽之文，与地之宜，近取诸身，远取诸物，于是始作八卦，以通神明之德，以类万物之情。"《易经》是本天地自然而立说的，看天地自然之数之运，一分一毫一厘都不错。没有人摆布，可是"体物而不可遗"（《中庸》）。中国人的聪明就在这理，有没有神，他不说，只说体万物生的这个妙，我们不能遗了那天地自然之数。中国人讲法天，就是法天之健之数，这是多么的智慧。

张子有一段说《易》的笔记："《横渠易说》云：《易》非止数，《春秋》大义不止在元，在《易》则是至理，在《孟子》则是气。"

张子并没有明大本，不是至高之境，他《易经》没有明白，《春秋》之元就更不懂了。后来的人越讲越糟，都是因为不知道来源是什么，所以说的都是小孩子的话，可能他们连《春秋繁露》都不喜欢看。《繁露》里面介绍的"元"的观念，非常重要。

中国的这套东西，真正发愤学，也得五年，绝不能马虎，时间也必得到了才行。

"大哉乾元，万物资始，乃统天"（《易经·乾卦》），这就是《易》之为道，连天都管。《春秋》改一为元，就是"大哉乾元"的"元"，而不是"元亨利贞"的元。"元亨利贞"是君子的四德，"元者，善之长也；亨者，嘉之会也；利者，义之和也；贞者，事之干也。君子体仁足以长人，嘉会足以合礼，利物足以和义，贞固足以干事。"（《易经·乾卦·文言》）天之四德则是春夏秋冬。

《大易》与《春秋》相表里。《春秋》之元也是万物资始。《大易》是讲天之道，《春秋》是讲人之道。孔子修《春秋》的目的，就是从现在开始，《春秋》之元就是乾元，天地之间的东西，都要靠这个元而生生不息。所以说拨乱反正，大同了。《礼记·礼运·大同》完全是指《春秋》之元说的。

张子讲得太低了。大儒也不能完全都通，人必有专学，他可以借《易》立说，但是人想什么都懂，并不容易。必得专一，到了专的境界才行。

子夏说"《春秋》重人"（《繁露·俞序》）。汉朝曾经以《春秋》决狱，表明汉朝重人权。汉朝并不是没有毛病，但也不是一无是处。以重人的观念来治人，这已经很不错了。

> 能兼得其所长，而不能遍举其详也。故人主大节则知暗，大博则业厌。二者异失同贬，其伤必至，不可不察也。

能得六经之长，不能普遍举出六经之详。

人主以后所说的为君的。"节"，浅也。见小注："以下见贾子《新书·容经》。《新书》'节'作浅。"

太节省，就小器了。一个为人主的，对学问太节省了，知就暗了。不彰、不显、不明了。今天人读书，就是太节了，才读那几本，知能不暗吗？

第二个，又犯了毛病了，无所不学，所学的业能成吗？今天人的功课表，学这学那，啥都学过，啥都不专，学科学，不要读太多，件件通，件件松。

智慧暗了，就因为知的暗。智慧是天生的，但知太少，智慧也落空。常说这小子鬼聪明，没一个正道，太博了，没一样定的。自己应该知道，什么都学过，什么都没学好。自己都厌自己之所业，所业有不足。一个人到这个程度就糟了。你们不是太节，就是太博，任何东西不到境界都没有用，外国语也是一样。

得适中，得懂求学之道。看《礼记·学记》学也有学的方法，现在的环境，只要发狠心，四年不分心，不得了了。不论政治、经济、外交、法律，中国要研究的东西太多了。中国的问题很难应付，不能以某个地区来估量整个中国，过了这个机会，今后也没机会了，老的在某地的，也没几个有学过中国东西了。

读《四书》，从头至尾谈清楚了，谈别的就迎刃而解。读了很多书，不懂，就因为没有一本下了真功夫。一年五十多个礼拜，一个礼拜读一篇文章，脑里就有五十多篇，常背，就可观了。你们下笔，脑子和笔打架，滞住了，手下没文，就因为脑里没文。以前人不背两百篇不能应世。今天能够写平整，不出毛病就不错了。

太简、太博都失败了。学了很久，厌其所业，要转学了，坏了！学得太博，哪个都没深入，什么也没得滋味，得了，能厌吗？食髓知味，髓在什么地方？在骨里最深处，不到最深处，不能知味。知味了，不叫你吃都不行！到了深境界，才能知味，什么都不到深境界，怎么知味？"察"，就是研究。

是故善为师者，既美其道，有慎其行，齐时蚤晚，任多少，适疾徐，造而勿趋，稽而勿苦，省其所为，而成其所湛，故力不劳而身大成。此之谓圣化，吾取之。

"美"，当动词用。这上面一段，就是美其道，还得顺学生的行。得注重学生有没有读，有没有做？不能三年一点进步也没有。

"齐"，剂也，就是调剂。调剂这个时，应该早、应该晚。譬如说，早，每人背一篇文章；晚，好好研究一部经，做严而深的研究，也就是指先后、次序。酌量这个学生，早学什么，晚学什么。

"任"，看我们能够任得多还是任得少？学文史哲的应多多益善；其他的，中国人懂得中国事就好了。疾徐、快慢，得恰到好处。

读书能练定力、耐力，持之以恒就成了。读书没有应读的，多方面都会有进步。唯一的，必须把"放心"找回来，就能到个境界。

《孟子·告子上》："学问之道无他，求其放心而已矣。"

"适"，中也，适中，没有过与不及。

这件事难做，不必太促、太快，不做了就一曝十寒。研究没明白之前，有所次序，可不要感觉这事是件苦事。"稽"的功夫就是详细研究，停留了，没明白，不能往前走。要是没明白其道，就感觉苦了，不可以认为是苦事，否则他不做了。

"湛"，厚重。得有简便方法，用的力量少，得的要多，成其所厚重，才是善教育。"湛"，念耽，作乐字讲也可以。

"大成"，比大盛好（编按：苏舆注："《新书》'成'作盛"），力量并没有过劳，而有大的成就。这就叫圣人之化，我采取这个办法，从"六学皆大而各有所长"到这里，好好玩味。这是最好的读书方法，就看自己的能力。

《春秋》之好微与？其贵志也。

　　一个人要能重视微，很少会失败。一般人做事，匆匆忙忙，很多事定不住。举一个例子，正告诉一个人怎么去办事呢，他已经迈出了一步，表示马上要走了。这种稳重和智慧完全在幼儿园境界。其实也不忙这一会儿，交代一件事是最重要的时候，怎么这一会儿都静不下来呢？一般人大事都做坏了，我能小事都做到最致密，这才行。训练人唯有在做事上，特别重要。有人特别仔细，应该做的事，整整齐齐，就是可以整微，有些人就大而化之了。"好微"，识微不是小心眼。你看别人看不到的事，就担别人想不到的事。这是《春秋》的好微。今天有人"好微"，就知道人家的短处和秘密，多管闲事。

　　孟子曰："士尚志。"（《孟子·尽心上》）如果四年读书，还没打算做什么，真是大而化之！有太太也会丢掉！人要贵志，年轻时，也有圣人之志，大学刚考上时，那股劲就是最重要的志，守得住，一定成功。如果一个人大学毕业了还没有志，多么可怜？好微贵志，就特别懂是非善恶。《春秋》讲是非，懂了这些，我的褒贬都正确，"吾之于人也，谁毁谁誉？如有所誉者，其有所试矣。"（《论语·卫灵公》）绝对正确。别人就会心悦诚服。

　　"志"，就是心之所主，造次必于所主，颠沛必于所主，富贵不能淫其所主，贫贱不能移其所主，威武不能屈其所主，看志多么重要！今天的大环境随时有变，只要有心之所主，变等于没变。变是影响那些见异思迁的人，没法影响心有所主的人。一个真知识分子是宇宙的安定力。不能把自己看得不值钱了！一个下功夫修自己的原因，就因为是中流砥柱。如果知道自己那么重要，没有一个人会自己糟蹋自己、作践自己。"知命者不立乎岩墙之下"（《孟子·尽心上》），一个人知道自己责任之所在，不会随随便便去作践自己。自己看自己像猫、狗、猪，那它们做的事你都可以做，自己像这些，做的事就又会有什么分别。不做人事，因为他没想到他是人。人都是人，区别可太大了。为什么有圣人、贤人、常人？完全在乎自己。一刹那，精神支持，真有无限力量。精神看不见，只是一个血肉之躯，有时比铜墙铁壁还坚固。

　　我们看一个人批评另一个人，笑了，因为知道那两个人不是一个境界。批评，是按你自己的境界去批评。

一个人必要看他的结果。别人批评不必动心，因为他按他的境界批评，你应该知道自己的境界。如果一批评你就动心了，就是你境界比他还低，把自己修持住，才能成就事业。做自己的事业，有一分也是自己的一分成就。不怕慢，就怕站，积沙成塔，因为砖是沙做的。立定目标了，快快去做，不可以等。给人家干是人家的，退休了回来做什么？得积小事而成其功，才能做事，不要想求人家。没有志就彷徨了。《春秋》好微贵志，很可怕。孔子"志在《春秋》""载诸空言不如见诸行事深切著明也"，就是行事，才能勉励了自己。

《春秋》修本末之义，达变故之应，通生死之志，遂人道之极者也。

"物有本末，事有终始，知所先后，则近道矣！"(《大学》)"所"字特别重要。我们得知道他的所以先、所以后，这就离道不远了。《春秋》所修的是"本末之义"，通达于变故，明白了所以变，按其所以变而应之。一个人的志，不是见异思迁之志，得通死生，从生到死之志。《论语》上"守死善道"就是说志得生死不渝。这就成人道之极。《春秋》是成人道之极的东西。用上面一段来成人道之极。《春秋》重人，因为重人就得治人，成人道之极。为什么读《春秋》？就因为这个。

是故君杀贼讨，则善而书其诛。若莫之讨，则君不书葬，而贼不复见矣。不书葬，以为无臣子也；贼不复见，以其宜灭绝也。今赵盾弑君，四年之后，别胺复见，非《春秋》之常辞也。古今之学者异而问之，曰：是弑君何以复见？犹曰：贼未讨，何以书葬？何以书葬者，不宜书葬也而书葬。何以复见者，亦不宜复见也而复见。

二者同贯，不得不相若也。盾之复见，直以赴问，而辨不亲弑，非不当诛也。则亦不得不谓悼公之书葬，直以赴问而辨不成弑，非不当罪也。若是则《春秋》之说乱矣，岂可法哉。故贯比而论是非，虽难悉得，其义一也。今诛盾无传，弗诛无传，以比言之法论也。无比而处之，诬辞也。今视其比，皆不当死，何以诛之？

这是一个方法。前后叫贯，前后贯穿。相并叫比，平行的，这是两个境界。前后相随，两个并立而论是非。虽然难，完全得到最标准的结果。贯之、比之，其义一也。无论什么事，不是前后就是并行。

《春秋》赴问数百，应问数千，同留经中。翻援比类，以发其端。卒无妄言而得应于传者。今使外贼不可诛，故皆复见，而问曰此复见何也，言莫妄于是，何以得应乎？故吾以其得应，知其问之不妄。以其问之不妄，知盾之狱不可不察也。夫名为弑父而实免罪者，已有之矣；亦有名为弑君，而罪不诛者。逆而距之，不若徐而味之。

"赴"，就是起。起问时，有数百个，"应问"时，有数千个。也就是说，发生问题数百个，处理问题可得有数千个办法，发生的事，都有办法应付。社会上没有解决不了的问题，因为人的智慧，永远超过发生的问题。

把发生的问题都留在这里，援照所有的例子，来发其端，比其类。处理问题的方法，不外发其端，比其类。这是一个智慧。许多事不详细考虑，容易出问题，这一件用那一件的方法去解决，闹笑话了。一类一类的事情得弄在一起处理才可以。

罪之，就是许多事发生了，也不好好去研究，马上不高兴，整个拒绝了。不如好好玩味，就知道怎么对付。"逆而距之"，拒人于千里之外，没有考虑后来，你这事还得做下去啊！玩味了必有善策。

且吾语盾有本，《诗》云："他人有心，予忖度之。"此言物莫无邻，察视其外，可以见其内也。

他人有心，我得好好忖度他的心，你怎么忖度？事情不是发生这一件，必有和他所邻的一样的事，历史都倒演，不懂，是你书读得太少。了解多，就妥了。因为事必有同样的，人必有同样性格的，由外面先研究研究，就知道他心里的事了。这就是"徐而味之"的功夫。事情没有发生，叫他不要发生，发生了就不要慌张，得养足精神，才能解决事情。

今案盾事而观其心，愿而不刑，合而信之，非篡弑之邻也。按盾辞号乎天，苟内不诚，安能如是？是故训其终始无弑之志。挂恶谋者，过在不遂去，罪在不讨贼而已。臣之宜为君讨贼也，犹子之宜为父尝药也。子不尝药，故加之弑父；臣不讨贼，故加之弑君。其义一也。所以示天下废臣子之节，其恶之大若此也。故盾之不讨贼，为弑君也，与止之不尝药为弑父无以异。盾不宜诛，以此参之。问者曰：夫谓之弑而有不诛，其论难知，非蒙之所能见也。故赦止之罪，以传明之。盾不诛，无传，何也？曰：世乱义废，背上不臣，篡弑覆君者多，而有明大恶之诛，谁言其诛。故晋赵质、楚公子比皆不诛之文，而弗为传，弗欲明之心也。问者曰：人弑其君，重卿在而弗能讨者，非一国也。灵公弑，赵盾不在。不在之与在，恶有厚薄。《春秋》责在而不讨贼者，弗系臣子尔也。责不在而不讨贼者，乃加弑焉，何其责厚恶之薄、薄恶之厚也？

（无笔记）

曰：《春秋》之道，视人所惑，为立说以大明之。

《春秋》之道，成药方了，比爸爸还关心儿子，特别立说表明了，使你不惑。

今赵盾贤而不遂于理，皆见其善，莫见其罪，故因其所贤而加之大恶，系之重责，使人湛思而自省悟以反道。

使人深深地想，叫你自己省悟了以后再返道，绝不用老师的力量压迫你。道，就是"大道之行也，天下为公"的道。

曰：吁！君臣之大义，父子之道，乃至乎此，此所由恶薄而责之厚也。他国不讨贼者，诸斗筲之民，何足数哉？弗系人数而已。此所由恶厚而责薄也。传曰：轻为重，重为轻，非是之谓乎？故公子比嫌可以立，赵盾嫌无臣责，许止嫌无子罪。

（无笔记）

《春秋》为人不知恶而恬行不备也，是故重累责之，以矫枉世而直之。矫者不过其正，弗能直。知此而义毕矣。

怕他"不知恶而恬行不备"，所以要"重累责之"，按照他的错以外，更加重来责备他。拿这个办法，矫正他歪曲之处而使他直。矫正一个东西，得扳过正，放手才能回到正，改正错误，没有过大的痛苦是办不到的。你原来好吃，就得受一点好吃之苦。

《春秋》之义完全表现出来了，从这里就知道《春秋》讲些什么，要点讲出来了，中间是一些故事，等《春秋》经里再讲。

王道第六

题目下有小注:"史公自序:'《春秋》善善恶恶,贤贤贱不肖,存亡国,继绝世,补敝起废,王道之大者也。'"这一段讲过很多次了。

《春秋》何贵乎元而言之?元者,始也,言本正也。

《春秋》这部书,为什么把"元"字看得那么重要?元就是始的意思,本就是大本,是讲那大本之正,"本正"是最重要的,本不正,其末必倚。

小注:"《说苑·建本》:'孔子曰:'君子务本,本立而道生。'夫本不正者末必倚,始不盛者终必衰。《诗》云:'原隰既平,泉流既清。'本立而道生,《春秋》之义;有正春者无乱秋,有正君者无危国,《易》曰:'建其本而万物理,失之毫厘,差以千里。'是以君子贵建本而重立始。又云:魏武侯问元年于吴子,吴子对曰:'言国君必慎始也。''慎始奈何?'曰:'正之','正之奈何?'曰:'明智。'智不明,何以见正,多闻而择焉,所以明智也。是故古者君始听治,大夫而一言,士而一见,庶人有谒必达,公族请问必语,四方至者勿距,可谓不壅蔽矣;分禄必及,用刑必中,君心必仁,思君之利,除民之害,可谓不失民众矣;君身必正,近臣必选,大夫不兼官,执民柄者不在一族,可谓不权势矣。此皆《春秋》之意,而元年之本也。'"

倚就是偏、不正。这可得细看,光看表面文章,本义就丢了。"执民柄者不在一族",这是多么重要!和世及制完全相反了,世及制的执政权者必在一族,都叫这一家族包办了。不在一族,其主旨就在乎大同了。

道,王道也。王者,人之始也。王正则元气和顺、风雨时、景星见、黄龙下。

看中国古时政治怎么来的，刮风下雨都合乎时。

"智必识时，行若时雨。"什么叫智者？智者必得识时。一个人不识时，还自以为是智者，就坏了。有些人做事不是开别人玩笑，是开自己玩笑。做事净出毛病，做不好不如不做。因为能识时，所以行为就如时雨。当然得做人家最需要的事，否则是自己忙自己。这两句话明白了才能箭无虚发，放箭可不能空放。

王的行为很正，没有偏僻，都能成"元气和顺"，天之本然之气都和顺，到这时就有两种最吉祥的形象表现出来了，"景星现、黄龙下"。

王不正则上变天，贼气并见。五帝三王之治天下，不敢有君民之心。

如果王不正呢？看一个人行为的重要！上面天都变了，有很多不祥之兆出来了。看《王道》这一篇，可以知道他用心之苦。

中国最古有了政治的形象，就是从五帝到三王。他们治天下时，没一个有做民领袖的心，一点都没有控制老百姓的心。看小注："王者抚有天下，不敢自谓君民，敬畏之至也。《说苑·政理》：子贡问治民于孔子，孔子曰：'懔懔焉如以腐锁御奔马。'子贡曰：'何其畏也？'孔子曰：'夫通达之国皆人也，以道导之，则吾畜也；不以道导之，则吾仇也。若何而无畏？'"就知道他对老百姓敬畏到极点，民可载舟，民可覆舟，老百姓高兴了，可以漂浮你，叫你做个领袖；不高兴，就叫你颠覆、灭亡了。由孔子这一句话就明白了，得小心谨慎，像拿一根的绳子来牵奔跑的马一样，这是多么难的一件事？古人治民，完全是这样。

什一而税。

小注："宣十五年传：'古者什一而藉。'何注：'夫饥寒并至，虽尧舜躬化，不能使野无寇盗，贫富兼并，虽皋陶制法，不能使强不凌弱，是故圣人治井田之法而口分之，一夫一妇受田百亩，以养父母妻子，五口为一家，公田十亩，即所谓什一而税也。'"

这个小注是《公羊传》里的，如果老百姓又饥又寒，虽然使尧舜亲自来感化，不能使野无寇盗。看这里面的深义。看这均田之制，但这是新王之法，中国就没行过井田制度。到这个时候，按口计亩，老百姓永远都平衡，有多少人给多少地。古时是否是种一个井字又另当别论，但中国政治理想，从五帝三王就没有君民之心。

教以爱，使以忠，敬长老，亲亲而尊尊，不夺民时，使民不过岁三日。民家给人足，无怨望忿怒之患，强弱之难，无谗贼妒疾之人。民修德而美好，被发衔哺而游，不慕富贵，耻恶不犯。父不哭子；兄不哭弟。毒虫不螫，猛兽不搏，抵虫不触。

以爱教民，以忠使民，这是理想之制。当时的政治使老百姓每年不过三天给国家做事。小注里说的《王制》这一篇，就是针对乱制而立的，已经改得乱七八糟了，最后变成假的了。王制，就是王者的制度，禹以后叫乱制。

"哺"，每个人都可以吃的。被发是幼者，成年了要束发。不羡慕富贵，以恶为耻而不相犯。今天多少人以恶为光荣，做了坏事还说一说。

因为没有人为的灾难了，所以父不哭子，兄不哭弟，不是不死人，到时候必得死，这里是指人为的灾难，战争，一个命令下去，啥都完了。

这是中国人所期待的政治理想。

故天为之下甘露，朱草生，醴泉出，风雨时，嘉禾兴，凤凰麒麟游于郊。囹圄空虚，画衣裳而民不犯。四夷传译而朝。民情至朴而不文。郊天祀地，秩山川，以时至，封于泰山，禅于梁父。立明堂，宗祀先帝，以祖配天，天下诸侯各以其职来祭。贡土地所有，先以入宗庙，端冕盛服而后见先。德恩之报，奉先之应也。

到这个时候，泉滴出来就像酒那么芬芳，风雨也合时，嘉禾也长出来了，最仁慈的鸟兽能游于郊，互不侵犯。不外乎是祥和之气，不要有暴戾之政，一言以蔽之，反对一切人为的灾难。连监狱都是空的，谁要犯罪，在他衣裳上画一个犯罪的标志，这么处分，大家都感觉很可耻，谁也不犯法。

四方来的夷民得用翻译，把他们来的善意叫我们懂，而来朝见我们。"朝"，就是朝元也。"元亨利贞"的元，因为王者是仁政之元，四方来朝，不是朝人，是朝元。元，仁也、生也。中国的政治、人心都尊生，尊生就是仁，天有好生之德，人就得尊生，好生，就与"天地参矣"。这是中国人的思想，应该静静想一想。

任何人都希望父不哭子，兄不哭弟，这些灾难都是人为的。假设中国人都有良知，社会上就没有人为灾难，因为中国人太多了，一个看住三个就成了。中国人将来在人类上，应有很多贡献才对。中国真正到国力特别强时，中国人会行中国人的思想，中国人狠不下去，有雄厚的仁之力。

"朴而不文"，文饰就有点虚伪了。人懂装饰，就有点伪了。西施还用抹粉吗？这个"至"字重要，就是存诚去伪。

得按时、按次序祭祀山川。把事情都做好了，得封、禅，功成必得身退，得禅位，得揖让。这地方凌注讲得好，苏注净引后人的注解，越讲越合乎乱制的道理了。

小注："《春秋》家宗文王，是先帝即文王也。"说先帝就是文王，这文王可不是周文王，是那些文德之王。《公羊传》一开始就讲了，"法其生不法其死"。这里苏舆也注得很糊涂。

《白虎通》《说苑》《新序》，是西汉最重要的几本书，里面很多事都是宗孔子之说。把所有先帝，宗而祀之，因为他们值得宗法，都得祭祀。

四方之民，都贡他土地所有的，先要祭宗庙，得穿上礼服，然后才敢见祖先，报祖先的德恩，要敬奉先人。前面所说那些好行为，就因为我们没有一点缺德的行为，所以才有这么好的情形发生。

以上这一段，是说大同之王道，完全是大同的王道主义、王道政治。

桀纣皆圣王之后，骄溢妄行。侈宫室，广苑囿，穷五采之变，极饬材之工，困野兽之足，竭山泽之利，食类恶之兽。夺民财食，高雕文刻镂之观，尽金玉骨象之工，盛羽旄之饰，穷白黑之变。深刑妄杀以陵下，听郑卫之音，充倾宫之志，灵虎兕文采之兽。以希见之意，赏佞赐谗。以糟为丘，以酒为池。孤贫不养，杀圣贤而剖其心，生燔人闻其臭，剔孕妇见其化，斫朝涉之足察其拇，杀梅伯以为醢，刑鬼侯之女取其环。诛求无已。天下空虚，君臣畏恐，莫敢尽忠，纣愈自贤。

下面讲小康世这些坏东西，由桀纣开始，看乱制之可怕。"言小康之霸道，见乱制之危害，乃拨乱反正之所以。"为什么要拨乱反正？就因为这个太可怕了。

看他干些什么？妄行骄傲到超了界限了，宫室那么奢侈，雕龙画凤。五色之变都穷极了，所装饰的也到了极度工整，把外面的野兽都抓进来，用尽了山泽之利。连民食都夺，看他暴虐不暴虐！

专制时代就是这样，只要他喜欢你，啥都有了，拿最少见之意，来赏会说话、会拍马屁的人。

不喜欢的人，活着就烤上了，还把孕妇剖开，看看小孩是怎么变化的，暴虐到这么无道！纣王不一定那么恶，这些人恶居下流，把恶都归到他身上了！

这一章的目的，告诉大家乱制之可怕，大家就得拨乱反正，这就是孔子立说的目的。

以前没人敢说他不对，说他不对是尽忠。桀纣越发感觉自己有贤德，因为没人说他不对了。

周发兵，不期会于孟津者八百诸侯，共诛纣，大亡天下。《春秋》以为戒，曰："蒲社灾。"周衰，天子微弱，诸侯力政，大夫专国，士专邑，不能行度制法文之礼。诸侯背叛，莫修贡聘，奉献天子。臣弑其君，子弑其父，孽杀其宗，不能统理，更相伐铚以广地。以强相胁，不能制属。强奄弱，众暴寡，富使贫，并兼无已。臣下上僭，不能禁止。日为之食，星陨如雨，雨螽，沙鹿崩。夏大雨水，冬大雨雪，石于宋五，六鹢退飞。霜不杀草，李梅实。正月不雨，到于秋七月。地震，梁山崩，壅河，三日不流。书晦。彗星见于东方，孛于大辰。鹳鹆来巢，

《公羊传注疏·哀公四年》：六月，辛丑，蒲社灾。蒲社者何？亡鼓用牲于

社，不言蒲。亡国之社也。蒲社者，先世之亡国，在鲁竟。社者，封也。封土为社。其言灾何？据封土非火所能烧。亡国之社盖掩之，掩其上而柴其下。故火得烧之。掩柴之者，绝不得使通天地四方，以为有国者戒。蒲社灾，何以书？记灾也。戒社者，先王所以威示教戒诸侯，使事上也。灾者，象诸侯背天子，是后宋事疆吴，齐、晋前驱，滕、薛侠毂，鲁、卫骖乘，故天去戒社，若曰王教灭绝云尔。

《公羊传注疏·隐公三年》：己巳，日有食之。何以书。诸言何以书者，问主书。记异也。异者，非常可怪。先事而至者，是后卫州吁弒其君完，诸侯初僭，鲁隐系获，公子翚进谄谋。日食，则曷为或日，或不日？或言朔，或不言朔？曰：某月某日朔，日有食之者，食正朔也。桓三年"秋，七月，壬辰，朔，日有食之"是也。此象君行外疆内虚，是故日月之行无迟疾，食不失正朔也。其或日，或不日，或失之前，或失之后。失之前者，朔在前也。谓二日食己巳日有食之是也。此象君行暴急，外见畏，故日行疾月行迟，过朔乃食，失正朔于前也。失之后者，朔在后也。谓晦日食，庄公十八年"三月，日有食之"是也。此象君行懦弱见陵，故日行迟月行疾，未至朔而食，失正朔于后也。不言月食者，其形不可得而睹也，故疑言日有食之。孔子曰："多闻阙疑，慎言其余，则寡尤。"不传天下异者，从王录内可知也。

《公羊传注疏·桓公三年》：秋，七月，壬辰，朔，日有食之，既。既者何？尽也。光明灭尽也。是后楚灭邓、谷，上僭称王，故尤甚也。楚灭邓、谷不书者，后治夷狄。

《公羊传注疏·庄公七年》：夏，四月，辛卯夜，恒星不见，夜中星陨如雨。恒星者何？列星也。恒，常也。常以时列见。列星不见，则何以知夜之中？星反也。反者，星复其位。如雨者何？如雨者非雨也。非雨则曷为谓之如雨？不修《春秋》曰："雨星不及地尺而复。""不修春秋"，谓史记也。古者谓史记为"春秋"。君子修之曰："星陨如雨。"明其状似雨尔，不当言雨星。不言尺者，陨则为异，不以尺寸录之。何以书？记异也。列星者，天之常宿，分守度，诸侯之象。周之四月，夏之二月，昏，参伐狼注之宿当见，参伐主斩艾立义，狼注主持衡平也。皆灭者，法度废绝，威信陵迟之象。时天子微弱，不能诛卫侯朔，是后遂失其政，诸侯背叛，王室日卑，星陨未坠而夜中星反者，房心见其虚危斗。房心，天子明堂布政之宫也。虚危，齐分，其后齐桓行霸，阳谷之会有王事。

《公羊传注疏·文公三年》：雨螽于宋。雨螽者何？死而坠也。以先言雨也。坠，隋地也。不言如雨，言雨螽者，本飞从地上而下至地，似雨九醇。何以书？记异也。外异不书，此何以书？为王者之后记异也。螽，犹众也。众死而坠者，群臣将争强相残贼之象，是后大臣比争斗相杀，司城惊逃，子哀奔亡，国家廓然无人，朝廷久空，盖由三世内娶，贵近妃族，祸自上下，故异之云尔。

《公羊传注疏·僖公十四年》：秋，八月辛卯，沙鹿崩。沙鹿者何？河上之邑也。此邑也，其言崩何？据梁山言崩。袭邑也。袭者，黑陷入于地中。言崩者，以在河上也。河岸有高下，如山有地矣，故得言崩也。沙鹿崩，何以书？记异也。外异不书，此何以书？据长狄之齐、晋不书。为天下记异也。土地者，民之主，霸者之象也。河者，阴之精，为下所袭者，此象天下异，齐桓将卒，霸道毁，夷狄动，宋襄承其业，为楚所败之应。而不系国者，起天下异。

《公羊传注疏·隐公九年》：三月，癸酉，大雨震电。何以书？记异也。何异尔？不时也。震雷电者，阳气也。有声名曰雷，无声名曰电。周之三月，夏之正月，雨当水雪杂下，雷当闻于地中，其雉雊，电未可见，而大雨震电，此阳气大失其节，犹隐公久居位不反于桓，失其宜也。日者，一日之中也。凡灾异一日者日，历日者月，历月者时，历时者加自文为异。发于九年者，阳数可以极，而不还国于桓之所致。庚辰，大雨雪。何以书？记异也。何异尔？俶甚也。俶，始怒也。始怒甚，犹大甚也。盖师说以为平地七尺雪者，盛阴之气也。八日之间，先示隐公以不宜久居位，而继以盛阴之气大怒，此桓将怒而弑隐公之象。

《公羊传注疏·僖公十年》：冬，大雨雹。何以书？记异也。夫人专爱之所生也。《公羊传注疏·昭公三年》：冬，大雨雹。为季氏。

《公羊传注疏·僖公十六年》：十有六年，春，王正月，戊申，朔，陨石于宋五。是月，六鹢退飞，过宋都。曷为先言陨而后言石？据星陨后言陨。陨石记闻，闻其磌然，视之则石，察之则五。是月者何？仅逮是月也。是月边也。鲁人语也。在正月之几尽，故曰劣，及是月也。何以不日？据五石言日。晦日也。凡灾异晦日不日，日食是也。日食尝于晦朔，不日，晦可知也。六鹢无常，故言是月以起晦也。晦则何以不言晦？据上言朔。《春秋》不书晦也。事当日者日，平居无他卓倪，无所求取，言晦朔也，趡盟奚战是也。朔有事则书，重始，故书以录事，若泓之战及此皆是也。晦虽有事不书。重始而终自正，故不复书以录事。曷为先言六而后言鹢？据陨石后言五。六鹢退飞，记见也：视之则六，察之则鹢，徐而察之则退飞。鹢小而飞高，故视之如此，事势然也。宋都者，宋国所治也。人所聚曰都。言过宋都者，时独过宋都退飞。五石六鹢，何以书？记异也。外异不书，此何以书？为王者之后记异也。王者之后有亡征，非亲王安存之象，故重录为戒，记灾异也。石者，阴德之专者也；鹢者，鸟中之耿介者，皆有似宋襄公之行。襄欲行霸事，不纳公子目夷之谋，事事耿介自用，卒以五年见执，六年终败，如五石六鹢之数。天之与人，昭昭著明，甚可畏也。于晦朔者，示其立功，善甫始而败，将不克终，故详录天意也。

《公羊传注疏·僖公三十三年》：陨霜不杀草，李梅实。何以书？记异也。何异尔？不时也。周之十二月，夏之十月也。《易·中孚记》曰："阴假阳威之应也。早陨霜而不杀万物，至当陨霜之时，根生之物复荣不死，斯阳假与阴威，阴威列索，故阳自陨霜而反不能杀也。"此禄去公室，政在公子遂之应也。

《公羊传注疏·文公十年》：自正月不雨，至于秋七月。公子遂之所招。《公羊传注疏·文公十三年》：自正月不雨，至于秋七月。公子遂所指。

《公羊传注疏·文公九年》：九月，癸酉，地震。地震者何？动地也。动者，震之故。传先言动者，喻若物之动地以晓人也。何以书？记异也。天动地静者，常也。地动者，象阴为阳行。是时鲁文公制于公子遂，齐、晋失道，四方叛德，星孛之萌，自此而作，故下与北斗之变所感同也。不传天下异者，从王内录可知。

《公羊传注疏·僖公十五年》：己卯，晦，震夷伯之庙。晦者何？冥也。昼日而冥。震之者何？雷电击夷伯之庙者也。夷伯者，曷为者也？季氏之孚也。孚，信也。季氏所信任臣。季氏之孚则微者，其称夷伯何？大之也。曷为大之？据阳虎称盗。天戒之，故大之也。明此非但为微者异，乃公家之至戒，故尊大之，使称字，过于大夫，以起之，所以畏天命也。孔子曰："君子有三畏：畏天命，畏大人，畏圣人之言。"何以书？记异也。此象桓公德衰，彊楚以邪胜正，僖公蔽于季氏，季氏蔽于陪臣，陪臣见信得权，僭立大夫庙，天意若曰蔽公室者，是人也，当去之。

《公羊传注疏·成公五年》：梁山崩。梁山者何？河上之山也。梁山崩，何以书？记异也。何异尔？大也。何大尔？梁山崩，壅河三日不沐。故不日以起之。不书壅河者，举崩大为重。外异不书，此何以书？为天下记异也。山者，阳精，德泽所由生，君之象。河者，四渎，所以通道中国，与王道同。记山崩壅河者，此象诸侯失势，王道绝，大夫擅恣，为海内害，自是之后，六十年之中，弑君十四，亡国三十二，故澳梁之盟，遍刺天下之大夫。

《公羊传注疏·哀公十三年》：冬，十有一月，有星孛于东方。孛者何？彗星也。其言于东方何？见于旦也。何以书？记异也。周十一月，夏九月，日在房心。房心，天子明堂布政之庭，于此旦见，与日争明者，诸侯代王治，典法灭绝之象，是后周室遂微，诸侯相兼，为秦所灭，燔书道绝。

《公羊传注疏·昭公二十五年》：有鹳鹆来巢。何以书？记异也。何异尔？非中国之禽也，宜穴又巢也。非中国之禽而来居此国，国将危亡之象。鹳鹆，犹权欲。宜穴又巢，此权臣欲国，自下居上之征也，其后卒为季氏所逐。

周朝发兵了，没有约定日期，自然而然就在孟津这地方碰到八百诸侯。蒲社，就是亡国之社，什么都没有了。《论语·八佾》有一段"哀公问社于宰我。宰我对曰：'夏后氏以松，殷人以柏，周人以栗，曰使民战栗。'子闻之曰：'成事不说，遂事不谏，既往不咎。'"社没有亡时有社树，亡了国就毁了，就像国花是代表政府的，等到社里种的东西毁完了，长得乱七八糟的，就都是蒲草了。

不旋踵间，周也衰了。无论怎么样，只要是乱制，永远不会好。用也用乱制，大夫专国。孔子就"贬天子，退诸侯，讨大夫"（《史记·太史公自序》）。因为大夫最厉害，把着一个邑就树立一个小政权，各自为政。

"子弑其父"，不是民间，是儿子也想快快当皇帝，把爸爸干掉了。"孽"是庶子，姨太太生的儿子。"宗"就是嫡子。现在谁也不能管谁了。来回推叫"铤"，伐来伐去，都要广自己的地盘。

"使"是支配。臣下上僭诸侯之位，自己封王、封公，谁也管不了，真是乱制！这么胡闹，上天生气了，报应了。前面是元气和顺，风雨时，这回不和顺，不时了。

《春秋》异之，以此见悖乱之征。孔子明得失，差贵贱，反王道之本。讥天王以致太平。刺恶讥微，不遗小大，善无细而不举，恶无细而不去，进善诛恶，绝诸本而已矣。

《春秋》把这些反常的事都记下来，拿这些不正常的事看出来悖乱的征验，这是古时候人的观念，人不正常，上天就来处罚我们。

孔子根据这些事，感觉必须救天下了，知道他们错误在哪里，把得失之道明于天下。

在旧时代讲经，必得说是把贵贱分别清清楚楚。其实"差"是去掉。最大的毛病就在贵贱分得太严，孔子要差而去之，回王道之本，重民，哪里还有贵贱？

讥是贬天王，刺讥刺讥，说说他不好就够了，因为天王那时候成了牌位了，没有用了，只要讥天王的不德，达到太平的境界。

"刺恶讥微"，有一点小毛病不好，也得去掉。善无论怎么小也得举出来。要把得失明之于天下，知其所以然。把所有坏事的根本都得绝之。

天王使宰咺来归惠公仲子之赗，刺不及事也。天王伐郑，讥亲也，会王世子，讥微也。祭公来逆王后，讥失礼也。刺家父求车，武氏毛伯求赙金。王人救卫。王师败于贸戎。天王不葬，出居于郑，杀母弟，王室乱，不能及外，分为东西周，无以先天下，召卫侯不能致，遣子突征卫不能绝，无骇灭极不能诛。诸侯得以大乱，篡弑无已。臣下上逼，僭拟天子。诸侯强者行威，小国破灭。晋至三侵周，与天王战于贸戎而大败之。戎执凡伯于楚丘以归。诸侯本怨随恶，发兵相破，夷人宗庙社稷，不能统理。臣子强，至弑其君父。法度废而不复用，威武绝而不复行。故郑鲁易地，晋文再致天子。齐桓会王世子，擅封邢、卫、杞，横行中国，意欲王天下。鲁舞八佾，北祭泰山，郊天祀地，如天子之为。

《公羊传注疏·隐公元年》：秋，七月，天王使宰咺来归惠公仲子之赗。宰者何？官也。咺者何？名也。曷为以官氏？宰士也。惠公者何？隐之考也。仲

177

子者何？桓之母也。何以不称夫人？桓未君也。赗者何？丧事有赗。赗者盖以马，以乘马束帛。车马曰赗，货财曰赙，衣被曰襚。桓未君则诸侯曷为来赗之？隐为桓立，故以桓母之丧告于诸侯。然则何言尔？成公意也。其言来何？据归含且赗，不言来。不及事也。比于去来为不及事，时以葬事毕，无所复施，故云尔。去来所以为及事者，若已在于内者。其言惠公仲子何？兼之，兼之非礼也。何以不言及仲子？仲子微也。

《公羊传注疏·桓公五年》：秋，蔡人、卫人、陈人从王伐郑。其言从王伐郑何？据河阳举王狩，别出朝文，文不连王，王师不道所加。从王正也。美其得正义也，故以从王征伐录之，盖起时天子微弱，诸侯背叛，莫肯从王者征伐，以善三国之君，独能尊天子死节。称人者，刺王者也。天下之君，海内之主，当秉纲撮要，而亲自用兵，故见其微弱。仅能从微者，不能从诸侯，犹苢称人，则从不疑也。不使王者首兵者，本不为王举也。知实诸侯者，以美得正。

《公羊传注疏·僖公五年》：公及齐侯、宋公、陈侯、卫侯，郑伯，许男，曹伯会王世子于首戴。曷为殊会王世子？据宰周公不殊别也。世子贵也。世子，犹世世子也。解据意也。言当世父位，储君副主，不可以诸侯会之为文，故殊之，使若诸侯为世子所会也。自王者言之，以屈远世子在三公下，《礼·丧服·斩衰》曰"公士，大夫之众臣"是也。自诸侯言之，世子尊于三公。此礼之威仪，各有所施。言及者，因其文可得见汲汲也。世子所以会者，时桓公德衰，诸侯背叛，故上假王世子，示以公义。

《公羊传注疏·桓公八年》：祭公来，遂逆王后于纪。祭公者何？天子之三公也。天子置三公、九卿、二十七大夫、八十一元士，凡百二十官，下应十二子。祭者，采也。天子三公氏采称爵。何以不称使？据宰周公称使。婚礼不称主人。时王者有母也。遂者何？生事也。生，犹造也。专事之辞。大夫无遂事，此其言遂何？据待君命，然后卒大夫也。成使乎我也。以上来无事，知遂成使于我。其成使乎我奈何？使我为媒，可则因用是往逆矣。婚礼成于五：先纳采、问名、纳吉、纳征、请期，然后亲迎。时王者遣祭公来，使鲁为媒，可则因用鲁往迎之，不复成礼，疾王者不重妃匹，逆天下之母若逆婢妾，将谓海内何哉？故讥之。不言如纪者，辟有外文。女在其国称女，此其称王后何？王者无外，其辞成矣。

《公羊传注疏·桓公十五年》：十有五年，春，二月，天王使家父来求车。何以书？讥。何讥尔？王者无求，求车非礼也。王者千里，几内租税，足以共费；四方各以其职来贡，足以尊荣，当以至廉无为率先天下，不当求。求则诸侯贪，大夫鄙，士庶盗窃。求例时，此月者，桓行恶不能诛，反从求之，故独月。

《公羊传注疏·文公九年》：九年春，毛伯来求金。毛伯者何？天子之大夫也。何以不称使？当丧未君也。逾年矣，何以谓之未君？即位矣，而未称王也。未称王，何以知其即位？以诸侯之逾年即位，亦知天子之逾年即位也。以天子三年然后称王，亦知诸侯于其封内三年称子也。逾年称公矣，则曷为于其封内三年称子？缘民臣之心，不可一日无君；缘终始之义，一年不二君，不可旷年无君；缘孝子之心，则三年不忍当也。毛伯来求金，何以书？讥。何讥尔？王者无求，求金非礼也。然则是王者与？据未称王。曰：非也。非王者则曷为谓之王者？王者无求，曰：是子也。虽名为三年称子者，其实非唯继父之位。继文王之体，守文王之法度，文王之法无求而求，故讥之也。引文王者，文王始受命，制法度。

《公羊传注疏·庄公六年》：六年，春，王三月，王人子突救卫。王人者何？微者也。子突者何？别何之者，称人序上。又僖八年王人不称字，嫌二人。贵也。贵子之称。贵则其称人何？据王子瑕不称人。本当言王子突，示诸侯亲亲以责之也。系诸人也。曷为系诸人？据不以微及大。王人耳。刺王者，朔在岱阴齐时，一使可致，一夫可诛，而缓，令交连五国之兵，伐天子所立。还以自纳，王遣贵子突，卒不能救，遂为天下笑，故为王者讳，使若遣微者弱愈，因为内杀恶。救例时，此月者，嫌实微者，故加录之，以起实贵子突。

《公羊传注疏·成公元年》：秋，王师败绩于贸戎。孰败之？盖晋败之。以晋比侵柳围郊，知王师讨晋而败之。或曰贸戎败之。以地贸戎故。然则曷为不言晋败之？据侵柳围郊言晋。王者无敌，莫敢当也。正其义使若王自败于贸戎，莫敢当敌败之也。不日月者，深正之使若不战。

《公羊传注疏·僖公二十年》：冬，天王出居于郑。王者无外，此其言出何？据王子瑕奔晋不言出。不能乎母也。不能事母，罪莫大于不孝，故绝之言出也。下无废上之义，得绝之者，明母得废之，臣下得从母命。鲁子曰："是王也，不能乎母者，其诸此之谓与？"犹曰是王也，无绝义，不能事母而见绝外者，其诸谓此灼然异居，不复供养者与！王书者，录王者所居也。

《公羊传注疏·襄公三十年》：天王杀其弟年夫。王者得专杀。书者，恶失亲亲也。未三年不去王者，方恶不思慕而杀弟，不与子行也。不从直称君者，举重也。莒杀意恢，以失子行录。设但杀弟，不能书是也。不为讳者，年夫有罪。

《公羊传注疏·昭公二十二年》：王室乱。谓王猛之事。何言乎王室乱？据天子之居称京师，天王入于成周，天王出居于郑，不言乱。言不及外也。宫谓之室。刺周室之微，邪庶并篡，无一诸侯之助，匹夫之救，如一家之乱也，故变京师言王室。不言成周，言王室者，正王以责诸侯也。传不事事悉解者，言不及外，外当责之，故正王可知也。不为天子讳者，方责天下不救之。

《公羊传注疏·桓公十六年》：十有一月，卫侯朔出奔齐。卫侯朔何以名？据卫侯出奔楚不名。绝。曷为绝之？据俱奔也。得罪于天子也。其得罪于天子奈何？见使守卫朔，朔，十二月朔政事也。月所以朝庙告朔是也。而不能使卫小众。时天子使发小众，不能使行。越在岱阴齐，越，犹走也。岱，岱宗，泰山也。山北曰阴。先言岱阴，后言齐者，明名山大泽不以封诸侯，以为天地自然之利，非人力所能加，故当与百姓共之。传著朔在岱阴者，明天子当及是时未能交连五国之兵早诛之。属负兹舍，不即罪尔。属，托也。天子有疾称不豫，诸侯称负兹，大夫称犬马，士称负薪。舍，止也。托疾止不就罪。

《公羊传注疏·隐公二年》：无骇帅师入极。无骇者何？展无骇也。何以不氏？据公子遂帅师入杞，氏公子也。贬。贬，犹损也。曷为贬？据公子遂俱用兵入杞，不贬也。疾始灭也。以下终其身不氏，知贬。疾始灭，非但起入为灭。始灭，昉于此乎？昉，适也，齐人语。据传言拨乱世。前此矣。前此者，在春秋前，谓宋灭郜是也。前此，则曷为始乎此？托始焉尔。焉尔，犹于是也。曷为托始焉尔？据战伐不言托始。《春秋》之始也。《春秋》托王者始，起所当诛也。言疾始灭者，诸灭复见不复贬，皆从此取法，所以省文也。此灭也。其言入何？据齐师灭谭不言入。内大恶，讳也。明鲁臣子当为君父讳灭。例月，不复出月者，与上同月，常案下例，当蒙上月，日不。

《公羊传注疏·宣公元年》：冬，晋赵穿帅师侵柳。柳者何？天子之邑也。

天子之间田也，有大夫守之，晋与大夫忿争侵之。曷为不系乎周？据王师败绩于贸戎系王。不与伐天子也。绝正其义，使若两国自相伐。

《公羊传注疏·成公元年》：秋，王师败绩于贸戎。孰败之？盖晋败之。以晋比侵柳围郊，知王师讨晋而败之。或曰贸戎败之。以地贸戎故。然则曷为不言晋败之？据侵柳围郊言晋。王者无敌，莫敢当也。正其义使若王自败于贸戎，莫敢当故败之也。不日月者，深正之使若不战。

《公羊传注疏·昭公二十三年》：晋人围郊。郊者何？天子之邑也。天子间田，有大夫主之。曷为不系于周？不与伐天子也。与侵柳同义。

《公羊传注疏·隐公七年》：冬，天王使凡伯来聘。书者，喜之也。古者诸侯有较德殊风异行，天子聘问之，当北面称臣，受之于大庙，所以尊王命，归美于先君，不敢以己当之。戎伐凡伯于楚丘以归。凡伯者何？上言聘，此言伐，嫌其异，故执不知问。天子之大夫也。此聘也，其言伐之何？据出聘与郊、柳异，不得言伐也。问伐加之者，辟伦轻重两举之。执之也。执之则其言伐之何？据执季孙隐如不言伐。大之也。尊大王命，责当死位，故使与国同。曷为大之？据王子突系诸人。不与夷狄之执中国也。因地不接京师，故以中国正之。中国者，礼义之国也。执者，治文也。君子不使无礼义制治有礼义，故绝不言执，正之言伐也。执天子大夫而以中国正之者，执中国尚不可，况执天子之大夫乎？所以降夷狄，尊天子，为顺辞。其地何？据执季孙隐如不地。大之也。顺上伐文，使若楚丘为国者，犹庆父伐于余丘也。不地以卫者，天子大夫衔王命至尊，顾在所诸侯，有出入所在赴其难，当与国君等也。录以归者，恶凡伯不死位，以辱王命也。

《公羊传注疏·桓公元年》：三月，公会郑伯于垂。桓公会皆月者，危之也。桓弑贤君，篡慈兄，专易朝宿之邑，无王而行，无仁义之心，与人交接，则有危也，故为臣子忧之。不致之者，为下去王，适足以起无王，未足以见无王罪之深浅，故复夺臣子辞，成诛文也。郑伯以璧假许田。其言以璧假之何？据实假不当持璧也。易之也。易之则其言假之何？为恭也。为恭孙之辞，使若暂假借之辞。曷为为恭？据取邑不为恭敬辞。有天子存，则诸侯不得专地也。许田者何？地皆不得专，而此独为恭辞，疑非凡邑，故更问之。鲁朝宿之邑也。诸侯时朝乎天子，天子之郊，诸侯皆有朝宿之邑焉。时朝者，顺四时而朝也，缘臣子之心，莫不欲朝朝莫夕。王者与诸侯别治，势不得自专朝，故即位比年使大夫小聘，三年使上卿大聘，四年又使大夫小聘，五年一朝。王者亦贵得天下之欢心，以事其先王，因助祭以述其职，故分四方诸侯为五部，部有四辈，辈主一时。《孝经》曰"四海之内，各以其职来助祭"，《尚书》曰"群后四朝，敷奏以言，明试以功，车服以庸"是也。宿者，先诫之辞。古者天子邦畿千里，远郊五百里，诸侯至远郊，不敢便入，必先告至，由如他国至竟而假涂也：皆所以防未然，谨事上之敬也。王者以诸侯远来朝，亦加殷勤之礼以接之。为告至之须，当有所住止，故赐邑于远郊，其实天子地，诸侯不得专也。桓公无尊事天子之心，专以朝宿之邑与郑，背叛当诛，故深讳使若暂假借之者，不举假为重，复举上会者，方讳言许田。不举会，无以起从鲁假之也。此鲁朝宿之邑也，则曷为谓之许田？讳取周田也。讳取周田，则曷为谓之许田？系之许也。曷为系之许？近许也。此邑也，其称田何？田多邑少称田，邑多田少称邑。分别之者，古有分土无分民，明当察民多少，课功德。

《公羊传注疏·僖公二十八年》：天王狩于河阳。狩不书，此何以书？据当事也。不与再致天子也。一失礼尚愈再失礼重，故深正其义，使若天子自狩，非致也。鲁子曰："温近而践土远也。"此鲁子一说也。温近狩地，故可言狩。践土远狩地，故不言狩也。公以再朝而日言之，上说是。

《公羊传注疏·隐公五年》：初献六羽。初者何？始也。六羽者何？舞也。初献六羽何以书？讥。何讥尔？讥始僭诸公也。六羽之为僭奈何？天子八佾，诸公六，诸侯四。诸公者何？诸侯者何？天子三公称公，王者之后称公，其余大国称侯，小国称伯、子、男。天子三公者何？天子之相也。天子之相则何以三？自陕而东者，周公主之；自陕而西者，召公主之，一相处乎内。始僭诸公昉于此乎？前此矣。前此则曷为始乎？此僭诸公犹可言也，僭天子不可言也。传云尔者，解不托始也。前僭八佾于惠公庙，大恶不可言也。还从僭六羽议，本所当托者非但六也。故不得复传上也。加初者，以为常也。献者，下奉上之辞。不言六佾者，言佾则于舞在其中，明妇人无武事，独奏文乐。羽者，鸿羽也，所以象文德之风化疾也。夫乐本起于和顺，和顺积于中，然后荣华发于外，是故八音者，德之华也；歌者，德之言也；舞者，德之容也，故听其音可以知其德，察其诗可以达其意，论其数可以正其容，荐之宗庙足以享鬼神，用之朝廷足以序群臣，立之学宫足以协万民。凡人之从上教也，皆始于音，音正则行正，故闻宫声，则使人温雅而广大；闻商声，则使人方正而好义；闻角声，则使人恻隐而好仁；闻征声，则使人整齐而好礼；闻羽声，则使人乐养而好施，所以感荡血脉，通流精神，存宁正性，故乐从中出，礼从外作也。礼乐接于身，望其容而民不敢慢，观其色而民不敢争，故礼乐者，君子之深教也，不可须臾离也。君子须臾离礼，则暴慢袭之；须臾离乐，则奸邪入之，是以古者天子诸侯，雅乐钟磬未曾离于庭，卿大夫御琴瑟未曾离于前，所以养仁义而除淫辟也。《鲁诗传》曰天子食日举乐，诸侯不释县，大夫、士日琴瑟，王者治定制礼，功成作乐，未制作之时，取先王之礼乐宜于今者用之。尧曰《大章》，舜曰《萧韶》，夏曰《大夏》，殷曰《大护》，周曰《大武》，各取其时民所乐者名之。尧时民乐其道章明也。舜时民乐其修绍尧道也，夏时民乐大其三圣相承也，殷时民乐大其护己也，周时民乐其伐讨也：盖异号而同意，异歌而同归。失礼鬼神例日，此不日者，嫌独考宫以非礼书，故从末言初可知。

《公羊传注疏·僖公三十一年》：夏，四月，四卜郊不从，乃免牲，犹三望。曷为或言三卜？或言四卜？三卜，礼也；四卜，非礼也。三卜何以礼？四卜何以非礼？求吉之道三。禘、尝不卜，郊何以卜？卜郊，非礼也。礼，天子不卜郊。卜郊何以非礼？鲁郊，非礼也。以鲁郊非礼，故卜尔。昔武王既没，成王幼少，周公居摄，行天子事，制礼作乐，致太平，有王功。周公薨，成王以王礼葬之，命鲁使郊，以彰周公之德，非正故卜三，卜吉则用之，不吉则免牲。谓之郊者，天人相与交接之意也。不言郊天者，谦不敢斥尊。鲁郊何以非礼？天子祭天，诸侯祭土。天子有方望之事，无所不通。诸侯山川有不在其封内者，则不祭也。曷为或言免牲？或言免牛？免牲，礼也；免牛，非礼也。免牛何以非礼？伤者曰牛。三望者何？望祭也。然则曷祭？祭大山、河海。曷为祭大山、河海？山川有能润于百里者，天子秩而祭之。触石而出，肤寸而合，不崇朝而遍雨乎天下者，唯大山尔。河海润于千里。犹者何？通可以已也。何以书？讥不郊而望祭也。

以上，又说他们坏事一样一样，在经里都有。

以此之故，弑君三十六，亡国五十二，细恶不绝之所致也。

因为这些缘故，被弑之君有三十六，亡国有五十二。因为什么？这就是小的恶不断绝，所以才达到了这个境界。孟子说："《诗》亡然后《春秋》作。"（《孟子·离娄下》）《孟子》提《春秋》的地方特别多，那时《春秋》之道还很盛行。孔子作《春秋》的目的，因为诗亡了，"诗，可以兴，可以观，可以群，可以怨。"（《论语·阳货》）兴，就是兴人之志，又可以观察一切，能合在一起做事业，有不满意叫怨。这完全是当时环境影响，老百姓有所感而为诗，里面不外乎这四种，还有表达的自由。以后这个道道亡了，没人理了，不在乎了，老百姓的反应没有了，没法再表达兴、观、群、怨了。谁来解决痛苦？孔子作《春秋》的目的，为民呼冤，但是不仅只在兴观群怨了，进一步要达到他的目的，所以喊出来"拨乱反正"，这是修《春秋》最重要的目的。孔子思想，最简单来说，教育上是"有教无类"，可以说毁掉了中国一切不正常的事，如果老百姓不懂，在上位的人怎么专权都可以。孔子放长线钓大鱼，倡一个有教无类，乱制早晚得消灭，果然两千年以后垮了。孔子那时还是有教有类的时代，有阶级地位的才能受教育，一般人不能够。孔子就来一个教育革命。在政治上，必得拨乱反正，这必须由"有教无类"入手。

仁，不是孔子的思想，而是中国的传统思想，孔子祖述尧舜的仁。孔子思想是什么？孟子说孔子是"圣之时者"（《孟子·万章下》），必合乎时而办事。

今天，无论怎么说，没人敢当皇帝，死了就算死了。这点中山先生功不可没。历史越久他越伟大，是中国最转捩的人物，"豪杰之士，虽无文王犹兴"（《孟子·尽心上》），他给中国开了一个最平坦的路子，从今以后，永远没有皇帝了，这就是中山先生之功。

不要以为孔子空谈，今天的教育，不能否认他普及的可贵。

孔子作《春秋》，有目的，有主张，不只为老百姓说说话，要拨乱反正。终极点是"大一统"，就是大同世。旧学说，分大同世、小康世两个时代，中间就是小康也犯毛病，所以亡国弑君那么多，原因就是小恶加一起成大恶了。

《春秋》立义：天子祭天地，诸侯祭社稷，诸山川不在封内不祭。有天子在，诸侯不得专地，不得专封，不得专执天子之大夫，不得舞天子之乐，不得致天子之赋，不得适天子之贵。君亲无将，将而诛。大夫不得世，大夫不得废置君命。立适，以长不以贤，立子以贵不以长。立夫人以适不以妾。不臣母后之党。亲近以来远，未有不先近而致远者也。故内其国而外诸夏，内诸夏而外夷狄，言自近者始也。

这一段讲《春秋》之立义。这一段的目的是："反本之要道，《春秋》拨乱始于约之以礼，终至王道之大成。"孔子由最低入手，用礼来约束乱哄哄的事。

诸侯只能祭社稷，其他的山川，不在他封内的都不能祭，这就没有僭了，守分了，他顶多只能在一个小范围里闹。有天子在的时候，诸侯不能把土地爱给谁就给谁，也不能随便封一个官，也不能自己做主，把天子的大夫抓起来。这些都是礼，拨乱反正，不是喊口号就完了，得由约之以礼入手。

像"邦君树塞门，管氏亦树塞门；邦君为两君之好，有反坫，管氏亦有反坫"（《论语·八佾》），这就是敌君之贵，所以要拿礼来限制以前的僭妄之行。

"世"是世及，大夫不能再世袭，这完全是孔子之义。一直到清朝，大夫都是世袭的，像曾国藩、李鸿章都是大夫。和皇帝同姓的，那不是大夫，是宗人世袭。

立夫人的时候，得以嫡不以妾。因为他结婚时还不是国君，但也得取大老婆，旁边也有妾，立夫人必得立嫡，喜欢不喜欢是另外一回事。

不可以把母后之党的亲戚当作臣，这是客气、恭敬，像国舅在贵族中权柄很大，地位崇高，但这不是政治上的，不能弄混。

近悦远来，做事时，必得亲近的，才能来远的。近的没处好，远的能来吗？必得把自己的家调整得好，家没齐，怎能治国？太太都不相信你，谁相信你啊？没有一个不是从近的开始，而达到远的。在政治上，得先把自己国治好了，把诸夏放在外面。天下所有的国家，在中国人的观念里，都叫诸夏。自己治理好了以后，把诸夏之国又开始治理了，先把夷狄放在外面，这是按层次来做。

小注里的"一乎天下"，就是一统天下，不是统一。

诸侯来朝者得褒，邾娄仪父称字，滕薛称侯，荆得人，介葛卢得名。内出言如，诸侯来曰朝，大夫来曰聘，王道之意也。

> 《公羊传注疏·隐公元年》：三月，公及邾娄仪父盟于眛。及者何？与也，会及暨皆与也。曷为或言会，或言及，或言暨？会犹最也；及犹汲汲也；暨犹暨暨也。及我欲之，暨不得已也。仪父者何？邾娄之君也。何以名？字也。曷为称字？褒之也。曷为褒之？为其与公盟也。与公盟者众矣，曷为独褒乎此？因其可褒而褒之。《春秋》王鲁，托隐公以为始受命王，因仪父先与隐公盟，可假以见褒赏之法，故云尔。此其为可褒奈何？渐进也。渐者，物事之端，先见之辞。去恶就善曰进。譬若隐公受命而王，诸侯有倡始先归之者，当进而封之，以率其后。不言先者，亦为所褒者法，明当积渐，深知圣德灼然之后乃往，不可造次陷于不义。眛者何？地期也。

> 《公羊传注疏·隐公十一年》：十有一年，春，滕侯、薛侯来朝。其言朝何？据内言如。诸侯来曰朝，大夫来曰聘。传言来者，解内外也。《春秋》王鲁，王者无朝诸侯之义，故内适外言如，外适内言朝聘，所以别外尊内也。不言朝公者，礼，朝受之于大庙，与聘同义。其兼言之何？据邓、谷来朝不兼言朝。微国也。略小国也。称侯者，《春秋》托隐公以为始受命王，滕、薛先朝隐公，故褒之。已于仪父见法，复出滕、薛者，仪父盟功浅，滕、薛朝功大，宿与微者盟功尤小，起行之当各有差也。滕序上者，《春秋》变周之文，从殷之质，质家亲亲，先封同姓。

> 《公羊传注疏·僖公二十九年》：二十有九年，春，介葛卢来。介葛卢者何？夷狄之君也。何以不言朝？据诸侯来曰朝。不能平朝也。不能升降揖让也。介者，国也。葛卢者，名也。进称名者，能慕中国，朝贤君，明当扶勉以礼义。

举例子了。诸侯来朝见我们了，就得褒奖他。邾娄仪父是夷狄君，因为"入中国则中国之"，称字了，称字就很客气了。至于"滕、薛称侯，荆称人"，都有进步了，像介葛卢本来是野蛮国，也有了名了。我们尊重他们，就是由近及远。小注里面提到"《春秋》王鲁，以鲁当新王"，也就是以《春秋》当新王，新王不能朝其他诸侯，所以"内出言如"，由国内到外面去，就是如天下，等于去视察了，王道之意就在这里。

"远近大小若一，内夷狄则王者无外，大一统也。"王者没有外了，夷狄都内之了，变成大一统了。由这里就知道古人对中国的政治思想是什么。这是中国人的政治思想，也是中国人的盼望，到这时才父不哭子，兄不哭弟，否则永远离不开人为的灾难。

诛恶而不得遗细大，诸侯不得为匹夫兴师，不得执天子之大夫，执天子之大夫与伐国同罪，执凡伯言伐。献八佾，讳八言六。郑鲁易地，讳易言假。晋文再致天子，讳致言狩。桓公存邢、卫、杞，不见《春秋》，内心予之，行法绝而不予，止乱之道也，非诸侯所当为也。

诛责恶事，不管大小都不可遗漏。以下都是在《春秋》经里的，像郑鲁本来是换地方，但《春秋》不说是换地方，为什么呢？因为诸侯不得专地，所以他说假、借。本来是招致天子，因为天子太没有地位了，诸侯都可以叫他来，但是避讳，就说狩，天子巡狩到这里来了。

为什么这样做呢？"止乱之道也！"看《春秋》经的时候就知道注意了。

《春秋》之义，臣不讨贼，非臣也。子不复仇，非子也。故诛赵盾贼不讨者，不书葬，臣子之诛也。许世子止不尝药，而诛为弑父，楚公子比胁而立，而不免于死。齐桓晋文擅封，致天子，诛乱、继绝、存亡，侵伐会同，常为本主。曰：桓公救中国，攘夷狄，卒服楚，至为王者事。晋文再致天子，皆止不诛，善其牧诸侯，奉献天子而服周室，《春秋》予之为伯，诛意不诛辞之谓也。

鲁隐之代桓立，祭仲之出忽立突，仇牧、孔父、荀息之死节，公子目夷不与楚国，此皆执权存国，行正世之义，守倦倦之心，《春秋》嘉气义焉，故皆见之，复正之谓也。夷狄邾娄人、牟人、葛人，为其天王崩而相朝聘也，此其诛也。杀世子母弟直称君，明失亲亲也。鲁季子之免罪，吴季子之让国，明亲亲之恩也。阍杀吴子余祭，见刑人之不可近。郑伯髡原卒于会，讳弑，痛强臣专君，君不得为善也。卫人杀州吁，齐人杀无知，明君臣之义，守国之正也。卫人立晋，美得众也。君将不言率师，重君之义也。正月，公在楚，臣子思君，无一日无君之意也。诛受令,恩卫葆,以正囹圄之平也。言围成,甲午祠兵,以别迫胁之罪,诛意之法也。作南门。刻桷,丹楹,作雉门及两观。筑三台,新延厩,讥骄溢不恤下也。故臧孙辰请籴于齐,孔子曰:"君子为国,必有三年之积。一年不熟乃请籴,失君之职也。"诛犯始者,省刑,绝恶疾始也。大夫盟于澶渊,刺大夫之专政也。诸侯会同,贤为主,贤贤也。《春秋》纪纤芥之失,反之王道。追古贵信,结言而已,不至用牲盟而后成约。故曰:齐侯卫侯胥命于蒲。《传》曰:"古者不盟,结言而退。"宋伯姬曰:"妇人夜出,傅母不在,不下堂。"曰:"古者周公东征,则西国怨。"桓公曰:"无贮粟,无鄣谷,无易树子,无以妾为妻。"宋襄公曰:"不鼓不成列,不厄人。"庄王曰:"古者杆不穿,皮不蠹,则不出。"君子笃于礼,薄于利,要其人不要其土,告从不赦,不祥。强不陵弱。齐顷公吊死视疾,孔父正色而立于朝,人莫过而致难乎其君,齐国佐不辱君命而尊齐侯,此《春秋》之救文以质也。救文以质,见天下诸侯所以失其国者亦有焉。潞子欲合中国之礼义,离乎夷狄,未合乎中国,所以亡也。吴王夫差行强于越,臣人之主,妾人之妻,卒以自亡,宗庙夷,社稷灭。其可痛也。长王投死,于戏,岂不哀哉!晋灵行无礼,处台上弹群臣,枝解宰人而弃之,漏阳处父之谋,使阳处父死。及患赵盾之谏,欲杀之,卒为赵盾所弑。晋献公行逆理,杀世子申生以骊姬立奚齐、卓子,皆杀死,国大乱,四世乃定,几为秦所灭,从骊姬起也。楚平王行无度,杀伍子胥父兄。蔡昭公朝之,因请其裘,昭公不与。吴王非之。举兵加楚,大败之。君舍乎君室,大夫舍乎大夫室,妻楚王之母,贪暴之所致也。晋厉公行暴道,杀无罪人,一朝而杀大臣三人。明年,臣下畏恐,晋国杀之。陈侯佗淫乎蔡,蔡人杀之。古者诸侯出疆必具左右,备一师,以备不虞。今陈侯恣以身出入民间,到死闾里之庸,甚非人君之行也。宋闵公矜妇人而心妒,与大夫万博。万誉鲁庄公曰:"天下诸侯宜为君者,唯鲁侯尔。"闵公妒其言,曰:"此虏也,尔虏焉故。鲁侯之美恶乎至?"万怒,搏闵公绝脰。此以与臣博之过也。古者人君立于阴,大夫立于阳,所以别位,明贵贱。今与臣相对而博,置妇人在侧,此君臣无别也。故使万称他国卑闵公之意,闵公藉万而身与之博,下君自置。有辱之妇人之房,俱而矜妇人,独得杀死之道也。《春秋传》曰:"大夫不适君。"远此逼也。梁内役民无已。其民不能堪,使民比地为伍,一家亡,五家杀刑。其民曰:先亡者封,后亡者刑。君者将使民以孝于父母，顺于长老，守丘墓，承宗庙，世世祀其先。今求财不足，行罚如将不胜，杀戮如屠，仇雠其民，鱼烂而亡，国中尽空。《春秋》曰："梁亡。"亡者自亡也，非人亡之也。虞公贪财，不顾其难，快耳悦目，受晋之璧、屈产之乘，假晋师道，还以自灭。宗庙破毁，社稷不祀，身死不葬，贪财之所致也。故《春秋》以此见物不空来，宝不虚出，自内出者，无匹不行，自外至者，无主不止，此其应也。楚灵王行强乎陈蔡，意广以武，不顾其行，虑所美，内罢其众。乾谿有物女，水尽则女见，水满则不见。灵王举发其国而役，三年不罢，楚国大怨。有行暴意，杀无罪臣成然，楚国大憼。公子弃疾卒令灵王父子自杀而取其国。虞不离津泽，农不去畴土，而民相爱也。此非盈意之过耶？鲁庄公好宫室，一年三起台。夫人内淫两弟，弟兄子父相杀。国绝莫继，为齐所存，夫人淫之过也。妃匹贵妾，可不慎邪？此皆内自强从心之败己，见自强之败，尚有正谏而不用，卒皆取亡。曹羁谏其君曰："戎众以无义，君无自适。"君不听，果死戎寇。伍子胥谏吴王，以为越不可不取。吴王不听，至死伍子胥。还九年，越果大灭吴国。秦穆公将袭郑，百里、蹇叔谏曰："千里而袭人者，未有不亡者也。"穆公不听。师果大败殽中，匹马只轮无反者。晋假道虞，虞公许之。宫之奇谏曰："唇亡齿寒，虞虢之相救，非相赐也。君请勿许。"虞公不听，后虞果亡于晋。

　　《春秋》明此，存亡道可观也。观乎蒲社，知骄溢之罚。观乎许田，知诸侯不得专封。观乎齐桓、晋文、宋襄、楚庄，知任贤奉上之功。观乎鲁隐、祭仲、叔武、孔父、荀息、仇牧、吴季子、公子目夷，知忠臣之效。观乎楚公子比，知臣子之道，效死之义。观乎潞子，知无辅自诅之败。观乎公在楚，知臣子之恩。观乎漏言，知忠道之绝。观乎献六羽，知上下之差。观乎宋伯姬，知贞妇之信。观乎吴王夫差，知强陵弱。观乎晋献公，知逆理近色之过。观乎楚昭王之伐蔡，知无义之反。观乎晋厉之妄杀无罪，知行暴之报。观乎陈佗宋闵，知妒淫之祸。观乎虞公、梁亡，知贪财枉法之穷。观乎楚灵，知苦民之壤。观乎鲁庄之起台，知骄奢淫溢之失。观乎卫侯朔，知不即召之罪。观乎执凡伯，知犯上之法。观乎晋郄缺之伐邾娄，知臣下作福之诛。观乎公子翚，知臣窥君之意。观乎世卿，知移权之败。

这一段专表明存亡之道，特别值得研究，这些地方不要当历史看。

我们看蒲社的事，就知道"骄溢之罚"，一个特别骄傲自满所受的罚，就是蒲社之灾。

看见许田这件事，就知道诸侯不能把这块地随便封谁，随便封，就是军阀割据了。

下面这几人，齐桓、晋文，都是诸侯领袖，就可以知道"任贤奉上"的成就，任人的时候要任贤人，把一切成功奉上，他们几个还拥护周天子，在春秋时代，他们几个叫人看着还像人就在这里。

"祭"，蔡也。看这几个人，就知道做忠臣的效果。

这一段所讲的，就是乱世人所做的道，乱世中，也有其做法。

"效死"，就是致其身，国家到了危的时候，为了国家能把我们的生命拿出去，革命先烈就是能致其身。

看了潞子的事，一个人连一个帮他的人也没有，许多事，在自己的言语上失败了，言语是君子的枢机、荣辱之主也，一个不知谨言的人，也不知慎行，多言必败。今天很多人就是"无辅自迡"，他自己把自己破坏了。

什么是"忠道之绝"？我们可以借这个发挥一下。有一个人，对你讲了一个最忠实的话，你把话漏出去了，不就是"忠道之绝"吗？这就叫不忠。

六羽就是六佾。季氏用八佾舞于庭，就是不知礼，他学天子了。

《春秋》是礼义之大宗，《易经》讲乾元，和《春秋》是相表里的，这是中国最重要的两部书。

一个人近色，绝对逆理，这是最可怕的事情，一个人太近色，头脑绝对是糊涂的，嗜欲深者天机浅（《庄子·大宗师》："其耆欲深者，其天机浅。"），色是嗜欲之深的地方。这一关能轻一点就不容易。近色的人净说不正的词来掩饰自己，用欲为出发点，说人生就是欲，这就完了，这是最不正常的人。这些都是要道，一看这个人是什么玩意儿，就有了结论。太好色的人，就是逆理之士，他做事绝对反常，这种人不能叫他担当大任，因为担当大任会使天下人受损失。这些是典要，谁也跑不出去。

行暴之人，远则报之子孙，到今天都不爽。

一个人绝不能从欲，否则成功的机会太少了。我经验太多了，这些没有一个不是金科玉律。

贪财能不枉法吗？贪财不枉法的话，能不都枪毙了吗？梁之亡，不是敌人亡的，是自亡之也。近代史看看，没有什么了不起的敌人就亡国了，就因为贪财枉法。我不相信敌人能亡一个人！

故明王视于冥冥，听于无声，天覆地载，天下万国，莫敢不悉靖其职受命者，不示臣下以知之至也。故道同则不能相先，情同则不能相使，此其教也。

一个英明之主，最重要所要察视的，在冥冥之中，似隐若现，这些冥冥的事，要特别的察。听于无声，等有声再听就晚了，这是防患于未然，那些有形有声的，还能跑过吗？能够这样，就到了至高之境。

"道同"，正面来说，我们俩道是相同的，就不能相先了，不必争第一，两个道同的人起了冲突可就糟了，鹿死谁手不知道。既然道同，你也有一套，我也有一套，彼此相尊敬，相安无事。如果两人有相同之情，我们不必叫谁居下，谁也不必治理谁，我为首，你就做清流，谏诤我，咱们俩相依为命，这才行。

反过来说，要相先，得找一个不同的道，找一个不同的方法，这样才能相先。他摸不到的，你就可以居第一位。中国人必得学中国最高的术，千万不能净学西方，净学西方，就是道同不能相先，即使学到跟他们一样，能相先吗？得学你的方法，但用我的本钱，当然就和你相先，我这一套，你八辈子也学不好，中国学问他们能懂，那就不是中国了！我读了大半辈子，还没真懂呢！我感觉要多负一点责任，因为下一代不是聪明不够，而是时间不够。

相使之道，必找不同的情，这很微妙，得看智慧，用不好就糟糕了。

由此观之，未有去人君之权，能制其势者也；未有贵贱无差，能全其位者也。故君子慎之。

没有把人君的权去掉了，而能制住这个势的。"权"，是权衡的权，不是权势。

笔 记

"君要在权,以衡势度局,永操在我者也。"一权局势,你就知道怎么做了。

"贵贱悬,位难全;差贵贱,方保位全。"差是去掉,不是差别。人必得差贵贱,才能全其位。

灭国上第七、灭国下第八

这两篇的要点：为什么亡国了？

王者，民之所往。君者，不失其群者也。故能使万民往之，而得天下之群者，无敌于天下。

"失其群"，还能叫君吗？"君者，群之首"，这是我的注解。你那个群里你是老大，看历代乱制是如何误解了这个君？他们把君变成了有无上权柄的人。君就是没失其群，群都还捧他，投他的票。你们细认这些字，对中国文化才认清楚了。

能使万民都归往他的人，怎么会有敌人呢？所以孟子说"仁者无敌"（《孟子·梁惠王上》），仁者大家都拥护，哪有敌人？

看古时把王者、君者看得多重要，以后把王者君者看作专制魔王了。读中国书，必懂什么是王制、什么是乱制。

弑君三十六，亡国五十二。小国德薄，不朝聘大国，不与诸侯会聚，孤特不相守，独居不同群，遭难莫之救，所以亡也。

这两句话于我们做人很重要。一个人太孤特了、独居，能成群吗？必得降低自己的观念，发挥横的关系，才能成事。

什么是群？人为群之本，总要降低自己一点！

非独公侯大人如此，生天地之间，根本微者，不可遭大风疾雨，立铄消耗。

"根本微者",能遭大风吗?老百姓不拥护你,是个独夫。"闻诛一夫纣矣,未闻弑君也"(《孟子·梁惠王下》),只要有大雨,马上化了。

卫侯朔固事齐襄,而天下患之,虞虢并力,晋献难之。晋赵盾,一夫之士也,无尺寸之土,一介之众也。而灵公据霸主之余尊,而欲诛之,穷变极诈,诈尽力竭,祸大及身。推盾之心,载小国之位,孰能亡之哉?故伍子胥,一夫之士也,去楚干阖庐,遂得意于吴。所托者诚是,何可御邪?楚王髡托其国于子玉得臣,而天下畏之。虞公托其国于宫之奇,晋献患之。及髡杀得臣,天下轻之,虞公不用宫之奇,晋献亡之。存亡之端,不可不知也。诸侯见加以兵,逃遁奔走,至于灭亡而莫之救,平生之素行可见也。隐代桓立,所谓仅存耳,使无骇帅师灭极,内无谏臣,外无诸侯之救;载亦由是也,宋、蔡、卫国伐之,郑因其力而取之。此无以异于遗重宝于道而莫之守,见者掇之也。邓、穀失地而朝鲁桓,邓、谷失地,不亦宜乎?

纪侯之所以灭者,乃九世之仇也。一旦之言,危百世之嗣,故曰大去。

《公羊传注疏·庄公四年》:纪侯大去其国。大去者何?灭也。孰灭之?齐灭之。曷为不言齐灭之?为襄公讳也。《春秋》为贤讳。何贤乎襄公?复仇也。何仇尔?远祖也。哀公亨乎周,纪侯谮之。以襄公之为于此焉者,事祖祢之心尽矣。尽者何?襄公将复仇乎纪,卜之曰:"师丧分焉。寡人死之,不为不吉也。"远祖者,几世乎?九世矣。九世犹可以复仇乎?虽百世可也。家亦可乎?曰:不可。国何以可?国君一体也;先君之耻犹今君之耻也,今君之耻犹先君之耻也。国君何以为一体?国君以国为体,诸侯世,故国君为一体也。今纪无罪,此非怒与?曰:非也。古者有明天子,则纪侯必诛,必无纪者。纪侯之不诛,至今有纪者,犹无明天子也。古者诸侯必有会聚之事、相朝聘之道,号辞必称先君以相接,然则齐、纪无说焉,不可以并立乎天下。故将去纪侯者,不得不去纪也。有明天子,则襄公得为若行乎?曰:不得也。不得则襄公曷为为之?上无天子,下无方伯,缘恩疾者可也。

中国讲九世复仇。三、九都是虚数,有仇必得复,有仇不报非君子,这是讲国和国的复仇。言语是君子的枢机，一旦之言，一会儿之言，可以危害了你百世的继承，一个人一句话不但能亡现在的国，还能亡百代的国，做什么事，不加小心，不但自己亡，百代跟着一起亡了。

卫人侵成，郑入成，及齐师围成，三被大兵，终灭，莫之救，所恃者安在？齐桓公欲行霸道，谭遂违命，故灭而奔莒。不事大而事小，曹伯之所以战死于位。诸侯莫助忧者。幽之会，齐桓数合诸侯，曹小，未尝来也。鲁大国，幽之会，庄公不往。戎人乃窥兵于济西，由见鲁孤独而莫之救也。此时大夫废君命，专救危者。鲁庄公二十七年，齐桓为幽之会，卫人不来。其明年，桓公怒而大败之。及伐山戎，张旗陈获以骄诸侯。于是鲁一年三筑台，乱臣比三起于内，夷狄之兵仍灭于外，卫灭之端，以失幽之会。乱之本，存亲内蔽。邢未尝会齐桓也，附晋又微，晋侯获于韩而背之，淮之会是也。齐桓卒，竖刁易牙之乱作。邢与狄伐其同姓，取之。其行如此，虽尔亲，庸能亲尔乎？是君也，其灭于同姓，卫侯熽灭邢是也。齐桓为幽之会，卫不到，桓怒而伐之。狄灭之，桓忧而立之。鲁庄为柯之盟，劫汶阳，鲁绝，桓立之。邢杞未尝朝聘，齐桓见其灭，率诸侯而立之，用心如此，岂不霸哉？故以忧天下与之。

《公羊传注疏·隐公五年》：秋，卫师入盛。曷为或言率师或不言率师？将尊师众称某率师，将尊师少称将；将卑师众称师，将卑师少称人。君将不言率师，书其重者也。

《公羊传注疏·隐公十年》：冬，十月壬午，齐人、郑人入盛。

《公羊传注疏·庄公八年》：夏，师及齐师围成，成降于齐师。成者何？盛也。盛则曷为谓之成？讳灭同姓也。因鲁有成邑，同声相似，故云尔。曷为不言降吾师？辟之也。辟灭同姓。言围者，使若鲁围之而去，成自从后降于齐师也。降者，自伏之文，所以醇归于齐。言及者，起鲁实欲灭之。不月者，顺讳文。不书盛伯出奔，深讳之。

《公羊传注疏·庄公十年》：冬，十月，齐师灭谭，谭子奔莒。何以不言出？据卫侯出奔也。国已灭矣，无所出也。别于有国出奔者，孔子曰："君子于其言，无所苟而已矣。"月者，恶不死位也。

《公羊传注疏·庄公三十年》：齐人伐山戎。此齐侯也，其称人何？据下言齐侯来献戎捷。贬。曷为贬？据齐侯伐北戎不贬。子司马子曰："盖以操之为已蹙矣。"操，迫也。已，甚也。蹙，痛也。迫杀之甚痛。此盖战也。何以不言战？据得捷也。《春秋》敌者言战。桓公之与戎狄，驱之尔。时桓公力但可驱逐之而已，戎亦天地之所生，而乃迫杀之甚痛，故去战贬见其事，恶不仁也。山戎者，戎中之别名，行进故录之。

《公羊传注疏·庄公三十一年》：六月，齐侯来献戎捷。战所获物曰捷。齐，大国也。曷为亲来献戎捷？据齐未尝朝鲁。威我也。以威恐怖鲁也。如上难，知为威鲁书之。其威我奈何？旗获而过我也。旗，军帜名，各有色，与金鼓俱举，使士卒望而为陈者。旗获，建旗县所获得以过鲁也。不书威鲁者，耻不能为齐所忌难，见轻侮也。言献捷系戎者，《春秋》王鲁，因见王义，古者方伯征伐不道，诸侯交格而战者，诛绝其国，献捷于王者。楚献捷时，此月者，刺齐桓骄慢恃盈，非所以就霸功也。

《公羊传注疏·庄公三十一年》：三十有一年，春，筑台于郎。何以书？讥。何讥尔？临民之所漱浣也。无垢加功曰漱，去垢曰浣，齐人语也。讥者，为渎下也。礼，天子外屏，诸侯内屏，大夫帷，士帘，所以防泄慢之渐也。礼，天子有灵台，以候天地；诸侯有时台，以候四时。登高远望，人情所乐，动而无益于民者，虽乐不为也。四方而高曰台。

《公羊传注疏·庄公三十一年》：筑台于薛。何以书？讥。何讥尔？远也。礼，诸侯之观不过郊。

《公羊传注疏·庄公三十一年》：秋，筑台于秦。何以书？讥。何讥尔？临国也。言国者，社稷、宗庙、朝廷皆为国，明皆不当临也。临社稷、宗庙则不敬，临朝廷则泄慢也。

《公羊传注疏·僖公二十五年》：二十有五年春，王正月丙午，卫侯燬灭邢。卫侯燬，何以名？绝。曷为绝之？灭同姓也。绝先祖支体尤重，故名，甚之也。日者，为鲁忧而录之。

《公羊传注疏·僖公元年》：齐师、宋师、曹师次于聂北，救邢。救不言次，此其言次何？不及事也。不及事者何？邢已亡矣。孰亡之？盖狄灭之。曷为不言狄灭之？为桓公讳也。曷为为桓公讳？上无天子，下无方伯，天下诸侯有相灭亡者，桓公不能救，则桓公耻之。曷为先言次而后言救？君也。君则其称师何？不与诸侯专封也。曷为不与？实与而文不与。文曷为不与？诸侯之义不得专封也。诸侯之义不得专封，则其曰实与之何？上无天子，下无方伯，天下诸侯有相灭亡者，力能救之，则救之可也。

《公羊传注疏·僖公十四年》：十有四年春，诸侯城缘陵。孰城之？城杞也。曷为城杞？灭也。孰灭之？盖徐、莒胁之。曷为不言徐、莒胁之？为桓公讳也。曷为为桓公讳？上无天子，下无方伯，天下诸侯有相灭亡者，桓公不能救，则桓公耻之也。然则孰城之？桓公城之。曷为不言桓公城之？不与诸侯专封也。曷为不与？实与而文不与。文曷为不与？诸侯之义不得专封也。诸侯之义不得专封，则其曰实与之何？上无天子，下无方伯，天下诸侯有相灭亡者，力能救之，则救之可也。

见危就相救，怎能不称霸于世呢？这种人算不得什么了不起的，只是忧天下而已，故以忧天下许之。齐桓晋文虽然也做一点事，听见别人国亡了，率诸侯又把这国起了，但绝没有拯民之志，"其事则齐桓、晋文"（《孟子·离娄下》），其义最重要，也就是说齐桓晋文不值得重视，他只知道拯国，不知道拯民。

随本消息第九

颜渊死，子曰："天丧予。"子路死，子曰："天祝予。"西狩获麟，曰："吾道穷，吾道穷。"三年，身随而卒。天命成败，圣人知之，有所不能救，命矣夫。

颜渊死了，孔子叹息说："天丧我！"孔子以颜渊为传道之人，颜渊死了，就等于天丧其道。等到子路死了，他说"天祝予"，祝就是断，说"祝发为僧"就是"断发为僧"，从这里来看，好像是孔子以颜渊和子路为他道的两个重要的继承人。等到西狩获麟的时候，孔子就说："吾道穷矣！"我的道到了穷极之处，但也没提穷什么，三年以后，他就死了。

按这个层次来看，天命的成与败，圣人是知道的，虽然知道，也不能救止它，这是天命啊！"圣人不能生时，时至而不失之"（《战国策·秦策》："圣人不能为时，时至而弗失。"）。

先晋献之卒，齐桓为葵丘之会，再致其集。先齐孝未卒一年，鲁僖乞师取。晋文之威，天子再致。先卒一年，鲁僖公之心，分而事齐。文公不事晋。先齐侯潘卒一年，文公如晋，卫侯郑伯皆不期来。齐侯已卒，诸侯果会晋大夫于新城。鲁昭公以事楚之故，晋人不入。楚国强而得意，一年再会诸侯，伐强吴，为齐诛乱臣，遂灭厉。鲁得其威以灭鄫。其明年，如晋，无河上之难。先晋昭之卒一年，无难。楚国内乱，臣弑君。诸侯会于平丘，谋诛楚乱臣，昭公不得与盟，大夫见执。吴大败楚之党六国于鸡父。

公如晋而大辱，《春秋》为之讳而言有疾。由此观之，所行从不足恃，所事者不可不慎。此亦存亡荣辱之要也。先楚庄王卒之三年，晋灭赤狄潞氏及甲氏留吁。先楚子审卒之三年，郑服萧鱼。晋侯周卒一年，先楚子昭卒之二年，与陈蔡伐郑而大克。其明年，楚屈建会诸侯而张中国。卒之三年，诸夏之君朝于楚。楚子卷继之，四年而卒。其国不为侵夺，而顾隆盛强大，中国不出年余，何也？楚子昭盖诸侯可者也，天下之疾其君者，皆赴愬而乘之。兵四五出，常以众击少，以专击散，义之尽也。先卒四五年，中国内乖，齐、晋、鲁、卫之兵分守，大国袭小。诸夏再会陈仪，齐不肯往。吴在其南，而二君杀，中国在其北，而齐卫杀其君，庆封劫君乱国，石恶之徒聚而成群，卫衎据陈仪而为谖。林父据戚而以畔，宋公杀其世子，鲁大饥。中国之行，亡国之迹也。譬如于文宣之际，中国之君，五年之中五君杀。以晋灵之行，使一大夫立于斐林，拱挹指抐，诸侯莫敢不出，此犹隰之有泮也。

《公羊传注疏·昭公二十三年》：冬，公如晋，至河，公有疾，乃复。何言乎公有疾乃复？据上比乃复，不言公，不言有疾。杀耻也。因有疾以杀畏晋之耻。举公者，重疾也。"子之所慎：斋、战、疾。""昭公二年""昭公十二年""昭公十三年""昭公二十一年"四言"公如晋，至河乃复"。

《公羊传注疏·宣公十五年》：六月，癸卯，晋师灭赤狄潞氏，以潞子婴儿归。潞何以称子？据其灭称氏。潞子之为善也，躬足以亡尔。躬，身。虽然，君子不可不记也。离于夷狄，疾夷狄之俗而去离之，故称子。而未能合于中国，未能与中国合同礼义，相亲比也，故犹系赤狄。晋师伐之，中国不救，狄人不有，是以亡也。以去俗归义亡，故君子闵伤进之。日者，痛录之。名者，示所闻世，始录小国也。录以归者，因可责而责之。责而加进之者，明不当绝，当复其氏。

《公羊传注疏·宣公十六年》：十有六年，春，王正月，晋人灭赤狄甲氏，及留吁。言及者，留吁行微不进。

《公羊传注疏·襄公十一年》：公会晋侯、宋公、卫侯、曹伯、齐世子光、莒子、邾娄子、滕子、薛伯、杞伯、小邾娄子伐郑，会于萧鱼。此伐郑也，其言会于萧鱼何？盖郑与会尔。中国以郑故，三年之中五起兵，至是乃服，其后无干戈之患二十余年，故喜而详录其会，起得郑为重。

《公羊传注疏·襄公二十六年》：冬，楚子、蔡侯、陈侯伐郑。

《公羊传注疏·襄公二十七年》：夏，叔孙豹会晋赵武、楚屈建、蔡公孙归生、卫石恶、陈孔瑗、郑良霄、许人、曹人于宋。

《公羊传注疏·襄公二十四年》：公会晋侯、宋公、卫侯、郑伯、曹伯、莒子、邾娄子、滕子、薛伯、杞伯、小邾娄子于陈仪。"襄公二十五年"再会，齐国皆未往。

《公羊传注疏·襄公二十五年》：十有二月，吴子谒伐楚，门于巢卒。门于巢卒者何？入门乎巢而卒也。入门乎巢而卒者何？入巢之门而卒也。吴子谒，何以名？伤而反，未至乎舍而卒也。

《公羊传注疏·襄公二十九年》：阍弑吴子余祭。阍者何？门人也，刑人也。刑人则曷为谓之阍？刑人非其人也。君子不近刑人，近刑人则轻死之道也。

《公羊传注疏·襄公二十五年》："夏，五月乙亥，齐崔杼弑其君光。"

《公羊传注疏·襄公二十五年》：二十有六年春，王二月辛卯，卫宁喜弑其君剽。

《公羊传注疏·襄公二十五年》：卫侯入于陈仪。陈仪者何？卫之邑也。曷为不言入于卫？谖君以弑也。以先言入，后言弑也。时卫侯为剽所篡逐，不能以义自复，诈愿居是邑为剽臣，然后候间伺便，使宁喜弑之。君子耻其所为，故就为臣以谖君恶之。未得国言入者，起诈篡从此始。

《公羊传注疏·襄公二十六年》：卫孙林父入于戚以叛。衎盗国，林父未君事衎。言叛者，林父本逐衎，衎入故叛。衎得诛之，犹定公得诛季氏，故正之云尔。

《公羊传注疏·襄公二十六年》：秋，宋公杀其世子痤。痤有罪，故平公书葬。

《公羊传注疏·襄公二十四年》：大饥。有死伤曰大饥，无死伤曰饥。

《公羊传注疏·文公十四年》：齐公子商人弑其君舍。此未逾年之君也，其言弑其君舍何？已立之，已杀之，成死者而贱生者也。

《公羊传注疏·文公十六年》：冬，十有一月，宋人弑其君处臼。弑君者曷为或称名氏？或不称名氏？大夫弑君称名氏，贱者穷诸人；大夫相杀称人，贱者穷诸盗。

《公羊传注疏·文公十八年》：夏，五月戊戌，齐人弑其君商人。

《公羊传注疏·文公十八年》：冬，十月，子卒。子卒者孰谓？谓子赤也。何以不日？隐之也。何隐尔？弑也。弑则何以不日？不忍言也。

《公羊传注疏·宣公元年》：晋赵盾帅师救陈。宋公、陈侯、卫侯、曹伯会晋师于斐林，伐郑。此晋赵盾之师也，曷为不言赵盾之师？君不会大夫之辞也。

公是鲁公。鲁公到晋国去，这是一个大的耻辱，《春秋》为他特别避讳这件事情。如果不是以《春秋》之义说，这件事本来没什么，只是鲁公到晋国去访问，没什么耻辱。但是《春秋》王鲁，以鲁国当新王，天下诸侯应该朝鲁才对，王不能去朝诸侯，新王去如晋就丢脸了。

最重要的是下面一句话，从这里看，所行纵然不足为恃，但是所事的事情不可不慎！这就是存亡荣辱最重要的事情。一般人，有时很马虎，完全不经大脑。志之所事不能不加谨慎。做任何一件事绝不可轻心，"出门如见大宾，使民如承大祭"（《论语·颜渊》），随便用一个人，也像担当最重要祭祀一样的谨慎。民还是一个无所谓的人，何况其他？出门就像见大宾一样慎重。

服制像第十四

天地之生万物也以养人，故其可适者以养身体，其可威者以为容服，礼之所为兴也。

这一段讲为什么人要穿衣服。下面一段讲青龙白虎的可以自己看。

剑之在左，青龙之象也；刀之在右，白虎之象也；戟之在前，赤鸟之象也；冠之在首，玄武之象也；四者、人之盛饰也。夫能通古今，别然不然，乃能服此也。盖玄武者，貌之最严有威者也，其像在后，其服反居首，武之至而不用矣。圣人之所以超然，虽欲从之，末由也已！

四者，就是青龙、白虎、朱雀、玄武，这四者是人之盛服。连一个人穿一件衣服，在中国人智慧中都是有意义的，中国人有文化就在这里。能通古今，能别然与不然的，才能穿上面那四种盛服，糊涂蛋就没有资格穿。这不是阶级，因为有这种智慧，才得这种服饰的威仪。

服装中有文章，因为要彰德、彰智慧、彰学问。像以前的官服，上面绣什么是一定的，那叫文，用文来彰显出你的道德学问。没有读书的人，以为那官服是穿来吓人的，等你读了书以后，就知道珍惜那个衣服，因为有能才有资格穿这个服。世及的就不在内，那是他祖先有大功，儿孙们就享那个福，那不算什么！至于彭、胡、曾、左，他们半点人事关系没有，一点一点干来的。通古今的，都是何等人物！通古就能衡今，读《资治通鉴》，就是要通了古以后，做今之鉴。

服制像第十四

夫执介胄而后能拒敌者,故非圣人之所贵也。君子显之于服,而勇武者消其志于貌也矣。故文德为贵,而威武为下,此天下之所以永全也。于《春秋》何以言之?孔父义形于色,而奸臣不敢容邪;虞有宫之奇,而献公为之不寐;晋厉之强,中国以寝尸流血不已。故武王克殷,裨冕而揖笏。虎贲之士说剑,安在勇猛必任武杀然后威。是以君子所服为上矣,故望之俨然者,亦已至矣,岂可不察乎!

《公羊传注疏·桓公二年》:二年春,王正月戊申,宋督弑其君与夷及其大夫孔父。及者何?累也。弑君多矣,舍此无累者乎?曰:有,仇牧,荀息,皆累也。舍仇牧、荀息,无累者乎?曰:有。有则此何以书?贤也。何贤乎孔父?孔父可谓义形于色矣。其义形于色奈何?督将弑殇公,孔父生而存,则殇公不可得而弑也,故于是先攻孔父之家。殇公知孔父死,己必死,趋而救之,皆死焉。孔父正色而立于朝,则人莫敢过而致难于其君者,孔父可谓义形于色矣。内有其义而外形见于颜色,孔子曰"君子正其衣冠,尊其瞻视,俨然人望而畏之"是也。重道义形于色者,君子乐道人之善。言及者,使上及其君,若附大国以名通,明当封为附庸,不绝其祀,所以重社稷之臣也。督不氏者,起冯当国。不举冯弑为重者,缪公废子而反国,得正,故为之讳也。不得为让者,死乃反之,非所以全其让意也。

《公羊传注疏·僖公二年》:虞师、晋师灭夏阳。虞,微国也,曷为序乎大国之上?使虞首恶也。曷为使虞首恶?虞受赂,假灭国者道,以取亡焉。其受赂奈何?献公朝诸大夫而问焉,曰:"寡人夜者寝而不寐,其意也何?"诸大夫有进对者曰:"寝不安与?其诸侍御有不在侧者与?"献公不应。荀息进曰:"虞郭见与?"献公揖而进之,遂与之入而谋曰:"吾欲攻郭,则虞救之;攻虞,则郭救之,如之何?愿与子虑之。"荀息对曰:"君若用臣之谋,则今日取郭,而明日取虞尔,君何忧焉?"献公曰:"然则奈何?"荀息曰:"请以屈产之乘与垂棘之白璧,往必可得也。则宝出之内藏,藏之外府;马出之内厩,系之外厩尔,君何丧焉?"献公曰:"诺。虽然,宫之奇存焉,如之何?"荀息曰:"宫之奇知则知矣!虽然,虞公贪而好宝,见宝必不从其言,请终以往。"于是终以往,虞公见宝许诺。宫之奇果谏:"记曰:'唇亡则齿寒。'虞、郭之相救,非相为赐，则晋今日取郭，而明日虞从而亡尔。君请勿许也。"虞公不从其言，终假之道以取郭。还，四年，反取虞。虞公抱宝牵马而至。荀息见曰："臣之谋何如？"献公曰："子之谋则已行矣，宝则吾宝也，虽然，吾马之齿亦已长矣！"盖戏之也。夏阳者何？郭之邑也。曷为不系于郭？国之也。曷为国之？君存焉尔。

《公羊传注疏·成公十八年》：十有八年春，王正月，晋杀其大夫胥童。庚申，晋弑其君州蒲。日者，二月庚申日。上系于正月者，起正月见幽，二月庚申日死也。厉公猥杀四大夫，臣下人人恐见及，以致此祸，故日起其事，深为有国者戒也。

"执介胄而后能拒敌者，非圣人之所贵"，一个国家到了介胄之士执干戈而去拒敌的时候，就是那些文人都是混蛋，兵临城下了。

天下之所以能永全，等兵临城下了，还能永全吗？就算把敌人打回去了，也残破不堪了。

考功名第二十一

考积之法。考其所积也。天道积聚众精以为光，圣人积聚众善以为功。故日月之明，非一精之光也；圣人致太平，非一善之功也。

为什么考绩？就考他日月之所积，他所积的是功还是过？天之道，把许许多多的精积聚到一起，而成天之光。人怎么成圣人？就因为日行一善，积聚众善而为功，刹那都行善，一个人的成就，不是一下子就达到的。任何一件事业，必得众志成城，卖豆浆也得有三个人，必得有容、有量。人最低的一个本能就是忌妒，得不到手就破坏别人，什么事都有几分私心，公就少了。自己必要练达。

"圣人贵除天下之患"（《繁露·盟会要》）。为天下除害，就像川渎流入海一样，因为"小德川流，大德敦化"（《中庸》），不能因为善小而不为，一点小事上能除害也行，不要以为小事不必管，将来能管大事。也不要因为恶小就不去，以为小恶无所谓，天天小恶，加在一起就成众恶了，人家看你面目可憎，就坏了。

明所从生，不可为源，善所从出，不可为端，量势立权，因事制义。故圣人之为天下兴利也，其犹春气之生草也，各因其生小大而量其多少，其为天下除害也，若川渎之写于海也，各顺其势，倾侧而制于南北。

"明所从生"，可不能以此为源。一个人的知识境界深浅不一。明了其所从生了，可不要以为那就是源，因为你了解的深浅还不同。源的深浅境界是你自己的，自己的源可不是真的源，等到你自己以为知识境界就是这样了，这个人就没有前途了。孔子的源，"吾十有五而志于学，三十而立，四十而不惑，五十而知天命"，如果他五十岁死，知天命就是他的源，"六十而耳顺"，六十岁死，耳顺就是他的源，"七十而从心所欲，不逾矩"（《论语·为政》），到七十了，不逾矩是他的源，如果他活到八十，还不知要说什么呢！

善从这里出来，你可不要以为那就是开始，早着呢！那只是入手处。

要衡量情势，再立权，"权"是权衡。有些人没量势就立权了，这样合适，那样不可以，就是光知立权，没有量势。因事制宜，得特别了解事，才能制宜。所以圣人为天下兴利，就像春天的气生草，因其所生的大小而量其多少，为天下除害，就像川渎泻于海一样。

川渎、小水都淌到海里去，大德就敦化了，所以说"攻乎异端，斯害也已"（《论语·为政》），攻击、毁谤异端是不可以的，"道并行而不相悖"（《中庸》）。每一个川渎的势都不同，都顺其势而往下淌。除害也不能只用一个办法，除害也得顺害之势而倾侧之。

"南北"是什么？天则也！虽然顺害之势而倾侧之，可不能离开了天则，天则就是做一切事的原则，儒家达到目的可得择手段。魔鬼是为达到目的就不择手段的，结果除了一害，又增加了一个害。这个地方要特别去明白。

故异孔而同归，殊施而钧德，其趣于兴利除害一也。是以兴利之要在于致之，不在于多少；除害之要在于去之，不在于南北。

所以说"异孔而同归"，用不同的方法而同归于道，道也是天则，儒家不喜欢坏人，但不用不合乎道的方法去除不喜欢的坏人。

分别叫殊，分别去实行，去除害，但可得"钧德"，也就是制南北。一致百虑，殊途同归，可以用不同的道子去想，但所得的结果，同归于道。

什么叫"致之"？就是得真的去做，兴利之要在于做之、干之、达到之，不是用嘴说。真正是利，还在乎多少？专心去做，达到境界，只要有一件事就够了。孔子只用四个字——"有教无类"（《论语·卫灵公》），就达到了除害的目的。这四个字，就是拨乱反正的关键。叫老百姓懂得什么是乱，就得有教，有教得无类，全民都得受教育，等全民都懂什么是乱，乱不就没了吗？两千年以后，中山先生把乱给拨掉了，孔子的目的就达到了。不在乎多少，只要你真是，一个就够了。

你不能说这是我们的旧规矩，完全不能动。天则、道，必得除害，不在乎守旧的原则。有许多事情，就因为在旧原则上是这么做，我们好像不能去掉它，天之则是不能变的，但是有时候是人立之道，在那里摆着，就不能变，这就不对了。除害之要，特别重要的时候，我们必得去掉，并不一定要守人立的原则。

笔　记

"天则尚可不在，况人为之规乎？"人之为道而远人，那更不必说了，除害不在于守住成规，孔子是讲"时"的，"圣之时者"。思想法统都是人为之害，每个人思想境界不同，所以才出事。

考绩绌陟，计事除废，有益者谓之公，无益者谓之烦。揽名责实，不得虚言，有功者赏，有罪者罚，功盛者赏显，罪多者罚重。不能致功，虽有贤名，不予之赏；官职不废，虽有愚名，不加之罚。赏罚用于实，不用于名，贤愚在于质，不在于文。故是非不能混，喜怒不能倾，奸轨不能弄，万物各得其冥，则百官劝职，争进其功。

"考绩绌陟"，就是升和迁，有益者就叫作功，无益者就叫作烦。得按名责实，不可以空说，功多的，赏一定要显，罪多的，罚一定要重。没达到功的境界，虽有贤德之名，也不能赏，哪有上将没听过枪响的？如果他做他的事，并没有懈怠，虽然别人说他呆透了，也不能罚，赏罚可得用于实。贤愚不在于表面，有些人很贤，外面不够漂亮。

喜和怒也不能改变原则，万事万物，各得其冥，就是一般人不能了解的事，也得相合。很多有默默之功的，人家自己不显，你做领袖的可得知道。很多无名英雄，外面不知道他，但是他对国家贡献很大，这些都得叫大家知道，那个默默之功也得相得。这样一来，所有的官吏都拼命努力做他的职务，而争进他的功。

以下讲功可以抵过，以多除少。

考试之法，大者缓，小者急，贵者舒而贱者促。诸侯月试其国，州伯时试其部，四试而一考。天子岁试天下，三试而一考，前后三考而绌陟，命之曰计。

考试之法，合其爵禄，并其秩，积其日，陈其实，计功量罪，以多除少，以名定实，先内弟之。其先比二三分以为上中下，以考进退，然后外集。通名曰进退，增减多少，有率为弟。九分三三列之，亦有上中下，以一为最，五为中，九为殿。有余归之于中，中而上者有得，中而下者有负。得少者以一益之，至于四，负多者以四减之，至于一，皆逆行。三四十二而成于计，得满计者绌陟之。次次每计，各逐其弟，以通来数。初次再计，次次四计，各不失故弟，而亦满计绌陟之。

初次再计，谓上弟二也。次次四计，谓上弟三也。九年为一弟，二得九，并去其六，为置三弟，六六得等，为置二，并中者得三尽去之，并三三计得六，并得一计得六，此为四计也。绌者亦然。

通国身第二十二

凌注本有一段:"《潜夫论》:'是故养寿之士,先病服药,养世之君,先乱任贤,是以身常安而国脉永也。'上医医国,其次下医医疾,夫人治国故治身之象,疾者身之病,乱者国之病也。身之病待医而愈,国之乱待贤而治,治身有黄帝之术,治世有孔子之经。"

"国之乱待贤而治",这话最重要。

气之清者为精,人之清者为贤。治身者以积精为宝,治国者以积贤为道。身以心为本,国以君为主。精积于其本,则血气相承受;贤积于其主,则上下相制使。血气相承受,则形体无所苦;上下相制使,则百官各得其所。形体无所苦,然后身可得而安也;百官各得其所,然后国可得而守也。

宝是最重要的东西。治国必得积贤,贤不是咸鱼,一网可以打那么多的,得慢慢积。

夫欲致精者,必虚静其形;欲致贤者,必卑谦其身。形静志虚者,精气之所趣也;谦尊自卑者,仁贤之所事也。故治身者务执虚静以致精,治国者务尽卑谦以致贤。能致精则合明而寿,能致贤则德泽洽而国太平。

这讲人之身想致其精者,就得虚静其形,虚其身,静其形,才能守精。你想叫天下人都给你效劳吗?必得卑谦其身,要贤者毛遂自荐可就不容易了。要能谦你的尊而自卑才行。

能致其精的，就能合其明而永久，能致贤则德泽洽而国太平。这说很容易，有几个人能不抱着"非我同类其心必异"的观念？你不是他的人，天塌下来都不要你，那就完了。

度制第二十七

孔子曰："不患贫而患不均。"故有所积重，则有所空虚矣。大富则骄，大贫则忧。忧则为盗，骄则为暴，此众人之情也。圣者则于众人之情，见乱之所从生。

孔子的名言："不患寡而患不均。"（《论语·季氏》）真想要均富是很难的一件事，说得很彻底，执行起来很难。

举个例子来说，中国台湾地区的繁荣已经到了相当的程度，很多人因为地价一涨，一夜之间发了财，不是用他的智慧赚来的，完全是机运，这应该怎么处理？经济的发达是穷人富人一起干所造成的，怎么可以一家得其私？应该以有余补不足，这种税应该按量征，地本来值两万，叫他得四万就可以了，以外那是大家建设的，应该拿出来，这最公平。否则他们浪费，去拜妈祖，不知道是大家的努力。像我们感谢荣民，这很对，交通方便都是他们的功劳。

均是儒家的重要思想，均产要怎么个均法？其他的都是避重就轻。忠、孝、仁、义这些都是对当政者有好处的，他就是不说均。尤其是今天，均了才有好处，因为太贫则忧，忧则为盗，小盗盗财，大盗盗国，很值得重视。

如果你积得太多，那边就太少了，因为一国里就是这些玩意儿，不在你手，就在他手里。这是儒家最重要的思想，太高了就骄了，打死人给他几百万就算了。这是一般人的情。

故其制人道而差上下也，使富者足以示贵而不至于骄，贫者足以养生而不至于忧。以此为度而调均之，是以财不匮而上下相安，故易治也。

《繁露》中的"差"都不当"差别"讲，而是"去掉"的意思。

圣人从众人的情里看出来，知道乱是哪里来的，因为太贫则忧，忧则为盗，太富则骄，骄则为暴。其实这道理谁都懂，但是行的时候贵乎有决心。

"人道"两个字重要，不这样就不是人道。前面那些都是非人之道，强凌弱，众暴寡，是人道吗？

要除掉上下，可以叫他当，还叫他表明示贵，可不能叫他骄。

调、均，以前说"平均地权，节制资本"多么好！早做就没有今天，今天做也会有将来。宁叫一家哭，不叫一路哭。

做一件事难免有人反对，《商君书》一开始就提到了，要行特殊之政，不必谋之于庸夫。能这么做，财不匮乏而上下相安，因为差贵贱，没有上下了，不就上下相安了吗？

> 《商君书·更法》：公孙鞅曰："臣闻之：'疑行无成，疑事无功。'君亟定变法之虑，殆无顾天下之议之也。且夫有高人之行者，固见负于世；有独知之虑者，必见骜于民。语曰：'愚者暗于成事，知者见于未萌。民不可与虑始，而可与乐成。'郭偃之法曰：'论至德者，不和于俗；成大功者，不谋于众。'法者，所以爱民也；礼者，所以便事也。是以圣人苟可以强国，不法其故；苟可以利民，不循其礼。"

"易治"，是太平之治，不是容易治理。

如果总叫有钱人在前面老百姓日久生嫉，他嫉妒，得不到手就要破坏，这最可怕。行政不能忽略老百姓，但是谋之老百姓可不行，他本来就不懂，重要事不是老百姓能决定的。

> 今世弃其度制，而各从其欲。欲无所穷，而俗得自恣，其势无极。大人病不足于上，而小民羸瘠于下，则富者愈贪利而不肯为义，贫者日犯禁而不可得止，是世之所以难治也。

今天弃掉的度制而各从其欲，可是"欲无所穷"，永远完不了。大人物总觉得不够,人还有知足的吗?贫者就日犯禁,有什么严法他也不怕,所以难太平。这些地方特别发人深省。

孔子曰:"君子不尽利以遗民。"《诗》云:"彼有遗秉,此有滞穗,伊寡妇之利。"故君子仕则不稼,田则不渔,食时不力珍,大夫不坐羊,士不坐犬。《诗》曰:"采葑采菲,无以下体。德音莫违,及尔同死。"

一个君子,千万不能把应得的利都拿来了,用余利来遗民。下面举例子。

中国有个规矩,收成割完以后,扎成一捆一捆的放在那里,等大车来了,用叉子叉上车,如果有一个散了,就让它散了,不可以再捡,这叫"不敛穗"。收成的时候速度很快,如果回头发现有没有割的,不可以回头割,这叫"遗秉"。这些东家都会交代的,是一定的规矩。

那些寡妇就可以来捡"不敛穗",有力量一点的就可以割"遗秉",有时候捡一次,她一年用不完。这都是没有男人的人家才去捡。所以叫"寡妇之利"。

所以一个君子做官就不可以种地。《大学》中说:"伐冰之家,不畜牛羊。"就是这意思。打猎就不可以再去打渔,吃东西要吃当时上市的,什么产得多吃什么,不可以努力去搜珍品,冬天要吃黄瓜,那就叫力珍。

北方都坐羊皮,大夫不祭祀的时候,不可以随便杀羊。为士者,不能随便杀狗。古时吃狗吃猪是一样的。

"采葑采菲,无以下体",因为这两种菜下体也好吃,但是不可以把下体连根拔了,那以后人吃什么呢?这是遗后人之利,光采叶子可以。这种德音不可以违背,一直到死为止。

以此防民,民犹忘义而争利,以亡其身。天不重与,有角不得有上齿。故已有大者,不得有小者,天数也。夫已有大者又兼小者,天不能足之,况人乎?故明圣者象天所为,为制度,使诸有大奉禄亦皆不得兼小利,与民争利业,乃天理也。

用这些来限制,民犹忘义而去争利,一直到身亡也不悟。前面所讲的那些就是义。

上天都不给你两样东西，有角的就没有上牙，否则天下都叫你吃光了，有大的就不能有小的，这是天数。这给人很多启示。中国自古就讲这道理，今天富者越富贫者越贫，因为大家没彻底读明白，真明白了，不帮坏人忙，早就成功了。

圣明之士，象天所为而做制度。有钱生利的买卖，绝对不能叫一家独占了。

凡百乱之源，皆出嫌疑纤微，以渐浸稍长至于大。圣人章其疑者，别其微者，绝其纤者，不得嫌以蚤防之。圣人之道，众隄防之类也。

你疑，我就把疑者叫你明白，我们不怕老百姓疑，因为我章疑，你就不疑了。你看不清楚，我就特别分析清楚。稍微有一点纤，我都把它绝掉了，何况大乎！这样子老百姓能不服吗？我叫你顺的是礼、是道，不是权、势。圣人之道，就是各色各样的堤防之类，每一类事有每一类事的堤防，任何事都有想法来帮你防止。

谓之度制，谓之礼节。故贵贱有等，衣服有制，朝廷有位，乡党有序，则民有所让而不敢争，所以一之也。《书》曰："舆服有庸，谁敢弗让，敢不敬应。"此之谓也。

凡衣裳之生也，为盖形暖身也。然而染五采，饰文章者，非以为益肌肤血气之情也，将以贵贵尊贤，而明别上下之伦，使教亟行，使化易成，为治为之也。若去其度制，使人人从其欲，快其意，以逐无穷，是大乱人伦，而靡斯财用也，失文采所遂生之意矣。上下之伦不别，其势不能相治，故苦乱也。嗜欲之物无限，其势不能相足，故苦贫也。今欲以乱为治，以贫为富，非反之制度不可。古者天子衣文，诸侯不以燕，大夫衣稼，士不以燕，庶人衣缦，此其大略也。

前面所讲的，就是度制，这都不能少掉。如果去了那些度制，要逐无穷之欲，这种情势能相治吗？嗜欲之物，没有限量，能满足吗？人的欲没有满足的，拿了好的，还想要更好的。这是苦贫也。所以要拨乱反正，如果不返回以前那些制度，永远也治不好。

看几千年来，哪一个朝代都有几天小康，每个人都说为人民谋幸福，看给老百姓带来多少痛苦，都说救民，为民谋福，都是一个小集团得其福了，把老百姓的血都吸光了。

古时天子要穿文采的衣服，诸侯也穿，按照他的阶级。但是燕居时不可以穿文。天子平常也穿文。士平常不可以穿襐，大夫可以穿。这是大略。

细看上面这些，都会心惊胆战。古时的当政者不是没读书，他是得其人爵，弃其天爵。给你一个官，脑子里就什么都没了，听长官话，什么都做了。除非当政者自己良心发现，否则没办法，下面催促他改进，不容易。赵孟可以贱之，你不听他的，他就免你职。

读完历史，何必那么重视钱？历代帝王，财富多么多，今天有什么了？

竹林第三

《春秋》之常辞也，不予夷狄而予中国为礼，至邲之战，偏然反之，何也？曰：《春秋》无通辞，从变而移。今晋变而为夷狄，楚变而为君子，故移其辞以从其事。

《公羊传注疏·宣公十二年》：夏，六月乙卯，晋荀林父帅师及楚子战于邲，晋师败绩。大夫不敌君，此其称名氏以敌楚子何？不与晋而与楚子为礼也。不与晋而反与楚子为君臣之礼，以恶晋。曷为不与晋而与楚子为礼也？庄王伐郑，胜乎皇门，放乎路衢。郑伯肉袒，左执茅旌，右执鸾刀，以逆庄王曰："寡人无良，边垂之臣，以干天祸，是以使君王沛焉，辱到敝邑。君如矜此丧人，锡之不毛之地，使帅一二耋老而绥焉，请唯君王之命。"庄王曰："君之不令臣，交易为言，是以使寡人得见君之玉面而微至乎此。"庄王亲自手旌，左右㧑军退舍七里。将军子重谏曰："南郢之与郑相去数千里，诸大夫死者数人，厮役扈养死者数百人，今君胜郑而不有，无乃失民臣之力乎？"庄王曰："古者杆不穿、皮不蠹，则不出于四方。是以君子笃于礼而薄于利，要其人而不要其土，告从，不赦不详，吾以不详道民，灾及吾身，何日之有？"既则晋师之救郑者至曰："请战。"庄王许诺。将军子重谏曰："晋，大国也，王师淹病矣，君请勿许也。"庄王曰："弱者，吾威之，强者吾辟之，是以使寡人无以立乎天下！"令之还师而逆晋寇。庄王鼓之，晋师大败，晋众之走者，舟中之指可掬矣。庄王曰："嘻！吾两君不相好，百姓何罪？"令之还师而佚晋寇。佚犹过，使得过渡郧水去也。晋见庄王行义于陈，功立威行，嫉妒欲败之，救郑虽解，犹击之不止，为其欲坏楚善行，以求上人，故夺不使与楚成礼，而序林父于上，罪起其事。言及者，以臣及君，不嫌晋直，明晋汲汲欲败楚尔。陆战当举地，而举水者，大庄王闵隋水而侠晋寇。

《春秋》讲的夷狄，不是以民族论，而是以文化论。如果以为边疆民族就是夷狄，那是断章取义。因为"入中国则中国之"，不管你是谁，只要你懂得礼义，就是中国。中国就是礼义之国，不是世界中央之国。我们讲中道，中道之用就是礼义，所以中国是礼义之邦。

《春秋》的常辞说，不赞许夷狄，等到邲之战，"偏然反之"，何以呢？因为《春秋》没有通辞，就好像"《诗》无达诂"（《繁露·精华》），没有一个通达的解释。完全从它的变而移，而改变谁是中国、谁是夷狄。本来晋不是夷狄，这回晋变成夷狄了，以前说楚是夷狄，这回楚成君子了。

改辞的原因就是从其事，有什么事就改什么辞。

夫庄王之舍郑，有可贵之美，晋人不知其善，而欲击之。所救已解，如挑与之战，此无善善之心，而轻救民之意也，是以贱之。而不使得与贤者为礼。秦穆侮蹇叔而大败。郑文轻众而丧师。

《公羊传注疏·僖公三十有三年》：夏，四月辛巳，晋人及姜戎败秦于殽。其谓之秦何？夷狄之也。曷为夷狄之？秦伯将袭郑，百里子与蹇叔子谏曰："千里而袭人，未有不亡者也。"秦伯怒曰："若尔之年者，宰上之木拱矣，尔曷知！"师出，百里子与蹇叔子送其子而戒之曰："尔即死，必于殽之嵚岩，是文王之所辟风雨者也，吾将尸尔焉。"子揖师而行。百里子与蹇叔子从其子而哭之。秦伯怒曰："尔曷为哭吾师？"对曰："臣非敢哭君师，哭臣之子也。"弦高者，郑商也，遇之殽，矫以郑伯之命而犒师焉，或曰往矣，或曰反矣。然而晋人与姜戎要之殽而击之，匹马只轮无反者。其言及姜戎何？姜戎微也，称人亦微者也。何言乎姜戎之微？先轸也，或曰襄公亲之。襄公亲之，则其称人何？贬。曷为贬？君在乎殡而用师危，不得葬也。诈战不日，此何以日？尽也。

《公羊传注疏·闵公二年》：郑弃其师。郑弃其师者何？恶其将也。以言弃师。郑伯恶高克，使之将，逐而不纳，弃师之道也。郑伯素恶高克，欲去之无由，使将师救卫，随后逐之，因将师而去。其本虽逐高克，实弃师之道，故不书逐高克，举弃师为重，犹赵盾加弑也。不解国者，重众从国体录可知。系闵公篇于庄公下者，子未三年，无改于父之道，传曰"则曷为于其封内三年称子"，"缘孝子之心，则三年不忍当也"。

庄王舍郑，有可贵之美。晋人轻视了救民的义，因为这个，所以说他是夷狄，不能使他与贤者同礼。

《春秋》之敬贤重民如是。

《春秋》敬贤重民，所以子夏说"《春秋》重人"。

是故战攻侵伐，虽数百起，必一二书，伤其害所重也。问者曰：其书战伐甚谨。其恶战伐无辞，何也？曰：会同之事，大者主小；战伐之事，后者主先。苟不恶，何为使起之者居下。是其恶战伐之辞已。

因为这样，所以《春秋》对于侵伐战争的事情，虽然数百件之多，必得每一个都书，没有一个不写的。为什么把战争写得那么仔细？我们所伤的，就是他害了我们所重之民。有疑问的人说："《春秋》写战伐的事很谨慎，为什么他讨厌战争的事一字不说？"读《春秋》时，得特别仔细。会同之事，就是外交之事，有事情要外交谈判，不可以战争。大国得为主，召集小国来开会。战伐之事，后者主先，后者是小国，先者是大国。如果真不讨厌战争，为什么使发起战争的居下位？这就是讨厌战伐之事。战争之事，小国得为大国之主，有战争，小国发动则可，大国发动就是侵略了。

且《春秋》之法，凶年不修旧，意在无苦民尔。苦民尚恶之。况伤民乎？伤民尚痛之，况杀民乎？故曰：凶年修旧则讥。造邑则讳。是害民之小者，恶之小也；害民之大者，恶之大也。今战伐之于民，其为害几何？考意而观指，则《春秋》之所恶者，不任德而任力，驱民而残贼之。其所好者，设而勿用，仁义以服之也。《诗》云："矢其文德，洽此四国。"此《春秋》之所善也。

《春秋》所立之法，在凶年不能修旧。歉收之年，连旧东西都不能修，建新的更不可以了。因为不能使老百姓再多受苦了！苦老百姓的事都讨厌，况伤民乎！我们考《春秋》之义，来研究《春秋》之宗旨，不任德而任力，是《春秋》之所恶。一切都要设而勿用。国家有法，有刑，设而勿用，得用仁义以服民。这是《春秋》之所善。

夫德不足以亲近，而文不足以来远，而断断以战伐为之者，此固《春秋》之所甚疾已，皆非义也。

断断，是指专一恳切说。

难者曰：《春秋》之书战伐也，有恶有善也。恶诈击而善偏战，耻伐丧而荣复仇。奈何以《春秋》为无义战而尽恶之也？曰：凡《春秋》之记灾异也，虽亩有数茎，犹谓之无麦苗也。今天下之大，三百年之久，战攻侵伐不可胜数，而复仇者有二焉。是何以异于无麦苗之有数茎哉？不足以难之，故谓之无义战也。以无义战为不可，则无麦苗亦不可也；以无麦苗为可，则无义战亦可矣。若《春秋》之于偏战也，善其偏，不善其战，有以效其然也。《春秋》爱人，而战者杀人，君子奚说善杀其所爱哉？故《春秋》之于偏战也，犹其于诸夏也。引之鲁，则谓之外；引之夷狄，则谓之内。比之诈战，则谓之义；比之不战，则谓之不义。故盟不如不盟，然而有所谓善盟。战不如不战，然而有所谓善战。不义之中有义，义之中有不义。辞不能及，皆在于指，非精心达思者，其孰能知之。

《公羊传注疏·庄公四年》：纪侯大去其国。大去者何？灭也。孰灭之？齐灭之。曷为不言齐灭之？为襄公讳也。《春秋》为贤讳。何贤乎襄公？复仇也。何仇尔？远祖也。哀公亨乎周，纪侯谮之。以襄公之为于此焉者，事祖祢之心尽矣。尽者何？襄公将复仇乎纪，卜之曰："师丧分焉。寡人死之，不为不吉也。"远祖者，几世乎？九世矣。九世犹可以复仇乎？虽百世可也。家亦可乎？曰：不可。国何以可？国君一体也；先君之耻犹今君之耻也，今君之耻犹先君之耻也。国君何以为一体？国君以国为体，诸侯世，故国君为一体也。今纪无罪，此非怒与？曰：非也。古者有明天子，则纪侯必诛，必无纪者。纪侯之不诛，至今有纪者，犹无明天子也。古者诸侯必有会聚之事、相朝聘之道，号辞必称先君以相接，然则齐、纪无说焉，不可以并立乎天下。故将去纪侯者，不得不去纪也。有明天子，则襄公得为若行乎？曰：不得也。不得则襄公曷为为之？上无天子，下无方伯，缘恩疾者可也。疾，痛也。贤襄公为讳者，以复仇之义，除灭人之恶。言大去者，为襄公明义，但当迁徙去之，不当取而有，明乱义也。不为文实者，方讳，不得贬。

《公羊传注疏·庄公九年》：八月庚申，及齐师战于乾时，我师败绩。内不言败，此其言败何？伐败也。曷为伐败？复仇也。复仇以死败为荣，故录之。高齐襄，贤仇牧是也。此复雠乎大国，曷为使微者？公也。公则曷为不言公？不与公复仇也。曷为不与公复仇？复仇者在下也。时实为不能纳子纠伐齐，诸大夫以为不如以复仇伐之，于是以复仇伐之，非诚心至意，故不与也。书败者，起托义战。不致者，有败文，得意不得意可知例。

敌国元首死了，去打他叫作伐丧。

"荣复仇"，这是《春秋》最重要的。孔子讲三世必复，因为由夏、商、周到孔子时已经三世了，必得快快复，就是要拨乱反正，回到尧舜之治。所以说三世必复。后来又说九世必复，有人问说九世也还可以复吗？孔子说："虽百世可复也！"这意义特别深，孔子认为乱制专是残民者，就是民之仇。乱制必得除掉，如果是为除乱制而战，倒是荣之，并不是复私仇。以后就误解了，以为父母之仇不共戴天，越解释越偏激。

那为什么说《春秋》没有一个合义之战，而都讨厌呢？无义战是孟子说的（《孟子·尽心下》"《春秋》无义战"），说春秋没有一个是拨乱反正之战，没有一个是为民谋福之战，都是私人争权夺位之战。

董仲舒先生回答说：在《春秋》里特别说灾异的目的，是因为"圣人贵除天下之患"（《繁露·盟会要》），并不是迷信。像洪水之患，提醒我们想怎么治洪水、刀兵之患，就要想怎么弭兵。什么是圣人？可不是在屋里闭眼养气。圣人是活的，除天下之患，就是为民谋幸福。一个人读书人明了理，就是社会的安定力。懂得善恶，你是好的，我们举双手赞成，你是坏的，就绝对讨厌你，坏人能起来吗？社会为什么坏人当道？就因为一帮奴儒、昏儒，不懂是非、善恶，趋炎附势，天天给人当走狗，所以社会越来越乱。

记灾异，虽然他每亩里有数茎之苗，也等于没有麦苗一样啊！

"善其偏"，善其不加暴，"不善其战"，这完全是有过试验的，不是空谈，因为重人，当然爱人。《春秋》对于偏战，就像他还是有中国之礼的。对鲁国来说，就是外；因为内鲁而外诸夏，内诸夏而外夷狄。

《公羊传注疏·桓公十年》：此偏战也，何以不言师败绩？偏，一面也。结日定地，各居一面，鸣鼓而战，不相诈。

偏战也是战，比诈之战还算是好的，但是和不战来比就是不义了。结盟，无论怎么好也不如不盟。古时结盟就是拉帮，既拉帮就有作用，必有目的，不必对付别人，为什么要拉在一起？结盟不是私吗？"君子不党"，很有深义，君子不能拉帮，拉帮一定党其所私。现在世界上各国的政党总说自己对，别人不对。这里头就没有客观了。懂君子不党，也就懂得中国思想。

这些都不是话之所及，完全在乎它的宗旨。

一个人"达思"很难，要能"达思"就不会自私了，人不"达思"，都私其所欲就坏了。"精"，就是不二、不杂，就是一点欲的心都没有。不能"精心达思"，用没有一点欲的心去"达思"，怎么能懂《春秋》之深义？人"精心达思"，没有不得真理的。

《诗》云："棠棣之华，偏其反而。岂不尔思？室是远而。"孔子曰："未之思也，夫何远之有！"由是观之。见其指者，不任其辞。不任其辞，然后可与适道矣。

棠棣的花被风吹得翻来覆去地摇动，这是一个比方。下面两句是实的，难道是不想你吗？只是因为住得远！孔子说，是你没有想啊！想就不在乎远不远了。

这是讲不在乎辞而在乎质，才可以和他一同达于道的境界。

司马子反为其君使。废君命，与敌情，从其所请，与宋平。是内专政而外擅名也。专政则轻君，擅名则不臣，而《春秋》大之，奚由哉？曰：为其有惨怛之恩，不忍饿一国之民，使之相食。推恩者远之而大，为仁者自然而美。今子反出己之心，矜宋之民，无计其闲，故大之也。

《公羊传注疏·宣公十五年》：夏，五月，宋人及楚人平。外平不书，此何以书？大其平乎己也。何大乎其平乎已？庄王围宋，军有七日之粮尔。尽此不胜，将去而归尔。于是使司马子反乘堙而窥宋城，宋华元亦乘堙而出见之。司马子反曰："子之国何如？"华元曰："惫矣。"曰："何如？"曰："易子而食之，析骸而炊之。"司马子反曰："嘻！甚矣惫！虽然，吾闻之也：围者柑马而秣之，使肥者应客，是何子之情也？"华元曰："吾闻之：君子见人之厄则矜之，小人见人之厄则幸之。吾见子之君子也，是以告情于子也。"司马子反曰："诺，勉之矣！吾军亦有七日之粮尔，尽此不胜，将去而归尔。"揖而去之，反于庄王。庄王曰："何如？"司马子反曰："惫矣！"曰："何如？"曰："易子而食之，析骸而炊之。"庄王曰："嘻！甚矣惫！虽然，吾今取此，然后而归尔。"司马子反曰："不可。臣已告之矣，军有七日之粮尔。"庄王怒曰："吾使子往视之，子曷为告之？"司马子反曰："以区区之宋，犹有不欺人之臣，可以楚而无乎？是以告之也。"庄王曰："诺。舍而止。虽然，吾犹取此然后归尔。"司马子反曰："然则君请处于此，臣请归尔。"庄王曰："子去我而归，吾孰与处于此？吾亦从子而归尔。"引师而去之，故君子大其平乎己也。此皆大夫也，其称人何？贬。曷为贬？平者在下也。

司马子反代他的君出使，结果把君命废掉了，把实情告诉给敌人了，到最后和宋国谈和了。这种行为，在国内是专政，因为没经过国君同意，他就这样做了，对外国来说，这不是擅有其名吗？专政就是轻君，擅名就是不臣。不臣之心，就是有了越轨的行为。然而《春秋》特别重视这件事，是什么道理呢？因为他是为了有惨怛之恩，不忍心饿这一国之民，就是同情、可怜人家。战争很可怕，人和人相食，易子而食。

一个仁者，越自然越美，装腔作势的不是仁者，也就是说，得出于至诚。无论哪个圣人，都是自然为美，曲肱而枕之，乐在其中。不了解这些就是有文饰，有一分文饰，就是有一分虚假。这个道理不能懂，就少一分成就。非常人和一般人不同，不是慕世俗，你们可以衡量自己，对世俗有多少羡慕，多羡慕一分，就低一分。有人说穿衣服不穿漂亮的找不到女朋友，那个女朋友不找也罢，过了门你也供不起，你就得贪污去了！如果是志同道合的在一起，怎么看都是美的。势利之交，未有不终凶隙末者。这句话包含了一切。政治上如此，朋友、夫妇亦复如是。如果是为了汽车嫁给你，等你没有了，她就向后转，另找一个。

子反完全发于自己的良心，可怜宋国的老百姓，根本没考虑别人对他有什么闲言乱语。所以《春秋》特别赞美他，因为他完全是自然之美，发于自然之心。

难者曰：《春秋》之法，卿不忧诸侯，政不在大夫。子反为楚臣而恤宋民，是忧诸侯也；不复其君而与敌平，是政在大夫也。溴梁之盟，信在大夫，而诸侯刺之，为其夺君尊也。平在大夫，亦夺君尊，而《春秋》大之，此所闲也。且《春秋》之义，臣有恶，擅名美。故忠臣不显谏，欲其由君出也。《书》曰："尔有嘉谋嘉猷，入告尔君于内，尔乃顺之于外，曰：此谋此猷，惟我君之德。"此为人臣之法也。古之良大夫，其事君皆若是。今子反去君近而不复，庄王可见而不告，皆以其解二国之难为不得已也。奈其夺君名美何？此所惑也。

《公羊传注疏·襄公十六年》：三月，公会晋侯、宋公、卫侯、郑伯、曹伯、莒子、邾娄子、薛伯、杞伯、小邾娄子于溴梁；戊寅，大夫盟。诸侯皆在是，其言大夫盟何？信在大夫也。何言乎信在大夫？遍刺天下之大夫也。曷为遍刺天下之大夫？君若赘旒然。

有难者以为这是替诸侯担心，而且是政在大夫。下面讲另一件事情，刺他，因为他夺掉了君的尊严，褒、贬、刺、讥是《春秋》的四种笔法。两国和平了，由大夫来决定，也是夺了君的尊严，《春秋》还赞美，因此大家就有闲言了。那些忠臣不谏诤他国君的不对，因为愿意一切的善政善谋都由国君出面，这才是做人臣的办法。古时最好的大夫都是这样的。

这是一套旧的例子，我们再看《春秋》之所褒和旧例不同之处。"修春秋"和"不修春秋"的义不同，也就是王制与乱制的义不同。"不修春秋"以乱制为尚，"修春秋"以王制为尚。《左氏春秋》和荀子都是特别拥护乱制的。

难者以为，子反离国君很近，也不去复其命，皆因为他解二国之难，是不得已的事，这不是夺君之美名吗？

曰：《春秋》之道，固有常有变，变用于变，常用于常，各止其科，非相妨也。今诸子所称，皆天下之常，雷同之义也。子反之行，一曲之变。独修之意也。

改正朔要应其科，大半是分十二科，很有深义。四时分十二月，一天分十二时，《春秋》是十二君，用十二当个全数，这是天之数，各止其科，各止其等，并不互相妨害。

这里的诸子，就是诸君的意思。诸君所说的都是天下的常法，雷同之道而已，不是特殊之法。

现在子反的行为，是一曲之变，一方面对，一方面不对。在仁上说是对了，在为臣之道上不对，这完全是他自己修得的意境。

夫目惊而体失其容，心惊而事有所忘，人之情也。通于惊之情者，取其一美，不尽其失。《诗》云："采葑采菲，无以下体。"此之谓也。今子反往视宋，闻人相食，大惊而哀之，不意之至于此也，是以心骇目动而违常礼。礼者，庶于仁、文，质而成体者也。今使人相食，大失其仁，安著其礼？方救其质，奚恤其文？故曰"当仁不让"，此之谓也。

发生了偶然的事情，两眼一跳，身体上一定就表现得不大正常了，失其容了，整体的表现叫容，其实这里应该用"貌"字才对。对于事，就有所忘了，无论怎么镇定的人，偶然间一吓，也会吓一跳。懂得惊之情的人，不必完全把子反失误的地方都说出来，只取一美就够了。因为他看这国家都易子而食了，他既失其容，又忘其事，只知道绝不能再战争，应该和平才对。这里都合《春秋》之义。《春秋》之义，杀人都不行。《春秋》重民，这就是子反在《春秋》上最能站得住的地方。这就是《诗经》所说：采葑菜、菲菜，不要管根的不好，只吃叶子就好了。这和"犁牛之子骍且角"（《论语·先进》）是一样的。

礼之要在于仁，必得文质彬彬，然后成礼之体，现在人都相食了，怎么还能表现出这个礼来？这是根本的问题，哪还有工夫担心文的事情？这个当仁不让，根本不知道自己不让，完全是发乎良知的，什么都不想，救完了再说。

《春秋》之辞，有所谓贱者，有贱乎贱者。夫有贱乎贱者，则亦有贵乎贵者矣。今让者《春秋》之所贵。虽然见人相食，惊人相爨，救之忘其让，君子之道有贵于让者也。故说《春秋》者，无以平定之常义，疑变故之大则，义几可谕矣。

《春秋》里提到有贱者，还有一种人是贱乎贱者，比贱的还下贱。另外还有贵乎贵者，像人就是贵乎贵者，君臣固然是贵，但是不叫人死，才算是贵乎贵者。这是《春秋》之义，民为贵。

乱世真有人相食的，他光知道救人，忘了君臣之让了，救人是最贵的，仁贵于让，仁者爱人是初步的，到最后无不爱也。

《春秋》记天下之得失，而见所以然之故。甚幽而明，无传而著，不可不察也。夫泰山之为大，弗察弗见，而况微渺者乎？

虽然很幽，但是能够明，虽然没有传，但是能够著。能够完全表现出来，彰著出来，这都完全是自得于心的。"若夫豪杰之士，虽无文王犹兴"（《孟子·尽心上》）。因为无传而著，他有良知，可以自得之。孔子是跟谁学的，生而知之者。"待文王而后兴者，凡民也"（《孟子·尽心上》）。圣人怕我们失望，生而知之，学而知之，及其成功一也。一也是一也，圣庙也要分个座，正座、旁座，有的还进不去呢！

《春秋》就是叫我们明是非，懂是非就是懂善恶了，所以要察微，是就是正，非就是乱，接着就拨乱反正，这就是《春秋》之大义。中间的行为，是要知止，托诸空言不如见诸行事之深切著明也。天天讲空言，天花乱坠，也不如行事深切着。做一分，就有一分成绩，成绩就是着。至少自己本身知道的就去做，不要整天无所事事，白忙一天。孔子之学，完全在于行，一部《论语》，就是教人怎么做。"子路不闻，未之能行，唯恐有闻"（《论语·公冶长》）。

故案《春秋》而适往事，穷其端而视其故，得志之君子，有喜之人，不可不慎也。

拿《春秋》作借鉴，用这个尺度来量经事，得好好察它的缘故，这叫知之为知之，不知为不知，才是真知。

齐顷公亲齐桓公之孙，国固广大而地势便利矣，又得霸主之余尊，而志加于诸侯。以此之故，难使会同，而易使骄奢。即位九年，未尝肯一与会同之事。有怒鲁卫之志，而不从诸侯于清丘、断道。春往伐鲁，入其北郊，顾返伐卫，败之新筑。当是时也，方乘胜而志广，大国往聘，慢而弗敬其使者。晋鲁惧怒，内悉其众，外得党与曹卫，四国相辅，大困之睾，获齐顷公，斫逢丑父。深本顷公之所以大辱身，几亡国，为天下笑，其端乃从慑鲁胜卫起。伐鲁，鲁不敢出，击卫，大败之，因得气而无敌国以兴患也。故曰，得志有喜，不可不戒。此其效也。自是之后，顷公恐惧，不听声乐，不饮酒食肉，内爱百姓，问疾吊丧，外敬诸侯。从会与盟，卒终其身，国家安宁。是福之本生于忧，而祸起于喜也。呜呼！物之所由然，其于人切近，可不省邪？

《公羊传注疏·宣公十二年》：晋人、宋人、卫人、曹人同盟于清丘。

《公羊传注疏·宣公十七年》：己未，公会晋侯、卫侯、曹伯、邾娄子同盟于断道。

《公羊传注疏·成公二年》：二年春，齐侯伐我北鄙。……夏，四月丙戌，卫孙良夫帅师及齐师战于新筑，卫师败绩。

《公羊传注疏·成公二年》：秋，七月，齐侯使国佐如师。己酉，及国佐盟于袁娄。君不（行）使乎大夫，此其行使乎大夫何？佚获也。其佚获奈何？师还齐侯，晋郤克投戟逡巡再拜稽首马前。逢丑父者，顷公之车右也。面目与顷公相似，衣服与顷公相似，代顷公当左。使顷公取饮，顷公操饮而至，曰："革取清者。"顷公用是佚而不反。逢丑父曰："吾赖社稷之神灵，吾君已免矣。"郤克曰："欺三军者，其法奈何？"曰："法斫。"于是斫逢丑父。丑父死君不贤之者，经有使乎大夫，于王法顷公当绝。如贤丑父，是赏人之臣绝其君也。若以丑父故不绝顷公，是开诸侯战不能死难也。如以衰世无绝顷公者，自齐所当善尔，非王法所当贵。己酉，及齐国佐盟于袁娄，曷为不盟于师而盟于袁娄？前此者，晋郤克与臧孙许同时而聘于齐。萧同侄子者，齐君之母也，踊于棓而窥客，则客或跛或眇，于是使跛者迓跛者，使眇者迓眇者。二大夫出，相与踦闾而语，移日然后相去。齐人皆曰："患之起必自此始！"二大夫归，相与率师为鞌之战，齐师大败。齐侯使国佐如师，郤克曰："与我纪侯之甗，反鲁、卫之侵地，使耕者东亩，且以萧同侄子为质，则吾舍子矣。"国佐曰："与我纪侯之甗，请诺。反鲁、卫之侵地，请诺。使耕者东亩，是则土齐也。萧同侄子者，齐君之母也。齐君之母，犹晋君之母也，不可。请战，壹战不胜请再，再战不胜请三，三战不胜则齐国尽子之有也，何必以萧同侄子为质？"揖而去之。郤克眣鲁、卫之使，使以其辞而为之请，然后许之。逮于袁娄而与之盟。

这一段是讲齐景公的例子。他是大国之后，特别骄傲，以后失败了。他这个人，还很知道警醒。所以得志有喜的人，不可不以此为戒鉴。自此以后，他把以前所有的错误都改正回来。

逢丑父杀其身以生其君，何以不得谓知权？丑父欺晋，祭仲许宋，俱枉正以存其君。然而丑父之所为，难于祭仲，祭仲见贤而丑父犹见非，何也？曰：是非难别者在此。此其嫌疑相似而不同理者，不可不察。夫去位而避兄弟者，君子之所甚贵；获虏逃遁者，君子之所甚贱。祭仲措其君于人所甚贵以生其君，故《春秋》以为知权而贤之。丑父措其君于人所甚贱以生其君，《春秋》以为不知权而简之。其俱枉正以存君，相似也；其使君荣之与使君辱，不同理。

《公羊传注疏·桓公十一年》：秋，七月，葬郑庄公。九月，宋人执郑祭仲。祭仲者何？郑相也不言大夫者，欲见持国重。何以不名？贤也。何贤乎祭仲据身执君出，不能防难？以为知权也权者，称也。所以别轻重，喻祭仲知国重君轻。君子以存国，除逐君之罪，虽不能防其难，罪不足而功有余，故得为贤也。不引度量者，取其平实以无私。其为知权奈何？古者郑国处于留。先郑伯有善于邻公者，通乎夫人，以取其国而迁郑焉。迁郑都于邻也。而野留野，鄙也。传本上事者，解宋所以得执祭仲，因以为戒。庄公死已葬，祭仲将往省于留，涂出于宋，宋人执之。宋人，宋庄公也。谓之曰："为我出忽而立突。"突，宋外甥。祭仲不从其言，则君必死，国必亡。祭仲死，而忽旋为突所驱逐而出奔，经不书忽奔，见微弱甚。是时宋强而郑弱，祭仲探宋庄公本弑君而立，非能为突，将以为赂动，守死不听，令自入，见国无拒难者，必乘便将灭郑，故深虑其大者也。从其言，则君可以生易死，国可以存易亡，少辽缓之。宋当从突求赂，郑守正不与，则突外乖于宋，内不行于臣下，辽假缓之。则突可故出，而忽可故反，是不可得则病，使突有贤才，是计不可得行，则己病逐君之罪。然后有郑国。己虽病逐君之罪，讨出突，然后能保有郑国，犹愈于国之亡。古人之有权者，祭仲之权是也。古人，谓伊尹也。汤孙太甲骄蹇乱德，诸侯有叛志，伊尹放之桐宫，令自思过，三年而复成汤之道。前虽有逐君之负，后有安天下之功，犹祭仲逐君存郑之权是也。权者何？权者反于经，然后有善者也。权之所设，舍死亡无所设。设，施也。舍，置也。如置死亡之事不得施。行权有道：自贬损以行权，身蒙逐君之恶，以存郑是也。不害人以行权。己纳突，不害忽是也。杀人以自生，亡人以自存，君子不为也。祭仲死则忽死，忽死则郑亡。生者，乃所以生忽存郑，非苟杀忽以自生，亡郑以自存。反覆道此者，皆所以解上死亡不施于己。宋不称公者，胁郑立篡，首恶当诛，非伯执也。祭仲不称行人者，时不衔君命出使，但往省留耳。执例时，此月者，为突归郑夺正，郑伯出奔。

这几个人都是离开正路而保存了他的国君,然而丑父的作为比祭仲还难,祭仲被人称贤,丑父还是被人称非,何也?近似的事最可怕,能把近似的事,是是非非看得明白,那种人就不得了了,头脑就很细密了。被人得虏而逃跑,这是人家看不起的。如果是自己离开了这个位,而要躲避兄弟,这是所尊贵的。他们都是不用正道而保存了君,但有的使君荣,有的使君辱,这是不同其理的。

故凡人之有为也,前枉而后义者,谓之中权,虽不能成,《春秋》善之,鲁隐公、郑祭仲是也。前正而后有枉者,谓之邪道,虽能成之,《春秋》不爱,齐顷公、逢丑父是也。

开始时虽然离开了正道,但是最后绝对合乎义,这才是懂权的人,权的境界特别高,可与适道而不可与权,虽不能成,《春秋》善之。

夫冒大辱以生,其情无乐,故贤人不为也,而众人疑焉。《春秋》以为人之不知义而疑也,故示之以义,曰国灭君死之,正也。正也者,正于天之为人性命也。天之为人性命,使行仁义而羞可耻,非若鸟兽然,苟为生,苟为利而已。是故《春秋》推天施而顺人理,以至尊为不可以加于至辱大羞,故获者绝之。以至辱为亦不可以加于至尊大位,故虽失位弗君也。已反国复在位矣,而《春秋》犹有不君之辞,况其溷然方获而虏邪。其于义也,非君定矣。若非君,则丑父何权矣。故欺三军为大罪于晋,其免顷公为辱宗庙于齐,是以虽难而《春秋》不爱。丑父大义,宜言于顷公曰:"君慢侮而怒诸侯,是失礼大矣。今被大辱而弗能死,是无耻也而复重罪。请俱死,无辱宗庙,无羞社稷。"如此,虽陷其身,尚有廉名。当此之时,死贤于生。故君子生以辱,不如死以荣,正是之谓也。由法论之,则丑父欺而不中权,忠而不中义,以为不然?复察《春秋》。《春秋》之序辞也,置王于春正之间,非曰上奉天施而下正人,然后可以为王也云尔。

"非曰",就是"岂非曰?"春者天之道也,所以说上奉天施而下正人,然后可以为王也,因为你有这个德,所以天下都归往你。旧社会里,最避讳的就是与民争利，近世的国家，完全是与民争利，老百姓总与政府有距离。不能自正，怎能正人？人要是都正了，当然就能归往你。

今善善恶恶，好荣憎辱，非人能自生，此天施之在人者也。君子以天施之在人者听之，则丑父弗忠也。天施之在人者，使人有廉耻。有廉耻者，不生于大辱。大辱莫甚于去南面之位而束获为虏也。曾子曰："辱若可避，避之而已。及其不可避，君子视死如归。"谓如顷公者也。

这都是自求，自求多福，辱也是自求。天给我们一个标准，善、恶、荣、辱，完全在自己所求。

一个有廉耻的人，绝不生于大辱之中，这个辱指的是自求之辱，人多半都是自求之辱。天爵自尊吾自贵，没人会帮你忙，圣人之德，就在乎自尊自贵，修其天爵而人爵随之。有些混蛋，得了人爵就辱其天爵，做坏事了，贪污、枉法。赵孟贵之，赵孟贱之，都在乎自己。不必靠别人，靠人永远是虚的，不要"虚内务恃外好"（《春秋公羊传注疏·隐公二年》），那是不可靠的。社会还是公道的，只要你真能，到处都一样。好捡便宜的心理，害人最深。

最大的辱，莫过于把国君的位都丢了，还叫人捆绑做"俘虏"。视死如归不容易，我感觉殉节容易守节难，一守几十年，稍微有一点动摇就失节了。守节太难，因为时间太长。夫妇之节是有感情的，一个女的死了丈夫不改嫁，也不必强迫她，因为他们俩的关系别人不了解，她必然有不改嫁的原因。一般人特别忽略了为人之节，如果失了节，也不会有更好的前途，因为看你失节之虑，就没有人敢再用你，因为用你就什么私密也没有了。

有所为，有所不为。人必得有所不为然后有为，否则什么都做，不成了跟班跑龙套的了？

《春秋》曰："郑伐许。"奚恶于郑而夷狄之也？曰：卫侯遫卒，郑师侵之，是伐丧也。郑与诸侯盟于蜀，以盟而归，诸侯于是伐许，是叛盟也。伐丧无义，叛盟无信，无信无义，故大恶之。问者曰："是君死，其子未逾年，有称伯不子，法辞其罪何？"曰："先王之制，有大丧者，三年不呼其门，顺其志之不在事也。"《书》云:"高宗谅暗,三年不言。"居丧之义也。今纵不能如是,奈何其父卒未逾年即以丧举兵也。《春秋》以薄恩,且施失其子心,故不复得称子,谓之郑伯,以辱之也。且其先君襄公伐丧叛盟,得罪诸侯,诸侯怒之未解,恶之未已。继其业者,宜务善以覆之,今又重之,无故居丧以伐人。父伐人丧,子以丧伐人,父加不义于人,子施失恩于亲,以犯中国,是父负故恶于前,己起大恶于后。诸侯果怒而憎之,率而俱至,谋共击之。郑乃恐惧,去楚而成虫牢之盟是也。楚与中国侠而击之,郑罢疲危亡,终身愁辜。吾本其端,无义而败,由轻心然。孔子曰:"道千乘之国,敬事而信。"知其为得失之大也,故敬而慎之。今郑伯既无子恩,又不熟计,举兵不当,被患不穷,自取之也。是以生不得称子,去其义也;死不得书葬,见其穷也。有国者视此。行身不放义,兴事不审时,其何如此尔。

《公羊传注疏·成公三年》:郑伐许。谓之郑者,恶郑襄公与楚同心,数侵伐诸夏。自此之后,中国盟会无已,兵革数起,夷狄比周为党,故夷狄之。

《公羊传注疏·成公五年》:十有二月己丑,公会晋侯、齐侯、宋公、卫侯、郑伯、曹伯、邾娄子、杞伯同盟于虫牢。约备强楚。

《公羊传注疏·成公六年》:壬申,郑伯费卒。不书葬者,为中国讳虫牢之盟,约备强楚。楚伐郑丧,不能救。晋又侵之,故去葬,使若非伐丧。

许多事,人不是没有力量胜过去,就是轻心,以为这件事简单。以我的智慧,对付这件事太容易了。这就是人的失败根源。如果总是敬事而信,不轻心,很少出纰漏。

天地阴阳第八十一

天、地、阴、阳、木、火、土、金、水,九,与人而十者,天之数毕也。故数者至十而止,书者以十为终,皆取之此。

五行加上天、地、阴、阳,是九个,加上我们人,共是十个,天之数毕矣。我们数数时,也是数到十为止,然后又是一了,从一数到十,下面是十一了。这些道理,都是取于此的。

我提醒诸位一个:看"士"是什么东西?"奉十而一之曰士",要把天地阴阳、五行、人都弄清楚了,都一以贯之了,无所不通了,那叫作士。"士心之所主曰志",一以贯之了,心理必有反应,以这个为他的主观,就是他的志。一般人的志,不是志而是欲,志和欲没有分清楚!明白了这个以后,才能守死善道,死守其志,至死不变,强哉矫。其他心理所发念,自己都笑了,那些是欲啊!懂得笑自己,那就进步了,不懂笑自己,那还在愚人的境界。日知其所非就是日知其所进,人不懂得笑自己,就是不知所非。

《说文》:"推十合一为士。"

人心是尚善的,我主张性善。做完善的事,心里特别愉快。

孔子说:"士志于道,而耻恶衣恶食者,未足与议也。"(《论语·里仁》)这给我们一个最大的警醒,士所志的,就在于道啊!心有所主,就有我们所主之事之道,道不是空的,得尚这个道,每天都这样干才可以。孔子给我们一个起码的标准,耻恶衣恶食的,这种人不是志于道的,就未足与议也。就不必去和他谈道了。和他议道，就叫失言，和他亲近，那就是糊涂。反过来，你和糊涂人亲近，必失人，好人不亲近你，因为所以亲聚。

圣人何其贵者？起于天，至于人而毕。毕之外谓之物，物者投所贵之端，而不在其中。以此见人之超然万物之上，而最为天下贵也。人，下长万物，上参天地。故其治乱之故，动静顺逆之气，乃损益阴阳之化，而摇荡四海之内。

圣人的贵，贵在什么呢？他懂天地阴阳五行一直到于人事，都毕了，无所不精了。在这些以外的东西都是物，上面那些是心智之事，也就是内圣功夫。下面把物都安排好了，就成了外王之业。

笔　记

物与人同生于端，即同一端也。故曰投其所贵之端，而不在人之中，方役于人，民吾同胞，物吾与也，与于端耳。"端"者，天道也。天使之贵，而万物不在贵之中，可见人之超然万物之上，而为万物之灵，故最为天下贵也。

民胞物与，就因为端是一个，虽然在同一端，同生于天地之间，但不能投于所贵之中，就是认为万物之灵，所以我们能去役物。

"长"，就是掌，役也，上下役万物。天能生物，人能长物，与天地不是一样了吗？人与天地平了。这里的"上下"指层次说，和"先后"一样。眼睛平视，一直往前看叫作参。如果人不能支配物，物就成了废物。天不是白忙了？《尚书·皋陶谟》上说天工人代，细想想，中国人的智慧太可怕了，天的工作没做的，人代理它做完。天生了铁，放在那里没用，石头一样，人就会长这个铁，人代天完成工作。自然现象所有的东西都是天工，人利用那些东西，成了很多事业，就是人代成其事。

我们对一个问题，必要知其所以，不要马马虎虎。中国讲气之运，动静顺逆之事，乃是损益，阴阳立化，这些一定要深体悟才能了悟，得慢慢去研究，就懂得怎么去处理事了。

事物之理，像神那么难知，但是真琢磨透了，科学家智周万物，用智慧去研究这些万物，拿他研究透的道就帮助了天下。四海之内，没有一个不用智慧去支配它。

物之难知者若神，不可谓不然也。今投地死伤而不腾相助，投淖相动而近，投水相动而愈远。由此观之，夫物愈淖而愈易变动摇荡也。今气化之淖，非直水也。

这里一定有缺文。但意思可以慢慢去了悟。

"物之难知若神"。像神那么难知，不知其所以然的，都是冒险，闯大运。像诸葛亮摆空城计，那是拼一死，只能用一次，常常摆就不太行了。什么事都一样，必要知其所以然。即使不能知其所以然，也得用尽智慧，谨慎处理，失败的机会也少一点。有许多人不经大脑，总以为我做事没问题，那一辈子也不会做成一件事，动辄得咎。

从高处掉下来，不能动了，那是无疑的。有能动的，那是侥幸。有许多必然的事，自己往下走，发生事了，还苦恼，那何必往下跳呢？淖，就是烂泥，投于淖之中，烂泥浆之中，就相动而近，这几句话，自己去悟。

唯有在淖之中，最容易变。还摆荡于四方。这到底是指何而言，不容易明白。可能是淖之中有所深，有附着物，借附着物的都有好处。清水之中，一无所倚的环境中，最不容易。

而人主以众动之无已时，是故常以治乱之气，与天地之化相殽而不治也。

人主，是为人主宰的。众就是水，水可载舟，水可覆舟，民可载舟，民可覆舟，都是一样的。老百姓之动，没有已的时候，所以常拿治乱之气，和天地自然之气相殽。结果就不治了。现在的世局就是这样，自然环境造成的。

世治而民和，志平而气正，则天地之化精，而万物之美起。世乱而民乖，志僻而气逆，则天地之化伤，气生灾害起。是故治世之德，润草木，泽流四海，功过神明。乱世之所起，亦博若是。

"世治而民和",民和而世治。老百姓见面都客客气气,世一定治。读书多了,看什么都不必再诊脉,有现成方子,一看就知道了。

因为心里头所主的平,气当然正,心里正,才能去养浩然之气。这些都是几千年前写的,但是拿来衡量今天的社会,有哪些地方不对?

太平之世的德,功能超过神明之自然,就是"知周万物,道济天下","天工人代"的参化。

若是,皆因天地之化,以成败物,乘阴阳之资,以任其所为,故为恶怨人力而功伤,名自过也。

这个化,不是化生万物的化,而是阴阳之气之化的兴与衰,阳气衰了,世就乱了。因为君子之道消,小人道长。

中国的传统观念,以为天之变,自然之变,完全是人心感化的,人心向善,阳气就盛,人心向恶,阴气就盛。天聪明自我民聪明。反过来,天灾难也自我民灾难。天不变,永远是那样的,就看你气之所感。气感得不好,就有灾难。一有一点天变,在旧社会里,即使只是下大雹子,皇帝马上沐浴、斋戒,也不敢到内宫去了。因为天变了,就是人事有所不善,马上要修己,有所警悟。固然这是迷信,这种道,对中国很有影响。像日食、月食,只要是能敲的东西,老百姓都敲,虽然迷信,但老百姓之道有所警惕。因为人心不善,所以坏的东西,像天狗,都要吃日月了。

中国的天立道,跟着天之道而立人之道。法天,对人总有警惕。等到什么都不能约束人时,人和禽兽就没有什么区别了。

一个人言行要特别注意,想一想我们说的话,是不是真正有利,再说。尤其是老年人,千万不能唱高调,那真是害人不浅。

因为作恶,害了人力。有一点罪怨的样子,一切功都受伤了。全世界的不善之政,完全是因为这个。几十年的战争,把元气都打没了,战争当然没有建设,还把以前的建设也破坏了。这不是自找之过吗?

天地之间,有阴阳之气,常渐人者,若水常渐鱼也。所以异于水者,可见与不可见耳，其澹澹也。然则人之居天地之间，其犹鱼之离水，一也。

天地间有阴阳之气，它常常慢慢感染人，就像慢慢浸鱼一样。"渐"字用得最美，履霜坚冰至就是渐。走到霜上，就知道坚冰快来了，中间的历程就是渐。鱼和水，人和气，都是渐渐来的，如果把小鱼突然丢进特殊的水里，进去就死了，因为没有渐。阴阳之气异于水者，看得见与看不见耳。

"离"，附也。人在天地之间，就像鱼在水里一样。

其无闲若气而淖于水。水之比于气也，若泥之比于水也。是天地之闲，若虚而实，人常渐是澹澹之中，而以治乱之气，与之流通相殽也。故人气调和，而天地之化美，殽于恶而味败，此易之物也。推物之类，以易见难者，其情可得。治乱之气，邪正之风，是殽天地之化者也。生于化而反殽化，与运连也。

"无间"，一点距离也没有，象是虚的，但是是真实的，人常常浸润在澹澹之中，相错杂。一切灾异，都因人气不调和而生，调和了，灾异就没了，吉祥就表现出来了。如果和人之恶混杂，味一败，一切都完了，反常了。

如果有人在这里头有所疑难，这实情也可以知道，治乱之气，邪正之风，扰乱错杂了天地之化，天地之化，完全看人的治乱、邪正。和平之气就是治之气，"风"指风俗来说。今天举世邪风，把人都刮昏了。

天地之化，像天灾人祸，由吉祥也变乱世，也是化，吉祥的也是化。第二次世界大战完了以后，看大灾难有多少，大地震频出，什么灾都有，这和古时没什么区别。

邪正之风俗，也不必用什么礼法作标准，那太守旧。我以为在人心里，做完什么事感觉不舒服，那就是邪。最时髦的人，做完了最时髦的事以后，看他心里面有没有不舒服的反应，那就是良知。那就不应该再教别人做。

我们生于天地之化中，但我们用人力扰乱了自然阴阳之化，使阴阳之气不平衡了，没有人为的，那有乱？就因为把人力加于了自然之上，而成了乱。像沙特阿拉伯，有人把大清真寺打掉了，这是上帝的意思吗？每个人都以为是真主，这些真主就干起来了，而反殽于化。今天哲学家，谓中国东西，都以为是孔子再世，各立奇说，反而扰乱了自然之化，这最可怕。我们绝不能叫他们人之为道而远人。我们讲书拼命讲注解，就是针对这个毛病来的。我们再也不能偶俗了，我们按注讲，给他一个警醒，只要我们有正知正见，就按着我们的正知正见去行，就能抵抗反自然之道的人。

今天有头脑的人，要对宇宙负很大的责任，我们有正知正见，绝不能偶俗，要用冷静的头脑，找出一个路子来。不敢领导别人，但我们先往前走，必有臭味相投的，就有跟上来的。这就是有知识的可贵。自己先正了，才能领着别人去正。

《春秋》举世事之道，夫有书天，之尽与不尽，王者之任也。《诗》云："天难谌斯，不易维王。"此之谓也。夫王者不可以不知天。知天，诗人之所难也。天意难见也，其道难理。是故明阳阴、入出、实虚之处，所以观天之志。辨五行之本末顺逆、小大广狭，所以观天道也。

《春秋》特别举出上面这么多治事之道，一言以蔽之，以法天为是。王者的责任，必得法天之道，尽量发挥出来。必得尽性，就是发挥了天之道。虽然不能使天下马上到达这境界，但是知识分子必得经这路上走。《春秋》讲得好，"内外内外"，我们经这上面走，但是有异说，先要内其国，把国内弄好了，诸夏是有同一个文化的国家，先外之。中国是讲大一统的，以中国眼光，看他们都是属国。能内其国，才能"因其国以容天下"。为什么把自己的国家看得那么重？因为我们把自己的国家完全弄好了，合乎道的标准，然后因我们自己的国，最美的标准，来容天下。岂止诸夏夷狄？"远近大小若一"，到这时才大一统了。把夷狄都同化了，那就是远的、近的、大的、小的都一样了，夷狄和我们的国家、诸夏都一样了。春秋讲三世、三统，是讲步骤的。

尽己之性，就是内其国，尽人之性，就是内诸夏，等到尽物之性，不是远近大小若一了？把这些当现在思想读，完全有层次。我们倡世界大同，是要和我们同，大同是有一个本位的。大同就是因其国以容天下，不是和别人同。今天不是大同，是孟子所说的化于类，这是大同吗？

中国本位文化重要，真大同，也得中国人负这个责任。外国人听这话，一定感觉我们太骄傲了，但是到今天来说，冷静想，一点不骄傲，别人都不行。

"谌"，就是实实在在。看天多么公道，其不易的，唯有天下归往你时才可以。天听自我民听，老百姓归往你了，上天绝不反对，天根本没有成见。

"唯天为大，唯尧则之"（《论语·泰伯》），所以说不可以不知天。

诗是言志的。《诗纬》说："诗，持也。"孟子说"持其志无暴其气"，真懂诗之道。持住你的志，不要把你的气暴露了。连能持志的人都以为难的事，何况一般人乎！

天的意，我们很难见，很难依照他的道去理事，因为不容易见。所以要明阴阳之出、入，从这里依照他的道去理事，懂天之志了，才能持住天之志。

五行不是迷信，我们天天在五行之中，必得辨五行之本末，才能任事。"物有本末，事有终始，知所先后，则近道矣。"五行就是物，要知其所以先，所以后，虽然没中于道，但近于道。

天志仁，其道也义。为人主者，予夺生杀，各当其义，若四时；列官置吏，必以其能，若五行；好仁恶戾，任德远刑，若阴阳。此之谓能配天。天者其道长万物，而王者长人。人主之大，天地之参也；好恶之分，阴阳之理也；喜怒之发，寒暑之比也；官职之事，五行之义也。以此长天地之闲，荡四海之内，殽阴阳之气，与天地相杂。是故人言：既曰王者参天地矣，苟参天地，则是化矣，岂独天地之精哉。王者亦参而殽之，治则以正气殽天地之化，乱则以邪气殽天地之化，同者相益，异者相损之数也，无可疑者矣。

天之主在于仁。道就是行，他行的方式，就是义。义者，宜也，宜于仁，仁为本，义为用，做的事合乎了仁就是义。

"予"，就是给。"夺"，就是把所给的拿回来了。赵孟贵之就是予，赵孟贱之就是夺。生杀予夺之道，得像四时那样有伦有序。

一个人必要学自己有能，只要你有能，天下任何人用事，必要用能人，因为每个人都想成功，最自私的人，也要用几个能人。如果你的能和他的亲戚一样，他就用他的亲戚了。

为事也一样，必因其能才行，就像五行，没有人能取代。有一个人能替代你，就不叫能。人没到一个境界，就是白扯，人家能你也能，就危险了。刘备请诸葛亮，五次不来也得请，因为非他不可。

　　人必得有专攻，业精于勤。人的所业不在天资高低，就看勤不勤。专学自己所长，宇宙之间，形形色色，任何一件都是专门学问。太多了，走得太后就糟了。你可以文学、史学、哲学都写，但别人一看，其中必有一个最高明的，其他都不高明，就白浪费了。何必呢？懂的必得像个懂的，这就够了。人生不精一，什么都是浪费。

　　要以德为任，不可以一点事不行就杀你，那就是任刑了。必得像阴阳那么和合，这才叫配天。阴阳合德而刚柔有体，不和合就生变了。

　　天能长物，叫好生，天有好生之德，好生就是不杀。生生不息，天之道。我们好生，也是仁，"君子体仁，足以长人"（《易经·乾卦·文言》），天叫好生，我们就叫尊生，所以政叫仁政，行为叫仁行，心叫仁心，方法叫仁术。中国思想从不落空，体悟了王道之仁来长人、爱人、助人，能杀生吗？

　　得真与天地平了，天之大化成矣。

王道通三第四十四

　　古之造文者，三画而连其中，谓之王。三画者，天地与人也，而连其中者，通其道也。取天地与人之中以为贯而参通之，非王者孰能当是？

　　天地人，中间穿上了，就是王。那中间把它贯通成王的，居中的是什么？皇极之道也。在《尚书·洪范》里，特别讲"皇极"，也就是人道之极。"皇帝"的本义是，皇，大也；帝，主宰义，最伟大的主宰，得"建其有极"。以前都是以德立民，己立立人，己达达人，所以一个人，你自己有多高深的学问那不管，如果不对别人有好处，那不是儒者的境界。佛教也一样，最少要修到菩萨的境界，自觉觉人。一言以蔽之，任何的道，对别人没有利的时候，都不是成道。一切宗教或学说，没一个不是为别人着想的。

　　一个王者，为什么大家归往他？第一，能通天地人。通天之明，明特别重要。一个人利害攸关时，什么都知道，就是不知明。知道明，那就不朽了。明的人，没有不公的，容光必照，只要有地方能容光焕发，光必照。则天就是则天之明。今天人的毛病，就是不明，一不明就私了。一个人一有私心，正道、正理、正事都完了，也就绝对不会有成就。有成就的人，绝对得把自己放在旁边。

　　第二，得则地之义，地光施舍，不求报，一切事都糟蹋他，他也不说话。见义不为就是没有勇，地见义必为，牺牲了自己多少都不管，只要合乎义就去做。我们得学地之义，只要于别人有好处，自己牺牲什么都没关系。

　　第三，一个人必得通人之情，能通人情的人，才能达到恕道，因为己所不欲，勿施于人，自己不愿意做的这件事情，不可以加在别人身上。恕道再进一步，就是仁者。一个懂恕道的人，一定忠，能够尽自己的力量去做。一个人能明、能公、能义，当然懂恕道。一个王者，必要把这三者通而贯之，天下人才会归往你。

这是"王"的古义，以后的王者，谁胳臂粗谁就做王。

以前常讲"帝王之学""帝王之术"，今天一听说这个，以为皇帝都没了，还讲什么帝王之术？这就是不学无术的人。帝是主宰义，就是学怎么做天下的主人，王是归往义。帝做不好，王就做不好。因为你主宰天下，天下人都满意了，就归往你，这才是帝王之学。术也和今天骗术的术不同。孟子说："是乃仁术也。"（《孟子·梁惠王上》）《繁露》里还提到，我们不忍人，有恻隐之心，那是心术也。仁术和心术没有多大区别。因为恻隐之心是心术，站起来行动了，那就是仁术。"闻其声不忍食其肉"（《孟子·梁惠王上》），这是心术。把厨房杀猪的地方放远一点，就是仁术了。但是孟子这地方可出了纰漏，如果这是仁术，那可成了伪君子了。因为仁者无不爱也，那就不杀了。

我们分析这些，希望大家心里有变化，你们可以用近代方法把这些写出来，叫别人了解，知道中国学术是什么，仁是什么。我们讲书有许多特别强调之处，那就是最重要的地方。中国思想永远不会旧，但过去的事就是过去了，那是旧的。今天最缺少的，就是仁心仁术。如果全世界都有仁心仁术，何必弄出这么多难民？天天放枪，倒是有什么对，有什么不对？天天说救国救民，结果最苦的是老百姓。今天这乱，也证明宗教一点力量也没有。

通其道，就是通天地人之道。因为我们能通天之道，就则天之明；通地之道，就则地之义；通人之道，就尽人之情，所以说通其道也。

《中庸》上说"与天地参矣"，天地能生物，人能役物，就是与天地参矣。因为通天地之道，"智周万物"就能"道济天下"。这完全是实际的表现，不是胡说八道的。

中国学问，没有一个不在行上。"学"，就是知行合一。学有两个意义。"觉"就是知，"效"就是行。觉自己不会英文，很丢脸，去学英文了。觉什么不能，就去学什么，觉悟了才能去学。大家这么懒，就因为没有觉悟自己的责任。

一个女孩子，结婚以前，妈妈拜托她都不洗碗。等她自己做了妈妈了，觉了，没人帮忙，又不能做懒妈，只好干了。真知没有不去做的，知道了就做了，见贤思齐，科学有科学的祖师爷要学，哲学有哲学的祖师爷要学，知行合一才是学。最重要的是觉，父母大彻大悟了，才为儿女拼命，嘴上还说莫为儿女作马牛，其实还是为儿女做马牛。老牛破车，天天拉。

如果没觉，啥也不懂，什么也没干还以为捡便宜，那不是欺人，那是自欺，总有一天便宜捡不到了。

是故王者唯天之施，施其时而成之，法其命而循之诸人，法其数而以起事，治其道而以出法，治其志而归之于仁。仁之美者在于天。天，仁也。

一个王者，唯有法天之施。天之施是尢量之施，不是等你需要了才送来。如果我们不知道天之道是什么，怎么知天之时？"当务之为急"（《孟子·尽心上》），这就是时，天的时。到什么时候就做什么事。我们法天，看今天做事，什么是当务之急？就拿做事分时间来说，天大亮时，可以抄书，不必电灯光。等暗一点了，看小字书，再晚就看大字书了。脑子越用越灵敏，必得各方面去用。

如果人家正需要的，你不做，等人家正不需要，你送来了，就不是时候。当务之急时送到，人家全家乐，过了一会儿，人家就觉得你多此一举了。

必要知自己的当务之急是什么，这样每天都有成就。必得自知其所无，否则这一天就白过去了。

命是天命，到人身上就是行，要法其天命之性，而顺人之性而为之，怎能不行？做什么事能失败？大家弄不好，就因为永远站在自己立场来处理一切事情，那就坏了。你有你的立场，他有他立场，八个人就成八瓣了。要站在最重要的原则上处理事情，大家都拥护你。在中心思想、立场上，都把自己忘了，大家拥护，一拍即合。事情没成功，就是因为属于你自己的成分太多了。看每个人都为自己着想，结果成就的有几人？不妨冒个险，为别人着想，看是不是能捡到一点？

人都有私欲，把私欲去掉不容易，但是我们有理智，强制管自己，"久假而不归"，天天按照仁者去做，日久就成了仁者。

特别注意，要法天之数，看星辰、日月、四时之运，一点也没有马虎。有些人特别马虎，就是失败根源。法天之数，以此起事，能失败吗？

法其道而以出治（苏舆注："'治其道而以出法'疑当'法其道而以出治'"），要学天之道，来出很多的办法。天之道，就是明、公。人要是又明又公，什么事都办得好。

法天之志而归之于仁（苏舆注："'治其志而归之于仁'之'治'疑作'法'"），仁，无不爱也。

天覆育万物，既化而生之，有养而成之，事功无已，终而复始，凡举归之以奉人。察于天之意，无穷极之仁也。人之受命于天也，取仁于天而仁也。

天可真是无不爱，"天覆育万物"，像个被子，没有不盖的。天能庇荫而生万物。

终始之道，就是天之道，"物有本末，事有终始，知所先后，则近道矣"。《中庸》与《大学》相表里，完全讲天之道。事情完了又开始，所以说历史倒演。读《资治通鉴》，有成方子，拿来就用了，不必开会，知所先后，知道所以先，所以后，那才是当务之为急，也就是时。虽然这不就是道，已经近道矣！

我们费了千辛万苦，用了这么多脑汁，一言以蔽之，就是为了要帮别人的忙，"力恶其不出于身也，不必为己"（《礼记·礼运》）。夫子之道，一以贯之。事功永远没有止，因为终而复始，完全归于要奉于别人，不是为自己。道济天下就是奉人。

天之意，就是没有穷极的仁。我们既然受命于天，得取法仁在于天，才能行仁。讲了这些，就知道仁完全不是神秘的，只要真去做，能奉人就是仁。

是故人之受命天之尊，父兄子弟之亲，有忠信慈惠之心，有礼义廉让之行，有是非逆顺之治，文理灿然而厚，知广大有而博，唯人道为可以参天。天常以爱利为意，以养长为事，春秋冬夏皆其用也。王者亦常以爱利天下为意，以安乐一世为事，好恶喜怒而备用也。然而主之好恶喜怒，乃天之春夏秋冬也，其俱暖清寒暑而以变化成功也。

"厚"，就是高。大有，能包含一切，无所不含。天意就是爱人、利人，爱和利是重复字。爱人就是利人。懂这些以后,帮别人一点忙,那是天经地义的事。

"安乐一世",这句话有《春秋》大义,叫你安乐一世,不必传给儿子,不必世及。以安乐一世为你所事之事,这意义很深。

天出此物者,时则岁美,不时则岁恶。人主出此四者,义则世治,不义则世乱。是故治世与美岁同数,乱世与恶岁同数,以此见人理之副天道也。天有寒有暑。夫喜怒哀乐之发,与清暖寒暑,其实一贯也。喜气为暖而当春,怒气为清而当秋,乐气为太阳而当夏,哀气为太阴而当冬。四气者,天与人所同有也,非人所能蓄也,故可节而不可止也。节之而顺,止之而乱。人生于天,而取化于天。喜气取诸春,乐气取诸夏,怒气取诸秋,哀气取诸冬,四气之心也。四肢之答各有处,如四时;寒暑不可移,若肢体。

时则岁美,如果春不像春,就是不时,一不时就坏了,五谷不丰收了。发而皆中节就是义,义者宜也,这个世就是太平盛世。好恶喜怒发得不中节,也就乱了。太平之世与丰收之年是同数。从这里看出人的理事之道,完全得符合天之道。

这些是天和人都有,不是人所能培养出来的。我们可以节制它,但可不能止住它。人节欲可以,可不能无欲。儒家和佛家的不同处就在这里。儒家谓有欲,但使它中节。佛家讲绝欲,结果谁也办不到。又不懂节欲之用,最后就糟了。

人是从天生出来的,我们要取化于天,一切生生之变,都是由天道之变来的。

肢体移易其处,谓之夭人;寒暑移易其处,谓之败岁;喜怒移易其处,谓之乱世。明王正喜以当春,正怒以当秋,正乐以当夏,正哀以当冬。上下法此,以取天之道。春气爱,秋气严,夏气乐,冬气哀。爱气以生物,严气以成功,乐气以养生,哀气以丧终,天之志也。是故春气暖者,天之所以爱而生之;秋气清者,天之所以严而成之;夏气温者,天之所以乐而养之;冬气寒者,天之所以哀而藏之。春主生,夏主养,秋主收,冬主藏。

"夭人",就是不正之人。

该冷不冷，该热不热，这就是不丰收之年。为人主者，喜怒无常，谓之乱世。他高兴就赏，不高兴就罚，人处赏罚之道，很不容易。中国历史上，就曾文正和郭子仪两个人，刚柔用得很合适。大家等他身后还念念不忘。修到这境界可不容易。像司马光就有偏见。如果他们那时对王安石不那么偏激，中国早有新局面。

"上下"两个字重要，得上下法此。像郭子仪的儿子打金枝，得皇帝也了不起。光下还不可以。许多人当政还比不上慈安、慈禧两个老太太，她们有一个耳朵软，早把曾文正公毁掉了。事业要成功，必有超凡之处，一般俗人都这么做，你必得超过这个境界。

生溉其乐以养，死溉其哀以藏，为人子者也。故四时之行，父子之道也；天地之志，君臣之义也；阴阳之理，圣人之法也。

"溉"，尽也。活的时候，需尽最使他快乐的以养之，死要尽其哀以藏之，生养死哀，就是为人子之道。一般人，不懂尽其乐以养，他爸爸光脚惯了，这下他发了财，必要爸爸穿皮鞋，比进棺材还难受。孝，就是顺，父母喜欢的，叫他做就够了，他的生活习惯，不能因为你发财就改变了。以前人，好汉不怕出身低，儿子出息了，还保持本色。今天人出息了，就要说他是生而贵者，一伪就不孝了。

看这里讲的，没有一个有好的行，天道就是君道，地道就是臣道。正是孔子所说的，"君使臣以礼，臣事君以忠"（《论语·八佾》）。理学家必要说君叫臣死，不敢不死，根本不是孔子之意。阴阳之理得和合，才利贞，刚柔有体，生生不息。阴阳合德才有作用，那一个高都没有用了，就是要平。

阴，刑气也；阳，德气也。阴始于秋，阳始于春。春之为言，犹偆偆也；秋之为言，犹湫湫也。偆偆者，喜乐之貌也，湫湫者，忧悲之状也。是故春喜夏乐，秋忧冬悲，悲死而乐生。以夏养春，以冬藏秋，大人之志也。是故先爱而后严，乐生而哀终，天之当也。而人资诸天。天固有此，然而无所之如其身而已矣。人主立于生杀之位，与天共持变化之势，物莫不应天化。天地之化如四时。所好之风出，则为暖气而有生于俗；所恶之风出，则为清气而有杀于俗。喜则为暑气而有养长也，怒则为寒气而有闭塞也。

这些都是相辅相成，各尽其用。人事也一样，每个人都有长处、短处，必得相辅相成。《易经》讲辅，讲裁。相辅之外，还得相裁。有长有短，一裁夺才恰到好处。人生永远不能离开损益之道。有所不足，要别人益之，换别人长来补我的短。自己有短处，得裁之，切磋就由这里来的。人不互相配合，不能成事。

"当"，常也，常道。

人主虽然有生杀之位，得与天共持变化之势，不一定必操之以生杀。

人主以好恶喜怒变习俗，而天以暖清寒暑化草木。喜怒时而当则岁美，不时而妄则岁恶。天地人主一也。然则人主之好恶喜怒，乃天之暖清寒暑也，不可不审其处而出也。当暑而寒，当寒而暑，必为恶岁矣。人主当喜而怒，当怒而喜，必为乱世矣。是故人主之大守，在于谨藏而禁内，使好恶喜怒必当义乃出，若暖清寒暑之必当其时乃发也。人主掌此而无失，使乃好恶喜怒未尝差也，如春秋冬夏之未尝过也，可谓参天矣。深藏此四者而勿使妄发，可谓天矣。

这个有德之主才能这样。

一个人，不能失自己的立场与位，立场与位，都是所处，得本其所处而出。立场和位不同，所出也不同。

这些都是告诉人，必持之以平。

人主最重要所应守之分，就是谨藏而禁内。发是发你之所藏，不能随随便便，否则等到必发时，有所匮乏了。更重要的，人主不应纳（苏舆注："内，与纳同。"），不应该受的东西，绝不能随便受。应藏的，也不能轻发。见而必受，货利之君，非垮不可。因为"上下交征利而国危矣"（《孟子·梁惠王上》）。上面也要纳，下面也要纳，国家就危了。千万不能送来了就要，绝不逆理而受。

到这时你的德才和天一样。

《人副天数篇》，自己可以参考。

天道施第八十二

天道施，地道化，人道义。圣人见端而知本，精之至也；得一而应万，类之治也。

不求报曰"施"，真正布施是不求报的。天道绝不求报。天覆之，地载之，坤顺承天，天有施之能，地就有化之功。地道受天之施而化生万物。

孔子之道，是"吾道一以贯之"（《论语·里仁》），不一以贯之，不懂讲什么。"人道义"，就是义于你所为。"见义不为，无勇也。"见义必得为。人之所为，必得是合于义，每天做事不合乎义，那就不是人了。最初步境界，也得不助人为恶。

什么是义？合乎道就是义，顺着性去做事就是道。本着良知去做事，至少心里不会不舒服。只有自己能审判自己。心里没有不平安，就是义。一天里，真正没有一点条件帮助人之后，心里特别愉快，那就是义。

儒家的观念里，人不是为自己活的，是为别人活的，"力恶其不出于身也，不必为己"（《礼记·礼运》），只要是人的行为就得这样，还不是圣人、贤人。

这结论最好："精之至也。"人人都得学这境界。见端能知本，才能"执其两端，用其中于民"（《中庸》）。见端知本，就是知两，"物有本末，事有终始，知所先后，则近道矣"（《大学》）。本末，就是端，就是末。事有终有始，有两端，还得知其所以先，所以后，这才近道矣。所以说，"忠恕违道不远"（《中庸》）。一个人必得学这个境界，绝不可以虎头蛇尾。终，绝对与始意义，才不虎头蛇尾。

"精"，就是不二，纯一，一点杂都没有。不但精，还得精之至。"诚者天之道也，诚之者人之道也"(《中庸》)，人不与道合而为一就不能达。不二其心就是精的入手处。许多事，不干己时，很多主张，等到自己事发生了，一个道道也没了，这就是庸人也。

人人都有私心，看成就的又有几人？中山先生一生什么都没有，今天怀念的人最多。甘地有的就是身上的一片布，别人看他很穷，其实他是天下至富者，没有比他再高的。少一分利心就多一分成就，这是经验之谈。

一个人不能行其志，那是悲哀，过了三年就没了。得去行，诚之所至，金石为开。

"唯圣人能属万物于一"(《繁露·重政》)，因为他懂得类之治也。得一就能应万，因为他有最高的办法，懂类之。往那里一摆，大家说真整齐，那就是治。

类的时候，无论怎么乱，必得由间入手，从缝理之，那就叫理间。远处看，乱哄哄一大堆，可是行家一定神，从有距离的地方下手，然后就知道粗细大小，就类之。这是天下治的第一步。

到这个境界，得费些功夫。得由自己的心来整理，先从本身下手，心里的贼，先撵出去了。智慧是慢慢培养的，读书清楚，就知道怎么训练自己。

动其本者不知静其末，受其始者不能辞其终。利者盗之本也，妄者乱之始也。夫受乱之始，动盗之本，而欲民之静，不可得也。

本要动的时候，就要想静末的办法。无论做什么事情，成功不成功不管，先看如果失败了怎么办，先想怎么整理残局，有这个智慧了再去动手。

受始了，就不能说结果我不管了。这终也得受，必得有始有终，就在这里。

由争利开始，下面就跟着大盗盗国。一个人也是如此，太重利了，做任何事就缺少真功夫，心理上就不正常，也有了盗之心。许多人把原来好的事情，怀着盗心。人之视己，如见肝肺，不要妄，妄是糟蹋了自己。所以说是乱之始也。乱，就是有失于正。

受妄就动利。在政治上，尚宣传就是妄，然后就上下交征利，欲民之静，不可得也。

故君子非礼而不言，非礼而不动。好色而无礼则流，饮食而无礼则争，流争则乱。夫礼，体情而防乱者也。

一切问题，由食色发生。食色，天性也，本来是很好，但如果用得不中，那就坏了。情是性之用。对于礼来讲，体情两个字最重要，得体人之性来立礼，才能防乱。和尚为什么乱？就因为立礼不体情，要绝欲。儒家要寡欲，慢慢少，这才能行。

民之情，不能制其欲，使之度礼。目视正色，耳听正声，口食正味，身行正道，非夺之情也，所以安其情也。

民之情，完全没法控制欲，所以要制礼，使他度礼。什么是正味？凡是有刺激性的东西都不叫正味。这些都不是夺他的情，是要增加很多方法来安其情。现在"夺情"成了一个专用名词，父母故去了都要守三年孝，如果国家有事，非他不可，下个诏书叫他来，这叫夺情。但是不能穿官服，得穿便衣小帽。这里的夺情，指的是七情六欲的情，和守孝的夺情不同。

变谓之情，虽持异物性亦然者，故曰内也。变变之变，谓之外。故虽以情，然不为性说。故曰：外物之动性，若神之不守也。

"持"，特也，指特别不同的东西。

外物重了，我就为物所役使了。有了身份地位，发了财，喝啤酒还非要黑啤酒不可，没有就不能吃了。不要黑面包，又要某某牌子的咖啡，那就成了物之奴了。

积习渐靡，物之微者也。其入人不知，习忘乃为，常然若性，不可不察也。

看这段小注：《荀子·解蔽》："心亦如是矣。故导之以理，养之以清，物莫之倾，则足以定是非，决嫌疑矣。小物引之，则其正外易，其心内倾，则不足以决庶理矣。"定是非，决嫌疑，导之以理，养之以清，看清多么重要。治小欲绝对得上正轨。决嫌疑最难，有许多似是而非的事，没有最高的智慧就不能决嫌疑。怎么养到此境界呢？得导之以理，中理而清养之，对事情看到最彻底的地方。譬如看时事，有决嫌疑的智慧，就棋高一着。

纯知轻思则虑达，节欲顺行则伦得，以谏争娴静为宅，以礼义为道则文德。是故至诚遗物而不与变，躬宽无争而不以与俗推，众强弗能入。蜩蜕浊秽之中，含得命施之理，与万物迁徙而不自失者，圣人之心也。

"纯"，就是前面说的精。纯就是不二，文王之德之纯。一点私心都没有。一个人有纯一的智慧，轻思即得。"虑达"，就是考虑的事完全不受阻碍。

"伦得"，就是得其类。"争"，诤也。"宅"，守也。谏诤最重要，以圣人之德，也得有诤友。"娴静"是谏诤的反面，也就是以动静为所守。

文王就是文德之王，拿礼义为道，才是文德。"春秋者，礼义之大宗也"（《史记·太史公自序》）。中者，礼义也，中国就是礼义之国。得拿礼义当道路而行，才是文德。

《淮南子·齐俗训》："人性欲平，嗜欲害之，惟圣人能遗物而反己。"遗物反己，不容易。得回到自己本来面目，一切私欲、物欲都放弃了。穷是第一步功夫，得先练穷。

"躬"，指自己本身，要特别宽宏大量。还得不偶俗，这很不容易。

蝉蜕，药名，蝉脱的皮。这道理最重要，那东西虽然只是个皮，还有天命之理存在，和我们原先受天之命是一样的。不能说什么过去了就作废，因为还有天命之理在。今天看旧文化，连蝉蜕的价值都没有了。懂这以后，只要还有生命价值存在，虽然不能治每一样病，总可以治一样病。过去的事，有它的价值，因为它对某一件事情是有用的。

与万物迁徙，但不失原有的价值，因为他有命施之理存在，唯有圣人之心，才知道存这个。《春秋》之道，是大人之所重，小人之所轻，等没有知识的人把这些都破坏了，再来认识可就难了。

名者，所以别物也。亲者重，疏者轻，尊者文，卑者质，近者详，远者略，

看《春秋》里的尊卑怎么讲的。尊者，外面文饰得像个圣人，君子。卑者，还是野人也。"先进于礼乐，野人也；后进于礼乐，君子也"（《论语·先进》）。看这里完全没有乱制尊卑的观念。卑者，完全是本色。《易经·系辞》里面说："天尊地卑，乾坤定矣。"尊卑是上下，所以说乾坤的位定了，上就是上，下就是下。为什么有卑高的排列呢？"贵贱位矣。"所以说："卑高以陈，贵贱位矣。"卑，就是质而无文。

"近者详，远者略"，讲的是由近及远。小注完全胡闹，没注好，害人。

文辞不隐情，明情不遗文，人心从之而不逆，古今通贯而不乱，名之义也。男女犹道也。

这不就是和"文质彬彬，然后君子"同一个道理吗？小注里"定哀多微词"，这里的微词不是批评之词，是隐而不显之词。得文质彬彬以后，才成其君子之道。

人心都是从这样做，从古到今，通贯都这样做。

男女就是道。这是指两性说。"一阴一阳之谓道"（《易经·系传上》），男女就是阴阳。不是一个阴，一个阳。"一"要当动词用，一这个阴，一这个阳的，就是道。《老子》说"一生二"，《易经》就是太极生两仪，太极就是道。管男女的不就是道吗？

这两句（编按："尊者文，卑者质。"）特别有深意，不是现在观念的尊卑。为什么他尊？因为他文辞比其他人强。有学问，有地位的人，文饰比一般人好得多。至于卑的，那完全是本质的表现，老百姓土里土气的，土，就因为他有良心。《春秋》赞美卑。因为他质，所以他纯朴。那些做坏事的人，出门都像圣人，可是他做的坏事，不堪闻问。卑，是赞美一个人有良知存在。这尊卑就是文质的表现。文饰的反面，就是天生的纯朴，《春秋》的尊卑没有阶级观念。差尊卑就是要除掉尊卑，没有阶级。

《繁露》中，有的时候讲乱制，《公羊春秋》亦然。为什么要讲？因为他特

别提醒我们，一切之治，起于衰乱之中。否极泰来，所以他拼命讲乱制，把乱制讲得人惊心动魄，就像《尚书》一样，大家读完马上就跳起来了，为什么等乱制来杀我们，我们先杀他！

这都发人深省，《公羊春秋》刚开始时，讲隐公、桓公尊卑未分，老父未决定给谁，这就是乱制，造成天下大乱。我们要天下好，不能叫这些混蛋把持，否则乱到什么时候为止？我们要前后左右看一个问题，不可以盲从。一个知识分子没是非，社会就不需要。得有真是真非，才是社会的安定力。真是真非得有真智慧，没到境界，就不知谁是谁非。有私心的人，就没有真是真非，因为他私，就看不清楚。

"名"，就是拿来别物的，有猫有狗，狗还分多少种。这就是智慧。亲者重，疏者轻，这一般人还做不到。父母对我们最亲，有几分重了？任何东西只看表面，绝不能发挥深的作用，人得扪心自问。疏者轻，也没有做到。明明是浑蛋，只要臭味相投了，比亲兄弟还近。一个欲字，把什么都害了，把酒肉宾朋当刎颈之交，失败了，就成势利之交。有懂轻重，那是何等人物！什么都成功了！这个颠倒，社会宇宙都颠倒了。

遇到事情要知道衡量自己，否则总感觉别人对不起自己，不知道自己有所不足。社会上有的东西，我们都用了，自己贡献了别人多少？

"近者详，远者略"，这都是说自然之情。文辞再怎么美，不能隐情。像古诗，例如关雎，就是文辞不隐情。我们忽略那文辞，那才是真情流露，才是大文章。

表出情了，也不能把文遗了。今天也太野了，就说你爱我，我爱你，文太不美了。现在的人心，为什么不从而逆？就因为反了前面那些。以上这些，完全是出于天性的。由真的去认识，才能解决问题，不可掩耳盗铃。

这句话最重要，把每个人都看作无价之宝，天民一样。不要把男女看得那么不值钱，男女、阴阳，没有分的时候就是道，就是太极。分了，太极生两仪就有用了。男女之合德就是天道。以前人，把自己看得特别尊贵，绝不胡来，这不是头脑旧。今天，不把自己看得像人的样子，用动物来比，都随随便便了。以前人，不以为苦，以为是他的尊严，谁也不可以随便干涉。这不是受罪，哪有人可以天天受罪的？无论是结婚，生子，他有一个与天同德的心理。今天处处和猫狗比，天爵自尊吾自贵，一个人，最贵乎自尊。

"犹道"，因为从用往回返，近于道，不就是道。男女就是用，合德才能成德。

人生别言礼义，名号之由人事起也。不顺天道，谓之不义，察天人之分，观道命之异，可以知礼之说矣。见善者不能无好，见不善者不能无恶，好恶去就，不能坚守，故有人道。人道者，人之所由乐而不乱，复而不厌者。

如果说人生来昏昏迷迷，那性善是怎么来的？

董仲舒论性，有点近似性恶，不大赞成性善。以为人生迷迷糊糊，是由教育教来的。董仲舒虽然是儒家，但是不喜欢孟子的性善说。孔子只说性相近，很滑头，性善性恶都挂上了。

人生以后，另外还得讲礼义，名号是由人事起来的。

《中庸》说："天命之谓性，率性之谓道，修道之谓教。"先觉觉后觉，后觉者就从教而修道。儒家最重要的，就是顺着性去做，这就懂"率性之谓道"了。性和情要先分清楚，完全顺着情去做就糟糕了。不顺性去做事就是不义。己所不欲，勿施于人，就是性的表现。如果把快乐建在别人痛苦上，幸灾乐祸，那就是情的表现。讲道理，不要离开人世，人人都可以去做。

研究天人之分，察道、命有何不同，"天命之谓性，率性之谓道"，这就是他们的异。这个明白了，就可以知礼之说，礼就由这里来。一个人多读书，智慧特别清楚。是非一来，马上判断了，不会惑于欲。千万不要自迷。不自迷，才能把智慧升华到最高境界。

宗教不行疑，智慧贵乎疑。不自迷，像诸子百家，都是智慧的产物。因为他们就相信自己。后世的人，学程朱就不能超过程朱。千万不要囿于这个，否则永远跳不出去，智慧不能往前走了。

今天特别需要有智慧的人，来处理人类的问题，不只是中国。得善用智慧，将来这责任非中国人莫属。要相信自己，把自己的文化好好调整调整。一个知识分子，绝不能有奶便是娘，给奶吃就高兴了。

青年人，想出了轨道一点都是对的。脑子必得蓬勃，才智慧无穷，如果总不用，那就没办法了。

中国几千年文化，受传统约束太久了，必须解脱，跳出来，今天不解脱就糟了。必须要有良知，中国需要猛烈冲刺一下。谁是谁非没有关系，有超人智慧的，做超人的事情。我们生在这样一个冲刺的时代，冲刺的时候夹在中间，当然不大舒服。但就是这么一代而已，谁叫你生在这一代呢？要多领悟，了解环境。为什么不学自己呢？看自己像什么就叫什么，像个猪就做个猪精！必须有超人的智慧，才能有超人的事业。过去的就过去了，我们是要迎接未来，不是叫你守节。处理未来，怎么可以天天背着感情包袱？这个不行，那个不行。有思想，有智慧，人生来才有活力，心年轻，就可以吸收新思想。

今天有一个大毛病，也懂得自己要得什么，但是不愿意用力去得。想别人弄好了，我来拿。天下哪有巧的事？中国今天多么需要有智慧的人！事实摆在面前，智慧开拓一切。"思不出其位"（《易经·艮卦》），你的位是什么？中国未来的生命就在你身上这个位。特别开拓自己，再吸收东西，看什么东西都不一样。如果守得太窄，人家多迈一步，你就接受不了了。

熊十力先生的书，人手一册，中外都接受。骂他的人也得看他的书，为什么？就因为他有新生命力。

没有比《繁露》更启发智慧的，难读，可是下了功夫就取之不尽。

守节，不是背感情包袱，那是愚节。如果是孟母、欧母、岳母，就不是感情包袱的守节，她把生命寄托在第二代，就是理智的生活，得叫他生生不息。欧阳修写《泷冈阡表》，六十岁了才立碑文，不是他懒，一句"盖有待也"，包含了无量深意，一个人就是"盖有待也"，好懂不怕晚，等他做宰相了才立碑。后面交代四个字，谁都不原谅他，（只因）真有无尽的盼望。

读任何书，都有启示，但要会读。否则是"非其鬼而祭之，谄也"（《论语·为政》）。必须自己决定人生，才有力量。

好恶不能坚守，所以立个人道。今天变，明天变，能坚守人道吗？人道是做什么的？就是告诉我们，坚守我们之所好、之所恶。

学什么都可以，但学他不是要继承他，因为你比上他都没有用，已经不是那个时代了。

天道施第八十二

万物载名而生，圣人因其象而命之。然而可易也，皆有义从也，故正名以名义也。物也者，洪名也，皆名也，而物有私名，此物也，非夫物。故曰：万物动而不形者，意也；形而不易者，德也；乐而不乱，复而不厌者，道也。

万物生来的时候，无形中就带了一个名。圣人就因为他的象取一个名，真是天人同心，一看就象（像），中国字，没法改。

正名的目的，是名这个义，名是为了明白。

此物非彼物，这给人的观念最重要，天下人没有含糊的东西，一对双胞胎，细端详一下都不像了。

天道无二第五十一

天之常道，相反之物也，不得两起，故谓之一。一而不二者，天之行也。

这就是"反者道之动"（《老子》）。阴阳不是两个东西，是一体的两面，物极必反，极了就回来了。不能说是两个同时起来。熊十力批评王船山的"乾坤并建"，就是这个原因。乾坤不是并建的，而是相反之物。道动了才有生机，才生生不息。

它是一，不是两个东西，是一个东西的阴面阳面。这是天之行也。简单来说，一而不二，《中庸》特别强调，不能二其志，不二其志，才能生生不息。一而不二，就是"惟精惟一"（《尚书·大禹谟》）。一，诚也，也就是天之道。

阴与阳，相反之物也，故或出或入，或右或左，春俱南，秋俱北，夏交于前，冬交于后，并行而不同路，交会而各代理，此其文与？

出入，就是升降。阳极了就降，降极了又升。或左或右，——，就成了坤，坤之道讲"成"，坤能成物，或出或入，就是反复之谓道，反反复复。

到这里，都是讲阴阳二义，天之常就是太极，太极生两仪，两仪是反之动而来的。《中庸》说"其为物不贰"，生物时，得不二其心，一才能生，诚才能生。如果又想做又想不做，疑疑惑惑的，一定不成事。

这都指相对相偶说。并行，指坤说，和干不同路。要等阴阳合德，才刚柔有体。在交会时，阴阳都代理其事。因为阳中有阴，阴中有阳，互相代理的。像太极图一样。没有相含，就不能代成其事。这也是"不可为典要，唯变所适"

(《易经·系辞下》)的地方,不可以光看阴阳爻,要看他的变。由这里可以领悟出来治事为人之道。人心那么危,道心又那么微而难测,怎能成其事呢?但是天下无难事,只要你能不杂不二,就能诚诚实实地守住那中道,人心就正了。道心也显其微而成其能了。人事也一样,诚之所至,金石为开,这完全不是假话,心诚求之,虽不中亦不远矣。

人明白了很多,但是真正去行的时候,得有个刺激的力量,一般人都喜欢打胜仗,一伸手就得,很高兴。等到伸手不得,中间就有很多问题发生了,遇到挫折,少有不退却的。一退却,就是二其心,不能成事了。中山先生十次失败,如果有一次灰心了,最后就不会成功。只要真诚求,没有达不到目的的。社会上的事,都是波折。人生特别难,没有力量就胜不过去,"天行健,君子以自强不息"(《易经·乾卦》),不是念念口号就完了的。懂了这点,就可以在人生上奋斗。精一,就能执中。何况社会上还并不那么危。

天之道,有一出一入,一休一伏,其度一也,然而不同意。

"度",就是太极,就是不同的,出、入、休、伏,不是两个东西了吗?不同,就是二,就是两仪。

阴爻(--)中间是空的,空故生生,继之无穷,因为虚才生生,这是阳之休也。

处,就是居,不得近其所宜,必得离开它而远虑。

阳之出,常县于前而任岁事;阴之出,常县于后而守空虚。阳之休也,功已成于上而伏于下;阴之伏也,不得近义而远其处也。天之任阳不任阴,好德不好刑如是。

这表现出来看不起刑的心理,置刑于空虚。因为空才能生,虽有刑罚,要在刑中求其生,欧阳修有一句名言,意思说即使求其生而不得,心也没有不安了,就是他父亲积了这德,他才能做宰相。

欧阳修《泷冈阡表》：汝父为吏，尝夜烛治官书，屡废而叹。吾问之，则曰："此死狱也，我求其生不得尔。"吾曰："生可求乎？"曰："求其生而不得，则死者与我皆无恨也；矧求而有得邪，以其有得，则知不求而死者有恨也。夫常求其生，犹失之死，而世常求其死也。"

故阳出而前，阴出而后，尊德而卑刑之心见矣。阳出而积于夏，任德以岁事也；阴出而积于冬，错刑于空处也。必以此察之。天无常于物，而一于时。时之所宜，而一为之。故开一塞一，起一废一，至毕时而止，终有复始于一。一者，一也。是于天凡在阴位者皆恶乱善，不得主名，天之道也。故常一而不灭，天之道。

"一"是动词。上天永远不把永久不变之性能放在一个物上，因为物不论多大年龄，都得死，都得变，完全都受时来支配一切。都一于时。我们多方面去想一个问题，常常都在一个道、一个理的控制下。

开一，始也；塞一，终也。无论终、始，到要你结束的时候，都停止了，但不是一停止就没了，又开始了。须始于一，由一义生出来了。父母虽然故去了，但是你就是精华，还存在。中国人孝道就在这里，讲不辱身，因为辱身就是辱亲。自己不能以身许人，为别人死就是不孝。今天人缺少中国人的观念。

一就是一，是管一切，统一切的东西。

没有拿阴当主名者，这是天之道，因为重阳，任阳不任阴，常能守一。永远不灭的，就是天之道。灭，是有形的东西灭了，一永远不灭。就像父母的一在我们身上。"知耻近乎勇"（《中庸》）就是这么来的，自己受苦没关系，不能对不起祖宗。

事无大小，物无难易。反天之道，无成者。

无是无端。天道就是一，就是诚。不反天之道，就是诚之者。有很多事，不是普通智慧的，但智慧高的可以。像一手画圆，一手画方。

是以目不能二视，耳不能二听，手不能二事。一手画方，一手画圆，莫能成。人为小易之物，而终不能成，反天之不可行如是。是故古之人物而书文，心止于一中者，谓之忠；持二中者，谓之患。患，人之中不一者也。不一者，故患之所由生也。是故君子贱二而贵一。人孰无善？善不一，故不足以立身。常不一，故不足以致功。《诗》云："上帝临汝，无二尔心。"知天道者之言也。

一其心、一其志最重要。三心二意，问题就多了。因为心理有患，这山望那山高，心有不足就要求，这是第一个苦，求不得，最苦。人老了，绝不想办不到的事。四十几岁时，还有求不得苦。有些人，智慧特别强，年轻就有把持，所以年轻就成就事业了。三十不发四十不富，人贵有贤父兄就在这里，也会在旁边引舵。一般人往前闯，到三十五六才摸到一个路子，那就慢了。

日月至焉就算不了什么，不能一其善。谁没有常法？常法不能守一，糊涂忙了十几年，一无所成。上帝对你最大的盼望，就是叫你不要有二心。

笔　记

人曰守一，老氏抱一，政曰定于一，一之义深矣。闻之者众，知（了解）之者少，能运于妙者，未之有也。能之则天下有治而无乱，成至道也。故曰：无至德，至道不凝焉。至德者，运一之妙者也。

一个人必得善用心之机，天道之藏于身者，就成人道了。

天容第四十五

天之道，有序而时，有度而节，变而有常，反而有相奉，微而至远，踔而致精，一而少积蓄，广而实，虚而盈。

我们做事，得有章法，有进度。过了时就不值钱了。不可以误时，一切都得有一个预度，在预度之内的，必得做。还得有节，按照预度，恰到好处地完成，就叫节。延长就是无节。

乱变的就是"素隐行怪"（《中庸》），那不行。"不可为典要，唯变所适"（《易经·系辞下》）。适就是常，变得有常，有常道，有常规，有常法，不可以"素隐行怪"。

"反者道之动"（《老子》），故相奉。彼此相益的，你奉我，我奉你，都有好处。

这虽然微，但能使它达到最远。看微的力量多么大！微的东西特别多，生生不息。

"踔"，就是高远，超过了范围。虽然如此，还能使它达到精微的境界。在社会上，超出了范围没关系，就怕收不了摊，那更乱了。这些都是"唯变所适"的观念。

"一"的观念，最重要。"积蓄"，指人为的麻烦说。

坤卦中虚，才能生生不息。虚是体，盈是德，就因为他虚，才满得不得了，盈了一切。在人事来说，一个人为什么受人敬仰？因为他虚得连我都没有了。一般人满得不得了，这个不能接受，那个不能接受，还能装什么东西？没有虚的体，就没有盈之德。"舜其大智也与"，看他多么虚，"好问而好察迩言"（《中庸》），无一不取于人者，结果多么盈，把人家的都拿来了。"君子不器"（《论语·为政》），就是广，可不能空着，得把能容之处都装满了，这和虚而盈是相同的。

　　圣人视天而行。是故其禁而审好恶喜怒之处也，欲合诸天之非其时，不出暖清寒暑也；其告之以政令而化风之清微也，欲合诸天之颠倒其一而以成岁也；其羞浅末华虚而贵敦厚忠信也，欲合诸天之默然不言而功德积成也；其不阿党偏私而美泛爱兼利也，欲合诸天之所以成物者少霜而多露也。

　　圣人专察天之道而行事，不是圣人的，更得则天而行。天不到其时，不出暖清寒暑，绝不乱来，就像圣人之好恶喜怒之所处，人不厌其笑，人不厌其取一样。
　　告民者是政令，但完全以教化之令之清微来风民，尊之以德。天之运行，周而复始，颠倒而以成其岁。"一"就是天之道，生生不息就是颠倒、终始、终始、终始……
　　这完全是法天，一个人成功，得不伐善，不施劳，默默看功德成。真的功，必显出来。
　　阿党偏私，最可怕，事业不成功，就因为自己都是对，别人的对也是不对，就没法合作了。

　　其内自省以是而外显，不可以不时，人主有喜怒，不可以不时。可亦为时，时亦为义，喜怒以类合，其理一也。故义不义者，时之合类也，而喜怒乃寒暑之别气也。

　　他自己内心反省，拿这个对的，才能显到外面去。
　　"可"，是好的事情。不可以不为时而可，做好事，不当令，那是纾不及户。人家有困难，我们帮忙得帮在困难上。否则等你到了，人家苦已经过去了。
　　必固其类而喜怒。义不义，就看是不是合乎时，好事不合时，也算不得义。
　　喜怒虽然合乎时，也不算正，只能算寒暑的节气。圣人不可以喜怒来奖惩。

不能以喜怒来表达自己。看甘地，他哪有喜怒？一言以蔽之，必得公而忌私。有一点私心存在，也不能成就事情。

什么是私？为己曰私。你做事不为己，错了也没关系，因为大家知道你不是为私而错。观过知仁，看你的过，就知道你仁不仁。

笔　记

天下何事，颠倒其一耳。天下本无事，庸人自扰之，明乎此则王道现矣！

庸人不顺天道而自为道，则远人而乱生矣！

不法天道之颠倒其一，而行人为之颠三倒四，而乱不绝。

身之养重于义第三十一

天之生人也，使人生义与利。利以养其体，义以养其心。

做人真得这样去体行，我们现在无所立，就因为每个人都无所守。

心不得义不能乐，体不得利不能安。义者心之养也，利者体之养也。

天生人之后，也懂得什么是义利之辨。"子罕言利"（《论语·子罕》），罕字，就知道他不是不言利。《易经》讲利，"能以美利利天下"，最重要的是，"不言所利"才"大矣哉"。不是不要利，要美的利，能利天下了，得不言其所利，这才是大。利是养其体的，少言于利，而多言美利，因为利能养我们的体。

什么叫合乎义来养心？不是空想就养心，必得拿合乎义的行为，拿一切善好的行为，来养自己的心。义、利绝不是空的，譬如生活得够一个标准，否则身体不会好。许多人把义看成空的，那就错了。

仁是体，义是仁的用，把仁表现出来，也就是拿善行来养自己的心。做一点好事，并不要人知，心里的愉快就难以形容，你们这年龄应该对这有所体会了。日行一善就是养心，每天做事都于别人有利。心要是不得有利于别人的行为，真是不乐。一切行为对别人有利，那真是乐。并不是善与人知，而是自己的乐，拿这个乐来养心。

一个人可以没钱，但可不能没有一个够标准的生活。体不得利，就不能安其体，滋养不足，身体也不会健康。养体的利，包含很多，衣食住行都在内。

体莫贵于心，故养莫重于义，义之养生人大于利。奚以知之？今人大有义而甚无利，虽贫与贱，尚荣其行，以自好而乐生，原宪、曾、闵之属是也。

这有连带关系，内体莫贵于心，知道养莫重于义。精神生活饱满的人，永远健康，就在这里。如果一个特别有义行而没有利的人，像甘地，虽然没有钱，没有地位，但他们的行为特别受光荣。以自己之所好而乐我们之所生，这些人，都是过精神生活的。

人甚有利而大无义，虽甚富，则羞辱大恶。恶深，祸患重，非立死其罪者，即旋伤殃忧尔，莫通能以乐生而终其身，刑戮夭折之民是也。

有些人，利上表现突出，但可特别没有义。虽然很富，富并不能让你没有羞辱。等到恶深，祸患就重了。

夫人有义者，虽贫能自乐也。而大无义者，虽富莫能自存。吾以此实义之养生人，大于利而厚于财也。

年纪大的人，容易得到这个感受。这些话，讲于几千年以前，今天都应验了。
义之养生人，比利重要得多，比有财富还高厚。

民不能知而常反之，皆忘义而殉利，去理而走邪，以贼其身而祸其家。此非其自为计不忠也，则其知之所不能明也。

一般民，与这相反，好利贱义，把利看得很重。人为财死，鸟为食亡就叫殉利。他把理丢掉，专走邪门，把自己的身丢了而祸其家。这不是他自为之计划不周到，是他知道的不够深，所以不懂这个道理。

今握枣与错金，以示婴儿，婴儿必取枣而不取金也。握一斤金与千万之珠，以示野人，野人必取金而不取珠也。故物之于人，小者易知也，其于大者难见也。今利之于人小而义之于人大者，无怪民之皆趋利而不趋义也，固其所暗也，圣人事明义，以照耀其所暗，故民不陷。

"野人"，指一般老百姓。

自己所见之事，要特别慎重。容易明白的，恐怕都是小者，不明白的就是重要的。得特别小心，不要不明白就不能接受。拿自己能知的那点事来衡量社会就大错了。人知道的太少太少了。接触越广，知道自己懂的特别少。接触越少，才以为知道的越多。一个乡下二爷，大家什么事都找他，一呼百诺，以为什么事都知道了。这就是因为环境小。知大者不容易，重要事都不容易懂。今之当政者，以己之所知来衡量宇宙，忽略了人家专求不知的功夫。

"所暗"，其知不明也。得好好研究自己。

计划事时没有头绪，不知道入手处，结果怎么会好？太粗心大意，把一切事都看得轻，开始以为容易，一定错误百出。

一个圣人事奉明之义，来照耀他所暗之事，所不知之事。人所暗之处不一样，我们不懂得科学，就是所暗之处。多少人不敢面对现实，自己之所暗，不拿明义来照。什么叫"明"？就是子张问明的明。不听信谣言，"道听而途说，德之弃也"（《论语·阳货》）。也不听小话，"肤受之愬"也叫他不行。圣人能以明照暗，所以老百姓都不会陷于苦。百姓不懂那么多，圣人是领导群众的。大家问你办法，老百姓会见贤思齐。

《论语·颜渊》：子张问明。子曰："浸润之谮，肤受之愬，不行焉。可谓明也已矣。浸润之谮肤受之愬不行焉，可谓远也已矣。"

每人每天做一点于别人有利的事，心力就和别人不同了，义以养心，日久以后，君子、贤人、圣人就可以达到了。

《诗》云："示我显德行。"此之谓也。先王显德以示民，民乐而歌之以为诗，说而化之以为欲。故不令而自行，不禁而自止，从上之意，不待使之，若自然矣。故曰：圣人天地动、四时化者，非有他也，其见义大故能动，动故能化，化故能大行，化大行故法不犯，法不犯故刑不用，刑不用则尧舜之功德。

先王显出他的德行来示民，不是以口惠示民。

诗就由此而来，今天人作了一辈子诗，没一件正经事，老是山啊，水啊，美女啊！真是无病呻吟。

旧观念以为官场中好修行，有机会就要救别人，不可以陷人于罪，今天人抓住人家的毛病就高兴，以为自己有智慧！

民俗美了，就因为你显德行，老百姓都悦而化之，受感化，日久成风俗了。到这境界时，不用去命令他，他自己就去做，他懂得在上面的人的意思，不必等别人去支使他。这完全发于自心，自然而然达到这境界。

因为他表现出的义特别大，就能动天下。

法要是不被侵犯，刑就不用了，不是没有用，而是不用刑了。因为没有人犯法。这就是尧舜的功德。

此大治之道也，先圣传授而复也。故孔子曰："谁能出不由户，何莫由斯道也。"今不示显德行，民暗于义，不能炤；迷于道不能解，因欲大严憯以必正之，直残贼天民而薄主德耳，其势不行。仲尼曰："国有道，虽加刑，无刑也。国无道，虽杀之，不可胜也。"其所谓有道无道者，示之以显德行与不示尔。

这是天下太平最重要的方法。先圣后圣一也，在后面的人，能照这么去做，就成了后圣。就是这么简单，为什么不从这个去修己、治人、平天下呢？民不懂义是什么，怎么能昭示天下呢？

因为他欲太严了，必得以惨怛之心去正这个欲！

"直"，就是简直，残害了天民。有道无道，就在你行为的善恶。

对胶西王越大夫不得为仁第三十二

命令相曰:"大夫蠡、大夫种、大夫庸、大夫睪、大夫车成,越王与此五大夫谋伐吴,遂灭之,雪会稽之耻,卒为霸主。范蠡去之,种死之。寡人以此二大夫者为皆贤。孔子曰:'殷有三仁。'今以越王之贤,与蠡种之能,此三人者,寡人亦以为越有三仁。其于君何如?桓公决疑于管仲,寡人决疑于君。"

做官的人,"伴龙如伴虎",看他怎么说话,得善用智慧。

看大夫种出坏主意吧!自己把自己害了。你出的坏主意,为我到先王那里去试一试吧!"狡兔死,走狗烹",自古完全是这样,人家胜了,他死了。这就是人生,特别发人深省。自己做事要凭良知,不左右袒,否则大夫种完全为了一家春,献了七策,害了自己。千万别为一个人做事,最后他必把你弄完了为止。

当时董仲舒做江都相,事易王,命令相,就是问他。

仲舒伏地再拜对曰:"仲舒智褊而学浅,不足以决之。虽然,王有问于臣,臣不敢不悉以对,礼也。臣仲舒闻,昔者鲁君问于柳下惠曰:'我欲攻齐,何如?'柳下惠对曰:'不可。'退而有忧色,曰:'吾闻之也,谋伐国者,不问于仁人也。此何为至于我?'"

看你引的题目,就看你有没有智慧。他不直接说,这叫借题发挥。多读书,就为了引经据典,借题发挥,达到自己的目的还不伤害别人。一语双关,至少使那人心里有两个想法。一句话都骂了,何况还参加计谋以谋人国乎?

但见问而尚羞之，而况乃与为诈以伐吴乎？其不宜明矣。以此观之，越本无一仁，而安得三仁？仁人者正其道不谋其利，修其理不急其功，致无为而习俗大化，可谓仁圣矣。三王是也。

两句名言就在这里。

在这一章，一个人知道怎么去回答一个问题，就因你知道怎么去看这个问题。一般人看问题，都是同样看法，那就是平庸之见。必得对问题看得不一样，得的结论当然不一样，做法也不一样。

做任何事，在那事上都有一个道，有一个一定的方法，知道这个方法了，就按这个方法去做，就叫正其道。还谋其利做什么？其结果必有利，开始正确，结果必正确，又正道又谋利。否则就两道废弛。

正道，修理，完全相对的。本着一个计划书，按计划去做，一定成功，就不必急其功，急其功的没有好结果。按正的道来修理，到时候必然成功。

小注里说本传作"正其谊不谋其利，明其道不计其功"，没有繁露的境界完整。

"无为"就是自然，要使他自自然然的习俗大化，这才叫仁且圣。这就是三王。

《春秋》之义，贵信而贱诈。诈人而胜之，虽有功，君子弗为也。是以仲尼之门，五尺童子，言羞称五伯。

人不要有机心，是指做正常事，正常事必得贵信贱诈。今天社会贱信贵诈，都不成功，成功几天又失败了，升沉特别容易，稳不住。旧社会中很稳，虽然发展慢，大家都照一个规矩行事。

做其他事，可不能说不贵诈，兵不厌诈。治军出征，可不能贵信贱诈，那就垮了。在据乱世时可不行。这时还内其国，把自己的国看得重，把诸夏之国外之，看成敌人。懂得礼义的，我们也不能相信，何况不懂礼义的？美国好不好，是他国内事，对我们不好就是混蛋。

在人事上，对好人当然用善道，对不好的人那可不客气，杀恶人即是做善，见谁都乡愿，那还得了？好人都不能活了！我们修德，不主动对别人不好，但是别人欺负我们可不行。必得有应敌的能力。得不占便宜也不吃亏，这才叫作人的道理。

江山是打来的，社会上就是坎坷不平，你怕，就永远完不了。先礼后兵最重要，但可得自己站得住。

这段是讲《春秋》之义，到太平世的时候这样，据乱世可不行，得内其国而外诸夏。

为其诈以成功，苟为而已也，故不足称于大君子之门。五伯者，比于他诸侯为贤者，比于仁贤，何贤之有？譬犹珷玞比于美玉也。臣仲舒伏地再拜以闻。

苟为而已，不是名正言顺那么做的。

五伯只是比其他人比较贤而已。好像珷玞比于美玉，珷玞是似玉之石，怎么比得上仁贤呢？

这一段，完全用别人的话，答复了自己的意见。

他立场和君完全相反，但是自己没有说一句话，完全用别人的意见，把自己的意思完全表达了出来，读书要细读，把高招学过来。

他先把宾主关系撂在一边，借一个第三者来演一遍。让宾主都明白了。潜移默化，你也明白，我也明白，问题就解决了。

把精神振起来，去闯去做，什么成败，什么对错！四大寇，一个是国父，三个是先烈。[1]

---

[1] 即孙中山（1866—1925）、陈少白（1869—1934）、龙列（1866—1936）、杨鹤龄（1868—1934）。此四人义结金兰，从事革命，时人称为"四大寇"。

郊语第六十五

由这篇到第七十一篇（编按：《郊事对》），完全是讲祭天之事。不管这些有没有用，今天中国的传统观念，大家都没有了。这是值得我们重视的事。

人之言：酝去烟，鸱羽去眯，慈石取铁，颈金取火，蚕珥丝于室，而绝于堂，芜荑生于燕，橘枳死于荆，此十物者，皆奇而可怪，非人所意也。

以上十物，奇而可怪，注解也没有讲清楚。

夫非人所意而然，既已有之矣，或者吉凶祸福、利不利之所从生，无有奇怪，非人所意，如是者乎？此等可畏也。孔子曰："君子有三畏：畏天命，畏大人，畏圣人之言。"彼岂无伤害于人，如孔子徒畏之哉！以此见天之不可不畏敬，犹主上之不可不谨事。不谨事主，其祸来至显，不畏敬天，其殃来至暗。暗者不见其端，若自然也。故曰：堂堂如天，殃言不必立校，默而无声，潜而无形也。由是观之，天殃与主罚所以别者，暗与显耳。不然，其来逮人，殆无以异。孔子同之，俱言可畏也。

吉凶祸福利不利，这没有什么奇怪，但是非人能料到的。畏是敬畏，君子有三种敬畏的事。这一章中，落文很多。但可以看出当时人的观念。

对元首不敬，祸来时就很明显，这是人人看得到的。到清末，还有这个观念，谁都可欺，不可以欺天。管自己，总觉得不可以做亏心事。如果有不善之处，那报应历历不爽。大恶之事，当身就报。

我们今天用什么来代表中国呢？中国是祭政合一的。退而求其次，婚丧嫁娶，这些是礼之大者，连这些都没有了，就看不出中国的样子。

文王访贤，也得象征性地拉一段事，这是最重的礼。中国东西都丢了，怎么去懂中国事呢？

中国的祭祀，不迷信，一切是为了报恩。天齐庙每个城都有，有教育性，因为老百姓不识字，看一看也懂不少事。这也列入国家公祭，另外有文庙、武庙、祖师庙，就是从古至今有所发明的人，都进祖师庙。祭这些是为了报德报恩，祭王也是为了报恩、尽孝。

古时宗教观念轻，到了汉朝五斗米教，抄佛教和道藏来的，才有了宗教形态。

无论怎么明的罚，怎么暗的灾，来的时候都是及于人身的。这绝不会错误。孔子以为暗与显的灾殃都可畏。

天地神明之心，与人事成败之真，固莫之能见也，唯圣人能见之。圣人者，见人之所不见者也，故圣人之言亦可畏也。奈何如废郊礼？郊礼者，人所最甚重也。废圣人所最甚重，而吉凶利害在于冥冥不可得见之中，虽已多受其病，何从知之？故曰：问圣人者，问其所为而无问其所以为也。问其所以为，终弗能见，不如勿问。问为而为之，不为而勿为，是与圣人同实也，何过之有？《诗》云："不愆不忘，率由旧章。"旧章者，先圣人之故文章也。率由，各有修从之也。

天地神明之心，都是空异的，但是人智慧越高，越承认这个东西的存在。人事成败是真实的，有形的感受，人都得身受的。成就是福，败了就苦，但是心和真又不能见。唯有圣人能见，一般人只能知成败的感受，这就是不同之处。见人所不能见，不是看那个有形的。像那些预言家，不管怎么准，不外乎是经验丰富，见什么事发生，就可以说一个预言，过几天应验了。其实这一点神秘都没有，完全是知识和经验的累积。

就因为这个，圣人之言值得我们敬畏。我们读古书的目的，就是用古人智慧来启发今天的智慧，智慧还有什么新旧？事情是过去了，旧了，但那智慧可以启发我们。

"郊"是郊天，"社"是祭地。

注解里（凌曙注："自秦始皇有三岁一郊之制。汉高、惠未尝亲郊。"）提到，秦还三年一郊，汉初就已多年不郊了。所以董仲舒提出这一点来。秦始皇把中国文化弄脱了节。汉朝不敢再焚书坑儒，但是借着收天下书，把那些秘籍都毁掉了，作了很多假书。伪书都是汉朝出的。

下面一段，很有意思。问所为，不必问其所以为。这也就是但问耕耘，不问收获的那个"问"。一切事，问圣人，也就问其所为，因为一问其所以为就坏了。人要知道所为的重要，如果完全重视所以为，利害关系太清楚了。那就不好。你即使问所以为，能问出来吗？不如不问。这就是将来处事为人的标准。无论什么事，要问就问其所为，不必问其所以为。因为所以为看不到，不如不问。

圣人有先见之明，我们问所为就为，结果和圣人同实。圣人虽然有先见之明，我们也为所当为，这样的话，何过之有？知所为而为之，还有什么过？一个人，不知所为去做，单是天天研究所以为，所以他为的不能显示出来，到最后错误百出，过得不得了。

孟子说："不成章不达。"（《孟子·尽心上》）一切章法都叫章。每个人都有所要达的事，为什么达不到？就因为你没有成章。人都有抱负，都想完成，就叫达。你对你的抱负，没有详密的计划、步骤，永远也不会达。得先把章法立好。不必自己再去找新的了，完全由旧的章法而作，旧的章法就容易学了，过去人做完了，必有成果在那里。我们按旧章去做，成果在逆定之中。

文章，就是其章而载之得文者，也就是详密的计划书。章法必得载之以文，一步一步去做。"行有余力，则以学文"（《论语·学而》），这"文"不是文艺、诗词。而是应有第二步、第三步往前走的计划。

每个人都有每个人修从的事，就是术业有专攻。

此言先圣人之故文章者，虽不能深见而详知其则，犹不知其美誉之功矣。今郊事天之义，此圣人故。故古之圣王，文章之最重者也，前世王莫不从重，栗精奉之，以事上天。至于秦而独阙然废之，一何不率由旧章之大甚也！

郊天是古之圣王文章中最重要的事。为政之大法之最重要者，祭政合一，郊事天上义。

天者，百神之大君也。事天不备，虽百神犹无益也。何以言其然也？祭而地神者，《春秋》讥之。孔子曰："获罪于天，无所祷也。"是其法也。故未见秦国致天福如周国也。《诗》云："唯此文王，小心翼翼，昭事上帝，允怀多福。"多福者，非谓人也，事功也，谓天之所福也。传曰："周国子多贤，蕃殖至于骈孕男者四，四乳而得八男，皆君子俊雄也。"此天之所以兴周国也，非周国之所能为也。

最重要的，由这一切，知道汉时众神的观念已经很厉害了。天是百神之大君，所有神的领袖。事奉天之礼不备，事百神也没有用。《春秋》讥不祭天而祭百神者，孔子说"获罪于天，无所祷也"（《论语·八佾》），可以说："非其天而祭之，谄也。"
"允"，诚也，实也。"多福"，不是人事和事功，而是上天给的福。
骈字，就是双胞胎。
把这些当观念来看，不是说今天还有这种事，而是古时有这个观念。
这是天兴周，不是周能这么做。

今秦与周俱得为天子，而所以事天者异于周。以郊为百神始，始入岁首，必以正月上辛日先享天，乃敢于地，先贵之义也。夫岁先之与岁弗行也，相去远矣。天下福若无可怪者，然所以久弗行者，非灼灼见其当而故弗行也，典礼之官常嫌疑，莫能昭昭明其当也。今切以为其当与不当，可内反于心而定也。尧谓舜曰："天之历数在尔躬。"言察身以知天也。今身有子，孰不欲其有子礼也。圣人正名，名不虚生。天子者，则天之子也。以身度天，独何为不欲其子之有子礼也。今为其天子，而阙然无祭于天，天何必善之？所闻曰：天下和平，则灾害不生。今灾害生，见天下未和平也。天下所未和平者，天子之教化不行也。

郊天是祭百神之首。"上辛"是第一个辛日。"丁祭"就是祭孔子，中国的传统是一年春秋两次祭祀。也是春秋的上丁日，第一个丁日。旧时孔子圣诞时，就休息休息，也没有像今天还热闹热闹。只是休假，请请老师，送送礼，在校学生就拜拜老师。

这就是以天为贵。岁弗行，就是岁弗祭，一岁都不行祭天之礼了。虽然不行，典礼之官也应该昭昭明其当祭才可以。现在典礼之官没有尽到责任。

我们现在认为当不当的，不必看这行事，应看内心反省来做决定。一个人看自身的行为就知道天意了。中国人的天的观念，由这里可以看出来，完全合良知，合天之道。

子之礼就是孝。今天人心理一点也没进步。得了儿子，笑得嘴都合不上，谁不愿意儿子孝？为什么不回头看看自己？尤其组织小家庭的，自己都不孝，根本不应该生儿子。人就是忽略了往后看，你希望你儿子孝，你自己为什么不孝？

名不空生，不空生一个名。

中国人拿天当个有知觉的。

《诗》曰："有觉德行，四国顺之。"觉者著也，王者有明著之德行于世，则四方莫不响应，风化善于彼矣。故曰：悦于庆赏，严于刑罚，疾于法令。

行于四方，莫不响应。风化善于彼矣，一切风化，在那个时代都好了，天下和平了。

任何人都喜欢有庆赏的事，但有错误时，必得严这个刑罚。刑罚严，不是严格，而是不可以私之情不刑不罚。否则刑罚就不严了，王子犯法，得与民同罪。

一个法令下来，必得像疾风那样行。一怠就坏了。否则老百姓都说拖两天没关系，反正过两天就变了。

郊义第六十六

郊义，《春秋》之法，王者岁一祭天于郊，四祭于宗庙。宗庙因于四时之易，郊因于新岁之初，圣人有以起之，其以祭不可不亲也。天者，百神之君也，王者之所最尊也。以最尊天之故，故易始岁更纪，即以其初郊。郊必以正月上辛者，言以所最尊，首一岁之事。每更纪者以郊，郊祭首之，先贵之义，尊天之道也。

"郊"，原义是城外。郊天后来当一个名词来用。郊天、祀地、祭祖都在城外，太庙则在城内。

祭宗庙，每季一次，白话就叫"尝新"，每一季的新东西上市了，都请祖先尝尝，表示今年丰收，这很有人味。

"因"是动词，四时收成都会变，每一季不一样，所以因于四时之易。

新年之初，就是正月上辛日。

圣人用这个以启示我们，祭祀不可以不亲祭，"吾不与祭，如不祭。"（《论语·八佾篇》）末代之君，净代祭了，用近支亲王。亡国也不是一天来的，大臣也迷信，以为天意也快了。

"首"，当动词用最好。因为他最尊，所以这一年第一件事就是祭他。

这一篇不知道丢了多少。往下可以一直看到第七十一篇。这几篇是连贯的。

四祭第六十八

讲这一篇的目的，看为什么要祭祖宗。中国祭祀，无论祭什么，完全是报恩，一点迷信都没有。供祖师爷，也不是祖师爷保佑我们。以后神道设教，祭祀才是迷信的了。

古者岁四祭。四祭者，因四时之所生孰，而祭其先祖父母也。故春曰祠，夏曰礿，秋曰尝，冬曰蒸。此言不失其时，以奉祭先祖也。过时不祭，则失为人子之道也。

只要是有家庙的，每年要四次祭祀，没有家庙的流亡户，在家里也得四祭。
孰，就是熟。瓜没熟就不好吃，桃子也一样。生指其始说，熟指其成说。要等熟了才祭祀。
礿，就是禴祭。四次祭祀，合著四个意义。
必得按照时来奉祀先祖，过了时就不能祭了。

祠者，以正月始食韭也；礿者，以四月食麦也；尝者，以七月尝黍稷也；蒸者，以十月进初稻也。

用什么祭祀？古时候，韭菜是很讲究的，北方人喜欢吃。四月就用麦做的东西。
这是以四季的首月来祭。

此天之经也，地之义也。孝子孝妇，缘天之时，因地之利。地之菜茹瓜果，艺之稻麦黍稷，菜生谷熟，永思吉日，供具祭物，斋戒沐浴，洁清致敬，祀其先祖父母。孝子孝妇不使时过，已处之以爱敬，行之以恭让，亦殆免于罪矣。已受命而王，必先祭天，乃行王事，文王之伐崇是也。《诗》曰："济济辟王，左右奉璋。奉璋峨峨，髦士攸宜。"此文王之郊也。其下之辞曰："淠彼泾舟，烝徒楫之。周王于迈，六师及之。"此文王之伐崇也。上言奉璋，下言伐崇，以是见文王之先郊而后伐也。文王受命则郊，郊乃伐崇，崇国之民，方困于暴乱之君，未得被圣人德泽，而文王已郊矣。安在德泽未洽者不可以郊乎？

这是天经地义的事，没有地不长东西的，永远不能改变。

《孝经·庶人》说"分地之利，以养父母"，一般老百姓对父母的孝，只有分地之利，以养父母。孝，只要心诚就好了，不在乎东西怎么好，东西好，一点恭敬心没有，"至于犬马，皆能有养，不敬，何以别乎？"（《论语·为政》）儿子对父母之孝，最重要的是敬。以前的民间，不认识几个字，对父母更孝，以前孝是天经地义的。

这一段中的"地"与"艺"两个字应该倒过来。艺是园艺，种菜茄瓜果。地里生的是稻麦黍稷。

"永思"，就是念念不忘，念兹在兹。四时都找个吉日，按照礼，把它设备得都完整了。斋、戒是两件事。沐、浴其实也是两次，洗头叫沐，洗身子叫浴。古人分析得很清楚。斋的时候必有所戒。

以前祭祖都到斋寮，家庙旁边，有两趟小厢房，参加祭祀的人都住里面。至少住三天，在里面可以沐浴。

古时的大祭，有郊天、祭祖。其他都是次要的。这些都是报恩之祭。

奉本第三十四

礼者，继天地，体阴阳，而慎主客，序尊卑、贵贱、大小之位，而差外内、远近、新故之级者也，以德多为象。

礼之本不是作揖打拱，那只是礼之末者。

他说"主客"，不说主从，这是"平齐之义也"，主从就不行了。一般官场都说主从，我为主，下面都是从我的。

"继天地，体阴阳"，这是自然之化。人我的关系，完全是一样的。我们最要慎的，就是人我。社会上就是两个，一个是我，一个是人。天天所要面对的，就是这个。处理得好，就是仁也，人我也。这调整好的关系，完全行出来了，就是义也，宜于仁也。因为这样，所以我们都是继天地、体阴阳，阴阳合德才有体。

继天地之道而行之，就是则天，"唯天为大，唯尧则之"（《论语·泰伯》）。人人皆可为尧，人人皆可则天地。体阴阳之道，阴阳合德，合德了，刚柔才有体。必得体阴阳之化，生生不息就是阴阳之化。

得有伦常，"序尊卑"，这个尊卑不是阶级的，是人性的、良知的。贵贱也不是指位的贵贱，既有上下之分，就有不同，就有贵有贱。人本事相同，所服之务不一定一样。序的是尊卑、贵贱、大小，这是自然的。

"差"是除掉，不是差别。我们就是主客，还差别什么外内远近新故之级？没有级！差除这个外内远近新故的观念。说主客，就是要把这些都没有了。要是有这些观念，就没有主客的观念了。因为远近大小若一，完全没有远近大小新旧，完全没有尊卑贵贱大小之象，以德多者为象。

什么是尊，什么是贵？谁的德多，谁就尊，就贵。谁的德少，就卑，就贱。人都一样，为什么有尊卑贵贱大小？就因为德不一样。

万物以广博众多，历年久者为象。其在天而象天者，莫大日月，继天地之光明，莫不照也。星莫大于大辰，北斗常星。部星三百，卫星三千。大火二十六星，伐十三星，北斗七星，常星九辞，二十八宿。多者宿二十八九。其犹蓍百茎而共一本，龟千岁而人宝。

蓍百茎，卜卦时用五十个，他一本长一百个，正好用两次。卜用龟，必得边青了才可以。如果整个盖子都青了，那就是宝了，千年才可以用。

是以三代传决疑焉。其得地体者，莫如山阜。人之得天得众者，莫如受命之天子。下至公、侯、伯、子、男，海内之心悬于天子，疆内之民统于诸侯。日月食，并告凶，不以其行。有星孛于东方，于大辰，入北斗，常星不见，地震，梁山沙鹿崩，宋、卫、陈、郑灾，王公大夫篡弑者，《春秋》皆书以为大异；不言众星之孛入、霣雨、原隰之袭崩，一国之小民死亡，不决疑于众草木也。唯田邑之称，多著主名。君将不言臣，臣不言师，王夷、君获，不言师败。孔子曰："唯天为大，唯尧则之。"则之者，大也。"巍巍乎其有成功也"，言其尊大以成功也。齐桓晋文不尊周室，不能霸；三代圣人不则天地，不能至王。阶此而观之，可以知天地之贵矣。夫流深者其水不测，尊至者其敬无穷。是故天之所加，虽为灾害，犹承而大之，其钦无穷，震夷伯之庙是也。天无错舛之灾，地有震动之异。天子所诛绝，所败师，虽不中道，而《春秋》者不敢阙，谨之也。故师出者众矣，莫言还。至师及齐师围成，成降于齐师，独言还。其君劫外，不得已，故可直言也。至于他师，皆其君之过也，而曰非师之罪。是臣子之不为君父受罪，罪不臣子莫大焉。夫至明者其照无疆，至晦者其暗无疆。

《公羊传注疏·哀公十三年》：冬，十有一月，有星孛于东方。孛者何？彗星也。其言于东方何？见于旦也。何以书？记异也。周十一月，夏九月，日在房心。房心，天子明堂布政之庭，于此旦见，与日争明者，诸侯代王治，典法灭绝之象，是后周室遂微，诸侯相兼，为秦所灭，燔书道绝。

《公羊传注疏·昭公十七年》：冬，有星孛于大辰。孛者何？彗星也。三字皆发问者，或言入，或言于，或言方，嫌为孛异，犹问录之。其言于大辰何？据北斗言入于，大辰非常名。在大辰也。大辰者何？大火也。大火谓心。大火为大辰，伐为大辰，伐，谓参伐也。大火与伐，天所以示民时早晚，天下所取正，故谓之大辰。辰，时也。北辰亦为大辰。北辰，北极，天之中也。常居其所，迷惑不知东西者，须视北辰以别心伐所在，故加亦。亦者，两相须之意。何以书？记异也。心者，天子明堂布政之宫，亦为孛。彗者，邪乱之气，扫故置新之象，是后周分为二，天下两主，宋南里以亡。

《公羊传注疏·文公十四年》：秋，七月，有星孛入于北斗。孛者何？彗星也。状如彗。其言入于北斗何？据大辰不言入，又不言孛名。北斗有中也。中者，魁中。何以书？记异也。孛者，邪乱之气。彗者，扫故置新之象也。北斗，天之枢机玉衡，七政所出，是时桓文迹息，王者不能统政，自是之后，齐、晋并争，吴、楚更谋，竞行天子之事，齐、宋、莒、鲁弑其君而立之应。

《公羊传注疏·庄公七年》：夏，四月，辛卯夜，恒星不见，夜中星霣如雨。恒星者何？列星也。恒，常也。常以时列见。列星不见，则何以知夜之中？星反也。反者，星复其位。如雨者何？如雨者非雨也。非雨则曷为谓之如雨？不修《春秋》曰："雨星不及地尺而复。""不修春秋"，谓史记也。古者谓史记为"春秋"。君子修之曰："星霣如雨。"明其状似雨尔，不当言雨星。不言尺者，霣则为异，不以尺寸录之。何以书？记异也。列星者，天之常宿，分守度，诸侯之象。周之四月，夏之二月，昏，参伐狼注之宿当见，参伐主斩艾立义，狼注主持衡平也。皆灭者，法度废绝，威信陵迟之象。时天子微弱，不能诛卫侯朔，是后遂失其政，诸侯背叛，王室日卑，星霣未坠而夜中星反者，房心见其虚危斗。房心，天子明堂布政之宫也。虚危，齐分，其后齐桓行霸，阳谷之会有王事。

《公羊传注疏·僖公十四年》：秋，八月辛卯，沙鹿崩。沙鹿者何？河上之邑也。此邑也，其言崩何？据梁山言崩。袭邑也。袭者，黑陷入于地中。言崩者，以在河上也。河岸有高下，如山有地矣，故得言崩也。沙鹿崩，何以书？记异也。外异不书，此何以书？据长狄之齐、晋不书。为天下记异也。土地者，民之主，霸者之象也。河者，阴之精，为下所袭者，此象天下异，齐桓将卒，霸道毁，夷狄动，宋襄承其业，为楚所败之应。而不系国者，起天下异。

《公羊传注疏·昭公十八年》：夏，五月，壬午，宋、卫、陈、郑灾。何以书？记异也。何异尔？异其同日而俱灾也。外异不书，此何以书？为天下记异也。《诗》云："其仪不忒，正是四国。"四国，天下象也。是后王室乱，诸侯莫肯救，故天应以同日俱灾，若曰无天下云尔。

《公羊传·隐公五年》：秋，卫师入盛。曷为或言率师或不言率师？将尊师众称某率师，将尊师少称将；将卑师众称师，将卑师少称人。君将不言率师，书其重者也。

《公羊传·成公十六年》：晋侯及楚子、郑伯战于鄢陵，楚子、郑师败绩。败者称师，楚何以不称师？王痍也。王痍者何？伤乎矢也。然则何以不言师败绩？末言尔。

《公羊传·僖公十五年》：十有一月，壬戌，晋侯及秦伯战于韩，获晋侯。此偏战也，何以不言师败绩？君获，不言师败绩也。

《公羊传注疏·僖公十五年》：己卯，晦，震夷伯之庙。晦者何？冥也。昼日而冥。震之者何？雷电击夷伯之庙者也。夷伯者，曷为者也？季氏之孚也。孚，信也。季氏所信任臣。季氏之孚则微者，其称夷伯何？大之也。曷为大之？据阳虎称盗。天戒之，故大之也。明此非但为微者异，乃公家之至戒，故尊大之，使称字，过于大夫，以起之，所以畏天命。孔子曰："君子有三畏：畏天命，畏大人，畏圣人之言。"何以书？记异也。此象桓公德衰，彊楚以邪胜正，僖公蔽于季氏，季氏蔽于陪臣，陪臣见信得权，僭立大夫庙，天意若曰蔽公室者，是人也，当去之。

《公羊传注疏·庄公六年》：秋，公至自伐卫。曷为或言致会？或言致伐？得意致会，不得意致伐。卫侯朔入于卫，何以致伐？不敢胜天子也。

《公羊传注疏·庄公八年》：秋，师还。还者何？善辞也。此灭同姓何善尔？病之也。慰劳其罢病。曰："师病矣！"曷为病之？据出皆罢病，曷为独劳此病也？非师之罪也！明君之使，重在君，因解非师自汲汲。

董仲舒先生为了达到勉励天子的目的，处处告诉天子你来得如何高，千万不要作践自己。用心良苦。在据乱世，没有别的办法，唯有要有了圣明之君，那个时代的老百姓就有福。所以要升华天子的人格，人之得天独厚者，莫如受命的天子。海内之心都悬系于天子，你已经为天子了，天下人都归往你了。

疆内之民，完全被诸侯统率。无论日食月食，都是告诉你凶事来了。先看《诸侯第三十七》的一段，看诸侯是干什么的。

小注中说"大疑作天"（苏舆注："则之者，大也。"），其实大就是大，意义才对。大学者，大人之学也。"大人者，与天地合其德，与日月合其明，与四时合其序，与鬼神合其吉凶"（《易经·乾卦·文言》）。大学就是学大。与天地合其德，学天学成功了，谁要则天，才能成其大。一个人如果小小器器的，小家碧玉，自己都划完了。看做事的器识，分别心太强，就只能做一个学究。你如果面对天下人，就知道天下人是什么了。天下没有坏人好人，是你眼睛有颜色，才看出来好坏。没有颜色的话，都一样。水清无大鱼，人没有绝对的善恶，你以为你是善，那是自己衡量自己。

只能在行为上有所戒惧，戒心可得有，否则一条鱼腥了一锅汤。分别心和戒心是两回事。你有最简单的分别心，社会上就有一半人和你对立。你说人家不配，反过来人家说你不配。想领导，不能说只领导好人，社会上就是坏人帮多。如果你眼睛没有好坏，那不都是好人吗？看一个人的行为就知他成就多大事业。自以为高超，以为没有我事就办不好，人就是这么失败的。其实你死了，大家更享福，因为你活着管得太多了，大家不得舒展。

训练自己，千万不要孤芳自赏。人就是人，按人的样子去正常发展就够了。有很多人，在人之中求超人，那就坏了。

"舜其大智也与？舜好问而好察迩言"（《中庸》）。无一不取于人者。这就是舜，是聪明的人。专偷人家的长处，来补自己的短处。当然，人各有活法，但要活得有意义，必得把自己的心胸放宽。则天的目的，就是要成就我们自己之大。天无不覆就是大。无外曰大。这当然是指他的思想境界来说。

我们讲学问，不必说自己完全对，当一个思想来讲，启示自己，又不是要保镖，不必说谁错谁对。

一个人肤浅，能成什么事？许多患难，正是促成一个人成功的地方。不成功，就因为太没患难。小时候没有一点灾难临头，每天温室中长大，怎么成其大？风吹雨淋，都得受伤。

天永远没有错误的灾害，任何灾害都是你应该得的，这是天之经也，都按其经而运。不但文章美，意境也深。地就不行了，地是我们所居之处，常有震动之异。

个人震动之异，不外乎欲。所以《中庸》叫我们"贱货贵德"，把一切财货看得特别轻，就没有欲了。异完全是欲来的。要多想。

"天子"，就是上天之子，继天之志，述天之事的那个领袖。要谨之，无论好坏事，《春秋》都不敢阙，好坏事都得有所谨之也。

今《春秋》缘鲁以言王义，杀隐桓以为远祖，宗定哀以为考妣，至尊且高，至显且明。其基壤之所加，润泽之所被，条条无疆，前是常数，十年邻之，幽人近其墓而高明。大国齐宋，离不言会。微国之君，卒葬之礼，录而辞繁。远夷之君，内而不外。当此之时，鲁无鄙疆，诸侯之伐哀者皆言我。邾娄庶其、鼻我，邾娄大夫。其于我无以亲，以近之故，乃得显明。隐桓，亲《春秋》之先人也，益师卒而不日。于稷之会，言其成宋乱，以远外也。黄池之会，以两伯之辞，言不以为外，以近内也。

《公羊传注疏·襄公二十三年》：夏，邾娄鼻我来奔。邾娄鼻我者何？邾娄大夫也。邾娄无大夫，此何以书？以近书也。以奔无他义，知以治近升平书也。所传闻世，见治始起，外诸夏，录大略小，大国有大夫，小国略称人；所闻之世，内诸夏，治小如大，廪廪近升平，故小国有大夫，治之渐也。见于邾娄者，自近始也。独举一国者，时乱实未有大夫，治乱不失其实，故取足张法而已。

《公羊传注疏·桓公二年》：三月，公会齐侯、陈侯、郑伯于稷，以成宋乱。内大恶讳，此其目言之何？目，见也。斥见其恶，言成宋乱。远也。所见异辞，所闻异辞，所传闻异辞。所以复发传者，益师以臣见恩，此以君见恩，嫌义异也。所见之世，臣子恩其君父尤厚，故多微辞是也。所闻之世，恩王父少杀，故立炀宫不日，武宫日是也。所传闻之世，恩高祖、曾祖又少杀，故子赤卒不日，子般卒日是也。隐亦远矣，曷为为隐讳？据观鱼讳。隐贤而桓贱也。

宋公冯与督共弑君而立，诸侯会于稷，欲共诛之，受赂便还，令宋乱遂成。桓公本亦弑隐而立，君子疾同类相养，小人同恶相长，故贱不为讳也。古者诸侯五国为属，属有长；二属为连，连有帅；三连为卒，卒有正；七卒为州，州有伯也。州中有为无道者，则长、帅、卒、正、伯当征之，不征则与同恶。当春秋时，天下散乱，保伍坏败，虽不诛，不为成乱。今责其成乱者，疾其受赂也。加以者，辟直成乱也。

《公羊传注疏·哀公十三年》：公会晋侯及吴子于黄池。吴何以称子？吴主会也。吴主会则曷为先言晋侯？不与夷狄之主中国也。其言及吴子何？会两伯之辞也。不与夷狄之主中国，则曷为以会两伯之辞言之？重吴也。曷为重吴？吴在是则天下诸侯莫敢不至也。

现在的《春秋》，就是顺着鲁国的这个环境，来讲王的义。

贾逵所说的这一段（编按："隐公人臣，而虚称以王；周天子见在上，而黜公侯。是非名正而言顺也。"），是不懂今文家之义的人说的，不是今文家的话，这是古文家骂今文家的。但是我们不必辩，各人走各人的。

小注："圣人以明王之治，期于拨反。"拨反，就是拨乱反正，看这一段，就知道《春秋》中谈"天"的意思。

以鲁当新王，"当"字重要。没有说鲁就是王，是拿鲁国当新王，既然拿鲁当新王，所以周天子就不称为天子了。称他为天王，旧王就称之于天，跻之于天而不名。小注里说"黜周为公侯"，没那个说法。

所以说天王崩，不说谁崩了。因为那有名的就是周天子，没名的，在义法上，把他升为天王。这是个况，和鲁的新王相比。注解里说出谁崩，那是历史。说天王崩则是个况，是个义。没有看不起周天子，所以称他为天王。

诸侯第三十七

生育养长，成而更生，终而复始，其事所以利活民者无已。

看为什么要封诸侯，要了解中国文化的精髓，千万不要看历史上那些诸侯，真是把人害透了。

生育养长，等到成了，就更生，终而复始，完了又开始了，物有本末，事有终始，必得懂什么是先，什么是后，才近于道。所以他以美利来活民，永远不停止。

天虽不言，其欲赡足之意可见也。

诸侯就是天子的斥候。就像我们扎营，外面设几个斥候一样。

古之圣人，见天意之厚于人也，故南面而君天下，必以兼利之。为其远者目不能见，其隐者耳不能闻，于是千里之外，割地分民，而建国立君，使为天子视所不见，听所不闻，朝者召而问之也。诸侯之为言，犹诸侯也。

兼利的观念重要。不是利哪一方面，不是说百姓必须天经地义地孝敬天子，而是君敬民，民敬君，互惠平等之道，天子不过是个领袖，彼此互惠，谁也不能压榨谁。

"割地分民"，表明不私天下，不私其上，不私其民，上天之子，得大公无私。都分给大家。

"朝",不是孩子见祖宗,是"召而问之"。以后的朝,那种战战兢兢,还得了?

看这多么客气,平等。

笔　记

"霸者尊君,成乱制之雄。"

人想成霸,也得有一个界说,任何人都不服,能称霸吗?真是霸道,也得有所尊,也得有个口号。再看王者怎么来的?

"王者尊天,因王制无首。"

这两句有微言大义。成一世之雄,得有所尊主,才成乱世之雄。成这一派的大头目,乱制之首。要想成其大,得像三代圣人,没有不则天的,不则天,就不能成其大。没有首,所以他让贤,谁好就让谁。

观德第三十三

天地者，万物之本，先祖之所出也。广大无极，其德昭明，历年众多，永永无疆。

所有的都包含，没有特殊的。人无生而贵者，所以说"民吾同胞，物吾与也"（《张载集·西铭》）。天下无所殊，我们和小蚂蚁没什么不同。懂这一句，就不会有一点傲慢之心。为什么你感觉自己比别人强？这是人最大的缺点。自己的障碍，使你不进步。一个人这样以为，努力就不会太猛，因为自己有了界限了，反正我比你强！如果有不如人的观念，就"知耻近乎勇"（《中庸》）。非拼命努力不可。

随时随地要使自己警惕，看人家，感觉自己有所不能，就要警惕。没良知才不警惕。

小注"王者禘其所祖之所自出"的"祖之所自出"，就是我们的根。"禘"是五年一次的大祭。

小注："马融注《书》'文祖'云：'文祖，天也，天为文万物之祖'。"《书》是《书经》。文祖的意思，在《尧典》里讲过了。天就是文，因为他是万物之主，文王者，文德之王也。就在这里，也就是天德之王。有天德的王，就是新王。天王就是旧德之王。《公羊传》说"王者孰谓？谓文王也"，注说"法其生不法其死"。学生文王，不学死文王，死文王就是姬昌。天德好生，天有好生之德，由好生，就有了仁的观念，生生不息。好生之德就是仁，天德就是仁，也就是一切之体。仁才能生。我们是要学那活活泼泼的文王，天天生生不息的，不是法那死文王。

这几篇是一个系统的思想。

天出至明，众知类也，其伏无不炤也。地出至晦，星日为明，不敢暗。君臣、父子、夫妇之道取之此。

因天所出的是至明之道，至明之德，就因为这明，所有的一切都知其类。至明之人，绝对照一切。他知其类，你藏也藏不住。聪明之君一出，隐逸之士也给你拽出来，一到乱世就有隐者了。只要大明于天下，就没有隐伏之处。知类了就没有废物。每一类必有每一类的用，不知类就成废物了。

地出是最晦的了，可是星日为明，不敢暗。其实"日"应该是"月"字才对。

大礼之终也，臣子三年不敢当。虽当之，必称先君，必称先人，不敢贪至尊也。百礼之贵，皆编于月。月编于时，时编于君，君编于天。

这些话，告诉我们，就是不忘本，人不忘本，一切都是由本之所出。

天之所弃，天下弗祐，桀纣是也。天子之所诛绝，臣子弗得立，蔡世子逢丑父是也。天父父所绝，子孙不得属，鲁庄公之不得念母，卫辄之辞父命是也。故受命而海内顺之，犹众星之共北辰，流水之宗沧海也。况生天地之间，法太祖先人之容貌，则其至德取象，众名尊贵，是以圣人为贵也。

《公羊传注疏·襄公三十年》：夏，四月，蔡世子般弑其君固。不日者，深为中国隐痛有子弑父之祸，故不忍言其日。

《公羊传注疏·昭公十一年》：冬，十有一月，丁酉，楚师灭蔡。执蔡世子有以归，用之。此未逾年之君也，其称世子何？据陈子也。不君灵公，不成其子也。灵公，即般也。不君，不与灵公，坐弑父诛，不得为君也。不成其子，不成有得称子继父也。上不与楚诱讨，嫌有不当绝，故正之云耳。不君灵公，则曷为不成其子？据恶恶止其身。诛君之子不立。虽不与楚诱讨，其恶坐弑父诛，当以诛君论之，故云尔。言执者，时楚托义灭之。非怒也，无继也。公诛，子当绝。恶乎用之？用之防也。其用之防奈何？盖以筑防也。持其足，以头筑防，恶不以道。孔子曰："人而不仁，疾之已甚，乱也"。日者，疾谖灭人。

《公羊传注疏·庄公元年》：三月，夫人孙于齐。孙者何？孙犹孙也。内讳犇谓之孙。夫人固在齐矣，其言孙于齐何？念母也。正月以存君，念母以首事。夫人何以不称姜氏？贬。曷为贬？与弑公也。其与弑公奈何？夫人谮公于齐侯，公曰："同非吾子，齐侯之子也。"齐侯怒，与之饮酒。于其出焉，使公子彭生送之。于其乘焉，搚干而杀之。念母者，所善也，则曷为于其念母焉贬？不与念母也。念母则忘父背本之道也，故绝文姜不为不孝，距蒯聩不为不顺，胁灵社不为不敬，盖重本尊统，使尊行于卑，上行于下。贬者，见王法所当诛。至此乃贬者，并不与念母也。又欲以孙为内见义，明但当推逐去之，亦不可加诛，诛不加上之义。非实孙，月者，起练祭左右。

《公羊传注疏·哀公三年》：三年春，齐国夏、卫石曼姑帅师围戚。齐国夏曷为与卫石曼姑帅师围戚？伯讨也。此其为伯讨何？曼姑受命乎灵公而立辄，以曼姑之义，为固可以距之也。辄者曷为者也？蒯聩之子也。然则曷为不立蒯聩而立辄？蒯聩为无道，灵公逐蒯聩而立辄。然则辄之义可以立乎？曰：可。其可奈何？不以父命辞王父命不以蒯聩命辞灵公命，以王父命辞父命辞，犹不从，是父之行乎子也是灵公命行乎蒯聩，重本尊统之义；不以家事辞王事以父见废故，辞让不立，是家私事，以王事辞家事听灵公命立者，是王事公法也，是上之行乎下也是王法行于诸侯，虽得正，非义之高者也，故"冉有曰：'夫子为卫君乎？'子贡曰：'诺，吾将问之。'入曰：'伯夷、叔齐何人也？'曰：'古之贤人也。'曰：'怨乎？''求仁而得仁，又何怨？'出曰：'夫子不为也。'"主书者，善伯讨。

这许许多多的礼，表明上天要不喜欢你了，天下也不帮助你了。

在《原儒》里，熊十力先生批评董仲舒先生，说他讲据乱世的东西。其实《繁露》中讲的是三世的东西，《春秋》的目的是太平世，谁也不能忽略现实的据乱世。

《尚书》中也有为法的，有为戒的。像这里，为什么讲那么多交天之道？因为为天子的，谁也不怕，所以他们在据乱世，就天天叫他真做天的儿子。要法天，用天之道来约束他。这也有所本，皇帝的祖师爷是尧，"唯天为大，唯尧则之"（《论语·泰伯》）。以后的儒者，借这标题，用一切来约束天子。必得学天。不学天之公，有一点私德败坏，就有天谴、灾祸。用天之道来约束当时乱制的天子，叫他有所警惕。

谁能改变乱制？没有办法，就假天之道来约束乱制。再用乱制之不德来启发众民。知乱制之必黜也。就像孔老夫子，用"有教无类"四个字就把以后人弄垮了。你凶，让你凶！等大家都有智慧了，你凶也就没有了。

《尚书》中讲为戒的部分，不听他话的都杀，太太儿子都杀光。为什么讲这个？就是刺激你，感觉乱制太可怕了，偶一不慎，太太儿子都不保。

删《诗》《书》的目的，就是要启发你，这些坏事必得除掉，不写出来。你知道乱制之坏吗？

从《尧典》到《甘誓》是为法的，尤其《甘誓》，寥寥数字，意义多深！人都传贤，你怎么传子？

任何一部书，都不是为乱制说话，而是用乱制来发人之深者。他们那些人，有那么多丰富的智慧、思想，绝不会那么无用。所以大家都称董仲舒为醇儒，但绝不用他做事，古今一也。

不是历史家坏，专要写你的坏事，是你本来就够坏了。历史家必得留点真的才行。

泰伯至德之侔天地也，上帝为之废适易姓而子之。让其至德，海内怀归之。泰伯三让而不敢就位。伯邑考知群心贰，自引而激，顺神明也。至德以受命，豪英高明之人辐辏归之。

"至德"，他的德与天齐，上天下地，完全平等。这样上帝才有反应。为他而废嫡，把嫡的观念废掉，谁有德就换谁，谁有德谁就居上。

三让，就是终让也。

看这些有德的人都当不上位，伯邑考也有德，不退也不行，武王那莽夫能把位给他吗？

观德第三十三

高者列为公侯，下至卿大夫，济济乎哉，皆以德序。

一句话就够了，就看你缺德不缺德，缺德就序不上。
下面都是例子了。

是故吴鲁同姓也，钟离之会不得序而称君，殊鲁而会之，为其夷狄之行也。鸡父之战，吴不得与中国为礼。至于伯莒黄池之行，变而反道，乃爵而不殊。召陵之会，鲁君在是而不得为主，避齐桓也。鲁桓即位十三年，齐、宋、卫、燕举师而东，纪、郑与鲁戮力而报之。后其日，以鲁不得遍，避纪侯与郑厉公也。《春秋》常辞，夷狄不得与中国为礼。至邲之战，夷狄反道，中国不得与夷狄为礼，避楚庄也。邢卫，鲁之同姓也，狄人灭之，《春秋》为讳，避齐桓也。当其如此也，惟德是亲，是故周之子孙，其亲等也，而文王最先。四时等也，而春最先。十二月等也，而正月最先。德等也，则先亲亲。鲁十二公等也，而定哀最尊。卫俱诸夏也，善稻之会，独先内之，为其与我同姓也。吴俱夷狄也，相之会，独先外之，为其与我同姓也。灭国十五有余，独先诸夏，鲁晋俱诸夏也，讥二名，独先及之。盛伯郜子俱当绝，而独不名，为其与我同姓兄弟也。外出者众，以母弟出，独大恶之，为其亡母背骨肉也。灭人者莫绝，卫侯燬灭同姓独绝，贱其本祖而忘先也。亲等从近者始，立适以长，母以子贵先。甲戌、己丑，陈侯鲍卒，书所见也，而不言其暗者。陨石于宋五，六鹢退飞，耳闻而记，目见而书，或徐或察，皆以其先接于我者序之。其于会朝聘之礼亦犹是。诸侯与盟者众矣，而仪父独渐进。郑僖公方来会我而道杀，《春秋》致其意，谓之如会。潞子离狄而归，党以得亡，《春秋》谓之子，以领其意。包来、首戴、洮、践土与操之会，陈郑去我，谓之逃归；郑处而不来，谓之乞盟；陈侯后至，谓之如会，莒人疑我，贬而称人。诸侯朝鲁者众矣，而滕薛独称侯。州公化我，夺爵而无号。吴楚国先聘我者见贤，曲棘与鞌之战，先忧我者见尊。

顺命第七十

父者，子之天也；天者，父之天也。无天而生，未之有也。天者万物之祖，万物非天不生。独阴不生，独阳不生，阴阳与天地参然后生。

这几篇都讲天的问题，古人用天的威力来约束混蛋，否则他听谁的？秦始皇那么了不起，临死时，还叫人求不死药。等自己面临生死关头了，也得受骗，无论他怎么凶，还畏天威。由这里看出，古时候约束一个人用了多少心血。

这些观念，把每一个人的人格升华得不得了。所以我们叫天民。

故曰：父之子也可尊，母之子也可卑，尊者取尊号，卑者取卑号。故德侔天地者，皇天右而子之，号称天子。其次有五等之爵以尊之，皆以国邑为号。其无德于天地之间者，州国人民，甚者不得系国邑。皆绝骨肉之属，离人伦，谓之阉盗而已。无名姓号氏于天地之间，至贱乎贱者也。其尊至德，巍巍乎不可以加矣；其卑至贱，冥冥其无下矣。《春秋》列序位尊卑之陈，累累乎可得而观也。虽暗且愚，莫不昭然。公子庆父，罪亦不当系于国，以亲之故为之讳，而谓之齐仲孙，去其公子之亲也。故有大罪，不奉其天命者，皆弃其天伦。人于天也，以道受命；其于人，以言受命。不若于道者，天绝之；不若于言者，人绝之。臣子大受命于君，辞而出疆，唯有社稷国家之危，犹得发辞而专安之，盟是也。天子受命于天，诸侯受命于天子，子受命于父，臣妾受命于君，妻受命于夫。诸所受命者，其尊皆天也，虽谓受命于天亦可。

《公羊传注疏·闵公元年》：冬，齐仲孙来。齐仲孙者何？公子庆父也。公子庆父，则曷为谓之齐仲孙？系之齐也。曷为系之齐？外之也。曷为外之？《春秋》为尊者讳为闵公讳受贼人也，为亲者讳为季子亲亲而受之，故讳也，为贤者讳以季子有遏牙不杀庆父之贤，故为讳之。子女子曰："以'春秋'为《春秋》以史记氏族为《春秋》，言古谓史记为'春秋'，齐无仲孙，其诸吾仲孙与？"齐有高国崔，鲁有仲孙氏，亦足以知鲁仲孙。言仲孙者，以后所氏起其事明。主书者，贼不宜来，因以起上如齐，实杀君出奔。

一般人称母子，母子连心。很少人说父子连心，但是大混蛋不同，因为他是天的儿子，是天子，当然贵了，尊了。卑，不是卑鄙，而是和天来说，尊卑就是上下。天尊地卑，乾坤定矣。怎么知道不是阶级？下面说了，"方以类聚，物以群分，吉凶生矣。在天成象，在地成形，变化见矣"（《易经·系辞上》）。完全是自然之化，完全非人为之不齐。

上天保佑泰伯，承认他是天子，但他还不要。

古人思想很值得赞美。"天子一位"，什么天的儿子？开玩笑，你不过是五等爵的中间一位。董仲舒就说，天子是最尊的爵号，不过是老大而已。

> 《孟子·万章下》："天子一位，公一位，侯一位，伯一位，子、男同一位，凡五等也。"

《大易》和《春秋》相表里，完全以民为主，处处隐藏着民为贵的思想，处处要对付乱制。帝不过是最高的"称"而已。王者得有最美的行为，大家才归往你。天子是一爵，大君和上面的行为就不痛了，大君就没有那么高了，和上面那些美德比不同。从孟子开始，所有的思想都是这样的，这思想是孔子法尧舜之道的。

其次的五等之爵，都是说国啊，邑啊，没有德在天地之间的，就叫你州、国、人、民。在《春秋》里，名词不同。小注里有说明。

> 《公羊传注疏·庄公十年》：荆者何？州名也。州不若国，国不若氏，氏不若人，人不若名，名不若字，字不若子。

没有名号，就因为你没有德，一个缺德的人，是天下至贱者。尊者有至德，高大到不能再加一点。尊号没有了，民、国之名还有等次的不同。可见古时读书人，恨透了乱制之首。

天子不能奉天之命，则废而称公，王者之后是也。公侯不能奉天子之命，则名绝而不得就位，卫侯朔是也。子不奉父命，则有伯讨之罪，卫世子蒯聩是也。臣不奉君命，虽善以叛，言晋赵鞅入于晋阳以叛是也。妾不奉君之命，则媵女先至者是也。妻不奉夫之命，则绝，夫不言及是也。曰：不奉顺于天者，其罪如此。

《公羊传注疏·桓公十六年》：十有一月，卫侯朔出奔齐。卫侯朔何以名？绝。曷为绝之？据俱奔也。得罪于天子也。其得罪于天子奈何？见使守卫朔朔，十二月朔政事也。月所以朝庙告朔是也。而不能使卫小众。时天子使发小众，不能使行。越在岱阴齐，越，犹走也。岱，岱宗，泰山也。山北曰阴。先言岱阴，后言齐者，明名山大泽不以封诸侯，以为天地自然之利，非人力所能加，故当与百姓共之。传著朔在岱阴者，明天子当及是时未能交连五国之兵早诛之。属负兹舍，不即罪尔。属，托也。天子有疾称不豫，诸侯称负兹，大夫称犬马，士称负薪。舍，止也。托疾止不就罪。

《公羊传注疏·哀公三年》：三年春，齐国夏、卫石曼姑帅师围戚。齐国夏曷为与卫石曼姑帅师围戚？伯讨也。此其为伯讨奈何？曼姑受命乎灵公而立辄，以曼姑之义，为固可以距之也。辄者曷为者也？蒯聩之子也。然则曷为不立蒯聩而立辄？蒯聩为无道，灵公逐蒯聩而立辄。然则辄之义可以立乎？曰："可。"其可奈何？不以父命辞王父命，以王父命辞父命，是父之行乎子也；不以家事辞王事，以王事辞家事，是上之行乎下也。

《公羊传注疏·定公十三年》：秋，晋赵鞅入于晋阳，以叛。冬，晋荀寅及士吉射入于朝歌，以叛。晋赵鞅归于晋。此叛也，其言归何？以地正国也。其以地正国奈何？晋赵鞅取晋阳之甲以逐荀寅与士吉射。荀寅与士吉射者，曷为者也？君侧之恶人也。此逐君侧之恶人，曷为以叛言之？无君命也。无君命者，操兵乡国，故初谓之叛，后知其意欲逐君侧之恶人，故录其释兵，书归赦之，君子诛意不诛事。晋阳之甲者，赵简子之邑，以邑中甲逐之。

《公羊传注疏·僖公八年》：秋，七月，禘于大庙，用致夫人。用者何？用者不宜用也。致者何？致者不宜致也。禘用致夫人，非礼也。夫人何以不称姜氏？贬。曷为贬？讥以妾为妻也。其言以妾为妻奈何？盖胁于齐媵女之先至者也以不致楚女，及夫人至皆不书也。僖公本聘楚女为嫡，齐女为媵，齐先致其女，胁僖公使用为嫡，故致父母辞言致。不书夫人及楚女至者，起齐先致其女，然后胁鲁立也。楚女未至而豫废，故皆不得以夫人至书也。

《公羊传注疏·桓公十八年》：十有八年春，王正月，公会齐侯于泺。公与夫人姜氏遂如齐。公何以不言及夫人？夫人外也若言夫人，巳为公所绝外也。夫人外者何？内辞也内为公讳辞，其实夫人外公也时夫人淫于齐侯而谮公，故云尔。言遂者，起夫人本与公出会齐侯于泺，故得并言遂如齐。不书夫人会，书夫人遂者，明遂在夫人。齐侯诱公使遂如齐，以夫人谮公故。

不能奉天之命，就给你废了，这发人深省。亡国是有原因的，不好好干就是这样下场。成了废王，就称公了，前两朝王者之后就这样。

孔子曰："畏天命，畏大人，畏圣人之言。"其祭社稷、宗庙、山川、鬼神，不以其道，无灾无害。至于祭天不享，其卜不从，使其牛口伤，鼷鼠食其角。或言食牛，或言食而死，或食而生，或不食而自死，或改卜而牛死，或卜而食其角。过有深浅薄厚，而灾有简甚，不可不察也。犹郊之变，因其灾而之变，应而无为也。见百事之变之所不知而自然者，胜言与？以此见其可畏。专诛绝者其唯天乎？臣杀君，子杀父，三十有余，诸其贱者则损。以此观之，可畏者其唯天命、大人乎？亡国五十有余，皆不事畏者也。况不畏大人，大人专诛之。君之灭者，何日之有哉？鲁宣违圣人之言，变古易常，而灾立至。圣人之言可不慎？此三畏者，异指而同致，故圣人同之，俱言其可畏也。

《公羊传注疏·宣公三年》：三年春，王正月，郊牛之口伤，改卜牛。牛死，乃不郊，犹三望。其言之何？缓也。曷为不复卜？养牲养二卜。帝牲不吉，则扳稷牲而卜之。帝牲在于涤三月，于稷者唯具是视。郊则曷为必祭稷？王者必以其祖配。王者则曷为必以其祖配？自内出者无匹不行，自外至者无主不止。

《公羊传注疏·成公七年》：七年春，王正月，鼷鼠食郊牛角。改卜牛，鼷鼠又食其角，乃免牛。

以上，都是经里一段一段的坏事。

这以下，不是这一篇的，见小注。

《春秋》里讲，变古易常最糟糕。古，指尧舜以前的王，都是选贤举能时代的古道。

为人者天第四十一

　　为生不能为人，为人者天也。人之人本于天，天亦人之曾祖父也。此人之所以乃上类天也。人之形体，化天数而成；人之血气，化天志而仁；人之德行，化天理而义。人之好恶，化天之暖清；人之喜怒，化天之寒暑；人之受命，化天之四时。人生有喜怒哀乐之答，春秋冬夏之类也。喜，春之答也；怒，秋之答也；乐，夏之答也；哀，冬之答也。天之副在乎人。人之情性有由天者矣。故曰受，由天之号也。为人主也，道莫明省身之天，如天出之也。

　　一个人之为人，都本于天。人上类于天，我们和天是一类，都像孟子所说，我们是天民，替天行道的。在《人副天数篇》里，讲人最合乎天之数。

　　《孟子·尽心上》：孟子曰："有事君人者，事是君则为容悦者也。有安社稷臣者，以安社稷为悦者也。有天民者，达可行于天下而后行之者也。有大人者，正己而物正者也。"

　　化天之志，然后才能仁，合天理才能义。他尽量把人之道和天之道配合在一起，因为有这个亲密关系，处处必得则天，必得法天。但是两千年前，没人相信，所以一直闹到今天。

　　使其出也，答天之出四时而必忠其受也，则尧舜之治无以加。是可生可杀，而不可使为乱。故曰："非道不行，非法不言。"此之谓也。

忠其所受之性，人之所受，就是天给我们的命。人之领于天者就是性。做事无愧于心，就是忠己之所受，无愧于心，就是无愧于性，在人曰性，在身曰心。也就是无愧于天，在天曰命。一个人做一件事，只要无愧于心就够了。

这篇文章，看古人用天来约束一切。得活用，今天要用别的方法来约束一切。

传曰：唯天子受命于天，天下受命于天子，一国则受命于君。君命顺，则民有顺命；君命逆，则民有逆命。故曰："一人有庆，兆民赖之。"此之谓也。

所令反其所好，则民不从。你好贪污，下面不得不贪，否则你向我要时，我卖太太不成？一个人好，兆兆的民，靠他的好就能生存。

《传》曰：政有三端：父子不亲，则致其爱慈；大臣不和，则敬顺其礼；百姓不安，则力其孝弟。孝弟者，所以安百姓也。力者，勉行之身以化之。

父母面前不言慈。怕他疑惑，以为儿子感觉他不慈。

处人要是不和，必是没顺其礼，太粗了，没法交朋友。孝弟所以安百姓，这句话到什么时候都有用，现在老百姓不安就因为这个。以前人有称呼，有弟道，不容易出毛病，因为有亲切感。

小注："'力'字，为董子言学之旨。故曰：'无王教则质朴不能善。'又曰：'事在勉强。'"每个人讲学都有主旨所在。勉强就是努力。

天地之数，不能独以寒暑成岁，必有春夏秋冬。圣人之道，不能独以威势成政，必有教化。故曰：先之以博爱，教以仁也；难得者，君子不贵，教以义也。虽天子必有尊也，教以孝也；必有先也，教以弟也。此威势之不足独恃，而教化之功不大乎？传曰：天生之，地载之，圣人教之。君者，民之心也；民者，君之体也。心之所好，体必安之；君之所好，民必从之。故君民者，贵孝弟而好礼义，重仁廉而轻财利，躬亲职此于上，而万民听，生善于下矣。故曰："先王见教之可以化民也。"此之谓也。

君子"不贵难得之货"(《老子》)。你一贵,"慢藏诲盗"(《易经·系辞上》),因为你藏了很多宝贝,叫人家来偷。

一言以蔽之,上面讲的都是礼义,威不足恃,最重要的是要有礼,才能有教化之功。

衣服容貌者,所以说目也;声音应对者,所以说耳也;好恶去就者,所以说心也。故君子衣服中而容貌恭,则目说矣;言理应对逊,则耳说矣;好仁厚而恶浅薄,就善人而远僻鄙,则心说矣。故曰:"行思可乐,容止可观。"此之谓也。

强调这个,看怎么能虐待民呢?在乱制的时候,真是用心良苦。

一个人得特别谨慎。"中",就是中于礼。青年人最大的忌讳就是浅薄,看到人家的好东西就赞不绝口,有贪欲之心。老年人不同,要多夸奖、称许,鼓励后进。

玉英第四

谓一元者，大始也。

把一叫成元的，大始也。大是赞辞，赞始义之大。见小注："《春秋》假鲁以明义。王应麟云：'舜典纪元日，商训称元祀，《春秋》书元年，人君之元，即乾坤之元也。元即仁也。仁，人心也。众非元后何戴？后体元则仁覆天下也。即位之一年，必称元年，累数虽久而不易。战国而下，此义不明……武帝则因事建号，历代袭沿，《春秋》之义不明久矣。'"《春秋》借鲁国以明元义。孔子未修春秋以前，商朝已有"元祀"的说法，但并没有元义。没有《春秋》之义，这可见小注。这种说法，各家的主张不一。但在改一为元以后，就为定称了。孔子改一为元，大其始也。

"人君之元"，就是乾坤之元，《易经》说"大哉乾元，至哉坤元"，就因为一个"至"字，证明乾坤是一个元，一个体。乾元坤元是一个体的，乾元有多大，坤元就达到那个大。《春秋》和《大易》相表里，《春秋》也讲元，元即仁也。《大易》由隐之显，隐就是微，元者气也，看不见。显就是明，化生万物，看到了。《春秋》则由显之隐，由人之道达于天之道。到最后，人与天地合其德。元就是仁，就是体，仁就是元的用。

笔　记

"一者，人之道；元者，天之道。"孔子改一为元者，乃由人之道以反天之道也。子曰："吾道一以贯之（《论语·里仁》）。"言人道之至境也，君子上达，则与天地参矣。人之元显矣，曰天人境界。

玉英第四

知元年志者，大人之所重，小人之所轻。

"志"，是意之主者，大人把这看得特别重要，大人承其志。一般人就知道顺其事而为之，大人是要承其志。

以下"惟圣人能属万物于一而系之元也"到"五者俱正而化大行"是一段错简。

惟圣人能属万物于一而系之元也，终不及本所从来而承之，不能遂其功。是以《春秋》变一谓之元。元，犹原也，其义以随天地终始也。[1]

"同归而殊涂，一致而百虑"（《易经·系辞下》），也就是始于一，终于一。把万物都属于一以后，把它系在元上，懂元之道，才知道事物的生生不息。如果只系于一，一就有始终。把一系在元上，就是终始之道，生生不息。

最后不能达到生所从来而继续这个元的，就不能成就事功。生生化化都是功。因此《春秋》才变一为元，因为要属万物于一而系上，由始终而终始。

原就是源，拿原之义而随天地终始。

故人唯有终始也，而生不必应四时之变，

看人与天齐的观念！人与天地参矣，所以人唯有终始，任何万物，都得应四时之变，错了时就不生，孟子说："无失其时，七十者可以食肉矣。"（《孟子·梁惠王上》）失其时就没有肉吃了。一切动植物，都得随天地终始。人生小孩，随便什么时候都生。人为万物之灵就在这里。

如果一个人把自己看得太轻了，就会作践自己。这一段，应该多想想。把人抬到天民那么高！

---

[1] "惟圣人能属万物于一而系之元也……大其贯承意之理矣。"出于《重政篇》。师尊先后释义，读者可并参。

人之所以为人，就因为他能过理智、智慧的生活。没有定力、理智，那就完了。看看这个女的也不错，那个也不错。孔子说妾母不得为夫人，古时一夫多妻，一个男人很多太太，孔子反对，立了一夫一妻制。妾就算她儿子做了国君，也不能为夫人，祭时得另立一个庙，儿子死了，子祭孙终。如果你当姨太太，就不能入太庙，他用这个方式限制你，自动觉得没有身份地位，不去做姨太太，男子就没办法了。《春秋》的含义特别深，倡一夫一妻制。

他用礼来约束不合理的事，不正常的行为。如果妾可以为夫人，那更是从心所欲地乱来了。

但是中国古人另外有一种"一子两不绝"，那不是娶姨太太？如果兄弟两人只有一个人有儿子，因为不能用义子来传宗接代，那骨血不对，爸爸死了不能进祖坟。所以可以一个人在两边都娶媳妇，这没有大小，不是妾。老百姓叫这作"两头大"。于法于礼上都合。

人真内心了悟了，绝不做坏事，每个人都有自尊心，他不明白，才会丢脸。不做对不起自己的事，谁都对得起了。有人干了坏事，想不要让父母知道，对不起父母你知道，对不起自己才最惭愧！

故元者为万物之本，而人之元在焉。安在乎？乃在乎天地之前。

人的元就是生天地那个元，在人前，也在天地之前。天地和人是一个元，所以才与天地参。这就是天人境界。

讲这么多，就为了树立人的格，了解自己人的格，能为别人利用吗？得为真理、良知利用才行。

人的贵，要修其天爵，"天爵自尊吾自贵，此生无怨亦无尤"。一个人真了解了自己，不责难、嫉妒任何人，许多事，完全在自己良知的升华。一个人的尊严，完全由良知去升华，良知不升华，就是自己骗自己。真有爱心，是爱那不如你的，不是爱那比你强的。

宗教信徒里，好的不多。真有信仰，那完全是牺牲，到这境界的不多。真的爱，绝对是这样。有一点利害观念，都不会这样！

一个人成就，完全在良知，不在你老师怎样，也不在乎环境如何。看看犹大，老师和朋友都是最好的。

　　良知出高徒，人格完全靠良知升华，才过智慧生活，才真正快乐。一切是自己愿意来的，有一点虚伪就苦不堪言。

　　我们是人，必得保持人的本位，懂你是人，就做人的事，就是爱人。对别人有好处。

　　这一段太重要了，明白了，感觉自己多么尊贵。

　　故人虽生天气及奉天气者，不得与天元，本天元命而共违其所为也。

　　天气是体，天之道也。奉天气是用，人之道也。

　　设能参与天元之中，在天元之外，那就坏了。那么你虽然与天同一元生的，与天地同德，却违天之元命而行事就不会达到与天地参的捷径，也不能与天地合其德。

　　故春正月者，承天地之所为也，继天之所为而终之也，其道相与共功持业，安容言乃天地之元。天地之元奚为于此，恶施于人，大其贯承意之理矣。

　　春正月，接着天之所为而终天之德，终人之道。完全法天之德，按天之德而行事。

　　这个道，是互相参与而共成其功的。卖豆浆都要三个人，一个人不懂群德，能成大事吗？必养群德之后，才能成其共功之事。成功了，其结果就是有业了，持守其业而能安容，以容为大，容乃大，守其业而大之。

　　这就是天地之元，看每一件事，交代多么清楚。完全不是讲空的，一个人想与天元，必须能有群德。不能容就不是君子，嫉妒成不了事。私心人人有，都随着你进棺材。人生都有私心，有私心就有嫉妒。那些多少有点成就的，都是看来有点傻乎乎的，聪明鬼不会成事。

　　你们的年龄，就像一个面团，可以做成伟人，也可以不足一道。得自求多福，爱莫能助。

　　一个人，过理智生活就够了，千万不要以为自己比别人高明，那正是你比别人低的时候。"约而为泰"（《论语·述而》），这种人，难以成事。得把公私分清楚，多为别人着想，看得远，海阔天空，看得太近，啥都要到手，那就求不得苦。

是故《春秋》之道，以元之深正天之端，以天之端正王之政，以王之政正诸侯之即位，以诸侯之即位正竟内之治，五者俱正而化大行。

反过来说，境内没太平，你也不配坐那位。这就讲有此德才有此位，如果无此德而有此位，就是独夫、魔鬼。国不太平，也不是天子，邦不太平，也不是诸侯。这些都是微言大义。

"化"，就是天道之行也。天下为公。孔子的道，都是这个道，不完全指形而上的说。

非其位而即之，虽受之先君，《春秋》危之，宋缪公是也。非其位，不受之先君，而自即之，《春秋》危之，吴王僚是也。

《公羊传注疏·隐公三年》：癸未，葬宋缪公。葬者曷为或日或不日？不及时而日，渴葬也；不及时而不日，慢葬也。过时而日，隐之也；过时而不日，谓之不能葬也。当时而不日，正也。当时而日，危不得葬也。此当时何危尔？宣公谓缪公曰："以吾爱与夷，则不若爱女；以为社稷宗庙主，则与夷不若女，盍终为君矣？"宣公死，缪公立，缪公逐其二子庄公冯与左师勃，曰："尔为吾子，生毋相见，死毋相哭。"与夷复曰："先君之所为不与臣国而纳国乎君者，以君可以为社稷宗庙主也。今君逐君之二子而将致国乎与夷，此非先君之意也。且使子而可逐，则先君其逐臣矣。"缪公曰："先君之不尔逐可知矣，吾立乎此摄也。"终致国乎与夷。庄公冯弑与夷。故君子大居正，宋之祸宣公为之也。

《公羊传注疏·襄公二十九年》：吴子使札来聘。吴无君、无大夫，此何以有君、有大夫？贤季子也。何贤乎季子？让国也。其让国奈何？谒也、馀祭也、夷昧也，与季子同母者四，季子弱而才，兄弟皆爱之，同欲立之以为君，谒曰：

"今若是迮而与季子国，季子犹不受也，请无与子而与弟，弟兄迭为君，而致国乎季子。"皆曰："诺。"故诸为君者，皆轻死为勇，饮食必祝，曰："天苟有吴国，尚速有悔于予身。"故谒也死，余祭也立。余祭也死，夷昧也立。夷昧也死，则国宜之季子者也。季子使而亡焉。僚者长庶也，即之，季子使而反，至，而君之尔。阖庐曰："先君之所以不与子国而与弟者，凡为季子故也。将从先君之命与，则国宜之季子者也；如不从先君之命与，则我宜立者也，僚恶得为君乎？"于是使专诸刺僚，而致国乎季子。季子不受，曰："尔弑吾君，吾受尔国，是吾与尔为篡也。尔杀吾兄，吾又杀尔，是父子兄弟相杀，终身无已也。"去之延陵，终身不入吴国。故君子以其不受为义，以其不杀为仁。贤季子则吴何以有君、有大夫？以季子为臣，则宜有君者也。札者何？吴季子之名也。《春秋》贤者不名，此何以名？许夷狄者不壹而足也。季子者所贤也，曷为不足乎季子？许人臣者必使臣，许人子者必使子也。

虽然是先君给你的位，但不是你应得的位，就算你就了这位，《春秋》还危之。

虽然，苟能行善得众，《春秋》弗危，卫侯晋以立书葬是也。俱不宜立，而宋缪受之先君而危。卫宣弗受先君而不危，以此见得众心之为大安也。故齐桓非直弗受之先君也。乃率弗宜为君者而立，罪亦重矣。

《公羊传注疏·隐公四年》：冬，十有二月，卫人立晋。晋者何？公子晋也。立者何？立者不宜立也。其称人何？众立之之辞也。然则孰立之？石碏立之。石碏立之，则其称人何？众之所欲立也。众虽欲立之，其立之非也凡立君为众，众皆欲立之，嫌得立无恶，故使称人，见众言立也，明下无废上之义，听众立之，为立篡也。不刺嗣子失位者，时未当丧，典主得权重也。月者，大国篡例月，小国时。立、纳、入皆为篡，卒日，葬月，达于《春秋》，为大国例。主书从受位也。

《公羊传注疏·桓公十三年》：三月，葬卫宣公。

《公羊传注疏·庄公九年》：齐小白入于齐。曷为以国氏？当国也。其言入何？篡辞也。

这就是篡位，政变成功。

他的引法和经文不太一样。有点距离。这里说虽然得众能，也不叫你立，怕你自立。大家好好用自己的智慧，看连这引经文都不一样，他读通了，还这么用，用法和《公羊传》不一样。

然而知恐惧，敬举贤人，而以自覆盖，知不背要盟以自湔浣也，遂为贤君，而霸诸侯。使齐桓被恶而无此美，得免杀戮乃幸已，何霸之有！鲁桓忘其忧而祸逮其身。齐桓忧其忧而立功名。推而散之。凡人有忧而不知忧者凶，有忧而深忧之者吉。《易》曰："复自道，何其咎。"此之谓也。匹夫之反道以除咎尚难，人主之反道以除咎甚易。《诗》云："德輶如毛。"言其易也。

《公羊传注疏·庄公十三年》：冬，公会齐侯，盟于柯。何以不日？易也。其易奈何？桓之盟不日，其会不致，信之也。其不日何以始乎此？庄公将会乎桓，曹子进曰："君之意何如？"庄公曰："寡人之生，则不若死矣！"曹子曰："然则君请当其君，臣请当其臣。"庄公曰："诺。"于是会乎桓。庄公升坛，曹子手剑而从之。管子进曰："君何求乎？"曹子曰："城坏压竟，君不图与？"管子曰："然则君将何求？"曹子曰："愿请汶阳之田。"管子顾曰："君许诺。"桓公曰："诺。"曹子请盟，桓公下与之盟。已盟，曹子摽剑而去之。要盟可犯，而桓公不欺；曹子可雠，而桓公不怨。桓公之信著乎天下，自柯之盟始焉。

他知道自己有毛病，一个人有错误，而能改正，好好干。拿善行来覆盖以前的错误。

提到"浣"字，讲一点题外的。看人写匾，题词，落款时，写上浣，中浣或下浣。古时人，十天一洗澡，《诗经》上说："曷浣曷否？"（《诗经·周南·葛覃》）

一个人有了错误，可以用懿行来覆盖，不是掩藏，将功折罪，这观念重要。

鲁桓就忘其忧，忘了他怎么对付他哥哥了。他应该知道他得江山不义，是弑兄而得江山的。所以祸及身。

齐桓公天天担心这事，用很多好事来覆盖这个。

小注："无咎者，善补过也。"（《易经·系辞上》）说得好，要回到道上，虽然有了错误，得善补其过。

小注："人君反道，功效易著，利泽亦远。"人主改过易，只要对老百姓有所建树，反回其应行之道，就有以除以往的罪咎。

"德輶如毛"，引诗，完全按自己的意思。这里说德一点都不难，就像羽毛那么轻。这是勉励人行德，行善事最容易。

公观鱼于棠，何？恶也。凡人之性，莫不善义，然而不能义者，利败之也。故君子终日言不及利，欲以勿言愧之而已，愧之以塞其源也。

《公羊传注疏·隐公五年》：春，公观鱼于棠。何以书？讥。何讥尔？远也。公曷为远而观鱼？登来之也。百金之鱼公张之解言登来之意也。百金，犹百万也。古者以金重一斤，若今万钱矣，张，谓张罔罟障谷之属也。登来之者何弟子未解其言大小缓急，故复问之？美大之之辞也其言大而急者，美大多得利之辞也。实讥张鱼而言观讥远者，耻公去南面之位，下与百姓争利，匹夫无异，故讳使若以远观为讥也。诸讳主书者，从实也。观例时，从行贱略之。棠者何？济上之邑也。

钱越多就越感觉少。所以君子终日言不及利，不谈利以免愧自己。凡人之性，没有不喜欢义的。为什么不能义呢？就因为"利败之也"。

夫处位动风化者，徒言利之名尔，犹恶之，况求利乎？故天王使人求赙求金，皆为大恶而书。今非直使人也，亲自求之，是为甚恶。讥何故言观鱼？犹言观社也，皆讳大恶之辞也。《春秋》有经礼，有变礼。为如安性平心者，经礼也。至有于性，虽不安，于心，虽不平，于道，无以易之，此变礼也。是故昏礼不称主人，经礼也。辞穷无称，称主人，变礼也。天子三年然后称王，经礼也。有故则未三年而称王，变礼也。妇人无出境之事，经礼也。母为子娶妇，

奔丧父母，变礼也。

《公羊传注疏·隐公三年》：秋，武氏子来求赙。武氏子者何？天子之大夫也。其称武氏子何？讥。何讥尔？父卒子未命也。何以不称使？当丧未君也。武氏子来求赙，何以书？讥。何讥尔？丧事无求，求赙非礼也，盖通于下。

《公羊传注疏·文公九年》：春，毛伯来求金。毛伯者何？天子之大夫也。何以不称使？当丧未君也。逾年矣，何以谓之未君？即位矣，而未称王也。未称王，何以知其即位？以诸侯之逾年即位，亦知天子之逾年即位也。以天子三年然后称王，亦知诸侯于其封内三年称子也。逾年称公矣，则曷为于其封内三年称子？缘民臣之心，不可一日无君；缘终始之义，一年不二君，不可旷年无君；缘孝子之心，则三年不忍当也。毛伯来求金，何以书？讥。何讥尔？王者无求，求金非礼也。然则是王者与？曰：非也。非王者则曷为谓之王者？王者无求，曰：是子也。继文王之体，守文王之法度，文王之法无求而求，故讥之也。

《公羊传注疏·庄公二十三年》：夏，公如齐观社。何以书？讥。何讥尔？诸侯越竟观社，非礼也。

《公羊传注疏·隐公二年》：九月，纪履緰来逆女。纪履緰者何？纪大夫也。何以不称使？婚礼不称主人。然则曷称？称诸父兄师友。宋公使公孙寿来纳币，则其称主人何？辞穷也。辞穷者何？无母也。然则纪有母乎？曰有。有则何以不称母？母不通也。外逆女不书，此何以书？讥。何讥尔？讥始不亲迎也。始不亲迎昉于此乎？前此矣。前此则曷为始乎？此托始焉尔。曷为托始焉尔？《春秋》之始也。女曷为或称女，或称妇，或称夫人？女在其国称女，在涂称妇，入国称夫人。

《公羊传注疏·昭公二十三年》：天王居于狄泉。此未三年，其称天王何？著有天子也时庶孽并篡，天王失位徙居，微弱甚，故急著正其号，明天下当救其难而事之。

《公羊传注疏·庄公二十七年》：冬，杞伯姬来。其言来何？直来曰来直来，无事而来也。诸侯夫人尊重，既嫁，非有大故不得反。唯自大夫妻，虽无事，岁一归宁，大归曰来归大归者，废弃来归也。妇人有七弃、五不娶、三不去：尝更三年丧不去，不忘恩也；贱取贵不去，不背德也；有所受，无所归不去，不穷穷也。丧妇长女不娶，无教戒也；世有恶疾不娶，弃于天也；世有刑人不娶，弃于人也；乱家女不娶，类不正也；逆家女不娶，废人伦也。无子弃，绝世也；淫泆弃，乱类也；不事舅姑弃，悖德也；口舌弃，离亲也；盗窃弃，反义也；嫉妒弃，乱家也；恶疾弃，不可奉宗庙也。

"经礼"，就是常礼。"安性"是体，"平心"是用。"安性"才能"平心"，这是常礼。安住自己本性而平自己的心，不要欲壑难填。

如果没到境界，他对道倒是不能改变。有些人，在心上、性上，没达到"安性平心"的境界，但可不做违背礼、违背道的事。这还可以。虽然没能守住这个位，还能守住变礼，但是没能定于礼。你们就是到这个境界。

辞穷，父母都没有，没得说了。就得称主人，这是变礼。

奔丧父母是古礼。以后，皇后也不可以奔丧。所以女儿做皇后了，家中都悲伤，回来看看也不同意了。生太子时，可以回来光宗耀祖，但要摆帷幕，不可以让任何人看到。马路边上都架帷幔。皇后回家祭祖，是最大的礼节。

明乎经变之事，然后知轻重之分，可与适权矣。

对任何事，都要懂什么是常道，什么是变道，不可以一条道跑到黑。拿一件事衡量天下事，这才合乎权变之道，懂轻重之分。

难者曰：《春秋》事同者辞同。此四者俱为变礼，而或达于经，或不达于经，何也？曰：《春秋》理百物，辨品类，别嫌微。修本末者也。是故星坠谓之陨，螽坠谓之雨，其所发之处不同，或降于天，或发于地，其辞不可同也。今四者俱为变礼也同，而其所发亦不同。或发于男，或发于女，其辞不可同也。是或达于常，或达于变也。

"理百物"，对任何东西，得辨辨它的品类。都是一样的东西，品不同。像茶叶，有上品、精品、极品、神品。一样的东西分的级叫作品。辨了品，然后一类一类都清楚了。

为什么要"别嫌疑"？因为似是而非。君子不处嫌疑间，瓜田李下，都是最微的事。

这个修养的功夫，是修本末者也。懂什么是本，什么是末，浑人就本末倒置了。

螽就是蝗虫。

桓之志无王，故不书王。其志欲立，故书即位。书即位者，言其弑君兄也。不书王者，以言其背天子。

《公羊传注疏·桓公三年》：春，正月，公会齐侯于嬴。无王者，以见桓公无王而行也。二年有王者，见始也。十年有王者，数之终也。十八年有王者，桓公之终也，明终始有王，桓公无之尔。不就元年见始者，未无王也。二月非周之正月，所以复去之者，明《春秋》之道，亦通于三王，非主假周以为汉制而已。

《公羊传注疏·桓公元年》：春，王正月，公即位。继弑君，不言即位，此其言即位何？据庄公不言即位。如其意也。弑君欲即位，故如其意，以著其恶，直而不显，讳而不盈。桓本贵当立，所以为篡者，隐权立，桓北面君事隐也。即者，就也。先谒宗庙，明继祖也。还之朝，正君臣之位也。事毕而反凶服焉。

第一句就是微言大义。桓公之志，根本没有新王的观念，故不书王。"桓三年春正月"，就不写春王正月了。"隐公元年，春，王正月"，因为他有新王之志，所以不书即位，所以说"成公意也"。从这里就看出两个制度，新王之制和无新王之制。因为桓公没有一点新王之志，所以不说王。

桓公为什么书即位？因为他愿意立，把他哥哥隐公杀掉了。有一个奸臣，对他哥哥说："老百姓很拥护你，不必把位还给你弟，可以做了。"隐公说："不行，我要找个地方退休。"那奸臣怕把这秘密泄露了，桓公要杀他，就先去反告隐公，说隐公不想还位了，所以桓公就把隐公杀掉了。《公羊》和《穀梁》二传都是这么说的。

《公羊传注疏·隐公四年》：秋，翚帅师会宋公、陈侯、蔡人、卫人伐郑。翚者何？公子翚也。何以不称公子？贬。曷为贬？与弑公也。其与弑公奈何？公子翚谄乎隐公，谓隐公曰："百姓安子，诸侯说子，盍终为君矣？"隐曰："吾否，吾使修涂裘，吾将老焉。"公子翚恐若其言闻乎桓，于是谓桓曰："吾为子口隐矣。隐曰：'吾不反也。'"桓曰："然则奈何？"曰："请作难，弑隐公。"于钟巫之祭焉弑隐公也。

《春秋穀梁传·隐公四年》：秋，翚帅师会宋公、陈侯、蔡人、卫人伐郑。翚者何也？公子翚也。其不称公子何也？贬之也。何为贬之也？与于弑公，故贬之也。

不书王者，因为他还背了天子。天子不是指周天子，是一个况，天之子，才是新王。桓公何以没有新王之志？因为他背天子，背了天子之道。不加王，就是乱制的某月某日。

天子是真的替天行道之子，隐公不言立，因为隐公不背天子，因为他有新王之志，才不背天子。

是故隐不言立，桓不言王者，从其志以见其事也。从贤之志以达其义，从不肖之志以著其恶。由此观之，《春秋》之所善，善也，所不善，亦不善也，不可不两省也。

从其人之志以明之，就是指桓公。"贤"指隐公，"不肖之志"指桓公。

小注："此其从人之志也。参而伍之，以求《春秋》之义，思过半矣。"只要把这些参差不齐的事情，都配合配合，在这里找《春秋》之义，就明白过半了。

笔　记

"桓不书王，其志欲立，故书即位。隐书王，不言立，故不书即位。成公意也，亦王制与乱制之不可察也。"成公意，就是成公天下之意。表面上看，是成隐公之意，这是双关语。他既不想为君，就是成公天下之意。

经曰:"宋督弑其君与夷。"《传》言:"庄公冯杀之。"不可及于经,何也?曰:非不可及于经,其及之端眇,不足以类钩之,故难知也。

《公羊传注疏·桓公二年》:春,王正月戊申,宋督弑其君与夷及其大夫孔父。及者何?累也。弑君多矣,舍此无累者乎?曰:有,仇牧,荀息,皆累也。舍仇牧、荀息,无累者乎?曰:有。有则此何以书?贤也。何贤乎孔父?孔父可谓义形于色矣。其义形于色奈何?督将弑殇公,孔父生而存,则殇公不可得而弑也,故于是先攻孔父之家。殇公知孔父死,己必死,趋而救之,皆死焉。孔父正色而立于朝,则人莫敢过而致难于其君者,孔父可谓义形于色矣。

《公羊传注疏·隐公三年》:宣公死,缪公立。缪公逐其二子庄公冯与左师勃。曰:"尔为吾子,生毋相见,死毋相哭。"所以远绝之。与夷复曰:复,报。"先君之所为不与臣国,而纳国乎君者,以君可以为社稷宗庙主也。今君逐君之二子,而将致国乎与夷,此非先君之意也。且使子而可逐,则先君其逐臣矣。"缪公曰:"先臣之不尔逐,可知矣。尔,女也。可知者,欲使我反国。吾立乎此,摄也。"暂摄行君事,不得传与子也。谦辞。终致国乎与夷。庄公冯弑与夷。冯与督共弑殇公在桓二年,危之于此者,死乃反国,非至贤之君不能不争也。

为什么不按事实写在经上呢?这很难知,不容易按类勾画出来。

《传》曰:"臧孙许与晋却克同时而聘乎齐。"按经无有,岂不微哉。不书其往而有避也。今此《传》言庄公冯,而于经不书,亦以有避也。是以不书聘乎齐,避所羞也。不书庄公冯杀,避所善也。是故让者《春秋》之所善。宣公不与其子而与其弟,其弟亦不与子而反之兄子,虽不中法,皆有让高,不可弃也。故君子为之讳不居正之谓避,其后也乱。移之宋督以存善志。此亦《春秋》之义,善无遗也。若直书其篡,则宣缪之高灭,而善之无所见矣。

《春秋》最重视的就是让。隐为桓立,代国而治天下,以后还要让给他。《尚书》中《尧典》《舜典》,也是言让也。所以《易经》上经始乾坤,天之道也。

下经始男女，咸恒，人之道也。《诗经》也始男女，"关关雎鸠"。《大易》不单和《春秋》，也和《诗经》相表里。因为诗言性。熊十力先生特别强调，《易经》是中国学术之源。其他书，都和这相表里。《周官》是讲制度，《仪礼》讲礼法，是经。《礼记》《大小戴礼记》都是解释《仪礼》的。"礼经"指的是《仪礼》，不是《周官》。《周官》古时不称经。熊十力先生以为《周官》是孔子所立，达于王之制所经的层次、阶段，是据乱世到升平世所必经的，还没有到太平世远近大小若一的时候。

古时没有这一说，以前以为《周官》是周公为周朝立的法，可惜周朝也没行。熊十力先生的说法近乎情理。

由五经看，确实以《易》为首，是中国思想之原。《易经》所讲，群龙之制，龙指最高的德说。也就是群德人之制。《尚书》讲圣贤之制，选贤举能，这思想完全一样的。

六经在孔子修订以前的样子不得而知。但在修改以后，确实"吾道一以贯之"，不是空的。"删《诗》《书》，订《礼》《乐》，修《春秋》"。要明白，得由《大易》入手。今天人，完全做片面研究，那很危险，不能知道中国学问是怎么来的，不懂源流，一辈子也不会真懂。中国东西不多，难在得细心去读，读到多少功夫，就了解多少程度。

《春秋》特别崇敬"让"字，宣公虽然乱搞，但他们每个人都怀着让的心，都有让义，不可忽略这件事。虽然他让位不中于法理，但是有让的心。所以虽然他们浑，君子还为他们避讳避讳。总而言之，高其让之义，是合乎善的事情，都没有遗漏，必一二书。

如果直书其篡，宣公、穆公让位之高就没了，别人看不见了。

难者曰：为贤者讳，皆言之，为宣缪讳，独弗言，何也？曰：不成于贤也。其为善不法，不可取，亦不可弃。弃之则弃善志也，取之则害王法。故不弃亦不载，以意见之而已。苟志于仁无恶，此之谓也。

有些人光懂做善事，但他盲目去做，不知做了善事以后，不合王德之法之善。有的以为做了好事，结果还帮人作恶了。这种人多得很。

如果不要他，就是把善恶去了，取他呢，又把文德之王的法给害了。

《公羊春秋》和《易经》这两部书，才智低的人得的不会太高，因为他想的不会太多。《易经》任何一卦，都可以想很多，真要讲，两个小时讲一爻还差不多。看书多，引申就多，牵扯就多。像一个文王，就可以牵很多。像《论语》中说："文王既没，文不在兹乎？"（《论语·子罕》）看出文德之王就是孔子，"文不就在我这儿吗？"

今文家讲，一个儒者的责任，就是"文没在兹"。谁都是文王，孟子说"人人皆可为尧舜"，"文没在兹"，就是人人皆可为文王。"文武之道，未坠于地"（《论语·子张》），哪有一个是造谣？"吾道一以贯之"就在这里，文武之道没有掉在地上，文没有掉在文王陵里，而是"在人"，就是人人皆为文武。尧舜之道在人，就是人人皆为尧舜。孟子是完全承袭孔子的。

人人皆有士君子之行，这是入手处，进而才到文王。尧舜之德，文武之道都在我们。"舜何？人也！有为者亦若是。"（《孟子·滕文公上》）串在一起看，逻辑森严。

考据训诂家老找错字，扯了一阵。讲义理和训诂完全不同。但不是不要懂训诂，人都得由认字开始，由"小学"入手，懂了才可以讲经义。

儒家讲什么呢？简单得很，就是仁！社会上就是两个人，你和我，把关系调整好了，就是仁。公羊家讲以人治人，对任何人，就拿他当人看，你是人，你拿别人也当人看，如果他有毛病，你也不必苛求，"以人治人，改而止"（《中庸》），多么有爱心！我是人，承认对方也是人，他虽然有小毛病，但拿人之性来治人，改了就够了。不仁者能对人这么客气吗？

还有一个界说，就是推己及人，拿自己的心，拿自己的性来推，达于对方，美其名，那叫"恕"。"己所不欲，勿施于人"（《论语·颜渊》），不愿意的事，不要加在别人身上。能这样，岂止于成贤？必成圣，这就是仁。

什么是义？把仁做的一点毛病没有，恰到好处就是义。仁为体，义为用。儒家思想特别简单，就是行起来特别不容易。有了学问，得体悟，去行。

行为的可怕，可以审判一切。你自己就审判你，别人都不能审判你，别人有什么了不起？就是自己审判自己。一个污点抹上，孝子贤孙，不能改也。完全在乎行，有人自完其说，出去可就缩头了，人心就是自愧，到外面就拿不出去了。

天下海阔天空，任意遨游，可千万别触犯伦常，什么都可以做，五伦就是五个，窄得不得了。为什么专跑到里头去闹？人必得有所守，最低限度，伦常得守得住。马一浮先生主张复兴中国文化，得先复性。

一个人要是志于仁，绝不做恶。如果没真明白，就做恶了。志于仁的人，不是没有过，孔子最大的盼望，"观过知仁"，不要以为人有过就不仁，正是观过，才知道他是仁。不是没有过的人是仁，那种人，孔子给取个名，叫乡愿，那也不行。

《论语·里仁》：子曰："苟志于仁矣，无恶也。"

人最重要的，就是先学做人，没成功的，都是做人有问题。做人成功的，像中山先生，临死还说尚未成功，但大家并没有因他没成功而小瞧他。人格本位，可以垂之永久。留名千古，都有德的，有德的，并不一定功高爵显，像林觉民，有什么地位？他没有位而有名，名不是巧得的，是由德来的。

忽略了立身，就不能存在于宇宙之中。人成就是多方面的，懂得这个，就知道怎么造就自己。懂正视自己，就懂正视别人。这些完全不是老生常谈，必得由真实功夫下手。读书认真，是造就自己，不要以为帮谁的忙，你有这种观念就低了，因为你不会帮谁的忙，有些人帮别人忙，沽名钓誉，正是帮自己忙。真帮别人忙的，只有父亲帮儿子。一个人就是要真，要诚，要实，不要唱高调。想事情也不要想空的。一个人懂得为我，就会直接判了对方。利己的人，必得有点真事，真利己，拔一毛利天下而不为，就成了。脑子真认识清楚了，往前奋斗没有不成功的。如果观念就错了，天天为别人，天下哪有这种事？没有真我，就不能在一个时代立得住，人必得有所失才有所得。没有真我，谁都不存在。你假？天下人什么都不懂，就懂假。人人都假，都有智慧，他马上明白了。对真的，他要很久才认识，对真的认识，很不容易。民国初年到现在，找不出十个真人。

彻底认识以后，才能造就自己，一举一动，自私自利，一点开脱都没有，会有什么成就？

器从名、地从主人之谓制。

制和度是两件事。器得从名，这是一个茶壶。地从主人，有这主人在，这是鲁国，现在鲁国的主人没了，还有没有鲁国？器从名，是个公名，这个打了还可以再买一个，还是茶壶。地是从主人，主人没了，地就变了。秦没有统一以前，各地都有主人，各地都有名。主人不在了，地也换了名了。地的名，很少要永久的，因为地从主人。人没有永久的。亡国就改地名了。这就叫作制。

权之端焉，不可不察也。夫权虽反经，亦必在可以然之域。不在可以然之域，故虽死亡，终弗为也，公子目夷是也。

《公羊传注疏·僖公二十一年》：楚人使宜申来献捷。此楚子也，其称人何？贬。曷为贬？为执宋公贬。曷为为执宋公贬？宋公与楚子期以乘车之会，公子目夷谏曰："楚，夷国也，彊而无义，请君以兵车之会往。"宋公曰："不可。吾与之约以乘车之会，自我为之，自我堕之，曰不可。"终以乘车之会往，楚人果伏兵车，执宋公以伐宋。宋公谓公子目夷曰："子归守国矣。国，子之国也。吾不从子之言，以至乎此。"公子目夷复曰："君虽不言国，国固臣之国也。"于是归设守械而守国。楚人谓宋人曰："子不与我国，吾将杀子君矣。"宋人应之曰："吾赖社稷之神灵，吾国已有君矣。"楚人知虽杀宋公，犹不得宋国，于是释宋公。宋公释乎执，走之卫。公子目夷复曰："国为君守之，君曷为不入？"然后逆襄公归。恶乎捷？捷乎宋。曷为不言捷乎宋？为襄公讳也。此围辞也，曷为不言其围？为公子目夷讳也。

"端"，始也，原也，开头也。"权"是权衡，就是变，变的开头，不可以不研究。刚才讲的，不外乎这个权。任何一件事，选择的开始，不选择好了，一失足则成千古恨。

你看那器不怎么重要，可是从名。地名就从主人了，言外之意，一地换百主。这就看你的权衡了。

按常道行事，就是经，临时应变，就是权。但可有一个界说。你必得在可以然之域，可以达到目的的范围内，可不要净做白日梦，那是必不可以然的环境，那是自欺。必得在可以然之内去想，才有成功的机会。

虽然离经为了行权，不在可以然之域，虽死亡，也不可以做。得在人力所及的范围内去行权。自己的力量办不到，能成吗？做伟大事业，得按部就班，有时达到目的，必有一定的步骤。

故诸侯父子兄弟不宜立而立者，《春秋》视其国与宜立之君无以异也。此皆在可以然之域也。

设权之时，绝不能超过人力所能达到的范围。

不宜立而立者，这一句要注意。诸侯父子兄弟，指世及制度下，他们以为这是不应立而立了，这是由世及制度、乱制下的衡量。

《春秋》立一个新王之法，《春秋》看乱制下不宜立而立的，以《春秋》之制，认为是应该立的君，这没有什么区别。乱制和王制的观念不同。

这都在可以然之域，人之为道就不可以。宜立不宜立是人之为道。离开了人之为道，每个人都可以立，不是在可以然之域吗？人人皆可以为君，人人都可以做的，人人都有这权柄，这是可以然之域。

举这例告诉我们，人为之法，不是一定可守的。可以然之域的法，人人都得守。人人都可以立君治国。

不可以想超出实际行为以外的事，那累死也达不到，人能做的事，可以去想。

杭辛斋《读易杂识》笔记[1]

两汉诸儒，去古犹近，遗训所传，未尽湮没，故西京奏疏，往往能据法象以立言，所谓燮理阴阳，尚实有其学，实有其事……董子《繁露》一书，名言辐辏，析理尤精，学《易》者不可不读，不可不细读也。

周秦诸子，其学各有本末，一名一象，皆有法度，故读唐以后之书百卷，

---

[1] 《读易杂识·诸子之〈易〉》。

不如读汉人书一卷，得汉人书一卷，不如得周秦诸子一章一节也。

至于鄫取乎莒，以之为同居，目曰莒人灭鄫，此在不可以然之域也。故诸侯在不可以然之域者，谓之大德，大德无逾闲者，谓正经。诸侯在可以然之域者，谓之小德，小德出入可也。权谲也，尚归之以奉巨经耳。

《公羊传注疏·襄公六年》：莒人灭鄫。莒称人者，莒公子，鄫外孙。称人者，从莒无大夫也。言灭者，以异姓为后，莒人当坐灭也。不月者，取后于莒，非兵灭。

不是自己的血统，即使找一个嗣君，也是灭国了。因为他自己没有儿子，就由莒国把外孙子拿来做君。虽然有了君，实际等于叫莒亡了国。这是绝不可以做的事情，绝不能找一个改姓的做儿子。

民族文化都毁掉了，这个国家就亡了。就算没亡，无形的亡了。等有形再亡了，不更悲哀了。

任何事发生都不是偶然的，必有其原。

许多在不可以然之域者，那是大德，大德得不逾闲。自己没儿子找个野儿子，那是什么话？

吴汉杀妻，那是理上的，是小德。可以有出入。留下多少有点诡诈之事，但是不可以乱权，权还得有个标准。尚且还得"归之以奉巨经耳"。

《吴汉杀妻》为京剧的一出曲目。王莽篡汉，刘秀举兵，被王莽女婿、潼关守将吴汉俘掳。正欲报功之时，吴母告知吴汉，其父死于王莽之手，为报杀父之仇，应杀吴妻，并襄助刘秀匡复汉室。吴汉提剑前往之时，其妻正在经堂念佛，吴汉不忍，遂告以实情。吴妻乃夺剑自刎，吴母亦自缢身亡。吴汉大恸，于是毁家，投靠刘秀。

故《春秋》之道，博而要，详而反一也。

我们要博学，但必得得其精。这些都是自己严格训练自己的地方。做人上很重要，一个人必得有所学，才有所不为，然后才有为，千万不能马马虎虎就离开了格。

公子目夷复其君，终不与国，祭仲已与，后改之，晋荀息死而不听，卫曼姑拒而弗内，此四臣事异而同心，其义一也。目夷之弗与，重宗庙。祭仲与之，亦重宗庙。荀息死之，贵先君之命。曼姑拒之，亦贵先君之命也。事虽相反，所为同，俱为重宗庙、贵先帝之命耳。难者曰：公子目夷、祭仲之所为者，皆存之事君，善之可矣。荀息、曼姑非有此事也，而所欲恃者皆不宜立者，何以得载乎义？曰：《春秋》之法，君立不宜立，不书，大夫立则书。书之者，弗予大夫之得立不宜立者也。不书，予君之得立之也。君之立不宜立者，非也。既立之，大夫奉之是也，荀息曼姑之所得为义也。

《公羊传注疏·桓公十一年》：秋，七月，葬郑庄公。九月，宋人执郑祭仲。祭仲者何？郑相也。何以不名？贤也。何贤乎祭仲？以为知权也。其为知权奈何？古者郑国处于留。先郑伯有善于邻公者，通乎夫人，以取其国而迁郑焉，而野留。庄公死已葬，祭仲将往省于留，涂出于宋，宋人执之，谓之曰："为我出忽而立突。"祭仲不从其言，则君必死、国必亡；从其言，则君可以生易死，国可以存易亡。少辽缓之，则突可故出，而忽可故反，是不可得则病，然后有郑国。古人之有权者，祭仲之权是也。权者何？权者反于经，然后有善者也。权之所设，舍死亡无所设。行权有道，自贬损以行权，不害人以行权。杀人以自生，亡人以自存，君子不为也。

《公羊传注疏·僖公十年》：晋里克弑其君卓子及其大夫荀息。及者何？累也。弑君多矣，舍此无累者乎？曰：有，孔父、仇牧皆累也。舍孔父、仇牧无累者乎？曰：有。有则此何以书？贤也。何贤乎荀息？荀息可谓不食其言矣。其不食其言奈何？奚齐、卓子者，骊姬之子也，荀息傅焉。骊姬者，国色也。献公爱之甚，欲立其子，于是杀世子申生。申生者，里克傅之。献公病将死，谓荀息曰："士何如则可谓之信矣？"荀息对曰："使死者反生，生者不愧乎其言，则可谓信矣。"献公死，奚齐立。里克谓荀息曰："君杀正而立不正，废长而立幼,如之何?愿与子虑之。"荀息曰:"君尝讯臣矣,臣对曰:'使死者反生,生者不愧乎其言,则可谓信矣。'"里克知其不可与谋,退,弑奚齐。荀息立卓子,里克弑卓子,荀息死之。荀息可谓不食其言矣!

《公羊传注疏·哀公三年》:三年春,齐国夏、卫石曼姑帅师围戚。齐国夏曷为与卫石曼姑帅师围戚?伯讨也。此其为伯讨奈何?曼姑受命乎灵公而立辄,以曼姑之义,为固可以距之也。辄者曷为者也?蒯聩之子也。然则曷为不立蒯聩而立辄?蒯聩为无道,灵公逐蒯聩而立辄。然则辄之义可以立乎?曰:可。其可奈何?不以父命辞王父命,以王父命辞父命,是父之行乎子也;不以家事辞王事,以王事辞家事,是上之行乎下也。

这就是人得有所守,到什么时候,没有所守,那就完了。有所守中,不能守,那是大失败,整个人格就被自己败坏了。立法的人毁法,就是特权阶级,这是最卑鄙的思想,感觉我特殊,别人不能做的我都能做。

为什么写这一段?就是不许大夫能立不宜立的。那些不书的,就是许君之所立不宜立的,他还有君之权,虽然不对,他还有权可以立。

这些地方,有人批评是为旧制度说话,其实,在拨乱反正的阶段,没法把乱制都去掉,但是用很多规矩来控制乱制,叫他限制很多,慢慢一个一个就越来越少了。拨乱反正,必得经过这手段,免得再乱下去!

难纪季曰:《春秋》之法,大夫不得用地。又曰:公子无去国之义。又曰:君子不避外难。纪季犯此三者,何以为贤?贤臣故盗地以下敌,弃君以避难乎?曰:贤者不为是。是故托贤于纪季,以见季之弗为也。纪季弗为而纪侯使之可知矣。《春秋》之书事时,诡其实以有避也。其书人时,易其名以有讳也。故诡晋文得志之实,以代讳避致王也。诡莒子号谓之人,避隐公也。易庆父之名谓之仲孙,变盛谓之成,讳大恶也。

《公羊传注疏·庄公三年》:秋,纪季以酅入于齐。纪季者何?纪侯之弟也。何以不名?贤也。何贤乎纪季?服罪也。其服罪奈何?鲁子曰:"请后五庙以存姑姊妹。"纪与齐为仇,不直齐大纪小,季知必亡,故以酅首,服先祖有罪于齐，请为五庙后，以酅共祭祀，存姑姊妹。称字贤之者，以存先祖之功，则除出奔之罪，明其知权。言入者，难辞，贤季有难去兄入齐之心，故见之。男谓女先生为姊，后生为妹，父之姊妹为姑。

《公羊传注疏·僖公二十八年》：天王狩于河阳。狩不书，此何以书？不与再致天子也。鲁子曰："温近而践土远也。"

《公羊传注疏·隐公八年》：九月辛卯，公及莒人盟于包来。公曷为与微者盟？称人则从不疑也。从者，随从也，实莒子也。言莒子，则嫌公行微不肖，诸侯不肯随从公盟，而公反随从之，故使称人，则随从公不疑矣。隐为桓立，狐壤之战不能死难，又受汤沐邑，卒无廉耻，令翚有缘谄，为桓所疑，故著其不肖，仅能使微者随从之耳，盖痛录隐所以失之，又见获受邑，皆讳不明，因与上相起也。

《公羊传注疏·闵公元年》：冬，齐仲孙来。齐仲孙者何？公子庆父也。公子庆父，则曷为谓之齐仲孙？系之齐也。曷为系之齐？外之也。曷为外之？《春秋》为尊者讳，为亲者讳，为贤者讳。子女子曰："以'春秋'为《春秋》，齐无仲孙，其诸吾仲孙与？"

《公羊传注疏·庄公八年》：夏，师及齐师围成，成降于齐师。成者何？盛也。盛则曷为谓之成？讳灭同姓也。曷为不言降吾师？辟之也。

出难的题问，公子还有什么去国之义？国君是讲去国之义，但公子还谈不到。你还没有为君！

"托"字重要。又是实际事不这么写，因为有避讳。写人好的时候，又是把名给改变了，为了避讳。譬如"天王狩于河阳"，说他去打猎，避讳说他把天子找来了，而说天子到这里打猎来了。本来是功高震主，叫天子来的。

然则说《春秋》者，入则诡辞，随其委曲而后得之。今纪季受命乎君而经书专，无善一名而文见贤，此皆诡辞，不可不察。《春秋》之于所贤也，固顺其志而一其辞，章其义而褒其美。今纪侯《春秋》之所贵也，是以听其入齐之志，而诡其服罪之辞也，移之纪季。故告籴于齐者，实庄公为之，而《春秋》诡其辞，以予臧孙辰。以酅入于齐者，实纪侯为之，而《春秋》诡其辞，以与纪季。

所以诡之不同，其实一也。难者曰：有国家者，人欲立之，固尽不听，国灭君死之，正也，何贤乎纪侯？曰：齐将复雠，纪侯自知力不加而志距之，故谓其弟曰："我宗庙之主，不可以不死也。汝以酅往，服罪于齐，请以立五庙，使我先君岁时有所依归。"率一国之众，以卫九世之主。襄公逐之不去，求之弗予，上下同心而俱死。故谓之大去。《春秋》贤死义，且得众心也，故为讳灭。以为之讳，见其贤之也。以其贤之也，见其中仁义也。

《公羊传注疏·庄公二十八年》：臧孙辰告籴于齐。告籴者何？请籴也。何以不称使？以为臧孙辰之私行也。曷为以为臧孙辰之私行？君子之为国也，必有三年之委；一年不熟，告籴，讥也。古者三年耕，必余一年之储；九年耕，必有三年之积，虽遇凶灾，民不饥乏。庄公享国二十八年，而无一年之畜，危亡切近，故讳，使若国家不匮，大夫自私行籴也。

《公羊传注疏·庄公四年》：纪侯大去其国。大去者何？灭也。孰灭之？齐灭之。曷为不言齐灭之？为襄公讳也。《春秋》为贤讳。何贤乎襄公？复仇也。何仇尔？远祖也。哀公亨乎周，纪侯谮之。以襄公之为于此焉者，事祖祢之心尽矣。尽者何？襄公将复仇乎纪，卜之曰："师丧分焉。寡人死之，不为不吉也。"远祖者，几世乎？九世矣。九世犹可以复仇乎？虽百世可也。家亦可乎？曰：不可。国何以可？国君一体也；先君之耻犹今君之耻也，今君之耻犹先君之耻也。国君何以为一体？国君以国为体，诸侯世，故国君为一体也。今纪无罪，此非怒与？曰：非也。古者有明天子，则纪侯必诛，必无纪者。纪侯之不诛，至今有纪者，犹无明天子也。古者诸侯必有会聚之事、相朝聘之道，号辞必称先君以相接，然则齐、纪无说焉，不可以并立乎天下。故将去纪侯者，不得不去纪也。有明天子，则襄公得为若行乎？曰：不得也。不得则襄公曷为为之？上无天子，下无方伯，缘恩疾者可也。

看小注："《春秋》诡辞，门弟子当有口说传授。秦汉之于《春秋》，若今日之于明季，年代未远，源流相接。说之者尚可由诡辞得其委屈，然亦不必其密合而无失也。故程子云：'传经为难，如圣人之后才百年，传之已差。若乃即空文以造诡辞，则所谓解经而欲新奇，何所不至者矣。'"

你用什么都可以往里套，我们讲经讲注就在这里。就是拿这智慧来启发我们，就成功。他是什么，那不必真是如此。

"诡"，就是机巧之辩。

纪季这种人，才是始终如一的人。千万不可以一口吐苦水，不吐甜水，这种阴阳人，在社会上不能成功。来说是非者，就是是非人，你不知道他当别人面说什么，但你知道他当你面说什么，千万不要听。做事业要听这个的话，每次做什么决定都错，因为失去了自我的智慧，叫别人影响你。

"章其义"就是"褒其美"。

做事做人的第一要义，人可以向别人有秘密，对自己的良心，得没有秘密。骗自己，心里准交代不过去！

自强两个字最重要。一个人想自强，谁也阻碍不了。

我们的力量，怎么能对付齐国呢？虽然力量不够，我的志可不能因势而易。

中国人的观念，百世也得复仇，哪有和敌人混在一起的？敌我当然要分清楚，因为还没有实现太平世！

精华第五

魏源《董子春秋发微序》:"玉杯、玉英、精华,皆予夺轻重例。"
予,就是给你的,夺就是削掉,把官爵给取消了。有轻有重。

《春秋》慎辞,谨于名伦等物者也。是故小夷言伐而不得言战,大夷言战而不得言获,中国言获而不得言执,各有辞也。有小夷避大夷而不得言战,大夷避中国而不得言获,中国避天子而不得言执,名伦弗予,嫌于相臣之辞也。是故大小不逾等,贵贱如其伦,义之正也。

《春秋》对任何一个辞句,都特别谨慎。

由小注"因伦之贵贱而名之,因物之大小而等之,故曰名伦等物",看以什么标准来名伦等物。由这里看出《春秋》所分的层次,不是阶级的。不是我们要给他贵贱,而是因他伦的贵贱,像砍竹子,也必得挑选,最粗、二等粗、三等粗,因他的伦而分贵贱。《春秋》之贵贱,不是人为之贵贱,是你本身的贵贱。你本身是个贱货,《春秋》都贱之,贱就贱处理,贱竹子就烧火了。

有时候父亲是天子,儿子就太子了。父亲是宰相,儿子就是公子哥了。《春秋》说这不行。人无生而贵者,天子之子为元士,是士的老大,当然有点特殊,从乱世要拨乱反正,必须经过很多阶段。要想慢慢地拨乱反正,必得经必经阶段。

《公羊传注疏·隐公元年》:桓幼而贵,隐长而卑。长者,已冠也。礼,年二十见正而冠。《士冠礼》曰:"嫡子冠于阼,以著代也。醮于客位,加有成也。三加弥尊,谕其志也。冠而字之,敬其名也。""公侯之有冠礼也,夏之末造也。

天子之元子犹士也,天下无生而贵者。"亦见《礼记·郊特牲》:"天子之元子,士也。天下无生而贵者也。"

得根据这些,去谈一切问题,其他的是经过的手续。这就是微言大义,哪一代管太子叫元士了?

大小不能超过你的等,你的等是小的就是小,是大的就是大。东西分多少等,按照你的伦来分贵贱,不是人为的。都是按照你本身的德能来决定你的贵贱。没有生而贵者。

大雩者何?旱祭也。难者曰:大旱雩祭而请雨,大水鸣鼓而攻社,天地之所为,阴阳之所起也。或请焉,或怒焉,何也?曰:大旱,阳灭阴也。阳灭阴者,尊厌卑也,固其义也,虽大甚,拜请之而已,敢有加也?大水者,阴灭阳也。阴灭阳者,卑胜尊也,日食亦然。皆下犯上,以贱伤贵者,逆节也,故鸣鼓而攻之,朱丝而胁之,为其不义也。此亦《春秋》之不畏强御也。

《公羊传注疏·桓公五年》:大雩。大雩者何?旱祭也。雩,旱请雨祭名。不解大者,祭言大雩,大旱可知也。君亲之南郊,以六事谢过,自责曰:政不一与?民失职与?宫室荣与?妇谒盛与?苞苴行与?谗夫倡与?使童男女各八人,舞而呼雩,故谓之雩。不地者,常地也。然则何以不言旱?言雩则旱见;言旱则雩不见。何以书?记灾也。

《公羊传注疏·庄公二十五年》:六月辛未朔,日有食之,鼓,用牲于社。日食则曷为鼓,用牲于社?求乎阴之道也,求,责求也。以朱丝营社,或曰胁之,或曰为暗,恐人犯之,故营之。或曰者,或人辞,其义各异也。或曰胁之,与责求同义。社者,土地之主也。月者,土地之精也。上系于天而犯日,故鸣鼓而攻之,胁其本也。朱丝营之,助阳抑阴也。或曰为暗者,社者,土地之主,尊也,为日光尽,天暗冥,恐人犯历之,故营之。然此说非也。记或传者,示不欲绝异说尔。先言鼓,后言用牲者,明先以尊命责之,后以臣子礼接之,所以为顺也。不言鼓于社用牲者,与禘于大庙用致夫人同,嫌起用牲为非礼。书者,善内感惧天灾应变得礼也。是后夫人遂不制,通于二叔,杀二嗣子也。秋,大水，鼓，用牲于社于门。其言于社于门何？于社，礼也；于门，非礼也。于门非礼，故略不复举鼓用牲。不举非礼为重者，如去于社，嫌于门礼也。大水与日食同礼者，水亦土地所为，云实出于地，而施于上乃雨，归功于天，犹臣归美于君。

因为旱了，就要请雨。中间一段一段的，都是经文里的。

故变天地之位，正阴阳之序，直行其道而不忘其难，义之至也。是故胁严社而不为不敬灵，出天王而不为不尊上，辞父之命而不为不承亲，绝母之属而不为不孝慈，义矣夫。难者曰：《春秋》之法，大夫无遂事。又曰：出境有可以安社稷、利国家者，则专之可也。又曰：大夫以君命出，进退在大夫也。又曰：闻丧徐行而不反也。夫既曰无遂事矣，又曰专之可也。既曰进退在大夫矣，又曰徐行而不反也。若相悖然，是何谓也？曰：四者各有所处。得其处则皆是也，失其处，则皆非也。《春秋》固有常义，又有应变。无遂事者，谓平生安宁也。专之可也者，谓救危除患也。进退在大夫者，谓将率用兵也。徐行不反者，谓不以亲害尊，不以私妨公也。此之谓将得其私，知其指。故公子结受命往媵陈人之妇，于鄄。道生事，从齐桓盟，《春秋》弗非，以为救庄公之危。公子遂受命使京师，道生事之晋，《春秋》非之，以为是时僖公安宁无危。故有危而不专救，谓之不忠；无危而擅生事，是卑君也。故此二臣俱生事，《春秋》有是有非，其义然也。齐桓挟贤相之能，用大国之资，即位五年，不能致一诸侯。于柯之盟，见其大信，一年而近国之君毕至，鄄幽之会是也。其后二十年之间亦久矣，尚未能大合诸侯也。至于救邢卫之事，见存亡继绝之义，而明年远国之君毕至，贯泽、阳谷之会是也。

《公羊传注疏·僖公二十四年》：冬，天王出居于郑。王者无外，此其言出何？据王子瑕奔晋不言出。不能乎母也。不能事母，罪莫大于不孝，故绝之言出也。下无废上之义，得绝之者，明母得废之，臣下得从母命。鲁子曰："是王也，不能乎母者，其诸此之谓与？"犹曰是王也，无绝义，不能事母而见绝外者，其诸谓此灼然异居，不复供养者与！主书者，录王者所居也。

《公羊传注疏·哀公三年》：三年春，齐国夏、卫石曼姑帅师围戚。齐国夏曷为与卫石曼姑帅师围戚？伯讨也。此其为伯讨奈何？曼姑受命乎灵公而立辄，以曼姑之义，为固可以距之也。辄者曷为者也？蒯聩之子也。然则曷为不立蒯聩而立辄？蒯聩为无道，灵公逐蒯聩而立辄。然则辄之义可以立乎？曰：可。其可奈何？不以父命辞王父命不以蒯聩命辞灵公命，以王父命辞父命辞，犹不从，是父之行乎子也是灵公命行乎蒯聩，重本尊统之义；不以家事辞王事以父见废故，辞让不立，是家私事，以王事辞家事听灵公命立者，是王事公法也，是上之行乎下也是王法行于诸侯，虽得正，非义之高者也，故"冉有曰：'夫子为卫君乎？'子贡曰：'诺吾将问之。'入曰：'伯夷、叔齐何人也？'曰：'古之贤人也。'曰：'怨乎？''求仁而得仁，又何怨？'出曰：'夫子不为也。'"主书者，善伯讨。

《公羊传注疏·庄公元年》：三月，夫人孙于齐。孙者何？孙犹孙也。内讳犇谓之孙。夫人固在齐矣，其言孙于齐何？念母也。正月以存君，念母以首事。夫人何以不称姜氏？贬。曷为贬？与弑公也。其与弑公奈何？夫人谮公于齐侯，公曰："同非吾子，齐侯之子也。"齐侯怒，与之饮酒。于其出焉，使公子彭生送之。于其乘焉，擖干而杀之。念母者，所善也，则曷为于其念母焉贬？不与念母也。念母则忘父背本之道也，故绝文姜不为不孝，距蒯聩不为不顺，胁灵社不为不敬，盖重本尊统，使尊行于卑，上行于下。贬者，见王法所当诛。至此乃贬者，并不与念母也。又欲以孙为内见义，明但当推逐去之，亦不可加诛，诛不加上之义。非实孙，月者，起练祭左右。

所以要变天地之位，因为天地之位也乱了，阴阳之序也乱了。这以上讲的，义之至也。可是事实不这样，上面那些例子，都是一群混蛋，所以变天地之位，把以前乱七八糟、乱制之位，天地之位都变了，原先是生而贵，现在阴阳合德而刚柔有体，使人伦之序得正。

什么也不必怕，环境也不必考虑，因为不忌其难。得有直行其道的魄力。上面有了微言大义，这里告诉我们，必得这样做。

看何等魄力，这就是另辟天地。变天地之位，就要另辟天地，连日月都换了。

必得直行其道，不忌其难。看做人之难，有人年龄不大，就看人颜色做事、说话，真是奴胚子，像喜亦喜，像忧亦忧。

故曰亲近者不以言，召远者不以使，此其效也。

亲近和我们最近的人，不要用言。不要天天说"我关心你"！想召远方的人，也不用大使去召，要以德相召，否则以言相亲，以使相召，这基础不稳固。等人家有势力了，他马上投那边去了。

其后矜功，振而自足，而不修德，故楚人灭弦而志弗忧，江黄伐陈而不往救，损人之国而执其大夫，不救陈之患而责陈不纳，不复安郑，而必欲迫之以兵，功未良成而志已满矣。故曰："管仲之器小哉！"此之谓也。自是日衰，九国叛矣。

《公羊传注疏·僖公九年》：九月戊辰，诸侯盟于葵丘。桓之盟不日，此何以日？危之也。何危尔？贯泽之会，桓公有忧中国之心，不召而至者，江人、黄人也。葵丘之会，桓公震而矜之，叛者九国。震之者何？犹曰振振然。矜之者何？犹曰莫若我也。

有这种人，完全自己骗自己，功未完全成功，他志已满矣。桓公用管仲，桓公的器识都小了，只能达到霸的境界，不能王天下。管仲器大的话，借那个势就可以王天下，天下早就大同世了。

这是新序说的（《新序·杂事四》："桓公用管仲则小也，故至于霸，而不能以王。故孔子曰：'小哉，管仲之器。'盖善其遇桓公，惜其不能以王也。"），可见汉初这观念还通行天下。

"九合诸侯，不以兵车"（《论语·宪问》），是管仲之力。但现在日衰，九国叛了。

《春秋》之听狱也，必本其事而原其志。志邪者不待成，首恶者罪特重，本

直者其论轻。是故逢丑父当斩，而辕涛涂不宜执，鲁季子追庆父，而吴季子释阖庐。此四者罪同异论，其本殊也。俱欺三军，或死或不死；俱弑君，或诛或不诛。听讼折狱，可无审耶！

《公羊传注疏·闵公二年》：秋，八月，辛丑，公薨。公薨何以不地？隐之也。何隐尔？弑也。孰弑之？庆父也。杀公子牙，今将尔，季子不免。庆父弑二君，何以不诛？将而不免，遏恶也。既而不可及，缓追逸贼，亲亲之道也。与不探其情同义。不书葬者，贼未讨。

这就是"原心定罪"。你的志根本就是邪的，不等你做完就判罪，事不管成不成，你已经有罪。儒家的观念，真不亚于佛家的观念，佛家讲"意淫"，见到谁有恶念，意动了，都犯罪。人修身，不是光看行为的表现就算了。人心意一低，日久了，行为绝对低，这最重要。心要清，否则外面不管装成什么样，日久了，你的格就"诚于中，形于外"。假不了的。

如果是无心之过，根本是直的，外面出点事，论罪就轻了。"观过，斯知仁矣"（《论语·里仁》），别看有过，有了过，就看他仁不仁。

故折狱而是也，理益明，教益行。折狱而非也，暗理迷众，与教相妨。教，政之本也。狱，政之末也。其事异域，其用一也，不可不以相顺，故君子重之也。

一个人折狱要是对的，那可不得了，"理益明"。一件事判得正确，天下道理越来越明，谁都起信心。如果是暗理，你对于教育都有妨害，因为不公平。许多事，一不公就垮了。

难晋事者曰：《春秋》之法，未逾年之君称子，盖人心之正也。至里克杀奚齐，避此正辞而称君之子，何也？曰：所闻《诗》无达诂，《易》无达占，《春秋》无达辞，从变从义，而一以奉人。

《诗》，没有人能解释得绝对通达。作诗都很有隐语，除了自己解释以外，别人谁也不会太对。《易》也一样，虽然占出了一卦，也没有人真正断明白。有时判对了，那是碰上了。也没有人把《春秋》之辞完全明白了，借一句话说，"不可为典要，唯变所适"（《易经·系辞下》）。从变从义，就够了。"穷则变，变则通"（《易经·系辞下》）。适，就是适那个义。

儒家的目的，就是为人服务。"一以奉人"，就是为人服务，就是利仁。

仁人录其同姓之祸，固宜异操。晋，《春秋》之同姓也。骊姬一谋而三君死之，天下之所共痛也。本其所为为之者，蔽于所欲得位而不见其难也。《春秋》疾其所蔽，故去其正辞，徒言君之子而已。若谓奚齐曰：嘻嘻！为大国君之子，富贵足矣，何必以兄之位为欲居之，以至此乎云尔。录所痛之辞也。故痛之中有痛，无罪而受其死者，申生、奚齐、卓子是也。恶之中有恶者，己立之，己杀之，不得如他臣之弑君者，齐公子商人是也。故晋祸痛而齐祸重。《春秋》伤痛而敦重，是以夺晋子继位之辞与齐子成君之号，详见之也。

《公羊传注疏·文公十四年》：齐公子商人弑其君舍。此未逾年之君也，其言弑其君舍何？据弑其君之子奚齐也。连名何之者，弑成君未成君俱名，问例所从也。己立之，己杀之，商人本正当立，恐舍缘潘意为害，故先立而弑之。成死者而贱生者也。恶商人怀诈无道，故成舍之君号，以贱商人之所为。不解名者，言成君可知。从成君不日者，与卓子同。

一个人做事，要考虑自己的好坏，一定被你的所欲给蔽住，就为了对自己有没有好处，就是为自己所为而为之者。把一切标准都改变了，就是要迁就自己，得了位以后，什么难的事都看不到了。《春秋》之义，就是讨厌蔽于己知所欲的。

古之人有言曰：不知来，视诸往。今《春秋》之为学也，道往而明来者也。然而其辞体天之微，故难知也。弗能察，寂若无；能察之，无物不在。是故为

《春秋》者，得一端而多连之，见一空而博贯之，则天下尽矣。鲁僖公以乱即位，而知亲任季子。季子无恙之时，内无臣下之乱，外无诸侯之患，行之二十年，国家安宁。季子卒之后，鲁不支邻国之患，直乞师楚耳。僖公之情非辄不肖而国衰益危者，何也？以无季子也。以鲁人之若是也，亦知他国之皆若是也。以他国之皆若是，亦知天下之皆若是也。此之谓连而贯之。

如果不知未来，我们查一查过去的，就知道了。一个人未来如何，就看你过去胡搞些什么。为什么讲历史？"其事则齐桓晋文"（《孟子·离娄下》），其义，"道往而明来者也"。专讲过去的，就会明未来的事。

《春秋》之辞，为什么没有达辞？因为是体天之微而立辞，怎么会有达辞？怎么会把《春秋》之义解释清楚？所以难知，谁也解释不明白。仁者见仁，智者见智，百姓日用而不知。

小注："读《春秋》者，窥其微而验其著，庶几得仿佛耳"，"窥其微而验其著"，就是"载之空言不如见之行事深切著明也"（《史记·太史公自序》）。如果一个人每天糊涂活，没事做，他以为什么都没事。对什么都不能去研究，那就"寂若无"，寂静得就像什么都没有一样。如果能察，人是万能的，就看你用不用头脑。你真能研究考察，无事不在你处理之内。

"为《春秋》者"的"为"，就是治。"得一端而博达之"（《繁露·楚庄王》）。能察，无物不在，无入而不自得，我就发现有一孔了。由这一孔，无所不贯，多么厉害！天下事，都在这里头。因为"同归而殊途，一致而百虑"，"吾道一以贯之"。

故天下虽大，古今虽久，以是定矣。以所任贤，谓之主尊国安。所任非其人，谓之主卑国危。万世必然，无所疑也。其在《易》曰："鼎折足，覆公𫗧。"夫鼎折足者，任非其人也。覆公𫗧者，国家倾也。是故任非其人而国家不倾者，自古至今未尝闻也。故吾按《春秋》而观成败，乃切悁悁于前世之兴亡也。任贤臣者，国家之兴也。夫知不足以知贤，无可奈何矣。

所任皆贤，君主也很尊，国也很安。如果用浑饭桶，谁也看不起主，国也到风烛残年了。万世必然，不必侥幸，亡国有亡国之因，不必疑惑。

鼎断了一条腿，公祭的祭品都掉出来了，因为管礼器的人是个糊涂蛋。

知之不能任，大者以死亡，小者以乱危，其若是何邪？以庄公不知季子贤邪？安知病将死，召而授以国政。以殇公为不知孔父贤邪？安知孔父死，己必死，趋而救之。二主知皆足以知贤，而不决，不能任。故鲁庄以危，宋殇以弑。使庄公早用季子，而宋殇素任孔父，尚将兴邻国，岂直免弑哉。此吾所悁悁而悲者也。

《公羊传注疏·庄公三十二年》：秋，七月癸巳，公子牙卒。何以不称弟？杀也。杀则曷为不言刺？为季子讳杀也。曷为为季子讳杀？季子之遏恶也，不以为国狱，缘季子之心而为之讳。季子之遏恶奈何？庄公病将死，以病召季子，季子至而授之以国政，曰："寡人即不起此病，吾将焉致乎鲁国？"季子曰："般也存，君何忧焉？"公曰："庸得若是乎？牙谓我曰：'鲁一生一及，君已知之矣。'庆父也存。"季子曰："夫何敢？是将为乱乎！夫何敢！"俄而，牙弑械成。季子和药而饮之，曰："公子从吾言而饮此，则必可以无为天下戮笑，必有后乎鲁国。不从吾言而不饮此，则必为天下戮笑，必无后乎鲁国。"于是从其言而饮之，饮之无傫氏，至乎王堤而死。公子牙今将尔，辞曷为与亲弑者同？君亲无将，将而诛焉。然则善之与？曰：然。杀世子母弟，直称君者，甚之也。季子杀母兄，何善尔？诛不得辟兄，君臣之义也。然则曷为不直诛，而酖之？行诸乎兄，隐而逃之，使托若以疾死然，亲亲之道也。

《公羊传注疏·桓公二年》：春，王正月戊申，宋督弑其君与夷及其大夫孔父。及者何？累也。弑君多矣，舍此无累者乎？曰：有，仇牧，荀息，皆累也。舍仇牧、荀息，无累者乎？曰：有。有则此何以书？贤也。何贤乎孔父？孔父可谓义形于色矣。其义形于色奈何？督将弑殇公，孔父生而存，则殇公不可得而弑也，故于是先攻孔父之家。殇公知孔父死，己必死，趋而救之，皆死焉。趋，走也。传道此者，明殇公知孔父贤而不能用，故致此祸。设使殇公不知孔父贤，焉知孔父死已必死？设使鲁庄公不知季子贤，焉知以病召之？皆患安存之时则设废之，急然后思之，故常用不免。孔父正色而立于朝，则人莫敢过而致难于其君者，孔父可谓义形于色矣。

死亡，就是君死国亡。乱危，就是臣乱国危。这一类的主，多得很，自己没有安定力，不能任贤。

如果你好，连邻国都借光，都能兴国。这就是我们留意而悲者。

五行相胜第五十九

木者，司农也。司农为奸，朋党比周，以蔽主明，退匿贤士，绝灭公卿，教民奢侈，宾客交通，不劝田事，博戏斗鸡，走狗弄马，长幼无礼，大小相吻，并为寇贼，横恣绝理。司徒诛之，齐桓是也。行霸任兵，侵蔡，蔡溃，遂伐楚，楚人降伏，以安中国。木者，君之官也。夫木者农也，农者民也，不顺如叛，则命司徒诛其率正矣。故曰金胜木。

正面明白了，还要看他反面。如果他不做好事，司农之官不做好事，就会朋党比周。任何团体都容易犯这毛病，一朋党就比周。一个人成就大小，就看你有没有私。一个"私"字，真害尽天下苍生，同归于尽，这种坏人不死，所以事事都弄坏。

他以为非我同类，其心必异，这么一来，把主的明完全都蒙蔽了。这是叫人家蔽明了，还情有可原。有的人，完全是自蔽，本身是什么都没看清楚，他就做了。绝对知道自己毛病的人，可一点也不糊涂。

因为他有私心，就把贤士都退匿起来，叫他们和国君有距离，不能相通。有贤士来，就把他辞退，隐匿起来。对那些最高的三公六卿，整个给他改掉，把最高地位的人，都抹点肮脏。你那么干净，我们不糟糕了吗？用许多方法，绝灭之，很多了不起的人，大家也没听说他伟大，这也叫"绝灭公卿"。一言以蔽之，人家有成就，你把它整个毁掉，不叫他有。

"博戏"，就是赌博。年轻时，养马像今天养汽车那么绅士，从头到尾，鞍子，整个装潢起来，就可以是无价之宝。

"大小相吻"，就是没大没小的。

这种情形，得司徒诛之，否则没有办法。"率"，就是头，擒贼先擒王。这就是金胜木，武力可以消灭一切邪恶的东西。

五行相胜，相胜就相克。

火者，司马也。司马为谗，反言易辞以谮愬人，内离骨肉之亲，外疏忠臣，贤圣旋亡，谗邪日昌，鲁上大夫季孙是也。专权擅政，薄国威德，反以愆恶，谮愬其贤臣，劫惑其君。孔子为鲁司寇，据义行法，季孙自消，堕费郈城，兵甲有差。夫火者，大朝，有邪谗荧惑其君，执法诛之。执法者水也，故曰水胜火。

"反言易辞"最可怕。但只要头脑机警一点，马上就知道这人把正的话改变了，用来刺激人，加油加酱，这就是纯小人。

代对谁的话，都完全相信的话，就要吃大亏。

谮之言，就要看《论语》"浸润之谮"一段所讲的。我第一次说假话，你不听，我再造个谣，就像针刺在皮肤上一样。你喜欢发脾气，马上就跳起来了。智者得不怒，现在你短处叫人明白了，他一针就见血，等以后懂中计了，那也晚了。

人养自己的气，太重要了，真想成事，必得有一套。纳气最重要，诸葛亮摆空城计还在其次。张飞也得粗中有细。

空城计，就因为他两个人都太心细了。这种骗人也就是一次，也是他平常有诚实的本钱。第二次想骗人就不行了。必要学处事为人，处事的目的就是要成功，这必得有平常的本钱。

外面的忠臣，他想办法叫君疏远。贤圣都跳光了。领袖人物中了这计，谗言就一天比一天盛了。

土者，君之官也。其相司营。司营为神，主所为皆曰可，主所言皆曰善，謟顺主指，听从为比。进主所善，以快主意，导主以邪，陷主不义。大为宫室，多为台榭，雕文刻镂，五色成光。赋敛无度，以夺民财；多发徭役，以夺民时，作事无极，以夺民力。百姓愁苦，叛去其国，楚灵王是也。作乾谿之台，三年不成，百姓罢弊而叛，及其身弑。夫土者，君之官也，君大奢侈，过度失礼，民叛矣。其民叛，其君穷矣。故曰木胜土。

《公羊传注疏·昭公十三年》：夏，四月，楚公子比自晋归于楚，弑其君虔于乾溪。此弑其君，其言归何？归无恶于弑立也。归无恶于弑立者何？灵王为无道，作干溪之台，三年不成，楚公子弃疾胁比而立之。然后令于乾溪之役曰："比已立矣，后归者不得复其田里。"众罢而去之，灵王经而死。楚公子弃疾弑公子比，比已立矣，其称公子何？其意不当也。其意不当，则曷为加弑焉尔？比之义宜乎效死不立。大夫相杀称人，此其称名氏以弑何？言将自是为君也。

"指"，就是旨。主指什么，就按照他指的去做。

细看这一篇，就知道哪一类的人做哪一类的事。举一个例子，马上心里就明白了。其实人就是迷惑。国君哪里不懂奸和贞呢？《公羊传》上提到，如果他不知道哪个臣忠，怎么会知道哪个臣死了自己必亡呢？明知道奸臣不行，还叫他做，许多方面来看，不外乎一个私。

《繁露·精华》：知之不能任，大者以死亡，小者以乱危，其若是何邪？以庄公不知季子贤邪？安知病将死，召而授以国政。以殇公为不知孔父贤邪？安知孔父死，己必死，趋而救之。二主知皆足以知贤，而不决，不能任。故鲁庄以危，宋殇以弑。

这些聪明，不是要你用在骨肉之亲上。但是其他事上要时刻小心，不要等事情来了，才问怎么办。

这都不难，但可得分清楚，哪一类是哪一类。这里把人世的坏道都说全了，明白了这个，就懂怎么去应付坏道。这是智慧的书，头脑太单纯的人，不容易接受这个。懂了，应付世事绝对有方。

做任何事，不要太肤浅，那叫对方看你没有深度。智慧固然有天生的，但是修养，"困而学之"（《论语·季氏》），一样有用，得严格训练自己。

金者，司徒也。司徒为贼，内得于君，外骄军士，专权擅势，诛杀无罪，侵伐暴虐，攻战妄取，令不行，禁不止，将率不亲，士卒不使，兵弱地削，令君有耻，则司马诛之，楚杀其司徒得臣是也。得臣数战破敌，内得于君，骄蹇不卹其下，卒不为使，当敌而弱，以危楚国，司马诛之。金者，司徒，司徒弱，不能使士众，则司马诛之，故曰火胜金。

《公羊传注疏·僖公二十八年》：楚杀其大夫得臣。楚无大夫，其言大夫者，欲起上楚人，本当言子玉得臣。所以详录霸事不氏者，子玉得臣，楚之骄蹇臣，数道其君侵中国，故贬，明当与君俱治。

（无笔记）

水者，司寇也。司寇为乱，足恭小谨，巧言令色，听谒受赂，阿党不平，慢令急诛，诛杀无罪，则司营诛之，营荡是也。为齐司寇。太公封于齐，问焉以治国之要，营荡对曰："任仁义而已。"太公曰："任仁义奈何？"营荡对曰："仁者爱人，义者尊老。"太公曰："爱人尊老奈何？"营荡对曰："爱人者，有子不食其力；尊老者，妻长而夫拜之。"太公曰："寡人欲以仁义治齐，今子以仁义乱齐，寡人立而诛之，以定齐国。"夫水者，执法司寇也。执法附党不平，依法刑人，则司营诛之，故曰土胜水。

这就是智慧叫名利心给蒙蔽了。"足恭"，对人特别恭敬，"巧言令色"（《论语·公冶长》），这都是纯小人。

他对下面，"听谒受赂"，谁来谒我，我就好好办事，因为后面跟来了一个宝贝：受贿。如果上面发下命令，不在乎，"慢令致期"（《论语·尧曰》），等完成不了，又虐民。

这些地方都要找古义，不要光以传统的义来看。这一段古义里，有一点现代观念。人人都要对自己负责，能自己做就不依赖别人。

妻长夫拜，一直到清朝还有这观念，这都很有平等义。

阳尊阴卑第四十三

董仲舒先生是阴阳五行的大师。

阳尊阴卑就是阳上阴下。天尊地卑就是天上地下，古时的尊卑就是形容上下，和今天的观念不一样，今天有阶级的观念。

礼就是讲上下、伦常的。

天之大数，毕于十旬。旬天地之间，十而毕举；旬生长之功，十而毕成。十者，天数之所止也。古之圣人，因天数之所止，以为数纪。

"旬，均也。"这要由意境去悟，明白这个理。

任何立说，必有个界说。中国以十为界，到十为止，再下面就是复了。十一就是复了。

七在中国是吉祥字，七就是来复了。古时把七天叫作来复日。数来复日时，日月火水木金土，就是日月加上五行。《大易》之道，到六就完了。然后再出来一个，就是来复日了。中国古时以坤为本，讲坤乾，可能是母系社会，所以把女的为本。复是最好的一卦，坤卦一阳生。复为什么重要？因为有一阳生了，所以他才能复，生生不息，就叫复。坤卦受一阳就复了，这一阳就是一切的生命。只要是两性的东西，必得受一阳才生生不息。坤受了一阳，阳施阴受。孤阳不生，孤阴不长，受了一阳就生生不息。

日本还保持中国古意，日曜日，月曜日。看他们还保存本色。中国之所以亡，就亡在我们什么都不要，那就垮了。

十数而毕，这个数就是天之数，到十就另起数了。

十如更始，民世世传之，而不知省其所起。知省其所起，则见天数之所始；见天数之所始，则知贵贱逆顺所在；知贵贱逆顺所在，则天地之情著，圣人之宝出矣。

这句话很发人深省，我们日用而不知。每天都有日用而不知，我们所做的事，也不知所以，都会做。

我们懂这些，就懂贵贱顺逆之所在。天地之情就显出来了。看天地之情与圣人之宝。贵贱和顺逆是相应的，所以知道这贵贱不是阶级性的贵贱。人生就在这四个字中转，写历史不必多写，就写这四个字就够了。

孟子说人皆有所贵，有些人，不知贵己，就作践了自己。人都有所贵，天给我们的，每个人都有，不知贵己，就是贱己了。贵贱就在君子存之，小人去之，君子存之就贵了，就顺了。小人去之，就贱了，就逆了。可以这么说，咎由自取，哪里有什么命不命？

懂存己之所贵，当然没有贱，没有逆。否则到处碰壁。而且人还有个特性，自己不管，专懂注意别人的好坏，你要是坏的话，到处都碰壁，逆了。你合一个标准的话，大家都喜欢合乎标准的人，不是到处都是顺吗？

人智慧差不了多少，"学问之道无他，求放心而已"（《孟子·告子》）。"求放心"，就是把心定住。人智慧为什么分散？就因为你想得太多，欲念太多，精神就分散了。那些伟大的发明家，他的成就，就是心静如一。能煮鸡蛋把表都煮了，不是智慧比别人高，而是"定于一"的功夫。

人都有欲，如果自己不能控制欲，那就完了。就因为人有欲，才想一个办法来控制欲，在这功夫下，叫他反省，这最重要。

中国人不讲绝欲，你可以戒，不能绝。你有所戒，最后人家都说你这个人有功夫，你有这个功夫，就可以把它定得住。

"天数之所始"，始于什么地方？完全始于人的性智，就是良知、良能。等外面发明许多，玩都玩不过来的，那叫情智。我们常用之事，常是情智。有时音乐发于性智，像《乐记》所说的那样。性智的，真是优雅，早晨放一点国乐，蒙蒙中听到，特别有神圣之感。这是性智的产物，等情智的产物，那可以动你的心。

这一代最缺乏的，就是没有独立的思想，没有独立的精神。我们必得由固有的东西里发掘中国思想，建树我们不可动摇的思想。否则绝不是好子孙。我们提倡夏学不是盲目的，必得由这里去研究出来。我们不是反对西方哲学，但必得学我们的祖宗。他们把佛家弄进中国来，但是佛学进来，就得是中国式的。我们的佛教和印度的形式完全不一样，印度人都还要研究研究，看看中国佛学到底是怎么样。这就是我们的祖先很能吸收别人的长处。

中国的古书必得仔细读，微不足道处当然不值得重视，但是良知良能的观念多么的发人深省！这是何等境界！这就代表我们的思想，要由这中间研究中国的高深处。

要由根本上发掘自己，也会印证古人，也会创新自己，这才可以。不能印证古人，就不能创新自己，孟子里不也提"上友古人"吗？我们上友古人，读古人的诗书，如果不懂古人的生活背景，那怎么读？这一段，特别值得深思熟虑，强调这，就为了树立本身文化的基本性。

《孟子·万章下》：孟子谓万章曰："一乡之善士，斯友一乡之善士；一国之善士，斯友一国之善士；天下之善士，斯友天下之善士。以友天下之善士为未足，又尚论古之人。颂其诗，读其书，不知其人，可乎？是以论其世也。是尚友也。"

了解这些，就懂得贵贱顺逆，这包括了人生的一切。一部历史，也不过就是贵贱顺逆，在人世，就是进退存亡，"知进退存亡而不失其正，其唯圣人乎！"（《易经·乾卦·文言》）

把住一部书，往深入去想，再用人事。用良知去印证，就会得结论。必须要印证，天天讲，载空言，哪有比行事重要？后儒不敢真讲，说是拿历史来印证，历史不是空言吗？光用嘴讲，那没有用，莫不如把你知道的就去做，就把他行出来，知而必行，要达到子路那境界才对。"子路有闻，未之能行，唯恐有闻。"

是故阳气以正月始出于地，生育长养于上。至其功必成也，而积十月。人亦十月而生，合于天数也。是故天道十月而成，人亦十月而成，合于天道也。

旧社会以为怀胎越久越有福，因为受天地之气久。

故阳气出于东北，入于西北，发于孟春，毕于孟冬，而物莫不应是。阳始出，物亦始出；阳方盛，物亦方盛；阳初衰，物亦初衰。物随阳而出入，数随阳而终始，三王之正随阳而更起。

春夏秋冬四个字，也分孟、仲、季，或是孟、仲、暮。所以应该是仲秋月饼。今天写"中秋"，那完全错了。"莫春三月"，春天都快过完了，"春服既成"，不是不及时吗？

《幼学琼林》这部书是万宝囊。以前中国人开始读书，都读《百家姓》《千字文》《万事不求人》，再加上《幼学琼林》《名贤集》，不是做学问的，这些读完了，在乡下应付事就够了。《名贤集》，就是贤人的话，一般人常说的，像"一寸光阴一寸金"之类。老百姓懂这些观念了，他也知道什么应该做什么不应做，他就可以下地，或是做买卖，不完全都是文盲。中国人完全不认字的不会多，有这种学问的人最普遍。哪个家庭都要教男孩子读这些书。

教这些，秀才都不必。有些人几次考不上，不想再考了，又不能担担，就做冬烘。此云冬天很久，外面不能做活，家家孩子都得读书，等春天忙了，就下地了。所以这一点书，也可以教五六年。这也叫三家村。

等到秀才教书，那是有家学的人家了，有家塾，得天天教，那是造就读书人的了。

十二月叫腊月，十一月叫冬至月。没有人直接讲十一月、十二月的。

三王立正月，这个是讲三统，表明我们有本有原，一切事情都有三统，我们上面还有两代，一切事都有所损益，这是最重要的道。

三世，是社会进步的层次、次序、步骤，想叫社会进步，不能一步就达到那境界，必得经过分段。

三世义是主进化论的，一步一步进。再以后，有九重焉。今文家说，每一世之中，又有三世。像太平世开始的时候，有太平世的据乱世，再进到太平世的升平世。最后到群龙无首，就是太平世的太平世了。

懂得这个，可以明白中国学术立说的根本所在。古人立说是很雍容的，不是求之过苛，特别值得玩味。"先知觉后知，先觉觉后觉"（《孟子·万章上》），这是每个人的责任。但你也不能说就高人一等，后面还立个界说，"以人治人，改而止"（《中庸》）。拿人的尊严来治人，因为到那时，就没有分上下了。看这是何等雍容！

以此见之，贵阳而贱阴也。故数日者，据昼而不据夜；数岁者，据阳而不据阴。阴不得达之义。是故《春秋》之于昏礼也，达宋公而不达纪侯之母。纪侯之母宜称而不达，宋公不宜称而达，达阳而不达阴，以天道制之也。丈夫虽贱皆为阳，妇人虽贵皆为阴。阴之中亦相为阴，阳之中亦相为阳。诸在上者皆为其下阳，诸在下者皆为其上阴。阴犹沈也。

《公羊传注疏·隐公二年》：九月，纪履緰来逆女。纪履緰者何？纪大夫也。何以不称使？婚礼不称主人。然则曷称？称诸父兄师友。宋公使公孙寿来纳币，则其称主人何？辞穷也。辞穷者何？无母也。礼，有母，母当命诸父兄师友，称诸父兄师友以行。宋公无母，莫使命之，辞穷，故自命之。自命之则不得不称使。然则纪有母乎？曰有。以不称使知有母。有则何以不称母？据非主人，何不称母通使文。母不通也。礼，妇人无外事，但得命诸父兄师友，称诸父兄师友以行耳。母命不得达，故不得称母通使文，所以远别也。外逆女不书，此何以书？讥。何讥尔？讥始不亲迎也。始不亲迎昉于此乎？前此矣。前此则曷为始乎？此托始焉尔。曷为托始焉尔？《春秋》之始也。女曷为或称女，或称妇，或称夫人？女在其国称女，在涂称妇，入国称夫人。

这都是讲重视阳。

为什么达阳而不达阴？就是因天道而制之，天道尚阳，我们以日之运纪之。在下面的阳，也得向上，只要他是阳，在下面，他也得上于阴。阴在上面的，虽然再高，也得下阳，如果妇人临政，那就反常了。

何名何有，皆并一于阳，昌力而辞功。故出云起雨，必令从之下，命之曰天雨。

昌力辞功，就是"力恶其不出于身也，不必为己"(《礼记·礼运》)。读书细心，由断章残句之中，就可以印证古人之学。《资治通鉴》中李斯提到一段，当时完全是重古而不重今，讲变古易常不祥。古指尧舜以前，是以德治天下。到秦始皇时还盛行这个说法。到汉时就改得不得了了。但是很多痕迹还找得出来。自禹德衰以后，经过那么长的三世，他们仍然要以古为是。那时，复古才是民主的，才是进步的。中国"古"的观念是这个，是先秦的思想。以后所说的古则不是了。

《资治通鉴·卷七》：丞相李斯上书曰："异时诸侯并争，厚招游学。今天下已定，法令出一，百姓当家则力农工，士则学习法令。今诸生不师今而学古，以非当世，惑乱黔首，相与非法教。人闻令下，则各以其学议之，入则心非，出则巷议，夸主以为名，异趣以为高，率群下以造谤。如此弗禁，则主势降乎上，党与成乎下。禁之便！臣请史官非秦记皆烧之；非博士官所职，天下有藏《诗》《书》、百家语者，皆诣守、尉杂烧之。有敢偶语《诗》《书》，弃市；以古非今者族；吏见知不举，与同罪。令下三十日，不烧，黔为城旦。所不去者，医药、卜筮、种树之书。若欲有学法令，以吏为师。"

一个人能"昌力而辞功"，出云起雨，完全为下民，这就是天雨、公雨。天下公雨，"雨我公田"(《诗经·小雅·北山之什》)。那就像天之油然作云，沛然下雨，雨我乡田一样。

不敢有其所出，上善而下恶。恶者受之，善者不受。土若地，义之至也。是故《春秋》君不名恶，臣不名善，善皆归于君，恶皆归于臣。臣之义比于地，故为人臣者，视地之事天也。为人子者，视土之事火也。虽居中央，亦岁七十二日之王，傅于火以调和养长，然而弗名者，皆并功于火，火得以盛，不敢与父分功美，孝之至也。是故孝子之行，忠臣之义，皆法于地也。地事天也，犹下之事上也。地，天之合也，物无合会之义。

这些是讲乱制之法，结尾时说了，"为政而任刑，谓之逆天，非王道也"。

委曲婉转来警诫乱制之君，费心良苦。

董仲舒讲阴阳五行，生生息息，当时一定讲得淋漓尽致，现在都丢掉了，所以都不懂了。

是故推天地之精，运阴阳之类，以别顺逆之理。安所加以不在？在上下，在大小，在强弱，在贤不肖，在善恶。

形形色色，都是天地之精。一个"推"字，一个"运"字，这和"智周万物，道济天下"同一个道理。用这些来了解顺逆之理，懂这个理，就知其所在，就懂天地之情，也懂圣人之实。

下面，叫我们不要死死地看一个东西，要广阔地看，"安所加以不在"，就是无所不在。懂这个道理以后，可以处理天下一切的事，上下、大小、强弱、贤不肖、善恶，印证在一起，很得些治世之道。

恶之属尽为阴，善之属尽为阳。阳为德，阴为刑。刑反德而顺于德，亦权之类也。虽曰权，皆在权成。是故阳行于顺，阴行于逆。逆行而顺，顺行而逆者，阴也。是故天以阴为权，以阳为经。阳出而南，阴出而北。经用于盛，权用于末。以此见天之显经隐权，前德而后刑也。故曰：阳天之德，阴天之刑也。

刑固然是没德了，但可得顺于德，刑期于无刑。对儿女固然很爱，还要恩威并施，就是"刑反德而顺于德"。这完全是出于人性的。

这又认识了一个"权"的观念，这也是权之类啊！譬如打儿子，"反于经，然后有善也"（《公羊传·桓公十一年》）。虽然是权，就在权上，叫他有成就。

善曰阳，恶曰阴。"经用于盛，权用于末"。在盛世，处处讲合理的事，一切照标准做事，因为正是日正当中的时候。等到天天用权变了，那就坏了，因为没法用规矩行事了，天天权，等权不过来了就完了。

阳气暖而阴气寒，阳气予而阴气夺，阳气仁而阴气戾，阳气宽而阴气急，阳气爱而阴气恶，阳气生而阴气杀。是故阳常居实位而行于盛，阴常居空位而行于末。天之好仁而近，恶戾之变而远，大德而小刑之意也。先经而后权，贵阳而贱阴也。故阴，夏入居下，不得任岁事，冬出居上，置之空处也。养长之时伏于下，远去之，弗使得为阳也。无事之时起之空处，使之备次陈，守闭塞也。

有了阳气就生生不已，一到秋天，阴气盛，什么都砍掉了。
一到末就坏了，净是些淫邪的事发生，举世都是如此，天机不转，人力很难反这个天。

此皆天之近阳而远阴，大德而小刑也。是故人主近天之所近，远天之所远；大天之所大，小天之所小。是故天数右阳而不右阴，务德而不务刑。刑之不可任以成世也，犹阴之不可任以成岁也。为政而任刑，谓之逆天，非王道也。

重德而轻刑，重刑就坏了。
人主法天，这才扣题了。要法天德，大天之所大，重天之所重，轻天之所轻。所轻的就是刑。哪有任刑而成事的？
讲了这么多，就是叫我们善用智慧，委曲婉转，达到天道的境界。在乱世，没有办法一步叫他们把乱制去掉，慢慢近于此，已经不容易了。《繁露》一书，完全为乱制说教，不是为乱制说话。他在乱制之下，如果深讲大同之世，那和神话一样，距离现实太远了。

贤良策

笔记补充材料,以下为《汉书》中《董仲舒传》全文。

董仲舒,广川人也。少治《春秋》,孝景时为博士。下帷讲诵,弟子传以久次相授业,或莫见其面。盖三年不窥园,其精如此。进退容止,非礼不行,学士皆师尊之。

武帝即位,举贤良文学之士前后百数,而仲舒以贤良对策焉。

制曰:朕获承至尊休德,传之亡穷,而施之罔极,任大而守重,是以夙夜不皇康宁,永惟万事之统,犹惧有阙。故广延四方之豪俊,郡国诸侯公选贤良修絜博习之士,欲闻大道之要,至论之极。今子大夫褎然为举首,朕甚嘉之。子大夫其精心致思,朕垂听而问焉。

盖闻五帝三王之道,改制作乐而天下洽和,百王同之。当虞氏之乐莫盛于韶,于周莫盛于勺。圣王已没,钟鼓筦弦之声未衰,而大道微缺,陵夷至虖桀纣之行,王道大坏矣。夫五百年之间,守文之君,当涂之士,欲则先王之法以戴翼其世者甚众,然犹不能反,日以仆灭,至后王而后止,岂其所持操或悖谬而失其统与?固天降命不可复反,必推之于大衰而后息与?乌虖!凡所为屑屑,夙兴夜寐,务法上古者,又将无补与?三代受命,其符安在?灾异之变,何缘而起?性命之情,或夭或寿,或仁或鄙,习闻其号,未烛厥理。伊欲风流而令行,刑轻而奸改,百姓和乐,政事宣昭,何脩何饬而膏露降,百谷登,德润四海,泽臻草木,三光全,寒暑平,受天之祜,享鬼神之灵,德泽洋溢,施虖方外,延及群生?

子大夫明先圣之业,习俗化之变,终始之序,讲闻高谊之日久矣,其明以谕朕。科别其条,勿猥勿并,取之于术,慎其所出。乃其不正不直,不忠不极,枉于执事,书之不泄,兴于朕躬,毋悼后害。子大夫其尽心,靡有所隐,朕将亲览焉。

仲舒对曰:

陛下发德音,下明诏,求天命与情性,皆非愚臣之所能及也。臣谨案《春秋》之中,视前世已行之事,以观天人相与之际,甚可畏也。国家将有失道之败,而天乃先出灾害以谴告之,不知自省,又出怪异以警惧之,尚不知变,而伤败乃至。以此见天心之仁爱人君而欲止其乱也。自非大亡道之世者,天尽欲扶持而全安之,事在彊勉而已矣。彊勉学问,则闻见博而知益明;彊勉行道,则德日起而大有功:此皆可使还至而立有效者也。《诗》曰"夙夜匪解",《书》云"茂哉茂哉",皆彊勉之谓也。

道者,所繇适于治之路也,仁义礼乐皆其具也。故圣王已没,而子孙长久安宁数百岁,此皆礼乐教化之功也。王者未作乐之时,乃用先王之乐宜于世者,而以深入教化于民。教化之情不得,雅颂之乐不成,故王者功成作乐,乐其德也。乐者,所以变民风,化民俗也;其变民也易,其化人也著。故声发于和而本于情,接于肌肤,臧于骨髓。故王道虽微缺,而筦弦之声未衰也。夫虞氏之不为政久矣,然而乐颂遗风犹有存者,是以孔子在齐而闻韶也。夫人君莫不欲安存而恶危亡,然而政乱国危者甚众,所任者非其人,而所繇者非其道,是以政日以仆灭也。夫周道衰于幽厉,非道亡也,幽厉不繇也。至于宣王,思昔先王之德,兴滞补弊,明文武之功业,周道粲然复兴,诗人美之而作,上天祐之,为生贤佐,后世称诵,至今不绝。此夙夜不解行善之所致也。孔子曰"人能弘道,非道弘人"也。故治乱废兴在于己,非天降命不可得反,其所操持悖谬失其统也。

臣闻天之所大奉使之王者，必有非人力所能致而自至者，此受命之符也。天下之人同心归之，若归父母，故天瑞应诚而至。《书》曰"白鱼入于王舟，有火复于王屋，流为乌"，此盖受命之符也。周公曰"复哉复哉"，孔子曰"德不孤，必有邻"，皆积善累德之效也。及至后世，淫佚衰微，不能统理群生，诸侯背畔，残贼良民以争壤土，废德教而任刑罚。刑罚不中，则生邪气；邪气积于下，怨恶畜于上。上下不和，则阴阳缪盭而妖孽生矣。此灾异所缘而起也。

臣闻命者天之令也，性者生之质也，情者人之欲也。或夭或寿，或仁或鄙，陶冶而成之，不能粹美，有治乱之所生，故不齐也。孔子曰："君子之德风也，小人之德草也，草上之风必偃。"故尧舜行德则民仁寿，桀纣行暴则民鄙夭。夫上之化下，下之从上，犹泥之在钧，唯甄者之所为；犹金之在镕，唯冶者之所铸。"绥之斯来，动之斯和"，此之谓也。

臣谨案《春秋》之文，求王道之端，得之于正。正次王，王次春。春者，天之所为也；正者，王之所为也。其意曰，上承天之所为，而下以正其所为，正王道之端云尔。然则王者欲有所为，宜求其端于天。天道之大者在阴阳。阳为德，阴为刑；刑主杀而德主生。是故阳常居大夏，而以生育养长为事；阴常居大冬，而积于空虚不用之处。以此见天之任德不任刑也。天使阳出布施于上而主岁功，使阴入伏于下而时出佐阳；阳不得阴之助，亦不能独成岁。终阳以成岁为名，此天意也。王者承天意以从事，故任德教而不任刑。刑者不可任以治世，犹阴之不可任以成岁也。为政而任刑，不顺于天，故先王莫之肯为也。今废先王德教之官，而独任执法之吏治民，毋乃任刑之意与！孔子曰："不教而诛谓之虐。"虐政用于下，而欲德教之被四海，故难成也。

臣谨案《春秋》谓一元之意，一者万物之所从始也，元者辞之所谓大也。谓一为元者，视大始而欲正本也。《春秋》深探其本，而反自贵者始。故为人君者，正心以正朝廷，正朝廷以正百官，正百官以正万民，正万民以正四方。四方正，远近莫敢不壹于正，而亡有邪气奸其间者。是以阴阳调而风雨时，群生和而万民殖，五谷孰而草木茂，天地之间被润泽而大丰美，四海之内闻盛德而皆来臣，诸福之物，可致之祥，莫不毕至，而王道终矣。

孔子曰："凤鸟不至，河不出图，吾已矣夫！"自悲可致此物，而身卑贱不得致也。今陛下贵为天子，富有四海，居得致之位，操可致之势，又有能致之资，行高而恩厚，知明而意美，爱民而好士，可谓谊主矣。然而天地未应而美祥莫至者，何也？凡以教化不立而万民不正也。夫万民之从利也，如水之走下，不以教化提防之，不能止也。是故教化立而奸邪皆止者，其提防完也；教化废而奸邪并出，刑罚不能胜者，其提防坏也。古之王者明于此，是故南面而治天下，莫不以教化为大务。立大学以教于国，设庠序以化于邑，渐民以仁，摩民以谊，节民以礼，故其刑罚甚轻而禁不犯者，教化行而习俗美也。

圣王之继乱世也，埽除其迹而悉去之，复修教化而崇起之。教化已明，习俗已成，子孙循之，行五六百岁尚未败也。至周之末世，大为亡道，以失天下。秦继其后，独不能改，又益甚之，重禁文学，不得挟书，弃捐礼谊而恶闻之，其心欲尽灭先王之道，而颛为自恣苟简之治，故立为天子十四岁而国破亡矣。自古以来，未尝有以乱济乱，大败天下之民如秦者也。其遗毒余烈，至今未灭，使习俗薄恶，人民嚚顽，抵冒殊扞，孰烂如此之甚者也。孔子曰："腐朽之木不可雕也，粪土之墙不可圬也。"

今汉继秦之后，如朽木粪墙矣，虽欲善治之，亡可奈何。法出而奸生，令下而诈起，如以汤止沸，抱薪救火，愈甚亡益也。窃譬之琴瑟不调，甚者必解而更张之，乃可鼓也；为政而不行，甚者必变而更化之，乃可理也。当更张而不更张，虽有良工不能善调也；当更化而不更化，虽有大贤不能善治也。故汉得天下以来，常欲善治而至今不可善治者，失之于当更化而不更化也。古人有言曰："临渊羡鱼，不如蛛（退）而结网。"今临政而愿治七十余岁矣，不如退而更化；更化则可善治，善治则灾害日去，福禄日来。《诗》云："宜民宜人，受禄于天。"为政而宜于民者，固当受禄于天。夫仁谊礼知信五常之道，王者所当修饬也；五者修饬，故受天之祐，而享鬼神之灵，德施于方外，延及群生也。

天子览其对而异焉，乃复册之曰：

制曰：盖闻虞舜之时，游于岩郎之上，垂拱无为，而天下太平。周文王至于日昃不暇食，而宇内亦治。夫帝王之道，岂不同条共贯与？何逸劳之殊也？

盖俭者不造玄黄旌旗之饰。及至周室，设两观，乘大路，朱干玉戚，八佾陈于庭，而颂声兴。夫帝王之道岂异指哉？或曰良玉不瑑，又曰非文无以辅德，二端异焉。

殷人执五刑以督奸，伤肌肤以惩恶。成康不式，四十余年天下不犯，囹圄空虚。秦国用之，死者甚众，刑者相望，耗矣哀哉！

乌虖！朕夙寤晨兴，惟前帝王之宪，永思所以奉至尊，章洪业，皆在力本任贤。今朕亲耕籍田以为农先，劝孝弟，崇有德，使者冠盖相望，问勤劳，恤孤独，尽思极神，功烈休德未始云获也。今阴阳错缪，氛气充塞，群生寡遂，黎民未济，廉耻贸乱，贤不肖浑淆（殽），未得其真，故详延特起之士，意庶几乎！今子大夫待诏百有余人，或道世务而未济，稽诸上古之不同，考之于今而难行，毋乃牵于文系而不得骋欤？将所繇异术，所闻殊方与？各悉对，著于篇，毋讳有司。明其指略，切磋究之，以称朕意。

仲舒对曰：

臣闻尧受命，以天下为忧，而未以位为乐也，故诛逐乱臣，务求贤圣，是以得舜、禹、稷、卨、咎繇。众圣辅德，贤能佐职，教化大行，天下和洽，万民皆安仁乐谊，各得其宜，动作应礼，从容中道。故孔子曰"如有王者，必世而后仁"，此之谓也。尧在位七十载，乃逊于位以禅虞舜。尧崩，天下不归尧子丹朱而归舜。舜知不可辟，乃即天子之位，以禹为相，因尧之辅佐，继其统业，是以垂拱无为而天下治。孔子曰"韶尽美矣，又尽善也"，此之谓也。至于殷纣，逆天暴物，杀戮贤知，残贼百姓。伯夷、太公皆当世贤者，隐处而不为臣。守职之人皆奔走逃亡，入于河海。天下秏乱，万民不安，故天下去殷而从周。文王顺天理物，师用贤圣，是以闳夭、大颠、散宜生等亦聚于朝廷。爱施兆民，天下归之，故太公起海滨而即三公也。当此之时，纣尚在上，尊卑昏乱，百姓散亡，故文王悼痛而欲安之，是以日昃而不暇食也。孔子作《春秋》，先正王而系万事，见素王之文焉。繇此观之，帝王之条贯同，然而劳逸异者，所遇之时异也。孔子曰"武尽美矣，未尽善也"，此之谓也。

臣闻制度文采玄黄之饰，所以明尊卑，异贵贱，而劝有德也。故《春秋》受命所先制者，改正朔，易服色，所以应天也。然则宫室旌旗之制，有法而然者也。故孔子曰："奢则不逊，俭则固。"俭非圣人之中制也。臣闻良玉不瑑，资质润美，不待刻瑑，此亡异于达巷党人不学而自知也。然则常玉不瑑，不成文章；君子不学，不成其德。

臣闻圣王之治天下也，少则习之学，长则材诸位，爵禄以养其德，刑罚以威其恶，故民晓于礼谊而耻犯其上。武王行大谊，平残贼，周公作礼乐以文之，至于成康之隆，囹圄空虚四十余年，此亦教化之渐而仁谊之流，非独伤肌肤之效也。至秦则不然。师申商之法，行韩非之说，憎帝王之道，以贪狼为俗，非有文德以教训于天下也。诛名而不察实，为善者不必免，而犯恶者未必刑也。是以百官皆饰空言虚辞而不顾实，外有事君之礼，内有背上之心，造伪饰诈，趣利无耻；又好用憯酷之吏，赋敛亡度，竭民财力，百姓散亡，不得从耕织之业，群盗并起。是以刑者甚众，死者相望，而奸不息，俗化使然也。故孔子曰"导之以政，齐之以刑，民免而无耻"，此之谓也。

今陛下并有天下，海内莫不率服，广览兼听，极群下之知，尽天下之美，至德昭然，施于方外。夜郎、康居，殊方万里，说德归谊，此太平之致也。然而功不加于百姓者，殆王心未加焉。曾子曰："尊其所闻，则高明矣；行其所知，则光大矣。高明光大，不在于它，在乎加之意而已。"愿陛下因用所闻，设诚于内而致行之，则三王何异哉！

陛下亲耕籍田以为农先，夙寤晨兴，忧劳万民，思惟往古，而务以求贤，此亦尧舜之用心也，然而未云获者，士素不厉也。夫不素养士而欲求贤，譬犹不琢玉而求文采也。故养士之大者，莫大虖（虐）太学；太学者，贤士之所关也，教化之本原也。今以一郡一国之众，对亡应书者，是王道往往而绝也。臣愿陛下兴太学，置明师，以养天下之士，数考问以尽其材，则英俊宜可得矣。今之郡守、县令，民之师帅，所使承流而宣化也；故师帅不贤，则主德不宣，恩泽不流。今吏既亡教训于下，或不承用主上之法，暴虐百姓，与奸为市，贫穷孤弱，冤苦失职，甚不称陛下之意。是以阴阳错缪，氛气充塞，群生寡遂，黎民未济，皆长吏不明，使至于此也。

夫长吏多出于郎中、中郎，吏二千石子弟选郎吏，又以富訾，未必贤也。且古所谓功者，以任官称职为差，非所谓积日累久也。故小材虽累日，不离于小官；贤材虽未久，不害为辅佐。是以有司竭力尽知，务治其业而以赴功。今则不然。

累日以取贵，积久以致官，是以廉耻贸乱，贤不肖浑殽，未得其真。臣愚以为使诸列侯、郡守、二千石各择其吏民之贤者，岁贡各二人以给宿卫，且以观大臣之能；所贡贤者有赏，所贡不肖者有罚。夫如是，诸侯、吏二千石皆尽心于求贤，天下之士可得而官使也。遍得天下之贤人，则三王之盛易为，而尧舜之名可及也。毋以日月为功，实试贤能为上，量材而授官，录德而定位，则廉耻殊路，贤不肖异处矣。陛下加惠，宽臣之罪，令勿牵制于文，使得切磋究之，臣敢不尽愚！

于是天子复册之。

制曰：盖闻"善言天者必有征于人，善言古者必有验于今"。故朕垂问乎天人之应，上嘉唐虞，下悼桀纣，浸微浸灭浸明浸昌之道，虚心以改。今子大夫明于阴阳所以造化，习于先圣之道业，然而文采未极，岂惑虖当世之务哉？条贯靡竟，统纪未终，意朕之不明与？听若眩与？夫三王之教所祖不同，而皆有失,或谓久而不易者道也,意岂异哉?今子大夫既已著大道之极,陈治乱之端矣,其悉之究之,孰之复之。《诗》不云虖?"嗟尔君子,毋常安息,神之听之,介尔景福。"朕将亲览焉,子大夫其茂明之。

仲舒复对曰:

臣闻《论语》曰:"有始有卒者,其唯圣人虖!"今陛下幸加惠,留听于承学之臣,复下明册,以切其意,而究尽圣德,非愚臣之所能具也。前所上对,条贯靡竟,统纪不终,辞不别白,指不分明,此臣浅陋之罪也。

册曰:"善言天者必有征于人,善言古者必有验于今。"臣闻天者群物之祖也,故遍覆包函而无所殊,建日月风雨以和之,经阴阳寒暑以成之。故圣人法天而立道,亦溥爱而亡私,布德施仁以厚之,设谊立礼以导之。春者天之所以生也,仁者君之所以爱也;夏者天之所以长也,德者君之所以养也;霜者天之所以杀也,刑者君之所以罚也。繇此言之,天人之征,古今之道也。孔子作《春秋》,上揆之天道,下质诸人情,参之于古,考之于今。故《春秋》之所讥,灾害之所加也;《春秋》之所恶,怪异之所施也。书邦家之过,兼灾异之变,以此见人之所为,其美恶之极,乃与天地流通而往来相应,此亦言天之一端也。古者修教训之官,务以德善化民,民已大化之后,天下常亡一人之狱矣。今世废而不修,亡以化民,民以故弃行谊而死财利,是以犯法而罪多,一岁之狱以万千数。以此见古之不可不用也,故《春秋》变古则讥之。天令之谓命,命非圣人不行;质朴之谓性,性非教化不成;人欲之谓情,情非度制不节。是故王者上谨于承天意,以顺命也;下务明教化民,以成性也;正法度之宜,别上下之序,以防欲也:脩此三者,而大本举矣。人受命于天,固超然异于群生,入有父子兄弟之亲,出有君臣上下之谊,会聚相遇,则有耆老长幼之施;粲然有文以相接,欢然有恩以相爱,此人之所以贵也。生五谷以食之,桑麻以衣之,六畜以养之,服牛乘马,圈豹槛虎,是其得天之灵,贵于物也。故孔子曰:"天地之性人为贵。"明于天性,知自贵于物;知自贵于物,然后知仁谊;知仁谊,然后重礼节;重礼节,然后安处善;安处善,然后乐循理;乐循理,然后谓之君子。故孔子曰"不知命，亡以为君子"，此之谓也。

册曰："上嘉唐虞，下悼桀纣，浸微浸灭浸明浸昌之道，虚心以改。"臣闻众少成多，积小致巨，故圣人莫不以晻致明，以微致显。是以尧发于诸侯，舜兴虖深山，非一日而显也，盖有渐以致之矣。言出于己，不可塞也；行发于身，不可掩也。言行，治之大者，君子之所以动天地也。故尽小者大，慎微者著。《诗》云："惟此文王，小心翼翼。"故尧兢兢日行其道，而舜业业日致其孝，善积而名显，德章而身尊，此其浸明浸昌之道也。积善在身，犹长日加益，而人不知也；积恶在身，犹火之销膏，而人不见也。非明虖情性察虖流俗者，孰能知之？此唐虞之所以得令名，而桀纣之可为悼惧者也。夫善恶之相从，如景乡之应形声也。故桀纣暴谩，谗贼并进，贤知隐伏，恶日显，国日乱，晏然自以如日在天，终陵夷而大坏。夫暴逆不仁者，非一日而亡也，亦以渐至，故桀、纣虽亡道，然犹享国十余年，此其浸微浸灭之道也。

册曰："三王之教所祖不同，而皆有失，或谓久而不易者道也，意岂异哉？"臣闻夫乐而不乱复而不厌者谓之道；道者万世亡弊，弊者道之失也。先王之道必有偏而不起之处，故政有眊而不行，举其偏者以补其弊而已矣。三王之道所祖不同，非其相反，将以捄溢扶衰，所遭之变然也。故孔子曰："亡为而治者，其舜虖！"改正朔，易服色，以顺天命而已；其余尽循尧道，何更为哉！故王者有改制之名，亡变道之实。然夏上忠，殷上敬，周上文者，所继之捄，当用此也。孔子曰："殷因于夏礼，所损益可知也；周因于殷礼，所损益可知也；其或继周者，虽百世可知也。"此言百王之用，以此三者矣。夏因于虞，而独不言所损益者，其道如一而所上同也。道之大原出于天，天不变，道亦不变，是以禹继舜，舜继尧，三圣相受而守一道，亡救弊之政也，故不言其所损益也。繇是观之，继治世者其道同，继乱世者其道变。今汉继大乱之后，若宜少损周之文致，用夏之忠者。

陛下有明德嘉道，愍世俗之靡薄，悼王道之不昭，故举贤良方正之士，论谊（议）考问，将欲兴仁谊之休德，明帝王之法制，建太平之道也。臣愚不肖，述所闻，诵所学，道师之言，堇能勿失耳。若乃论政事之得失，察天下之息耗，此大臣辅佐之职，三公九卿之任，非臣仲舒所能及也。然而臣窃有怪者。夫古之天下亦今之天下，今之天下亦古之天下，共是天下，古亦（以）大治，上下和睦，习俗美盛，不令而行，不禁而止，吏亡奸邪，民亡盗贼，囹圄空虚，德润草木，泽被四海，凤皇来集，麒麟来游，以古准今，壹何不相逮之远也！安所缪盭而陵夷若是？意者有所失于古之道与？有所诡于天之理与？试迹之（于）古，返之于天，党可得见乎。

夫天亦有所分予，予之齿者去其角，傅其翼者两其足，是所受大者不得取小也。古之所予禄者，不食于力，不动于末，是亦受大者不得取小，与天同意者也。夫已受大，又取小，天不能足，而况人乎！此民之所以嚣嚣苦不足也。身宠而载高位，家温而食厚禄，因乘富贵之资力，以与民争利于下，民安能如之哉！是故众其奴婢，多其牛羊，广其田宅，博其产业，畜其积委，务此而亡已，以迫蹴民，民日削月朘，浸以大穷。富者奢侈羡溢，贫者穷急愁苦；穷急愁苦而上不救，则民不乐生；民不乐生，尚不避死，安能避罪！此刑罚之所以蕃而奸邪不可胜者也。故受禄之家，食禄而已，不与民争业，然后利可均布，而民可家足。此上天之理，而亦太古之道，天子之所宜法以为制，大夫之所当循以为行也。故公仪子相鲁，之其家见织帛，怒而出其妻，食于舍而茹葵，愠而拔其葵，曰："吾已食禄，又夺园夫红女利虖！"古之贤人君子在列位者皆如是，是故下高其行而从其教，民化其廉而不贪鄙。及至周室之衰，其卿大夫缓于谊而急于利，亡推让之风而有争田之讼。故诗人疾而刺之，曰："节彼南山，惟石巖巖，赫赫师尹，民具尔瞻。"尔好谊，则民乡仁而俗善；尔好利，则民好邪而俗败。由是观之，天子大夫者，下民之所视效，远方之所四面而内望也。近者视而放之，远者望而效之，岂可以居贤人之位而为庶人行哉！夫皇皇求财利常恐乏匮者，庶人之意也；皇皇求仁义常恐不能化民者，大夫之意也。《易》曰："负且乘，致寇至。"乘车者君子之位也，负担者小人之事也，此言居君子之位而为庶人之行者，其患祸必至也。若居君子之位，当君子之行，则舍公仪休之相鲁，亡可为者矣。

《春秋》大一统者，天地之常经，古今之通谊也。今师异道，人异论，百家殊方，指意不同，是以上亡以持一统；法制数变，下不知所守。臣愚以为诸不在六艺之科孔子之术者，皆绝其道，勿使并进。邪辟之说灭息，然后统纪可一而法度可明，民知所从矣。

对既毕，天子以仲舒为江都相，事易王。易王，帝兄，素骄，好勇。仲舒以礼谊匡正，王敬重焉。久之，王问仲舒曰："粤王句践与大夫泄庸、种、蠡谋伐吴，遂灭之。孔子称殷有三仁，寡人亦以为粤有三仁。桓公决疑于管仲，寡人决疑于君。"仲舒对曰："臣愚不足以奉大对。闻昔者鲁君问柳下惠：'吾欲伐齐，何如？'柳下惠曰：'不可。'归而有忧色，曰：'吾闻伐国不问仁人，此言何为至于我哉！'徒见问耳，且犹羞之，况设诈以伐吴虖？繇此言之，粤本无一仁。夫仁人者，正其谊不谋其利，明其道不计其功，是以仲尼之门，五尺之童羞称五伯，为其先诈力而后仁谊也。苟为诈而已，故不足称于大君子之门也。五伯比于他诸侯为贤，其比三王，犹武夫之与美玉也。"王曰："善。"

仲舒治国，以《春秋》灾异之变推阴阳所以错行，故求雨，闭诸阳，纵诸阴，其止雨反是；行之一国，未尝不得所欲。中废为中大夫。先是辽东高庙、长陵高园殿灾，仲舒居家推说其意，中稿未上，主父偃候仲舒，私见，嫉之，窃其书而奏焉。上召视诸儒，仲舒弟子吕步舒不知其师书，以为大愚。于是下仲舒吏，当死，诏赦之。仲舒遂不敢复言灾异。

仲舒为人廉直。是时方外攘四夷，公孙弘治《春秋》不如仲舒，而弘希世用事，位至公卿。仲舒以弘为从谀，弘嫉之。胶西王亦上兄也，尤纵恣，数害吏二千石。弘乃言于上曰："独董仲舒可使相胶西王。"胶西王闻仲舒大儒，善待之，仲舒恐久获罪，病免。凡相两国，辄事骄王，正身以率下，数上疏谏争，教令国中，所居而治。及去位归居，终不问家产业，以修学著书为事。

仲舒在家，朝廷如有大议，使使者及廷尉张汤就其家而问之，其对皆有明法。自武帝初立，魏其、武安侯为相而隆儒矣。及仲舒对册，推明孔氏，抑黜百家。立学校之官，州郡举茂材孝廉，皆自仲舒发之。年老，以寿终于家。家徙茂陵，子及孙皆以学至大官。

仲舒所著，皆明经术之意，及上疏条教，凡百二十三篇。而说《春秋》事得失，闻举、玉杯、蕃露、清明、竹林之属，复数十篇，十余万言，皆传于后世。掇其切当世施朝廷者著于篇。

赞曰：刘向称"董仲舒有王佐之材，虽伊吕亡以加，筦晏之属，伯者之佐，殆不及也"。"伊吕乃圣人之耦，王者不得则不兴。故颜渊死，孔子曰'噫！天丧余。'唯此一人为能当之，自宰我、子赣、子游、子夏不与焉。仲舒遭汉承秦灭学之后，六经离析，下帷发愤，潜心大业，令后学者有所统壹，为群儒首，然考其师友渊源所渐，犹未及乎游夏，而曰筦晏弗及，伊吕不加，过矣。"至向曾孙龚，笃论君子也，以歆之言为然。

笔 记

贤良策，三王之道，所祖不同，非其相反，将以捄溢扶衰，所遭之变然也。又故王者有改制之名，亡变道之实，然夏上忠，殷上敬，周上文者，所继之捄，当用此也。啖助传，言孔子修《春秋》意，以为夏政忠，忠之敝野也，商人承之以敬，敬之敝鬼，周人承之以文，文之敝僿，救僿莫若忠，夫文者忠之末也，设教于本，其敝也末，设教于末其敝奈何？武王、周公承商之敝，不得已用之，周公没，莫之所以改，故其敝甚于二代。孔子曰虞夏之道寡怨乎民，商周之道不胜其敝。故曰后代虽有作者，虞帝不可及已。言唐虞之化，难行于季世，而夏之忠，当变而致焉。故《春秋》以权辅用，以诚断礼，而以忠道原情，云不拘空名，不尚狷介，从宜救乱，因时黜陟。古语云，商变夏，周变商，《春秋》变周。《公羊》亦言，乐道尧舜之道，以拟后圣，知《春秋》之用二帝三王法，以夏为本，不一守周典明矣。

由这一篇，知道董仲舒先生学说所变之处。有很多地方，他为了保存他真的存在，不能不说合于当时的。"三王之道，所祖不同"，并不是相反。要特别了悟"捄溢扶衰"四个字的深义。捄，就是救。将以"变"来"捄溢扶衰"。有点骄气就溢了，满而必溢，人之所以失败，就因为他觉得自己满了，如果人懂得救溢之道，一生不失败。

溢是衰的反面，就是过火了。在一个团体中，以为自己最了不起。那就慢了。现在专救这个有成就了就自满的。因为衰足以亡国，骄也足以亡国。由盛而衰的，就是由溢而衰。第二步，衰的就得扶了。

因时而变，拿变来"捄溢扶衰"。不进则退，稍微感觉自己有一点了不起了，有骄气了，你就退步了。所以特别强调修己的功夫，第一步就是克己之所短，所短的是什么，要强制去克制它。能克短，长处就会更长了。要研究自己，研究透彻了，就知道怎么给自己下方子。

中国学问讲"虚中"和"时中"，这两个不一样。"虚中"指自己的体说，"时中"就指行事说。

王者可以有改制之名，但是没有变道之实。因为制和礼，皆以时为尚，改制可以。但像禹改制，就有变道之实。他缺少了揖让之道，变成世及之道了。所以《春秋》里常讲，变古易常，就是不吉之兆。

> 《公羊传注疏·宣公十五年》：上变古易常，上谓宣公、变易公田古常旧制而税亩。应是而有天灾，应是变古易常而有天灾。其诸则宜于此焉变矣。言宣公于此天灾饥后，能受过变，寤明年复古行中，冬大有年，其功美过于无灾，故君子深为喜而侥幸之。

> 《春秋繁露·顺命》：鲁宣违圣人之言，变古易常，而灾立至。圣人之言可不慎？

"夏上忠"以下，就不是微言大义了。"上"，就是崇尚。他们一个接一个，有所救正的，当用这个道。他们本身如何不管，从这一段启示我们，看怎么来救弊，怎么来辅弊。商人接着夏之弊，他拿一个敬字来救夏之弊。你们管事，有了毛病了，我们必得救这个弊。任何机关、团体，必有弊。你用什么方法去救弊？必得知道毛病是什么，才能救正这个毛病。再看国之弊，时之弊。各国不同，所以各国的弊也不同。时之弊，可以使所有人类都蒙其害。看石油之弊，全人类都蒙其害。怎么救石油之弊，就看这时代人的智慧了。

人往这个想，就忽略了婆婆妈妈的事。否则天天叫婆婆妈妈的事给困住了。

商人拿文来祭鬼。天天太敬了，就像一个人信宗教信得太迷了，他的行动就有点鬼了。一举一动，好像前面有一个东西在约束他。那些迷信的人，好像老佛爷就在后面，什么也不敢做，以为这才能上极乐世界。

周人一看，这种人太方方正正了，得在外面加之以文饰。文，就是饰其貌用的，本来貌是这样，再加上饰，貌就有点不同了。美容院，就是讲文的地方，那是文其容。

年轻人大毛病就是专学牛气的样子，谁看着都恶心，不是个正经玩意。人不是必得文雅，但是不可以太牛气。

"君子不重则不威"（《论语·学而》），重，就是要庄重，这是朱子的解释。必得要自重，是今文家的解释。一个君子人必要自重，君子不自重就没有威仪，人人都会找威仪，就看他境界的高低。找得低的时候，就下流了，人家眼睛一看，就把你下个评论，看你是个何等人物。思想境界高，威仪就高，完全是"诚于中，形于外"。

自重也是文，穿双红鞋也是文，不是文就好。但是人很奇怪，并没有一个法律，但人人心中都有一个标准。为什么他看到了要骂一声，"什么玩意儿！"反正是你不够标准，人看不起你，就同一的看不起你。

古时候女孩子，没订婚前一定不容，只搽点膏，绝不抹胭脂口红。等订婚了，就开始练习容了，说笑话，说她是女为悦己者容，现在有了悦己者了！

貌容完了，还得容其言。"出辞气，斯远鄙倍矣。"（《论语·泰伯》）辞不但雅，还得很温柔，不可以老是命令语。好好修这一步功夫，一开口，人家就有好感，马上请你坐。本来人家不爱和你讲话的，这一来可能目的就达到了。

太文了，什么事都是表面漂亮，没有真心。对什么事都是应付应付，这就是"僿"，文的毛病。常常文饰，就没有诚悃之心，得用忠来救这个毛病。尽己就是忠，任何事都尽到自己的能力。

懂这一段以后就晓得，到任何团体里接事，绝不是人家把事办到最好了，请你去接。都是失败回来了，请你去救弊。当然这也是人家看得起你，以为你可能有贡献。这就得看你的智慧了，看能不能把弊给你改过来！

文是忠之末，这一句话，把周朝批评得不得了。看多发人深省，我们开始设教时，立了大本了，但到最后，还是出了末了。讲学的都有流弊。王阳明开始讲学时，讲得多么好，程朱讲学，也讲的是义理之学，结果最后成了坐禅了。这是前代儒者的流弊，立其本还得其末。如果设教时就由末开始，看那弊得怎么来胜！今天就没有方法能胜过去，唯有从头开始。

孔子土包子的时候，说："周监于二代，郁郁乎文哉，吾从周！"（《论语·八佾》）等到明白了，天天打退堂鼓，"甚矣吾衰也，久矣吾不复梦见周公"（《论语·述而》）。道阻后，"吾其为东周乎！"（《论语·阳货》）看一个人的智慧，连圣人尚且如此。刚读书时，说老师有学问，我要做你的颜回！到最后，吾岂为老师乎！一点不要惊讶。

孔子到最后把周朝否定了，要自有所为了。我就盼你们，自有所为。如果都学老师，那就完蛋了。教书是为了拿古人智慧来启发今人智慧，不是叫你拿来当金科玉律。

后世那些，连虞帝都比不上，尧就更不必谈了。我们现在悲秋，看孔子那时就悲秋，说是季世了，我们今天看，以为他那时是上世。

"以权辅用"四个字，比子书还厉害，这些地方，要特别深入！我们做一件事，想达到目的，如果走既定的路子，不容易达到成功。为了达其用，必得行权，以权来辅助我们的用。任何一件事都不能一成不变。不可以画地为牢，给你一件事，你办的办法，得超过委托你的人，那才叫高手。

天下事，有个经，有个常道在那里。但是有些人有聪明，他以权就帮助了用，促其早日成功，这才是办事的方法。不能一成不变。

以诚来断礼之当否，断礼的时候，不能以私心用事，那就有偏见了。有的人好高骛远，有的人素隐行怪，显自己和别人不同，这就是私心用事。

这些记住，可以应一切的事，不是用一定的旧办法。怎么合适就怎么做，目的是救乱。得学最合适的办法来救乱，就是"以权辅用"。

"因时"最重要。一般老朽，他必要因功而黜陟，有用就用你，没用就冷落你。

最后的"夏"，我以为不是夏朝，而是"蛮夷猾夏"的夏。因为上下都没有提夏朝，怎么会突然跑出这一句来？不守周典那是当然，"吾岂为东周乎！"守什么周典？这些要点要弄明白！

三代改制质文第二十三

《春秋》曰"王正月",《传》曰:"王者孰谓?谓文王也。曷为先言王而后言正月?王正月也。何以谓之王正月?"曰:"王者必受命而后王。王者必改正朔,易服色,制礼乐,一统于天下,所以明易姓,非继人,通以己受之于天也。王者受命而王,制此月以应变,故作科以奉天地,故谓之王正月也。"

正月,就是这个王的正月。孔子说:"吾岂为东周乎!"就是说:"我不要再为东周了。"孔子不为东周,必自有所为。他要立新王之法,也叫一王之法。他以鲁国当个新王。《春秋》王鲁。新王是个什么王呢?是个文王,文德之王。尧舜以前,都以文德治天下,都是文德之王。新王就是学这些文德之王的。就因为它是新王的正月,所以才说先言王而后言正月。为什么说新王的正月?"大一统也。"因为新王要大一统天下,就是天下大同,也就是《礼运》所说,"是谓大同"的大同世。这些都是以德的,叫一统。霸道的就叫统一,以武统一天下的霸首。王霸之分就在这里。

一个新王,必得受天命之后才能为王。民心就是天心,"天聪明自我民聪明"(《尚书·皋陶谟》)。王者必得受众人之命而后王,大家都拥护你了,你才能称王。新王和旧王、世及之王不一样,以文德治天下的王和以武德治天下的王不一样。因为不同,王者必得改正朔、易服色,到这时,天下才成了一统的局面了。表明虽然改了朝代了,我们不是继人,而是完全以己受之于天的,是上天给我的。这就是新王表示要把乱制的一切都改变了,变成文德治天下,是选举的。选贤举能,不是以父传子,就是公天下。以世及治天下,就是私天下。

讲变,因为不必守成规。"科",等也,引申义就是礼。作礼以奉天地,因为"《春秋》者，礼义之大宗"。所以才叫作新王之正月。

王者改制作科奈何？曰：当十二色，历各法而正色，逆数三而复。绌三之前曰五帝，帝迭首一色，顺数五而相复，礼乐各以其法象其宜。顺数四而相复。

这以下，就是董仲舒之学了，他讲五行、十二色这些道理了。得经过各法而正十二色，一个时候一个色。

"逆数三而复"，先讲《春秋》之义：周、殷、夏。现在我们逆数已经到三代了，必得复了。必得拨乱反正了。禹把天下变成家天下，到孔子已经三世了，应该复了。到最后，看没办法了，问九世还能复仇吗？虽百世必复！必得把乱制弄糊了！

再下面，就和微言大义没有什么关系了。每一个帝，更替用一个颜色来作代表。尧舜再加夏、殷、周，不是五个吗？礼和乐都得各按其法，恰到好处。

存三统和黜三统的意义不同。存三统还有点因的关系，黜三统就完全不同了，要把周、殷、夏这三个黜掉。这三个以前的就叫五帝。

这几句总而言之，怎么数，必复尧舜之道。注解和这个完全不一样。我们重视《原儒》的原因就在这里。以前今文家讲学，没有人不批评的。因为表面上是一套，自己说的师承师说又是一套。熊十力先生的书很有贡献，他把师说一点一点都说出来了。这个人当然绝对是聪明的，和他同时的人都没有干过他。他赶上了一个时，由戊戌政变开始，最热门的学问就是今文学说。那时师说已经很公开了。和熊十力先生接触的，又都是有学问有地位的人，他本身聪明，再加上时代思想改变的冲击，就造成了一家之说。懂的人，知道他承了今文家之说。一般人不懂，以为他自己印证了孔子之学，他是第一个把孔子之学交代清楚的。

今天的中国之学，受他的影响很大，也可能这是一个目标。但不是要整个跟着他的路走。

谁跟谁学都没关系，孔子真问礼于老聃，老聃也没有至至圣，只要博学、审问、慎思、明辨，明辨完了以后，你不值钱，我就不采取。博学之有什么不可？你有了成就就是你的，和谁学都没有关系。只要值得学就去学，不要避讳说和谁学。只要你真成，老师也借不着你的光。老子也只做道教的祖师，在孔庙里老子就坐不上主位。

看《原儒》，可以认识中国开始，证明有我们自己的思想。我们也不必批评古文家，那也不能说不重要，但那不是中国开始的道统。

咸作国号，迁宫邑，易官名，制礼作乐。

"作国号"，他就"易居处、迁宫邑"，表明是继之于天，非继之于人。因为我们是天民，直接和天打交道，美其名，叫天子。

必得功成，天下治了，天下真正太平了，才能制礼作乐。没有真正太平以前，还要用前朝的礼，前朝的乐。

故汤受命而王，应天变夏作殷号，时正白统。亲夏故虞，绌唐谓之帝尧，以神农为赤帝。作宫邑于下洛之阳，名相官曰尹。作《濩》乐，制质礼以奉天。

这里也是讲三统。前面那一段，是三统的总纲。逆数也得复，顺数也得复，这都有道理的。孔子告诉我们"素患难行乎患难"《中庸》，那是逆也。"得志与民由之"（《孟子·滕文公下》），和老百姓一同从这个道去行，那是顺也。不得志，不能率领天下，一个人也得行其道（《孟子·滕文公下》："不得志独行其道"），逆也。不管环境好坏，都得达到我们革命的目的，革故而要取新，顺逆都要达这目的。今天的中国人，更需要这种精神，不可以有一点困难就去入外国籍。这种行为不一定每个人都有，但这种卑鄙行为要是都有，那就够悲哀了。

讲三世，不是例子。因为已经有了这个东西，没办法，得调整它。《春秋繁露》所讲的，都是就其已然之事来调整它。虽然是拨乱反正，那也得慢慢来。

"因"特别重要，我们不是由石头里蹦出来的，是从一代一代传下来的，这个因，你能否认吗？

怎么进步、怎么成功，也不能忽略了祖宗的文化，因为一代一代推演到今天，才有这样的成就。

虽然我们因古人的，但可不失其新。所以说"圣之时者"（《孟子·万章下》),"温故而知新"(《论语·为政》),就是"因而不失其新"(即《论语·学而》"因不失其亲")。这也是可以宗法的。我们用古人智慧启发我们,就是"因而不失其新"。

三统的观念是什么意思?就是让过去的朝代慢慢地就过去了,就成平民了。像以前商朝来说,故的算是舜了,那么尧怎么办?就把他称个帝,叫帝尧。三皇五帝,这样就越来越远了。

商朝的乐叫《大濩》。殷尚质,周尚文,这文质是后人加的,当时并不说我尚质你尚文的。到周末时,大家把周、殷对比,才说周朝尚文,殷朝尚质。说殷朝还朴素,周朝就有点表面漂亮了,有点做伪了。制质礼,这是后人说的,殷朝本身,并不懂得制礼作乐的目的,就是拿礼乐来奉天而已。

文王受命而王,应天变殷作周号,时正赤统。亲殷故夏,绌虞谓之帝舜,以轩辕为黄帝,推神农以为九皇。作宫邑于丰。名相官曰宰。作武乐,制文礼以奉天。武王受命,作宫邑于鄗,制爵五等,作象乐,继文以奉天。周公辅成王受命,作宫邑于洛阳,成文武之制,作汋乐以奉天。殷汤之后称邑,示天之变反命。故天子命无常。唯命是德庆。

这就是一代比一代远,推到最后,大家都是一样的。由文王开始,名相官曰宰,宰相就由这里来的。

武王本身并没有建新朝,他是接着他爸爸的。

天之命无常,有德者居之,谁有德命,谁就因其庆而受其祥。

故《春秋》应天作新王之事,时正黑统。王鲁,尚黑,绌夏,亲周,故宋。

《公羊传注疏·庄公二十七年》:杞伯来朝。杞,夏后,不称公者,《春秋》黜杞,新周而故宋,以《春秋》当新王。黜而不称侯者,方以子贬,起伯为黜。说在僖二十三年。

等以后鲁当新王了,就把夏也黜去了,这时候周是新的,宋是故的了。宋就是殷，殷亡国之后封于宋。也是保留三世的意思。

乐宜亲招武，故以虞录亲，乐制宜商，合伯子男为一等。然则其略说奈何？曰：三正以黑统初。正日月朔于营室，斗建寅。天统气始通化物，物见萌达，其色黑。故朝正服黑，首服藻黑，正路舆质黑，马黑，大节绶帻尚黑，旗黑，大宝玉黑，郊牲黑，牺牲角卵。冠于阼，昏礼逆于庭，丧礼殡于东阶之上。祭牲黑牡，荐尚肝。乐器黑质。法不刑有怀任新产，是月不杀。听朔废刑发德，具存二王之后也。亲赤统，故日分平明，平明朝正。

我们过的旧历年，就是建寅。过年的时候大门上写四个字，"斗柄回寅"，就是夏历过年了。

"路"，就是辂，"乘殷之辂，服周之冕"（《论语·卫灵公》），辂的样子也得正了。都不可以因袭前人的，它本质也尚黑，装饰也用黑的。

什么时代就好什么，帝王这样用了，老百姓也这么用。当然是有钱人家才这样，没钱的人，什么都用。

"节""绶""帻"是三种东西。"节"是个标识，苏武牧羊时手里拿的那个叫作节。强国的大臣到番邦了，番邦看到节都得拜，那代表皇帝。反过来说，苏武拿着节，就不能向别人跪拜。这象征大汉天威。

"绶"，就是印的带子，好挂在身上。带子的颜色就代表官级。元明清都尚黄，紫色次之。唯有一点特殊的，清朝有一个阶级，叫红带子。黄带子是宗室、皇族。红带子有两种人，一种是皇后家的人，这种扎不久。皇后死了就不能扎了。另外一种，是太祖弟兄的子孙，太祖叫爱新觉罗，他弟兄们叫觉罗，他们子孙不算龙子龙孙，但他弟兄和龙是一奶同胞，同一个地方祭祖的。他们永远扎红带子。

红带子地位比紫带高，见官大一级，见任何官不必磕头，但不是可以支配官，只是有尊位而已。

服制到什么颜色，印绶就是什么颜色。

如果赏了黄马褂，那就是民间的极品了，那平常也不太可以随便穿的。有行动时，为了尊严，才加黄马褂。那是不容易得到的。

为什么叫"黎民"？黎就是黑。老百姓做工的时候不戴帽子，用一块黑布包头，这块布叫"帻"。清朝时，老百姓也可以用蓝布、白布包头。尚白，那是满人之风，满人冬天戴白帽子。是毡子做的，整个的，没有接口。

　　大宝的玉也是黑的，玉玺的名字就叫作"宝"，像皇帝写下来的东西，那叫"宝墨"，不是"墨宝"。

　　那时祭天的牛也是黑的。现在和清朝一样，用骍牛，纯红色的牛。用的牛，等它的角长到卵那么大的时候用，那还不太大，以前不说牛几岁，只说角多大。古时以不破身为洁，这么点大的小牛，绝没生过。以前宫里也一样，角太长的就不吃了。民间可不同，不能做活了才吃。

　　"阼"就是东阶。"殡"是停灵。进贡的时候以肝为主。

　　女人有身的时候，也是不受刑的。

　　"子贡欲去告朔之饩羊"（《论语·八佾》），有告朔的，就有听朔的。钦天监在腊月里就准备好明年一定的历法，颁给各诸侯。诸侯就藏在太庙里。清朝是颁到各县，放在孔庙里，也出布告，老百姓来看，也叫听朔。才知道哪天是初一，哪天是雨水。清朝叫"时宪书"，简单就叫黄历，印刷发达以后就不用木板子刻了。清朝时已经可以自由买卖。

　　不是把刑法废置，而是尽量少用刑，要以德为重。

　　二王，再加上本身一统，都是三统。

　　小注："《尚书大传》：'夏以平旦为朔。'""平旦"，就是刚亮天。"朝正"，是朝年之始，月之始叫朔，年之始曰正。

　　正白统奈何？曰：正白统者，历正日月朔于虚，斗建丑。天统气始蜕化物，物始芽，其色白，故朝正服白，首服藻白，正路舆质白，马白，大节绶帻尚白，旗白，大宝玉白，郊牲白，牺牲角茧。冠于堂，昏礼逆于堂，丧事殡于楹柱之间。祭牲白牡，荐尚肺。乐器白质。法不刑有身怀任，是月不杀。听朔废刑发德，具存二王之后也。亲黑统，故日分鸣晨，鸣晨朝正。

　　"角茧"，此角就更小了。在堂屋加冠，这都是正白统的事。

　　孔子做梦，以为自己要死了，奠于两楹之间，因为他是殷人也，他思想行为,还是以殷礼为是。现在是停灵在堂,那时是停灵在外面,开吊时,拿出来放在两楹之间。

《礼记·檀弓上》:孔子蚤作,负手曳杖,消摇于门,歌曰:"泰山其颓乎?梁木其坏乎?哲人其萎乎?"既歌而入,当户而坐。子贡闻之曰:"泰山其颓,则吾将安仰?梁木其坏、哲人其萎,则吾将安放?夫子殆将病也。"遂趋而入。夫子曰:"赐!尔来何迟也?夏后氏殡于东阶之上,则犹在阼也;殷人殡于两楹之间,则与宾主夹之也;周人殡于西阶之上,则犹宾之也。而丘也殷人也。予畴昔之夜,梦坐奠于两楹之间。夫明王不兴,而天下其孰能宗予?予殆将死也。"盖寝疾七日而没。

正赤统奈何?曰:正赤统者,历正日月朔于牵牛,斗建子。天统气始施化物,物始动,其色赤,故朝正服赤,首服藻赤,正路舆质赤,马赤,大节绥帻尚赤,旗赤,大宝玉赤,郊牲骍,牺牲角栗。冠于房,昏礼逆于户,丧礼殡于西阶之上。祭牲骍牡,荐尚心。乐器赤质。法不刑有身,重怀藏以养微,是月不杀。听朔废刑发德,具存二王之后也。亲白统,故日分夜半,夜半朝正。

现在还是用周礼,用骍且角的牛。

由半夜开始算一天。文人很会作,过年时在门口写上"一夜连双岁,五更分二年"。

改正之义,奉元而起。古之王者受命而王,改制称号正月,服色定,然后郊告天地及群神,远追祖祢,然后布天下。诸侯庙受,以告社稷宗庙山川,然后感应一其司。三统之变,近夷遐方无有,生煞者独中国。

这是微言大义所在了,要特别注意。看"改正之义",是"奉元而起",这"元",就是"鲁隐公元年"的"元","无形以起,有形以分,造起天地,天地之始也。"(《公羊传注疏·隐公元年》)把继之于人的事完全不要了,继之于天了,从这而起。

这就是必得复的原因，因为我们是受命于天，要把乱制改掉。既然是受之于天，当然称号也得和受之于人的不同了。这就和前面三世不同，那些都是奉人而起，这回"奉元而起"了。

奉元以王天下，就是完全以德化天下了，远近夷狄都没有生杀，这就在于中国，中国者，礼义也。中国就是礼义。

然而三代改正，必以三统天下。曰：三统五端，化四方之本也。天始废始施，地必待中，是故三代必居中国。法天奉本，执端要以统天下，朝诸侯也。

为什么要渐进？这是"化四方之本也"。

"始废始施"，就是刹刹生新，就是生生不息。废的时候就是施的时候，施的时候就是废的时候。用佛家话来说，"即生即死，即死即生"。

最重要的，就是要一统天下，而使诸侯朝。必居中国，因为中国就是礼义。

是以朝正之义，天子纯统色衣，诸侯统衣缥缘纽，大夫士以冠，参近夷以绥，遐方各衣其服而朝，所以明乎天统之义也。

小注："纯色者，如尚玄则上服纯玄。"讲得很详细。上服，就是上面的衣服，完全是玄色的。纯色，就是没有花纹，有花纹就不纯了。玄色就是黑色。缥，小注（"孙诒让云：'缥，当作纁。'"）说是纁，浅红色，这些都不太重要。以前衣服都镶边，清朝的边很窄，古时有一寸半的大边。旗袍上的扣子，就叫作纽，但是清朝正式的官服，纯礼服，都是用带系上的。纽是平常穿的衣服上用的。

外国来朝见，不是纯臣子，有点客卿的意思。纯臣就得以主从来分。以客来朝，参见时以"绥"来分。"绥"，就是一根穗子，上车的时候，由于车很高，没法直接上车，所以在车门边一边挂上一根穗子，可以借力。

远方来的，我们也不限制他们。这些千万不要当文章读，这完全是我们对边疆民族的几个境界。已经亲近我们文化的夷者，以他们亲近程度的深浅，拿绥来区别。我们一看，就知道他是哪一个境界的夷人。再远方的夷人、野蛮人，按照他们原来的衣服，愿意穿什么就穿什么。看古人的智慧，和今天一样吗？

这都是天统，可不像人统一样，人统用武力来解决，把人都压迫了。《春秋》之义，《春秋》的思想，细细去了悟，比今天还进步。今天还没有到那种程度。

其谓统三正者，曰：正者，正也，统致其气，万物皆应，而正统正，其余皆正，凡岁之要，在正月也。法正之道，正本而末应，正内而外应，动作举错，靡不变化随从，可谓法正也。故君子曰："武王其似正月矣。"

在人事来说，"子帅以正，孰敢不正？"（《论语·颜渊》）

一年之要，就在于正月。这一篇详细看，含义特别多。人生行事境界，除了动作就是举措，有所行，有所安置，没有不变化随从的。这才叫作"法正"。《春秋》讲"春王正月"，也就是由自然之化到人世之化，自然之化，就是元年，"大哉乾元，万物资始"（《易经·乾卦》）。人世之化，就是正，动作举措之正。

《春秋》曰："杞柏来朝。"王者之后称公，杞何以称伯？《春秋》上绌夏，下存周，以《春秋》当新王。

从这里就看出来，孔子想把乱制除掉，用三统方法，慢慢把他变成民。这是渐进的，革命不是一件容易事，得慢慢革故取新。

《春秋》就是新王，《春秋》以鲁当新王，《春秋》代表新王之法。鲁是新王，鲁前面就是周，以鲁当新王，周朝就灭亡了，在思想上灭亡了。往上数，夏是第四个，黜掉他，不称公，就称王了。下面又提到，九皇三后，就变成民了，世爵一点也没有了。

《春秋》当新王者奈何？曰：王者之法，必正号，绌王谓之帝，封其后以小国，使奉祀之。下存二王之后以大国，使服其服，行其礼乐，称客而朝。

子路问孔子，当政要先做什么？孔子说"必也正名乎！"（《论语·子路》）

把王黜掉了，往前升他为帝了，距离越远的，国也越小，使他来奉祀而已。孔子拿鲁当新王，这鲁和周朝一点关系也没有了，这都是况。

二王之后，仍然保存他们本国的服装，来朝的时候，像客人一样。这个制，到清朝还保存。明朝的后人，还是可以穿明朝服，但他们自己只在祭祖的时候才穿，而且这都不是明太祖的嫡子嫡孙，是旁支的，封一个侯，叫他承祭祀，每年也祭陵，还用他们本国的礼乐。

故同时称帝者五，称王者三，所以昭五端，通三统也。是故周人之王，尚推神农为九皇，而改号轩辕谓之黄帝，因存帝颛顼、帝喾、帝尧之帝号，绌虞而号舜曰帝舜，录五帝以小国。下存禹之后于杞，存汤之后于宋，以方百里，爵号公。皆使服其服，行其礼乐，称先王客而朝。

五帝三王，也叫五帝三皇。五端就是五始。

为什么提周人？因为孔子生在这时代。这一段可不能当历史，其义是"丘窃取之"（《孟子·离娄下》）的。

"尚"，就是上，往上推。越推越远，过了九皇之后就称民了，乱制自然而然就没有了。名堂越高，所封的爵位和地就越小，最后就没了。

《春秋》作新王之事，变周之制，当正黑统。而殷周为王者之后，绌夏改号禹谓之帝，录其后以小国，故曰绌夏存周，以《春秋》当新王。不以杞侯，弗同王者之后也。称子又称伯何？见殊之小国也。

《春秋》作新王之事，因为周朝完了，要变周之制。孔子活的时候，就把周朝宣判了。殷、周都成了王者之后了。到这时就不把夏之后的杞侯来同王者之后了，现在把他封之以小国，这就是慢慢一点一点把他们都变成小国了。

黄帝之先谥，四帝之后谥，何也？曰：帝号必存五，帝代首天之色，号至五而反。周人之王，轩辕直首天黄号，故曰黄帝云。帝号尊而谥卑，故四帝后谥也。帝，尊号也，录以小何？曰：远者号尊而地小，近者号卑而地大，亲疏之义也。

"黄"在"帝"前，这叫先谥。

为什么必存王？因为每个帝代表一个色。因为有五个色，所以存五帝，每一代都守天之色，以天之色为一个代表，所以五帝叫五色。到了五就要反了，这就是前面说顺数逆数的原因。这个号，到了五帝，就要反回正了，就要反于民了。

除了黄帝之外，以后的帝，都是把谥号放在"帝"之后。"黄"是轩辕的谥号，称帝，所以叫黄帝。以后的都先称帝，再称谥号。再以后只有秦始皇称帝，所以垮了。

以后各朝的太祖，应该叫太帝，谥号叫高才对。称"祖"就一代，下面都称宗，除非对国家有特殊贡献的，像圣祖仁皇帝康熙，在清朝最有贡献，又是圣，又是仁。

故王者有不易者，有再而复者，有三而复者，有四而复者，有五而复者，有九而复者，明此通天地、阴阳、四时、日月、星辰、山川、人伦，德侔天地者称皇帝，天佑而子之，号称天子。

这个王者，就是《春秋》之新王，孔子所立的新王，也就是三世必复的那个文王。以文德立天下的，就是文王。"法其生，不法其死"（《公羊传注疏·隐公元年》）。法的是活文王，所以孔子说："文王既没，文不在兹乎！"（《论语·子罕》）文德不就在我这里吗？

唯有王者，有永远不改变的，不改变这个道，"先王有至德要道"（《孝经》），言外之意，后王就没了。

有三世应该复的，就是孔子的时代了，这都是比方。九是最多数，到最多数时也得复。注解说的完全不是这么一回事。

这些都通了，德和天地相齐的，那才称皇帝。皇帝不是普通人称的。《春秋》里讲了，"天子僭天，不可言也。"那不是"僭天子不可言也。"（《公羊传注疏·隐公五年》）看多可恶，这就是没有天子之德而僭天，没有皇帝之德而僭皇帝的。

天佑而子之的，才叫天子，其他人都是僭天者，不能称天子。

故圣王生则称天子，崩迁则存为三王，绌灭则为五帝，下至附庸，绌为九皇，下极其为民。

最慢的，经过九次，整个变老百姓了。中国的"三"和"九"都是虚数。

有一谓之三代，故虽绝地，庙位祝牲犹列于郊号，宗于代宗。故曰：声名魂魄施于虚，极寿无疆。

等到成了民了，地也不封了，一点一点来，最后我们都是老百姓了。你也不要再吹牛了！到最后，就盼你极寿无疆而已。不但爵没了，祭祀也到了施于虚的境界。

何谓再而复，四而复？《春秋》郑忽何以名？《春秋》曰：伯子男一也，辞无所贬。何以为一？曰：周爵五等，《春秋》三等。《春秋》何三等？曰：王者以制，一商一夏，一质一文。商质者主天，夏文者主地，《春秋》者主人，故三等也。

在《春秋》，伯子男一也。"人无生而贵者"，"天子之子曰元士"，伯子男不也是人吗？根本在任何地方都没有贬辞。何以说周朝是五等爵位，《春秋》是三等爵位呢？公、侯，加上伯子男一也，变成三等爵了。五等爵时，有五个层次，这回变三等了，越拉，距离越小。

《春秋》为什么要三等？因为是王者之制。文德之王所立之制。

子夏曰："《春秋》重人"（《春秋繁露·俞序》），这些地方都有微言大义。他们重天重地，《春秋》重的是人。孟子说："民为贵，社稷次之，君为轻"（《孟子·尽心下》）。社稷就是国家，算第二等。这些都是师说所在。

主天法商而王，其道佚阳，亲亲而多仁朴。故立嗣予子，笃母弟，妾以子贵。昏冠之礼，字子以父。别眇夫妇，对坐而食，丧礼别葬，祭礼先臊，夫妻昭穆别位。制爵三等，禄士二品。制郊宫明堂员，其屋高严侈员，惟祭器员。玉厚九分，白藻五丝，衣制大上，首服严员。鸾舆尊盖，法天列象，垂四鸾。乐载鼓，用锡儛，儛溢员。先毛血而后用声。正刑多隐，亲戚多讳。封禅于尚位。主地法夏而王，其道进阴，尊尊而多义节。故立嗣与孙，笃世子，妾不以子称贵号。昏冠之礼，字子以母。别眇夫妇，同坐而食，丧礼合葬，祭礼先亨，妇从夫为昭穆。制爵五等，禄士三品。制郊宫明堂方，其屋卑污方，祭器方。玉厚八分，白藻四丝，衣制大下，首服卑退。鸾舆卑，法地周象载，垂二鸾。乐设鼓，用纤施儛，儛溢方。先亨而后用声。正刑天法，封坛于下位。主天法质而王，其道佚阳，亲亲而多质爱。故立嗣予子，笃母弟，妾以子贵。昏冠之礼，字子以父。别眇夫妇，对坐而食，丧礼别葬，祭礼先嘉疏，夫妇昭穆别位。制爵三等，禄士二品。制郊宫明堂内员外椭，其屋如倚靡员椭，祭器椭。玉厚七分，白藻三丝，衣长前袵，首服员转。鸾舆尊盖，备天列象，垂四鸾。乐桯鼓，用羽龠儛，儛溢椭。先用玉声而后烹，正刑多隐，亲戚多赦。封坛于左位。主地法文而王，其道进阴，尊尊而多礼文。故立嗣予孙，笃世子，妾不以子称贵号。昏冠之礼，字子以母。别眇夫妻，同坐而食，丧礼合葬，祭礼先秬鬯，妇从夫为昭穆。制爵五等，禄士三品。制郊宫明堂内方外衡，其屋习而衡，祭器衡同，作秩机。玉厚六分，白藻三丝，衣长后袵，首服习而垂流。鸾舆卑，备地周象载，垂二鸾。乐县鼓，用万舞，儛溢衡。先烹而后用乐，正刑天法，封坛于左位。四法修于所故，祖于先帝，故四法如四时然，终而复始，穷则反本。四法之天施符授圣人，王法则性命形乎先祖，大昭乎王君。故天将授舜，主天法商而王，祖锡姓为姚氏。至舜形体大上而员首，而明有二童子，性长于天文，纯于孝慈。天将授禹，主地法夏而王，祖锡姓为姒氏，至禹生发于背，形体长，长足肵，疾行先左，随以右，劳左佚右也。性长于行，习地明水。天将授汤，主天法质而王，祖锡姓为子氏。谓契母吞玄鸟卵生契，契先发于胷。性长于人伦。至汤，体长专小，足左扁而右便，劳右佚左也。性长于天光，质易纯仁。天将授文王，主地法文而王，祖锡姓姬氏。谓后稷母姜原履天之迹而生后稷。后稷长于邰土，播田五谷。至文王，形体博长，有四乳而大足，性长于地文势。故帝使禹、皋论姓，知殷之德阳德也，故以子为姓；知周之德阴德也，故以姬为姓。故殷王改文，以男书子，周王以女书姬。故天道各以其类动，非圣人孰能明之？

这以下，都不是微言大义了。

商朝是妾以子贵的，清朝也一样，西太后就是妾以子贵，这也是中国礼，清守得特别严。

古时候结婚，不是一次娶一个，一次最少要娶三个。大太太下面有媵。娶皇后以前要先娶东西宫，东西宫和媵一样。第二天皇后才进宫，才算正式结婚。

"藻"是杂色丝。"白藻五丝"，就是五个颜色捻到一起，那叫五股。这各代不同，也有用二股、三股的。一般而言，股越多，地位越高。最小的官，就用线了，只有一股。这些都是礼制，不是微言大义。中国礼法，是慢慢演变而来的。